“十二五”职业教育国家规划教材
经全国职业教育教材审定委员会审定
中国汽车人才培养工程教材

汽车保险理赔

第3版

李景芝　赵长利　主编

机械工业出版社

本书为“十二五”职业教育国家规划教材，是编者根据长期从事高等院校“汽车保险与理赔”课程的教学，以及经常承担财产保险公司、保险行业协会、保险公估公司所组织的汽车保险理赔人员培训的经验所编写的，主要介绍汽车保险的查勘、定损、核赔、核保等工作岗位实际需要的相关知识，其中，包括汽车保险产品、承保理赔实务、事故现场查勘、车辆损失定损实务、财产损失与人伤定损实务、保险欺诈的识别与预防等内容。全书共安排了12个学习任务。每个学习任务均开篇即提出任务描述，然后分单元，由案例导入正文，具体讲解相关的知识，将理论和实践有机地融为了一体，具有很强的实用性。篇末设计了“本章小结”和技能训练，便于学生掌握和运用。

本书适合作为高职院校、本科院校汽车保险理赔专业的教材，也可作为财产保险公司、保险公估公司汽车保险岗位的员工以及物价系统汽车定损人员的培训用书。

图书在版编目（CIP）数据

汽车保险理赔/李景芝，赵长利主编．—3版．—北京：机械工业出版社，2014.11（2019.2重印）

“十二五”职业教育国家规划教材　中国汽车人才培养工程教材

ISBN 978-7-111-48415-8

Ⅰ.①汽…　Ⅱ.①李…②赵…　Ⅲ.①汽车保险—理赔—中国—高等职业教育—教材　Ⅳ.①F842.63

中国版本图书馆CIP数据核字(2014)第253081号

机械工业出版社(北京市百万庄大街22号　邮政编码100037)

策划编辑：赵海青　责任编辑：赵海青

封面设计：马精明　责任校对：赵　蕊

责任印制：郜　敏

北京圣夫亚美印刷有限公司印刷

2019年2月第3版第9次印刷

184mm×260mm·21.5印张·526千字

18601—21100册

标准书号：ISBN 978-7-111-48415-8

定价：49.00元

凡购本书，如有缺页、倒页、脱页，由本社发行部调换

电话服务　　网络服务

服务咨询热线：010-88379833　　机 工 官 网：www.cmpbook.com

读者购书热线：010-88379649　　机 工 官 博：weibo.com/cmp1952

教育服务网：www.cmpedu.com

金 书 网：www.golden-book.com

前言

进入21世纪以来，中国社会发生了极大的变化，改革开放的日益深入，国民经济的高速发展，居民收入的连年增加，老百姓的购买力水平的持续提高，使许多人具备了购买汽车的经济实力，汽车消费的政策、观念及环境也得到了很大改善。中国老百姓对汽车的消费需求越来越大，汽车已经走进了寻常百姓家。

近几年来，国内汽车的产销量、保有量连创新高，已经成为了名副其实的全球第一大汽车生产国；就民用汽车保有量而言，近年来同样获得了大幅度的增长，成为了仅次于美国的全球第二大汽车保有量的国家。汽车已经渗透到了社会的方方面面，形成了一个庞大的汽车后市场。

作为汽车后市场的一个重要组成部分，汽车保险的市场份额非常庞大，而且还会越来越大。具体体现：在整个保险领域，目前几乎所有财产险公司，都以开展汽车保险作为自己的主要经营收入；在财产保险领域，从事汽车查勘定损的人员越来越多；在教育领域，既有研究生领域的机动车保险研究方向，也有本科层次的汽车服务工程专业，更有高职领域的机动车保险与理赔专业、中职领域的汽车保险专业，已经形成了一个规模相当庞大的在校学生群体。其中，高职层次的机动车保险与理赔专业的学生，由于具备一定的专业知识、动手能力强、岗位稳定性好等优势，受到了保险公司的欢迎。

但是，汽车保险在我国起步较晚，该领域的专业教育也相对薄弱。本书主要是为了满足高等院校机动车保险与理赔专业、二手车评估专业以及其他相关专业的教育而编写的。当然，由于本书充分注重了对读者动手能力的培养，也非常适合保险公司从事汽车保险的查勘定损、核赔核保岗位工作人员以及大型汽车维修公司车辆保险从业人员阅读。

本书第1版于2008年出版，第2版于2012年出版，经过六年的教学实践检验，补充丰富了大量实际案例，使得内容更加贴合行业实际，因而获得了广大院校的好评，2014年本书第3版被评为“十二五”职业教育国家规划教材，得到了教育部的肯定。

本书共分12个学习任务，分别介绍了汽车保险基础、汽车保险合同与原则、汽车保险产品、汽车保险承保实务、汽车保险理赔实务、车险事故现场查勘、车辆损失定损实务、财产损失与人伤定损实务、汽车保险风险管控、汽车保险欺诈的识别与预防、汽车保险法律法规、汽车保险从业人员职业道德等知识。内容涵盖了财产保险公司汽车保险领域查勘、定损、核赔、核保工作岗位对知识的需求。其中，对车险事故现场查勘、车辆损失

定损实务、汽车保险欺诈的识别与预防等，介绍得尤其详细、实用。

本书编写分工如下：学习任务一由山东技师学院张兆阳、颜宇、窦磊编写，学习任务二由山东交通学院赵长利、中华联合财产保险股份有限公司山东分公司刘恩猛编写，学习任务三、四、七、八由赵长利编写，学习任务五、六、九由山东交通学院李景芝编写，学习任务十、十一、十二由李景芝、山东交通技术学院任东编写。全书由李景芝统稿。

在本书编写过程中，除了所列参考文献外，还参考了许多发表在报刊、网站上相关文章的内容，以及部分保险公司的培训内容，在此对原作者、编译者表示由衷的感谢。

本书附赠教学课件供任课教师采用，可在机械工业出版社教材服务网（www.cmpedu.com）免费下载或拨打编辑热线（010-88379674）获取。

由于编著者水平有限，书中可能存在某些不足，敬请广大读者、行业从业人员批评指正，我们不胜感激。

编著者

目录 CONTENTS

学习任务一

汽车保险基础

【任务描述】

通过“汽车保险基础”任务的学习，要求学生：

1. 了解风险的特征、要素、分类、管理步骤、管理方法，以及可保风险条件；
2. 了解保险的概念、术语、要素、分类、职能、作用，以及保险市场概况；
3. 掌握车险的概念、作用、特点和发展简史。

学习单元1 风险基础

导入案例

2013年9月11日，驾驶人李某开车沿国道回老家，车上有一起回家的两个老乡王某和赵某。行至一农村时，突然从非常小的路口处有一骑自行车的人横穿马路，由于车速太快，李某虽然已紧急躲避，但为时已晚。汽车将骑自行车的张某碰撞出数米，伤势严重。同时车辆又与路旁的树木撞击，起火燃烧，火苗又引燃了路旁堆积的稻草，树木及车辆均损失较多，车上的李某和赵某不同程度受伤，王某死亡。经交警认定，驾驶人李某负事故全部责任。

本案中，事故损失较大，分为车辆损失、物品损失、人员伤亡三类。物品损失包括树木、稻草和自行车等；人员伤亡分为车外第三者人员的受伤和车上人员的二伤一死。作为车辆使用者的李某肯定对事故损失承担全部赔偿责任。那么，就此事故分析，车辆使用风险有哪些？如何对车辆使用风险进行有效管理？

“天有不测风云，人有旦夕祸福”，现实生活中存在许多风险，时刻危害着人们的生命和财产安全。为规避风险，保护自我，人们已经想出了多种举措，比如，对风险事故采取预防措施、发生事故后采取减损措施、购买人身和财产保险等。其中，购买保险是一种比较简单、便于计算成本的风险管理方法，保险在现实生活中充分发挥了稳定社会生产、生活的作用。

无风险则无保险，风险的客观存在是保险产生与发展的自然基础。因此，保险的研究必须从风险入手。

保险理论中的风险，通常是指损害发生的不确定性，包括三层含义：一是风险是一种随机事件，有可能发生也有可能不发生；二是风险一旦发生，其结果是损失，而不可能是获利；三是风险事件发生所造成的损失是不确定的，可能大也可能小。

一、风险的特征

根据风险的概念及其发展规律的外在表现，可以概括出风险具有以下特征。

1. 客观性

风险独立于人的意识而客观存在，不以人的意志为转移。比如，自然界的地震、台风、洪水，人类社会的瘟疫、战争、意外事故等，无论人们是否意识到，它们都一直存在。正是由于风险的存在具有客观性，所以保险的产生和发展才有其必要性。

但是人们通过对风险事件长期大量的观察，已经找到许多风险的存在方式、发生规律等，从而可在一定时间和空间内改变风险存在和发生的条件，降低风险发生频率和损失幅度，使风险得到一定程度的控制。

2. 损失性

风险与人们的利益密切相关，其发生后果是损失，表现为人们经济利益的减少。财产损失的经济利益可以用货币直接衡量，而人身损害的经济利益一般表现为所得的减少或支出的增多。保险的作用就是对损失的经济利益进行补偿。

3. 不确定性

风险总体表现为客观存在，数量大体确定，但对风险个体来说则是一种随机现象，其发生与否、发生时间、发生地点、损失数量、损失由谁承担等都表现出不确定性。

4. 可测性

个别风险的发生是偶然的，但人们根据以往发生的一系列类似事件的统计资料，运用概率统计的方法，可对某类风险进行预测、衡量与评估，这体现了风险总体的可测性。风险的可测性，为风险的可经营性奠定了基础。

5. 发展性

风险并不是一成不变的，在一定条件下是会发展变化的。尤其是随着人类生产范围的扩大，经济交往的增强，科学技术的发展，风险呈现出空间范围扩大、损失数额增加、风险性质改变、新风险不断出现等变化趋势。

6. 普遍性

风险是无处不在、无时不有的，已渗入社会经济生活的方方面面，随时威胁着人类的生命和财产的安全。古代社会有风险，现代社会也有风险；国外有风险，国内也有风险；大到一个国家，小到一个个人、家庭、企事业单位、机关团体等，都面临着各种各样的风险，因此风险具有普遍性。风险的普遍性决定了保险需求的普遍性。

7. 社会性

风险是一个社会范畴，社会由人构成。只有当风险给人们的生命和财产造成损害时，才称为风险，否则只是一种普通的自然现象。

二、风险的要素

1. 风险因素

风险三要素

▲风险因素

▲风险事故

▲风险损失

风险因素是指引起和促使风险事故发生及风险事故发生时致使损失增加、扩大的条件，通常有实质风险因素、道德风险因素和心理风险因素三种类型。实质风险因素是指有形的并能直接影响事件的物理功能的风险因素，如建筑物的建筑材料、结构等；道德风险因素是指与人的品行修养有关的无形因素，如诈骗、纵火等；心理风险因素是指与人的心理状态有关的无形因素，如人的疏忽、过失等。

2. 风险事故

风险事故指可能引起人身伤亡或财产损失的偶然事件，是造成风险损失的直接外因。

3. 风险损失

风险损失是指非故意的、非预期的和非计划的经济价值的减少，是风险事故的直接结果。

4. 三者关系

风险由风险因素、风险事故和风险损失构成。其关系可概括如下：风险因素可能引起风险事故，风险事故可能导致风险损失，但只要出现了风险损失必然存在着风险事故，只要出现了风险事故必然存在着风险因素。它们之间都是必要而不充分的条件，因此，尽管风险因素客观存在，人们还是有可能减少或避免事故的发生的，或当事故发生后尽量减少或避免损失。

三、风险分类

风险是多种多样的，可根据不同的研究目的，按照不同的分类方式进行多种分类。

1. 按风险产生的原因分类

按风险产生的原因，可将风险分为自然风险、社会风险、政治风险和经济风险。

（1）自然风险　自然风险是指自然力的不规则变化引起的种种现象所造成的财产损失及人身伤害的风险，如风灾、雹灾、火灾、地震和海啸等。在所有风险中，自然风险所占比重比较大，已成为保险中承保最多的风险。

（2）社会风险　社会风险是指个人或团体的故意或过失行为、不当行为等所导致的损害风险，如盗窃、抢劫、玩忽职守等。

（3）政治风险　政治风险是指由于政局的变化、政权的更替、政府法令和决定的颁布实施等导致损失的风险，如对外投资风险。

（4）经济风险　经济风险是指在生产经营过程中，因各种因素的变化或估计错误，导致经济损失的风险，如市场预期失误、经营管理不善、消费需求变化、通货膨胀、汇率变动等所致的经济损失。

2. 按风险的性质分类

按风险的性质，可将风险分为纯粹风险和投机风险。

纯粹风险是指一旦发生风险事故只有损失机会而无获利可能的风险，如自然灾害。纯粹风险所导致的结果只有两种：损失或无损失。纯粹风险的变化较为规则，有一定规律性，可利用数理统计法计算其发生频率、损失程度。保险公司所承保的风险基本上是纯粹风险。

投机风险是指既有损失可能又有获利希望的风险，如赌博。投机风险所导致的结果有三种：损失、无损失和盈利。投机风险一般都是不规则的，无规律可循，难以利用数理统计的方法测算。保险人通常将投机风险视为不可保风险。

3. 按风险的损害对象分类

按风险的损害对象，可将风险分为财产风险、人身风险、责任风险和信用风险。

财产风险是指导致各种财产发生损毁、灭失和贬值的风险，如房屋发生火灾的风险。

人身风险是指由于人的生老病死残和自然、政治、军事、社会等原因给人们带来的风险，如人身意外伤残的风险。

责任风险是指由于侵权行为造成他人的财产损失或人身伤害，根据法律规定应承担经

济赔偿责任的风险，如汽车肇事导致第三者受伤的风险。

信用风险是指权利人因义务人不履行义务而导致损失的风险，如贷款人因借款人不按期还款而遭受损失的风险。

四、风险的管理

面对种类繁多、时刻威胁人们自身和财产安全的风险，人们在长期的生活实践中，不断分析、总结，进行了识别风险、控制风险和处理风险的一系列工作，获得了较大的安全保障，这就是风险的管理。具体地讲，风险管理是指人们对各种风险的认识、控制和处理的主动行为，它要求人们研究风险的发生和变化规律，估算风险对社会经济生活可能造成损害的程度，并选择有效的手段，有计划有目的地处理风险，以期用最小的成本，获得最大的安全保障。

风险管理基本程序

▲风险的识别
▲风险的估测
▲风险管理方法的选择
▲实施风险管理的决策
▲风险管理效果的评价

五、风险管理方法

风险管理方法分为控制型和财务型两类。

1. 控制型风险管理方法

控制型风险管理方法是指采取各种措施避免、防止、排除或减少风险，其目的在于改善损失的不利条件、降低损失频率、缩小损失幅度。常见的控制型方法有风险避免、风险预防、风险抑制、风险集合和风险分散等。

(1) 风险避免　风险避免是指放弃或根本不去做可能发生风险的事情。这是一种最彻底的风险处理方法，也是一种极消极的方法，容易失去与该事情相关的利益。另外，在现实经济生活中，绝大多数风险是难以避免的。

采用避免方法通常在两种情况下进行：一是某特定风险所致损失频率和损失幅度相当高时；二是在处理风险时，其成本大于其产生的效益时。

(2) 风险预防　风险预防是指在风险发生前为了消除或减少可能引发损失的各种因素而采取的处理风险的具体措施，其目的在于通过消除或减少风险因素降低损失发生频率。风险预防措施可分为工程物理法和人类行为法。工程物理法就是损失预防措施侧重于物质因素的一种方法，如防盗装置的设置；人类行为法指在人们行为教育方面设置预防措施，如安全教育。

(3) 风险抑制　风险抑制是指在损失发生时或之后为缩小损失幅度而采取的各项措施，如发生火灾后应及时灭火。

(4) 风险集合　风险集合是指集合同类风险的多数单位，使之相互协作，提高各自应付风险的能力。如多个小船只连接在一起以抵抗风浪冲击翻船的风险。

(5) 风险分散　风险分散是指将企业面临损失的风险单位进行分散，如企业采用商品多样化经营方式以分散或减轻可能遭受的风险。

2. 财务型风险管理方法

财务型风险管理方法是指采用财务技术来处理风险，目的在于建立财务基金消除损失的成本。常见的财务型方法有风险自留和风险转嫁。

(1) 风险自留　风险自留是指企业自行承担一部分或全部风险的方法。风险自留可分

为主动自留和被动自留。风险管理者经过对风险的衡量，考虑各种风险处理方法后，决定不转移风险的，为主动自留；风险管理者没有意识到风险的存在，没有采取措施处理风险的，为被动自留。

（2）风险转嫁 风险转嫁是指企业将自己的风险转嫁给他人的方法。风险转嫁可分为保险转嫁和非保险转嫁两种。保险转嫁是指通过购买保险将风险转嫁给保险公司，这是一种最重要最常用的风险处理方法。非保险转嫁是指通过保险以外的方式将风险转嫁给他人，如出让转嫁等。

不同的风险管理方法，具有不同的特点，应从实际出发，根据最小成本原则，择优选用或组合应用，才能取得最佳的风险管理效果。

可保风险需符合的条件

▲必须是纯粹风险

▲必须是保险标的均存在遭受损失的可能

▲必须是保险标的有导致重大损失的可能

▲不能是大多数保险标的同时遭受损失

▲必须具有现实的可测性

六、可保风险

可保风险是指保险人愿意并能够承保的风险，是符合保险人承保条件的特定风险。

学习单元2 保 险 基 础

导入案例

2007年7月18日，济南市及周边地区遭受特大暴雨袭击。降水从17时开始，到20时30分减弱，市区1h最大降水量达151mm，2h最大降水量达167.5mm，3h最大降水量达180mm。这次降水过程历时短、雨量大，为有气象记录以来历史最大值。突如其来的暴雨造成人员死亡或失踪，大量车辆出险（图1-1），城市低洼地区积水，部分地区受灾，大部分路段交通瘫痪，财产损失严重。

图1-1 济南“7·18”暴雨中的被淹车辆

特大暴雨的袭击，使得济南各保险公司理赔案件激增，客服电话成了真正的“热线”。山东保监局8月20日通报了“7·18”暴雨灾害保险理赔情况：截至8月17日，山东保险业共支付各类赔款1.26亿元，赔付伤亡人员20人，财产损失案件10 544件，结案率达96.2%，保险业充分发挥了经济补偿的职能。在暴雨灾害面前，济南保险业以快速、优质的理赔服务，帮助受灾客户尽快恢复正常的生产、生活秩序，在维护社会稳定、保障经济运行、减少和化解各种社会矛盾和纠纷方面作出了积极贡献，在灾害救助体系中发挥了重要的作用，在抗灾救灾中树立了保险业的良好形象。

一、保险概念

对保险概念可从不同角度进行阐述。

从经济学角度看：保险通过收取保费建立保险基金，然后对个别客户出现的意外事故损失进行赔偿，所以保险是分摊意外事故损失的财务安排。

从法律角度看：保险是保险人根据保险合同对被保险人的经济损失给予赔偿，并且损失无论多少，都必须按合同执行。

从社会角度看：保险是稳定社会生产和社会生活的一种事物，具有积极的作用。

从风险管理角度看：保险是一种具有分散风险、消化损失的非常有效的风险管理方法。

法律规定

《保险法》第2条 本法所称保险，是指投保人根据合同约定，向保险人支付保险费，保险人对于合同约定的可能发生的事故因其发生所造成的财产损失承担赔偿保险金责任，或者当被保险人死亡、伤残、疾病或者达到合同约定的年龄、期限等条件时承担给付保险金责任的商业保险行为。

二、保险术语

1. 四种保险活动直接人

（1）保险人 保险人是指与投保人订立保险合同，并承担赔偿或者给付保险金责任的保险公司。

（2）投保人 投保人是指与保险人订立保险合同，并按照保险合同负有支付保险费义务的人。

（3）被保险人 被保险人是指其财产或者人身受保险合同保障，享有保险金请求权的人。

（4）受益人 受益人是指人身保险合同中由被保险人或者投保人指定的享有保险金请求权的人。

2. 三种保险活动辅助人

（1）代理人 代理人是根据保险人的委托，向保险人收取代理手续费，并在保险人授权的范围内代为办理保险业务的单位或者个人。

（2）经纪人 经纪人是基于投保人的利益，为投保人与保险人订立保险合同提供中介服务，并依法收取佣金的单位。

（3）公估人 公估人是指为保险合同中的保险人或被保险人办理保险标的的查勘、鉴定、估损、赔款理算并予以证明的受委托人。

3. 其他术语

（1）保险标的 保险标的是保险保障的目标和实体，是保险合同双方当事人权利和义务所指向的对象。

（2）保险费 保险费是投保人为转嫁风险支付给保险人的与保险责任相对应的价金。

（3）保险金额 保险金额是指保险人承担赔偿或者给付保险金责任的最高限额。

（4）保险合同 保险合同是投保人与保险人约定保险权利义务关系的协议。

三、保险要素

保险要素是指进行保险经济活动所应具备的基本条件。一般来讲，现代商业保险包括以下五大要素。

1. 必须存在可保风险

风险虽多，但有些风险保险人是不能接受的，只有符合保险人承保条件的风险，保险人才可以接受。

2. 大量同质风险的集合与分散

保险是将众多投保人所面临的分散风险集合起来，当少数投保人发生保险责任范围内的损失时，保险人给予补偿。因补偿费用来自于所有投保人，所以保险补偿实际上是通过保险人这个枢纽将少数投保人遭受的损失分摊给了全体投保人。这体现了保险“一人为众，众人为一”的互助精神。

3. 保险费率的厘定

保险作为一个比较特殊的产品，也必须制定其价格，即厘定保险费率。保险费率由纯费率和附加费率构成，纯费率是根据保险标的所面临的风险程度而厘定的，附加费率是根据保险经营的成本和保险人应得的利润而厘定的。

4. 保险基金的建立

保险基金是保险分摊损失和补偿功能的物质基础，只有建立了雄厚的保险基金，保险才能发挥其损失补偿和经济给付的职能。保险基金的主要来源是保险公司的开业资金和保险费收入，并以保险费收入为主。

5. 保险合同的订立

保险作为一种复杂的经济关系，必须通过法律形式固定，这就是保险合同。保险合同的订立利于保护合同相关人员的权利实现。

四、保险分类

保险种类繁多，根据不同的分类依据，有不同的分类结果。

1. 按保险实施方式分类

按保险实施方式，可分为自愿保险与强制保险。

自愿保险也称任意保险，是指投保人与保险人在平等自愿的基础上建立的保险关系，如商业汽车保险。

强制保险也称法定保险，是指投保人与保险人根据国家法律或行政命令的要求必须建立保险关系，否则属于违法行为，如交强险。

2. 按保险标的分类

按保险标的，可分为财产保险和人身保险。

财产保险是指以财产及其相关利益为保险标的，由保险人对保险标的可能遭受的意外损失负赔偿责任的一种保险。此处的财产既包括一些有形财产又包括一些无形财产，所以是一种广义的财产，称为广义的财产保险。

我国将财产保险又分为财产损失保险、责任保险和信用保证保险。

财产损失保险中的财产指有形财产，是狭义的财产，所以财产损失保险有时称为狭义的财产保险，常见种类有火灾保险、海上保险、汽车保险、航空保险、工程保险、利润损失保险和农业保险等。

责任保险是指以被保险人依法应负的民事赔偿责任或经过特别约定的合同责任为保险标的的一种保险，常见种类有公众责任保险、产品责任保险、职业责任保险、雇主责任保险、机动车第三者责任保险等。

信用保证保险是指以信用关系为保险标的的一种保险，它是一种担保性质的保险。按投保对象的不同，信用保证保险可分为信用保险和保证保险两种。信用保险是指权利人（债权人）向保险人投保义务人（债务人）的信用风险的保险，常见种类有国内商业信用保险和出口信用保险等。保证保险是指义务人（债务人）根据权利人（债权人）的要求，请求保险人担保自己信用的保险，常见种类有合同保证保险、产品质量保证保险和诚实保证保险等。无论信用保险还是保证保险，其被保险人都是权利人（债权人）。

人身保险是指以人的身体或生命为保险标的，以生存、年老、疾病、死亡、伤残等为保险事故，当被保险人在保险期内发生保险事故或生存到保险期满时，保险人按合同约定的条件，向被保险人或受益人给付保险金的保险。我国将人身保险分为人寿保险、意外伤害保险和健康保险等，人寿保险分为死亡保险、生存保险和两全保险。近几年，人寿保险领域又开发出许多新型保险业务，如分红保险、投资连结保险、万能保险等。

3. 按保险人承担保险责任的次序分类

按保险人承担保险责任的次序可分为原保险和再保险。

原保险是投保人与保险人直接签订保险合同而建立保险关系的一种保险。保险人对被保险人或受益人承担直接的赔偿或给付责任。再保险是指保险人将其承担的保险业务，部分转移给其他保险人的一种保险。再保险人承担的是原保险人的一种责任。原保险与再保险的区别见表1-1。

表1-1 原保险与再保险的区别

比较项目	原保险	再保险
合同主体	一方为投保人，另一方为保险人	双方都为保险人
保险标的	可以是人或财产	为原保险合同的责任
合同性质	经济补偿或给付性质	经济补偿性质

4. 按保险性质分类

按保险性质可分为社会保险、商业保险和政策保险。

社会保险是指国家通过立法对社会劳动者因遭遇年老、疾病、生育、伤残、失业和死亡等风险而暂时或永久丧失劳动能力或失业时提供一定的物质帮助以保障其基本生活的一种社会保障制度，常见种类有养老保险、医疗保险、失业保险、生育保险和工伤保险等。

商业保险是指投保人根据合同约定，向保险人支付保险费，保险人对于合同约定的风险导致的被保险人的财产损失承担赔偿责任，或者当被保险人死亡、伤残、疾病或者达到合同约定的年龄、期限时承担给付保险金责任的保险。

政策保险是政府为了某种政策目的，运用普通保险的技术而开办的一种保险，常见种类有农业保险、为扶持中小企业开办的信用保险、为促进国际贸易开办的出口信用保险等。

5. 按风险转嫁方式分类

按风险转嫁方式，分为足额保险、不足额保险和超额保险。

足额保险是指投保时约定的保险金额与保险标的价值相等的保险。当保险标的遭受损失时，如果是全部损失，保险人按保险金额赔偿；部分损失，保险人按保险标的实际损失赔偿。

不足额保险是指投保时约定的保险金额小于保险标的实际价值的保险。当保险标的全损时，保险人按保险金额赔偿；当保险标的部分损失时，保险人按保险金额与保险价值比例赔偿。

超额保险是指投保时约定的保险金额大于保险标的实际价值的保险。造成超额保险的主要原因：一是投保人想获得超过保险价值的赔偿；二是投保人在投保时高估了保险标的的实际价值；三是保险标的的市价下跌了。不管出于什么原因，超额保险的超额部分无效，其赔偿和足额保险相同。

【案例 1-1】 一保险标的的价值为 5 万元，如果保额也为 5 万元，则为足额保险；如果保额为 3 万元，则为不足额保险；如果保额为 7 万元，则为超额保险。如果该保险标的因保险事故发生全损，则足额保险将赔偿 5 万元；不足额保险将赔偿 3 万元；超额保险将赔偿 5 万元。如果该保险标的因保险事故发生部分损失，损失 2.5 万元，则足额保险将赔偿 2.5 万元；不足额保险将赔偿 2.5 万元 × （3/5） =1.5 万元；超额保险将赔偿 2.5 万元。

对不足额保险除采用比例责任赔偿外，在有些特殊合同中，有时指明采用第一危险责任方式赔偿。所谓第一危险责任是指相等于保险金额部分，超出保险金额部分称为第二危险责任，保险人只对第一危险责任部分负责。如上例，如果保险标的损失 2.5 万元，不超过 3 万元，为第一危险责任，所以保险公司赔偿 2.5 万元；如果保险标的损失 3.5 万元，则保险公司只能赔偿 3 万元，超出的 0.5 万元为第二危险责任，保险公司不负责。

6. 按保险价值在合同中是否确定分类

按保险价值在合同中是否确定分为定值保险和不定值保险。

定值保险是指以保险当事人双方商定的价值作为保险金额，并载明于保险合同的保险形式。定值保险适用于货物运输保险以及财产险中某些贵重物品的保险。定值保险的赔偿，如果是全损，则按保险金额全数赔偿；如果是部分损失，则需确定损失程度，按损失程度比例赔偿。

不定值保险是指不列明保险标的的实际价值，只列保险金额作为最高赔偿限度，并载明于保险合同的保险形式。不定值保险的赔偿按事故发生时保险标的的实际损失与保险金额比较后的小者确定。财产损失保险多为不定值保险。

【案例 1-2】 有一保险标的，以定值保险的方式投保了保险，投保时按实际价值与保险人约定保险价值为 24 万元，保险金额也为 24 万元，后保险标的发生保险事故，出险时当地完好市价为 20 万元。如果保险标的全损，保险人应按保险金额赔偿，赔款为 24 万元。如果保险标的部分损失，损失程度为 80%，则保险人应按损失程度比例赔偿。因此，赔款 = 保险金额 × 损失程度 =24 万元 ×80% =19.2 万元。

如果该保险标的以不定值保险方式投保了保险，投保时按实际价值与保险人约定保险金额为 24 万元，后保险标的发生保险事故，出险时当地完好市价为 20 万元。如果保险标的全损，保险人应按保险标的实际损失赔偿，赔款为 20 万元。如果保险标的部分损失，损失程度为 80%，则保险人应按比例赔偿。因此，赔款 = 实际损失 × 损失程度 =20 万元 × 80% =16 万元。

五、保险的职能

保险的职能是指保险内在的、固有的功能。保险的职能有基本职能和派生职能之分。基本职能是反映保险原始和固有的职能，它不以时间的推移和社会形态的不同而改变。派生职能是在保险基本职能基础上，伴随着保险分配关系发展而产生的。基本职能包括补偿

损失职能和经济给付职能；派生职能包括融资职能和防灾防损职能。

补偿职能具体体现在特定风险损害发生时，在保险的有效期和保险合同约定的责任范围以及保险金额内，按其实际损失数额给予赔付。

给付职能具体体现在人身保险事故的保险保障方面。由于人的价值是难以用货币具体量化的，所以人身保险责任事故发生造成的损失，难以用补偿实现其保险保障。因此人身保险的保障是通过保险人和投保人双方约定的经济给付行为来实现的。

融资职能具体体现在保险把多个投保人的闲散资金先积累成雄厚的保险基金，然后再利用多种投资形式对其进行有效运用，实现其增值。融资职能的发挥能增强保险人的补偿和给付能力，促进保险基本职能的实现。

防灾防损职能具体体现在整个保险过程中保险双方一直强化防灾防损意识，实施防灾防损的措施，力争降低损失发生的频率；如果真的出现了损失，投保方依据保险合同约定，也会采取有效的施救措施，将风险损失控制在最小的程度。防灾防损职能可降低保险人所积累的社会资产出现的不必要的损失，这对保险保障基本职能的发挥也有一定的促进作用。

六、保险的作用

保险在社会经济生活中的作用，实质是保险职能的发挥在社会经济生活中所产生的效果。在我国社会主义市场经济条件下，其作用表现为宏观和微观两个层次。

保险的宏观作用

▲有利于积累资金，支援国家经济建设

▲有利于推动科学技术转化为现实生产力

▲有利于增加外汇收入，增强国际支付能力

▲有利于促进社会稳定

1. 保险的宏观作用

保险的宏观作用是指保险对全社会以及国民经济在整体上所产生的效果。

保险的微观作用

▲有利于企业及时恢复生产或经营

▲有利于企业加强经济核算

▲有利于促进企业加强风险管理和防灾防损

▲有利于安定人民生活

2. 保险的微观作用

保险的微观作用是指保险对于企业、家庭、个人所起的保障作用。

七、保险市场

保险市场是指保险商品交换关系的总和，它既包括保险商品交换的场所，也包括保险商品交换中供给与需求的关系及其有关活动。

保险市场与一般的产品市场不同，它是直接经营风险的市场，实际上保险商品的交换过程就是风险的分散和聚集过程。同时，因风险的不确定性和保险的射幸性，双方都不可能确切知道交易结果。保险单的签发，看似是保险交易的完成，实则是保险保障的开始，最终的交易结果是看双方约定的事件是否发生。因此保险市场是一个非即时清结的市场。

保险市场虽然是个特殊市场，但仍受市场机制的制约，所以在保险经营过程中，需要考虑价值规律、供求规律和竞争规律对保险经营的作用。

1. 保险市场的构成要素

保险市场由市场主体和市场客体两部分构成。

1）市场主体由保险的供给方、需求方和中介方构成。供给方就是各类保险人；需求方为各类投保人；中介方主要是代理人、经纪人、公估人、律师、理算师、精算师等。

2）市场客体为保险商品，实为一种经济保障，具有许多特殊性，例如，它是一种无形的商品，其生产过程和消费过程不可分离，其服务质量缺乏稳定性，其价格具有相对固定性等。

2. 保险市场类型

保险市场类型可分为四种：完全竞争型、完全垄断型、垄断竞争型和寡头垄断型。

1）完全竞争型市场的特点是有数量众多的保险公司，每个公司所占市场份额很小，不能单独左右市场价格，而是由市场自发调节商品价格。

2）完全垄断型市场的特点是市场由一家公司操控，价值规律、供求规律和竞争规律受到极大限制，市场上没有可替代产品，没有可供选择的保险人。商品价格往往是根据垄断者的自身利益确定的。完全垄断型市场可分为专业型完全垄断和地区型完全垄断两类。

3）垄断竞争型市场的特点是大小公司并存，较多表现为竞争性，竞争体现在大公司间、大公司与小公司间、小公司间。

4）寡头垄断型市场的特点是只存在少数相互竞争的公司，较多表现为垄断性。

3. 保险市场供给与需求

1）保险供给是指在一定社会经济条件下，国家或从事保险经营的企业所能提供的并已实现的保险种类和保险总量。

保险供给的影响因素包括保险人的经营管理水平、保险市场竞争、保险产品成本、保险供给者的数量和素质、保险利润率等。

2）保险需求是指在一定时期内和一定价格条件下，消费者愿意并且有能力购买的保险商品的数量。

保险需求的影响因素包括风险存在程度、经济发展水平、保险价格、相关商品价格、商品经济的发展、人口、强制保险实施等。

3）供求平衡。保险商品的供给与需求必须遵循供求规律，最终实现供求平衡。供求规律的作用过程是，当社会所提供的保险商品超过社会的需求时，保险商品的价格就会下跌，保险商品只能按照低于其价值的价格出售；较低的保险商品价格具有抑制供给、刺激需求的作用，从而使保险供给和需求逐渐趋于平衡。当社会所提供的保险商品满足不了社会的需求时，保险商品的价格就会上涨，保险商品就必然按照高于其价值的价格出售；较高的保险商品价格具有刺激供给、抑制需求的作用，从而促使保险商品的供给和需求逐渐趋于平衡。

4. 我国保险市场状况

自1980年我国全面恢复保险业务以来，经过30多年的快速发展，我国保险市场呈现出以下几个特点：

1）我国保险市场保费收入规模迅猛增长。2012年全国保险业保费收入约1.55万亿元，与1980年全年保险保费约4.6亿元相比，为其3370倍。

2）保险市场主体呈现多样化。无论供给方，还是需求方，甚至保险中介，都呈现多样化。供给方除了有中资保险公司，还有外资保险公司；除了有全国性保险公司，还有区域性保险公司；除了有综合性保险公司，还有专业性保险公司。需求方已经由原来的单位、集体逐渐扩大到个人、家庭，并且后者所占比例越来越大。中介方除了保险代理人和保险经纪人，保险公估人也开始发展，其作用也越来越重要。

3）保险企业逐渐走向市场。保险业改革的深入和外资保险的加入，使得保险市场的竞争加剧，保险公司作为企业，必须走向市场，独立经营，自负盈亏。同时，保险公司应注重加强公司内部管理、降低消耗、提高效益，以提高市场竞争能力。

4）保险市场由垄断向竞争过渡。随着保险公司数量的增多，我国已由原来的独家经营转变为以国有商业保险公司为主体，中外保险公司并存，各家保险公司竞争的新格局。

5）保险市场潜力很大。我国经济形势发展使保险需求大大增加，而目前的保险服务无论数量上，还是质量上，都远远不能满足社会需要，所以保险市场潜力很大。

6）保险市场还存在一些问题。我国保险业正处于起步阶段，市场环境还不十分成熟，保险法规尚不健全，市场存在一些不正当竞争，保险业在各地区的发展还不平衡，部分专业岗位人才和复合型经营管理人才还比较匮乏等。

学习单元3 汽车保险基础概述

导入案例

国庆黄金周的一天，昆明的李某与朋友驾自家车去郊区游玩，将车停放在了一个比较偏僻的地方后，离车而去。当他回到原先停车的地点时，发现轿车不见了，他意识到情况不妙，可能车被盗窃了。朋友在附近帮忙找了一段时间未果，于是向公安机关报了案，经侦察，确定为汽车被盗案件。李某心痛不已，自己的爱车可是自己辛苦好几年才攒钱买的呀，汽车丢了，自己的损失太大了。习惯了有车生活后，乍一没了车顿时感觉处处不方便，而如果再买一辆，自己也没有富余的钱，除非不吃不喝，这可怎么办呀？李某突然想到，自己半年前曾为汽车买了保险，其中包括盗抢险，于是赶快向保险公司咨询。保险公司经过查勘确认属于保险事故，为李某赔付了车辆损失，李某又成了有车一族。保障被保险人的生产或生活不受意外事故影响，是保险的基本作用。

一、汽车保险概念

汽车保险是指以机动车辆为保险标的的保险，其保障范围包括车辆本身因自然灾害或意外事故导致的损失，以及车辆所有人或其允许的合格驾驶人因使用车辆发生意外事故所负的赔偿责任。

车辆本身损失常见原因有碰撞、倾覆、坠落、被外界物体砸、火灾、水灾、雹灾、其他自然灾害、爆炸、自燃、盗窃、抢劫、玻璃破碎、车辆停驶利润、车身划痕、标准配置外的设备损坏、随车行李物品损坏和事故发生后的抢险救灾费用等。为保障以上风险，分别有相对应的保险险种，如车辆损失险、全车盗抢险、自燃险、玻璃单独破碎险、发动机特别损失险、车辆停驶损失险、车身划痕险、新增设备损失险、随车行李物品损失险等，这些都属于损失类保险，可归为财产损失保险范畴。

车辆在使用过程中常引发的责任有因车辆发生碰撞、倾覆、坠落、火灾等意外事故导致第三者人员或财产损害的赔偿责任、车上人员或财产损害的赔偿责任；因车载货物掉落而引起的第三者人员或财产损害的赔偿责任。与之相对应的一些险种，如机动车第三者责任险、车上人员责任险、车上货物责任险、车载货物掉落责任险等，都属于责任类保险，

可归为责任保险范畴。

总之，汽车保险既属于财产损失保险范畴，又属于责任保险范畴，是综合性保险。

二、汽车保险的作用

汽车保险的作用是其职能在现实生活中发挥所表现出的效果。我国自1980年恢复保险业务以来，经过30多年的发展，汽车保险取得了长足进步。作为机动车辆使用的“保护神”，汽车保险在社会生产和生活中所发挥的作用越来越突出。

汽车保险的作用

▲扩大了人们对汽车的需求

▲维护了受害者的利益

▲促进了汽车安全性能的提高

三、汽车保险的特点

1. 从车辆自身来看

1）车辆经常处于运动状态。作为运输工具，车辆大多时间将处于动态。保险标的所处状态直接影响其面临的风险大小及种类，这对保险人来说，应在开发产品、厘定费率时要特别考虑，在承接业务时要加强“验标”，在理赔时要迅速、准确，并有一个为之及时查勘定损的庞大网络，同时应注重研究核保和核赔技术以及风险的防范工作。

2）车辆出事故的频率非常高。表1-2所示为我国近几年道路交通事故的次数和直接经济损失，平均每年发生事故46万次，每1.1min发生1次事故，每次事故损失4300元。除道路交通事故外，属于汽车保险赔偿的车辆事故还有很多，如盗抢事故、火灾事故、水灾事故、雹灾事故、玻璃破碎事故等，因此，车辆出事故的频率非常高。

表1-2 2001～2010年我国道路交通事故数据统计

年　份	2001	2002	2003	2004	2005	2006	2007	2008	2009	2010
事故次数/次	760 327	773 137	667 507	567 753	450 254	378 781	327 209	265 204	238 351	219 521
直接经济损失/亿元	30.88	33.24	33.70	27.7	18.8	14.9	11.99	10.10	9.14	9.3

2. 从与其他保险比较方面看

1）保险标的种类繁多且差异大。机动车辆种类非常多，按用途可分为客车、货车、特种车、摩托车、拖拉机等。按性质可分为营业车辆和非营业车辆，营业车辆又可分为出租租赁、固定路线运输、公路运输等，非营业车辆又可分为家庭自用、企业非营业、机关非营业等。按座位客车可分为6座以下、6～10座、10～20座、20～36座、36座以上等。按载质量货车可分为2t以下、2～5t、5～10t、10t以上等。特种车按用途可分为用于各类装载油料、气体、液体等的专用罐车；用于清障、清扫、清洁、起重、装卸（不含自卸车）、升降、搅拌、挖掘、推土、压路等的各种专用机动车；用于装有冷冻或加温设备的厢式机动车；车内装有固定专用仪器设备，从事专业工作的监测、消防、运钞、医疗、电视转播、雷达、X射线检查等机动车；专门用于牵引集装箱箱体（货柜）的集装箱拖头。摩托车按结构特点分为两轮摩托车和三轮摩托车，按排量分为50mL及以下、50～250mL（含）、250mL以上等。拖拉机按其使用性质分为兼用型拖拉机和运输型拖拉机，按功率分为14.7kW及以下和14.7kW以上两种。

种类、性质、座位、载重量、用途、排量、功率不同的汽车，其结构、性能、零件、材料等也有很大差异，其风险状况也不同，所以对保险人来说，经营汽车保险要从多方面增强风险控制，不同的机动车辆，收费要有所差别。同时，还要拥有一支懂汽车专业、知识结构不断更新的理赔队伍为保险标的的查勘定损工作服务。

2）汽车保险占财产险比重大。表1-3为我国近几年财产保险、汽车保险的保费收入情况。可见，历年我国汽车保险保费收入均占财产保险总保费收入的60%以上，汽车保险已成为各财产保险公司的“支柱险种”，其经营的好坏，直接关系到整个财产保险业的经济效益。

表1-3 2001～2012年我国财产保险保费收入与汽车保险保费收入情况

年　份	2001	2002	2003	2004	2005	2006	2007	2008	2009	2010	2011	2012
财险保费收入/亿元	685	778	869	1090	1230	1509	2086	2446	2992	3896	4779	5330
车险保费收入/亿元	422	472	545	744	855	1108	1484	1702	2155	3004	3504	4005
车险保费所占比例（%）	62	61	63	68	69	73	71	70	72	77	73	75

3）被保险人众多且差异大。截至2011年年底，全国机动车保有量达到2.25亿辆。数量巨多的车辆分布于民族、地域、学历、素质、风俗习惯等方面存在不同的众多被保险人手中，而汽车保险业务需要和每个投保人接触，需要和发生事故并索赔的每个被保险人接触，要融洽地处理好与众多接触对象的关系，需要汽车保险行业的从业人员素质高、能力强、见识广。

4）汽车保险是保险业运用新技术的试验田。由于汽车保险具有面广、量大等特点，便于新技术的推广。风靡全球的网上销售和电话销售，就是首先在汽车保险产品的销售上应用的，并取得了良好效果。我国也是在汽车保险业务上，首先采用IC卡及其技术支持系统进行风险管理、风险评估、电脑远程核保、远程出单和网上销售等业务的，而且未来还将进一步通过高技术手段改造传统车险产品。

5）汽车保险是各财产保险公司业务竞争的焦点。随着我国汽车工业的迅猛发展和人民生活水平的提高，汽车保有量呈逐年上升趋势，且上升速度较快，这对保险公司来说，汽车保险是一个保源相对稳定，且快速扩大的险种，所以各财产保险公司集中精兵强将，展开竞争。另一方面汽车保险能使保险公司接触到社会各界，可让社会各界通过车险这个窗口直接领略自己的承保是否热情、理赔是否真诚，进而树立良好的企业形象，吸引客户购买其他财产保险产品，因此，各公司对此倍加重视。

3. 从汽车保险业发展的角度看

1）汽车保险费率将实现市场化。我国汽车保险费率改革的演变过程如下。

2003年1月1日前，保监会在全国范围内实行统一的车险费率。

2002年8月，中国保监会下发《关于改革机动车辆保险条款费率管理制度的通知》，规定：自2003年1月1日起，在全国范围实施新的车险条款和费率管理制度，即要求各家保险公司自主制定条款和费率，报保监会备案即可。

2006年7月，我国推出交强险，全国价格统一。同时推出商业险A、B、C三套条款，要求各保险公司从中选择一套执行。A、B、C三套条款只是对车辆损失险、第三者责任险

的条款给予统一，附加险条款由各家保险公司自行开发。A、B、C 三套条款的费率基本一致，附加险的费率差别较大。

2007 年 4 月，中国保险行业协会又对已有的商业险 A、B、C 三套条款进行完善，并且主要的附加险也给予统一，此时主险、主要的附加险的费率都基本一致，只有其他的附加险条款和费率由各公司自行制订。

2008 年 2 月，交强险责任限额调整，价格也有一定幅度的降低，与此相对应，商业车险的价格也进行了调整。

总之，我国汽车保险的费率变革过程是最先实行统一价格，然后走向市场，后来又由于市场不十分完善，对主要条款的费率进行了统一。从各国实践看，费率厘定大都经历过从无序竞争，到在相当长时期实行刚性管理，然后，在条件成熟时再过渡到在确保保险人偿付能力基础上实行自由费率的管理体系。我国汽车保险费率变革也基本符合这一规律。

2）汽车保险市场发展潜力巨大。截至 2012 年年底，全国汽车保有量已达到 1.2 亿辆，而人口已超过 13 亿，人均汽车保有量远远低于美国、日本的水平。正是差距大，才有潜力可挖，表 1-4 为我国近几年的汽车产量，从中可以看出我国汽车工业发展迅猛，这对汽车保险市场的扩大有极大的促进作用。

表 1-4 我国 2001 ~ 2013 年汽车产量

年 份	2001	2002	2003	2004	2005	2006	2007	2008	2009	2010	2011	2012	2013
产量/万辆	234	325	444	507	570	728	888	931	1379	1826	1840	1927	2212

3）汽车使用者投保意识大大增强。随着私家车的增多和我国交强险的施行，人们购买保险的主动性大大增强。交通事故的存在、自然灾害的影响，使得多数有车者愿意通过购买保险把自己的用车风险转嫁于保险公司。如何购买汽车保险、如何索赔已成为多数车辆使用者讨论的话题，应该说，汽车保险成为诸多保险中人们保险意识最强的一个险种。

四、汽车保险发展简史

1886 年德国人卡尔·本茨获得了世界上第一项汽车发明专利，汽车问世了。

汽车作为交通工具之初，由于设施简陋、工艺粗糙、操纵性能一般、安全性能较差，驾驶人员的驾驶经验比较欠缺，再加之道路状况不好，驾车上路非常容易出事故。事故除了造成车辆自身损坏外，还经常导致他人财产损失和人身损害。汽车的这种使用风险，被精明的保险商瞅准，认为驾驶汽车存在财产损失和人身损害的可能，这是保险产生的商机。于是在 1895 年，英国的法律意外保险有限公司签发了世界上最早的汽车保险单，为汽车责任险保单，保险费为 10 ~ 100 英镑，于是汽车保险诞生了。1898 年，美国的旅行者保险公司签发了美国历史上第一份汽车人身伤害责任保险。1899 年，英国将汽车保险范围扩大到与其他车辆碰撞所造成的损失。1901 年，英国将汽车保险范围又扩大到盗窃和火灾等引起的损失。1902 年，美国第一张汽车损失保险单问世。1903 年，英国成立了第一家专门经营汽车保险的公司，即“汽车综合保险联合社”。1906 年，英国成立了“汽车保险有限公司”，该公司有专门工程技术人员，负责每年对保险汽车免费检查一次，这与目前我国对汽车保险的“验标核保”、提供风险控制建议等基本相同，所以这种成功的运作经

验极大地推进了汽车保险的发展。1927年，美国的马萨诸塞州首先将汽车造成他人的财产损失和人身伤害视为社会问题，于是公布实施了汽车强制保险法，成为世界上首次将汽车的第三者责任规定为强制责任保险的地区。1931年英国开始强制实施汽车责任保险。1936年，英国国会成立了强制责任保险调查小组，该小组于1937年提交了著名的“卡斯奥报告”。报告讨论了在实行强制汽车责任保险后，如果部分车辆所有人未依法投保责任险或者保险单失效时，受害人将无法得到保险人的赔偿，对此应如何处理的问题。但由于第二次世界大战于当年爆发，所以“卡斯奥报告”的建议当时没有付诸实施。1945年年底(第二次世界大战结束后)，英国根据“卡斯奥报告”的建议成立了“汽车保险人赔偿局”，规定当事故受害人因肇事者未依法投保责任险，或者保险单失效而无法得到赔偿时，由该局承担赔偿责任，受害人获得赔偿后，须将其向肇事者索赔的权利转移给汽车保险人赔偿局。目前，对肇事者逃逸，受害人无法得到保险赔偿的情况，也由该局负责赔偿。后来，日本、法国、德国等也纷纷实施了强制汽车责任保险。

总之，汽车保险是伴随着汽车的出现而产生的，在财产保险领域中属于一个相对年轻的险种。汽车保险的发展过程是先出现汽车责任保险，后出现车辆损失保险。汽车责任保险是先实行自愿方式，后实行强制方式。车辆损失保险一般是先负责保障碰撞危险，后扩大到非碰撞危险，如盗窃、火灾等。

1949年中国人民保险公司成立，开始开办汽车保险，不久后出现了争议，认为汽车保险以及第三者责任保险对于肇事者予以经济补偿，会导致交通事故的增加，对社会产生负面影响，于是中国人民保险公司1955年停办了汽车保险。20世纪70年代，随着我国对外关系的开展，各国纷纷与我国建立友好关系，为满足各国驻华使领馆汽车的保险需要，70年代中期，开始办理以涉外业务为主的汽车保险业务，1980年我国全面恢复国内保险业务，汽车保险也随之恢复。1983年11月我国将汽车保险更名为机动车辆保险，使其具有了更广泛的适用性。

从1980年之后，我国的汽车保险业步入了快速发展的轨道，在多个方面取得了喜人的成绩，主要如下：

1）车险条款日益完善。1985年，我国首次制订车险条款；保监会2000年颁布《机动车辆保险条款》；2003年，为适应保险市场化，要求各保险公司制订自己的条款，报保监会备案；2006年，推出交强险条款，同时推出商业险的A、B、C三套主险条款；2007年，保险行业协会又重新对商业险的A、B、C三套条款进行修正和补充。2012年，保险行业协会公布了《机动车辆商业保险示范条款》。

2）随着车辆的增多，全国保险市场承保的机动车辆迅速上升，保费收入迅速增长，2012年已超过4000亿元。目前我国车险保费收入占产险保费收入的60%以上，为产险公司支柱险种。

3）开办汽车保险业务的公司数量增多，由最初的中国人民保险公司一家，到现在的几十家。目前，大多数的产险公司都开展车险业务。表1-5为我国开展汽车保险业务的部分公司。其中，天平汽车保险股份有限公司、鑫安汽车保险股份有限公司、众诚汽车保险股份有限公司是我国专业汽车保险公司。

表1-5　开展车险业务的财产保险公司名录（2012年）

序号	保险公司名称	保费收入/万元	市场占比(%)	序号	保险公司名称	保费收入/万元	市场占比(%)
1	中国人民财产保险股份有限公司	19 301 796	35.33	22	长安责任保险股份有限公司	178 861	0.33
2	中国平安财产保险股份有限公司	9 878 620	18.08	23	浙商财产保险股份有限公司	229 333	0.42
3	中国太平洋财产保险股份有限公司	6 955 028	12.73	24	阳光农业相互保险公司	225 810	0.41
4	中华联合保险控股股份有限公司	2 455 581	4.50	25	大众保险股份有限公司	158 498	0.29
5	中国大地财产保险股份有限公司	1 790 222	3.28	26	安诚财产保险股份有限公司	137 581	0.25
6	中国人寿财产保险股份有限公司	2 354 180	4.31	27	紫金财产保险股份有限公司	231 343	0.42
7	阳光财产保险股份有限公司	1 465 958	2.68	28	渤海财产保险股份有限公司	152 757	0.28
8	中国出口信用保险公司	1 426 007	2.61	29	国元农业保险股份有限公司	198 382	0.36
9	天安保险股份有限公司	812 691	1.49	30	鼎和财产保险股份有限公司	147 433	0.27
10	安邦财产保险股份有限公司	706 371	1.29	31	信达财产保险股份有限公司	242 236	0.44
11	永安财产保险股份有限公司	702 533	1.29	32	安信农业保险股份有限公司	81 117	0.15
12	太平保险有限公司	776 815	1.42	33	华农财产保险股份有限公司	36 315	0.07
13	永诚财产保险股份有限公司	555 684	1.02	34	锦泰财产保险股份有限公司	49 197	0.09
14	华安财产保险股份有限公司	574 078	1.05	35	中煤财产保险股份有限公司	21 818	0.04
15	华泰财产保险股份有限公司	559 152	1.02	36	泰山财产保险股份有限公司	38 484	0.07
16	天平汽车保险股份有限公司	464 620	0.85	37	众诚汽车保险股份有限公司	25 755	0.05
17	都邦财产保险股份有限公司	309 650	0.57	38	长江财产保险股份有限公司	11 083	0.02
18	英大泰和财产保险股份有限公司	501 499	0.92	39	诚泰财产保险股份有限公司	4 156	0.01
19	安华农业财产保险股份有限公司	236 082	0.43	40	华信财产保险股份有限公司	602	0.00
20	中银保险有限公司	414 530	0.76	41	鑫安汽车保险股份有限公司	2 480	0.00
21	民安保险（中国）有限公司	212 989	0.39		中资机构合计	54 627 329	98.79

4）为汽车保险服务的中介机构增多。保险中介主要是指保险代理人、保险经纪人和保险公估人，这三类保险中介由于具有专业化、职业化、技术强、服务好的特点，适应了保险业结构调整和保险市场化发展要求的需要，所以近几年发展速度非常快。2002年末，我国专业保险中介机构仅有114家，到2012年年底，全国共有保险专业中介机构2532家，其中，保险中介集团公司3家，全国性保险专业代理机构92家，区域性保险专业代理机构1678家，保险经纪机构434家，保险公估机构325家。尤其是近几年，保险公估机构的发展与介入，对汽车保险理赔质量的提高有极大的促进作用。

5）各保险公司展开竞争。人保公司从1997年起在全国实行汽车保险名优工程，实行24h承保、理赔服务，出险30min内赶到现场，简化理赔手续，3000元以内赔款当日赔

付；平安、太保分别开展了电话服务、汽车救援服务等。

6）建立和完善了服务体系或者服务机制，以适应车辆流动性的特点，解决车辆异地出险后的处理工作。比如，建立全国统一的服务热线电话，对被保险人实行就近、快速的全方位服务，通过热线可以提供接受报案、业务咨询和受理投诉等多种内容的服务。

7）2004 年 5 月 1 日实施的《道路交通安全法》，在法律上明确了汽车责任保险的强制性。该法第 17 条规定，国家实行机动车第三者责任强制保险制度，设立道路交通事故社会救助基金。第 75 条规定，医疗机构对交通事故中的受伤人员应当及时抢救，不得因抢救费用未及时支付而拖延救治。肇事车辆参加机动车第三者责任强制保险的，由保险公司在责任限额范围内支付抢救费用；抢救费用超过责任限额的，未参加机动车第三者责任强制保险或者肇事后逃逸的，由道路交通事故社会救助基金先行垫付部分或者全部抢救费用，道路交通事故社会救助基金管理机构有权向交通事故责任人追偿。但《道路交通安全法》只是对强制责任保险做了一个原则性的规定。

8）2006 年 3 月 21 日由国务院总理温家宝签署了第 462 号国务院令后颁布的《机动车交通事故责任强制保险条例》，是对《道路交通安全法》相关规定的具体落实。《机动车交通事故责任强制保险条例》规定自 2006 年 7 月 1 日起施行机动车交通事故责任强制保险。交强险实施，利于道路交通事故受害人获得及时有效的经济保障和医疗救治，利于减轻交通事故肇事方的经济负担，利于促进驾驶人员增强安全意识，利于充分发挥保险的社会保障功能，维护社会稳定，这是我国在交通管理方面的一大进步，标志着我国汽车保险业的发展进入了一个崭新的阶段，是我国汽车保险制度发展方面迈出的一大步。

【本章小结】

1）保险理论中的风险，通常是指损害发生的不确定性。风险由三要素构成：风险因素、风险事故和风险损失。

2）风险管理基本程序包括风险的识别、风险的估测、风险管理方法的选择、实施风险管理的决策、风险管理效果的评价。风险管理方法分为控制型和财务型两类。控制型方法有风险避免、风险预防、风险抑制、风险集合和风险分散等。财务型方法有风险自留和风险转嫁。

3）保险是指投保人根据合同约定，向保险人支付保险费，保险人对于合同约定的可能发生的事故因其发生所造成的财产损失承担赔偿保险金责任，或者当被保险人死亡、伤残、疾病或者达到合同约定的年龄、期限等条件时承担给付保险金责任的商业保险行为。

4）现代商业保险包括五大要素：必须存在可保风险、大量同质风险的集合与分散、保险费率的厘定、保险基金的建立、保险合同的订立。

5）保险按保险标的分为财产保险和人身保险。财产保险又分为财产损失保险、责任保险、信用保证保险。人身保险分为人寿保险、意外伤害保险和健康保险等。

6）保险的职能有基本职能和派生职能之分。基本职能包括补偿损失职能和经济给付职能；派生职能包括融资职能和防灾防损职能。

7）保险市场是指保险商品交换关系的总和。保险市场受市场机制的制约，需要考虑价值规律、供求规律和竞争规律对保险经营的作用。保险市场由市场主体和市场客体两部分构成。

8）汽车保险是指以机动车辆为保险标的的保险，其保障范围包括车辆本身因自然灾害或意外事故导致的损失，及车辆所有人或其允许的合格驾驶员因使用车辆发生意外事故所负的赔偿责任。汽车保险既属于财产损失保险范畴，又属于责任保险范畴，是综合性保险。

【重要概念】

风险　风险因素　风险事故　风险损失　纯粹风险　投机风险　风险管理　可保风险　保险　公估人　财产保险　人身保险　责任保险　信用保险　足额保险　定值保险　不定值保险　保险市场　汽车保险

【技能训练】

【训练题 1-1】　台风“燕”过境，保监局组织保险公司理赔损失 5000 多万

2013 年 11 月 13 日海口网报道：截至 12 日中午 12 时，全省 12 家财产险公司共接到因台风暴雨所致的案件 3450 件，其中车险总报案数 2950 起，非车险 500 起，农险 176 起，企财险 195 起，工程险 47 起，意外险 3 起，其他险种 45 起，总报损金额 5670. 19 万元。

据新华保险海南分公司相关负责人介绍，11 月 12 日，公司接到报案，被保险人赵某 10 日在三亚值勤时遭遇台风，被树木砸伤脚部，当天在就近诊所治疗。公司接到报案信息后，理赔人员从海口赶赴三亚现场慰问核实，实施理赔预付管理，将 400 多元的保险金当即给付给了赵某，从报案到给付不足 5h。

就目前保险公司提供的统计数据表明，报案涉及的基本情况包括车险、工程险、农险、企财险、意外险。其中，接到的报案电话多数为企业财产和车辆受损。平安产险海南分公司表示，目前所有案件都在有序处理中，所有出险客户全部安排了专人跟踪，随时提供咨询服务。如客户的爱车不慎受损，在该公司合作快赔厂维修则可以享受先赔付再修车的便利，索赔资料交由公司后，客户只需等待理赔即可。

思考题：

1）按风险的分类，本报道中涉及哪些风险种类？

2）按保险标的的分类依据，本报道中共涉及哪些种类？

3）本报道体现了保险的什么作用？

【训练题 1-2】　汽车全损的赔偿问题

车主李某给自己用了 4 整年的爱车投保了交强险、第三者责任险、车辆损失险等。其中，车辆损失险是按照新车购置价格 10 万元确定的保险金额。某日李某开车途中，由于驾驶疏忽，与路边电线杆相撞，并导致车辆起火。经过路人员施救，李某被从车中救出，而车辆火灾由于没有得到及时控制，导致全车过火，损失严重。经保险公司人员查勘，认为车辆达到报废程度，此次事故属于车辆碰撞事故，为车辆损失险赔偿范围，按车辆折旧并扣除残值 1200 元，保险公司赔偿李某车辆损失 7 万元。李某不同意，双方产生纠纷。

思考题：

1）车辆损失险是定值保险还是不定值保险？二者的赔偿有何区别？

2）保险公司采用上述赔偿方式有何好处？

【工作页】

汽车保险基础工作页

教师布置日期：　　年　　月　　日　　　　　　　　　　个人完成时间：　　（分钟）

问题： 若想今后在汽车保险行业工作，应了解哪些保险方面的基础知识呢？	任务： 作为一名汽车保险行业从业人员，应掌握保险基础知识，以便为从事相关岗位工作打下坚实基础。
车险基础知识要点：	
工作步骤	注意事项
1. 常见的导致车辆自身损失的风险有哪些？	
2. 车辆在使用过程中因发生意外事故，容易造成哪些责任风险？	
3. 车辆除了因意外事故导致车辆自身损失和相关赔偿责任外，还容易导致哪些损失？	
4. 汽车保险有何作用？	
5. 如何签订车险合同？	
6. 合同期间，双方应遵循什么原则？	
学习纪要：	

【知识习题】

1. 填空题

1）纯粹风险导致的结果有________和________。

2）风险管理方法分为________和________两类。

3）从经济学角度看，保险是________的财务安排。

4）保险的基本职能包括________和________，派生职能包括________和________。

5）保险市场类型分为________、________、________和________四种。

6）我国车险保费收入占财产保险保费收入的比例约为________。

7）世界上最早的汽车保险单是________年由英国的法律意外保险有限公司签发。1927年，________公布实施了汽车强制保险法，为世界上首次将汽车第三者责任规定为强制责任保险的地区________年英国开始强制实施汽车责任险。20世纪50年代初，中国人保公司开办了汽车保险。但不久后出现争议，于是________年我国停办汽车保险业务。1983年11月我国将汽车保险更名为________。

8）我国交强险于________开始实施。

2. 简答题

1）风险有哪些特征？

2）风险要素有哪些？它们相互之间是什么关系？

3）风险管理的方法有哪些？

4）何谓保险？

5）保险的构成要素有哪些？

6）原保险与再保险有哪些区别？

7）汽车保险有哪些特点？

8）简述汽车保险的发展历史。

9）保险市场的构成要素有哪些？

10）我国保险市场有哪些特点？

3. 案例题

某财产实际价值10万元，假若分别以15万元、10万元、5万元的保险金额在某保险公司投保，则构成了超额保险、足额保险、不足额保险。

1）若发生了保险事故，导致保险标的全损，则三种投保方式分别如何赔偿？

2）若发生了保险事故，导致保险标的损失5万元，则三种投保方式分别如何赔偿？

学习任务二

汽车保险合同与原则

【任务描述】

通过“汽车保险合同与原则”任务的学习，要求学生：

1. 掌握保险合同的特征、内容与形式、主体与客体、订立与生效、履行与变更、解除与终止、解释原则与争议处理；

2. 掌握最大诚信原则的内容、保险利益的构成、近因的判定、损失补偿的限度、代位原则的规定、分摊原则的计算。

学习单元1　汽车保险合同

导入案例

某企业一辆载货汽车，因使用年限已久且明显老化，经上级主管部门批准予以报废。但该企业并未将车辆按照规定的报废手续处理，而是以数千元的价格卖给了王某。王某将该车加以拼装整修后，通过非法关系办理了车辆的年审合格假证，再以1.5万元的价格卖给了赵某。赵某明知该车有“问题”，但也抵不住低价诱惑而将车买下，并向某保险公司投保了机动车辆损失保险，保险金额为6万元。

数月后，该车在使用时翻入了路旁的沟内，损毁较重。查勘员在仔细检查车辆相关证件时，发现证件有问题。经请示领导后，拒绝赔偿，但赵某不同意保险公司的拒绝主张，双方产生纠纷。

由案情可知，本案中的赵某，明知该车有问题，仍以低价买入，投保时不仅超额投保了机动车辆损失保险，还隐瞒了该车的真实情况，违反了被保险人应该如实告知的义务。根据《保险法》第17条第二款和第三款的规定：“投保人故意隐瞒事实，不履行如实告知义务的，或者因过失未履行如实告知义务，足以影响保险人决定是否同意承保或者提高保险费率的，保险人有权解除保险合同。投保人故意不履行如实告知义务的，保险人对于保险合同解除前发生的保险事故，不承担赔偿或者给付保险金的责任，并不退还保险费。”因此，保险公司有权解除该保险合同，并不负已经发生的交通事故的赔偿责任，甚至可以不退保费。

同时，根据《民法通则》第58条的有关规定，“一方以欺诈、胁迫或者乘人之危，使对方在违背真实意思的情况下所为的”民事行为无效，赵某以不合格车辆投保，隐瞒事实，属于欺诈行为，所以，该保险合同是无效合同，从开始订立起就没有任何法律效力，等于是白花保险费。

一、保险合同的特征

保险合同是投保人与保险人约定保险权利义务关系的协议。

1. 保险合同是双务合同

双务合同是指双方当事人都要承担一定的义务，如保险合同中被保险人应维护保险标的的安全，保险人应赔偿保险事故中标的损失和施救费用。

2. 保险合同是有偿合同

有偿合同是指合同双方当事人的权利取得需花费一定代价，如保险合同中投保人以支付保险费为代价获得保险的保障，而保险人收取保费的前提是承诺当保险标的发生保险事故后给予经济补偿。

3. 保险合同是附和合同

附和合同是指合同双方当事人不充分商议合同的重要内容，而是由一方提出合同的主要内容，另一方只能取与舍，即要么接受对方提出的合同内容、签订合同，要么拒绝。保险合同中，其主要内容一般由保险人事先拟定好，供投保人或被保险人选择，没有变更或修改的余地。

4. 保险合同是射幸合同

射幸是指偶然或不确定的意思。射幸合同是指当事人双方在签订合同时不能确定履行内容的合同。保险合同即此种合同，比如，如果保险标的发生保险事故，那么保险人必须依照合同赔偿被保险人的经济损失，并且赔偿额度往往超过投保人所付保费，而若保险标的在保险期内没有发生保险事故，则保险人只收取保费却无任何赔偿。

5. 保险合同具有属人性

保险标的的出险概率往往与被保险人的年龄、性别、职业、习惯等有一定的相关性，所以当保险标的转让时，需考虑被保险人的相关情况，经保险人同意后，方可办理保险的变更手续。

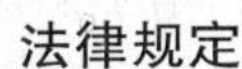

法律规定

《保险法》第10条第1款：保险合同是投保人与保险人约定保险权利义务关系的协议。

二、保险合同的形式

保险合同形式主要有投保单、保险单、保险凭证、暂保单和批单五种。

1. 投保单

投保单是投保人向保险人申请订立保险合同的书面要约。投保单是保险人承保的依据，保险合同成立后，投保单是保险合同的重要组成部分。

2. 保险单

保险单是保险人和投保人之间订立保险合同的正式书面文件，是保险人向被保险人履行赔偿或给付义务的依据。

3. 保险凭证

保险凭证是保险人签发给投保人或被保险人证明保险合同已经订立的书面凭证，是一种简化的保险单，与保险单具有同等的法律效力。

4. 暂保单

暂保单是保险人或保险代理人向投保人出具保险单或保险凭证之前签发的临时保险凭证。暂保单的法律效力等同于保险单或保险凭证。暂保单的有效期限较短，一般只有30天，且当保险单或保险凭证出具后，暂保单将自动失效。保险人可以在保险单出具前终止暂保单，但必须提前通知被保险人。

5. 批单

批单是保险合同双方当事人对于保险单的内容进行修改或变更的证明文件。批单是保险合同的重要组成部分。批单的内容与原保险合同内容冲突的，以批单为准；多次批改签发的批单，应以最后批改的批单为准。批单的形式有两种：一种是在原保险单或保险凭证上批注（背书）；另一种是出立一张变更保险合同内容的附贴便条。

三、保险合同的主体、客体和内容

1. 保险合同主体

保险合同主体是指在保险合同订立、履行过程中享有合同赋予的权利和承担相应义务的人。根据在合同订立、履行过程中发挥的作用不同，保险合同的主体分为当事人和关系人两类。当事人包括保险人和投保人，关系人包括被保险人和受益人。

2. 保险合同客体

保险合同客体是投保人对保险标的的保险利益，表现为因保险标的完好无损而使其受益，因保险标的遭受损坏而使其蒙受经济损失。

3. 保险合同内容

保险合同内容是投保人、被保险人与保险人之间所约定的权利与义务及其他有关事项，用条款的方式写在保险合同中，它是双方履行合同义务、承担法律责任的依据。当保险合同生效后，双方都必须遵守合同的内容。保险合同的内容分为基本内容和约定内容。

基本内容是《保险法》规定必须列明的、涉及合同双方当事人权利义务的内容，是保险合同必不可少的组成部分。当保险合同的基本内容不能完全表达当事人双方的意愿时，当事人双方可以通过协商约定其他内容，这些称为保险合同的约定内容。

法律规定

《保险法》第18条：保险合同应当包括下列事项：

（一）保险人的名称和住所；

（二）投保人、被保险人的姓名或者名称、住所，以及人身保险的受益人的姓名或者名称、住所；

（三）保险标的；

（四）保险责任和责任免除；

（五）保险期间和保险责任开始时间；

（六）保险金额；

(七) 保险费以及支付办法;

(八) 保险金赔偿或者给付办法;

(九) 违约责任和争议处理;

(十) 订立合同的年、月、日。

投保人和保险人可以约定与保险有关的其他事项。

受益人是指人身保险合同中由被保险人或者投保人指定的享有保险金请求权的人。投保人、被保险人可以为受益人。

保险金额是指保险人承担赔偿或者给付保险金责任的最高限额。

四、保险合同的订立与生效

1. 保险合同的订立

保险合同的订立是指投保人和保险人在意思表达一致时双方订立保险合同的行为。合同的订立包括要约阶段和承诺阶段。要约阶段是投保人向保险人提出保险要求的意思表示。承诺阶段是保险人同意投保人提出的保险要求的意思表示。在保险实务中，由于保险合同是附和合同，所以投保人的要约为书面要约形式，即填写投保单，而保险人接到投保单，经审核没有异议后签字盖章，并出具保险单或保险凭证，保险合同即告成立。

2. 保险合同

保险合同的生效是指保险合同对当事人双方发生约束力，即合同条款产生法律效力。一般的合同成立即生效。但是，在保险实践中，保险合同往往约定在合同成立后的某一时间生效。同时，我国保险实务中普遍实行“次日零点起保”。所以保险合同的成立和生效往往不一致。保险合同即使已经订立，但生效前发生的保险事故，保险人不承担赔偿责任。

法律规定

《保险法》第13条 投保人提出保险要求，经保险人同意承保，保险合同成立。保险人应当及时向投保人签发保险单或者其他保险凭证。

保险单或者其他保险凭证应当载明当事人双方约定的合同内容。当事人也可以约定采用其他书面形式载明合同内容。

依法成立的保险合同，自成立时生效。投保人和保险人可以对合同的效力约定附条件或者附期限。

第14条 保险合同成立后，投保人按照约定交付保险费，保险人按照约定的时间开始承担保险责任。

第19条 采用保险人提供的格式条款订立的保险合同中的下列条款无效:

(一) 免除保险人依法应承担的义务或者加重投保人、被保险人责任的;

(二) 排除投保人、被保险人或者受益人依法享有的权利的。

五、保险合同的履行

保险合同的履行，分为投保人义务的履行和保险人义务的履行两种。

1. 投保人义务的履行

投保人作为合同的当事人之一，其应尽的义务包括：

1）投保人必须按约定的缴费期限、保险费数额、缴纳方式履行自己的缴费义务。及时缴纳保险费是合同生效的必要条件。

2）保险合同生效后，投保人或被保险人应当遵守国家有关消防、安全、生产操作、劳动保护等方面的规定，维护保险标的的安全。如果投保人或被保险人未履行上述义务，保险人有权要求增加保险费或解除合同。

3）当保险标的危险程度增加时，投保人或被保险人应及时通知保险人，否则，因保险标的危险程度增加而发生的保险事故，保险人不承担赔偿责任。

4）当发生保险合同约定的保险事故后，被保险人应当及时通知保险人。否则，由此造成的损失扩大，保险人将不承担扩大部分的保险责任。

5）当保险事故发生后，被保险人应当积极采取各种施救措施，防止损失程度的扩大。否则，对保险标的因此而扩大的损失，保险人有权拒绝承担赔付责任。施救费用在保险金额外另行计算，不得超过保险金额。

2. 保险人义务的履行

1）在订立保险合同时，保险人有义务向投保人详细说明保险合同的各项条款和含义，尤其是对责任免除条款必须明确说明，否则，该条款不产生效力。

2）保险合同成立后，保险人应及时签发保险单证。

3）保险事故发生后，保险人应积极查勘、准确定损、及时支付赔偿金。否则，由此造成被保险人或受益人损失的，保险人除赔付保险金外，还要承担违约责任。

4）保险人应赔偿被保险人合理的施救费用及其他费用，例如，核定事故性质和评估保险标的损失的费用、仲裁费用、诉讼费用等。

5）保险人应为在订立和履行保险合同的过程中所知晓的投保人、被保险人的秘密、隐私以及其他不愿公开的事项保密。

六、保险合同的变更

保险合同的变更是指在保险合同有效期内，当事人依法对合同条款所做的修改和补充。变更主要包括三种：合同主体的变更、合同客体的变更和合同内容的变更。

1. 保险合同主体的变更

这是指合同当事人或关系人的变更，主体变更不会改变合同的权利义务和客体，其变更对象主要是投保人、被保险人或受益人，而保险人一般不会变更，只有当保险人破产、被责令停业、公司合并或分立时，才可能出现保险人变更。

2. 保险合同客体的变更

保险合同客体通常是因保险标的价值变化而引起保险利益的变化，如随新车价格降低、汽车的使用损耗等会使投保人的汽车价值减少，进而使投保人对汽车的保险利益减少，所以此时投保人或被保险人应向保险人提出，经其同意后在保险单上注明，以改变保费交纳的数额。

3. 保险合同内容的变更

保险合同内容变更是指主体权利义务的变更，一般由投保人根据实际需要或法律规定而提出，经双方协商一致后，给予变更。如汽车使用性质发生改变的，投保人需要变更合同的内容。

法律规定

《保险法》第 20 条　投保人和保险人可以协商变更合同内容。

变更保险合同的，应当由保险人在保险单或者其他保险凭证上批注或者附贴批单，或者由投保人和保险人订立变更的书面协议。

七、保险合同的解除与终止

1. 保险合同的解除

保险合同的解除是指保险合同有效成立之后，有效期届满之前，保险合同当事人双方协议或一方行使合同解除权，使合同关系归于消灭的法律行为。保险合同的解除分为投保人解除和保险人解除。

法律规定

《保险法》第 15 条　除本法另有规定或者保险合同另有约定外，保险合同成立后，投保人可以解除合同，保险人不得解除合同。

第 50 条　货物运输保险合同和运输工具航程保险合同，保险责任开始后，合同当事人不得解除合同。

第 54 条　保险责任开始前，投保人要求解除合同的，应当按照合同约定向保险人支付手续费，保险人应当退还保险费。保险责任开始后，投保人要求解除合同的，保险人应当将已收取的保险费，按照合同约定扣除自保险责任开始之日起至合同解除之日止应收的部分后，退还投保人。

1）投保人解除保险合同。一般情况下，投保人有随时解除保险合同的权利，可在合同生效前解除，也可在合同生效后解除。合同生效前解除的，投保人应当向保险人支付一定的手续费，保险人应当退还保险费。合同生效后解除的，保险人按短期费率收取自保险责任开始之日起至合同解除之日止期间的保险费，并退还剩余部分保险费。

但有特殊规定的保险合同，投保人是不得解除的，比如，货物运输和运输工具航程等保险合同，保险责任开始后不允许解除；强制险的保险合同不允许解除等。

2）保险人解除保险合同。一般情况下，保险人不得随意解除保险合同。但当投保人、被保险人有违约或违法行为时，保险人也可以解除保险合同。

法律规定

《保险法》第 16 条　订立保险合同，保险人就保险标的或者被保险人的有关情况提出询问的，投保人应当如实告知。

投保人故意或者因重大过失未履行前款规定的如实告知义务，足以影响保险人决定是否同意承保或者提高保险费率的，保险人有权解除合同。

前款规定的合同解除权，自保险人知道有解除事由之日起，超过30日不行使而消灭。自合同成立之日起超过两年的，保险人不得解除合同；发生保险事故的，保险人应当承担赔偿或者给付保险金的责任。

投保人故意不履行如实告知义务的，保险人对于合同解除前发生的保险事故，不承担赔偿或者给付保险金的责任，并不退还保险费。

投保人因重大过失未履行如实告知义务，对保险事故的发生有严重影响的，保险人对于合同解除前发生的保险事故，不承担赔偿或者给付保险金的责任，但应当退还保险费。

保险人在合同订立时已经知道投保人未如实告知的情况的，保险人不得解除合同；发生保险事故的，保险人应当承担赔偿或者给付保险金的责任。

保险事故是指保险合同约定的保险责任范围内的事故。

第27条　未发生保险事故，被保险人或者受益人谎称发生了保险事故，向保险人提出赔偿或者给付保险金请求的，保险人有权解除合同，并不退还保险费。

投保人、被保险人故意制造保险事故的，保险人有权解除合同，不承担赔偿或者给付保险金的责任；除本法第43条规定外，不退还保险费。

保险事故发生后，投保人、被保险人或者受益人以伪造、变造的有关证明、资料或者其他证据，编造虚假的事故原因或者夸大损失程度的，保险人对其虚报的部分不承担赔偿或者给付保险金的责任。

投保人、被保险人或者受益人有前三款规定行为之一，致使保险人支付保险金或者支出费用的，应当退回或者赔偿。

第49条　保险标的转让的，保险标的的受让人承继被保险人的权利和义务。

保险标的转让的，被保险人或者受让人应当及时通知保险人，但货物运输保险合同和另有约定的合同除外。

因保险标的转让导致危险程度显著增加的，保险人自收到前款规定的通知之日起30日内，可以按照合同约定增加保险费或者解除合同。保险人解除合同的，应当将已收取的保险费，按照合同约定扣除自保险责任开始之日起至合同解除之日止应收的部分后，退还投保人。

被保险人、受让人未履行本条第二款规定的通知义务的，因转让导致保险标的的危险程度显著增加而发生的保险事故，保险人不承担赔偿保险金的责任。

第51条　被保险人应当遵守国家有关消防、安全、生产操作、劳动保护等方面的规定，维护保险标的的安全。

保险人可以按照合同约定对保险标的的安全状况进行检查，及时向投保人、被保险人提出消除不安全因素和隐患的书面建议。

投保人、被保险人未按照约定履行其对保险标的的安全应尽责任的，保险人有权要求增加保险费或者解除合同。

保险人为维护保险标的的安全，经被保险人同意，可以采取安全预防措施。

第52条　在合同有效期内，保险标的的危险程度显著增加的，被保险人应

当按照合同约定及时通知保险人，保险人可以按照合同约定增加保险费或者解除合同。保险人解除合同的，应当将已收取的保险费，按照合同约定扣除自保险责任开始之日起至合同解除之日止应收的部分后，退还投保人。

被保险人未履行前款规定的通知义务的，因保险标的的危险程度显著增加而发生的保险事故，保险人不承担赔偿保险金的责任。

第58条　保险标的发生部分损失的，自保险人赔偿之日起30日内，投保人可以解除合同；除合同另有约定外，保险人也可以解除合同，但应当提前15日通知投保人。

合同解除的，保险人应当将保险标的未受损失部分的保险费，按照合同约定扣除自保险责任开始之日起至合同解除之日止应收的部分后，退还投保人。

2. 保险合同的终止

保险合同的终止是指保险合同双方当事人消灭保险合同确定的权利和义务的行为。常见的合同终止的原因如下：

1）当法律规定或合同约定的事由出现时，当事人通过行使解除权使保险合同效力终止。

2）保险合同因保险期限到期而终止，又称自然终止，这是最常见的一种方式。

3）在保险合同有效期内，保险事故发生后，保险人依合同规定履行了赔付保险金的全部责任后使合同终止，即保险合同因义务履行而终止。

4）保险标的发生部分损失，在保险人赔偿后，合同的双方当事人都可以行使终止权使合同效力终止。

5）因非保险事故引起保险标的全部灭失而导致保险合同终止。

3. 保险合同解除与终止的区别

1）直接原因不同。解除的直接原因是一方意思的表示或解除合同的协议；而终止的直接原因往往是合同到期、合同履行完毕或保险标的灭失等。

2）履行程度不同。解除通常是合同未到期，也未履行完毕，将正在生效的合同提前终止；而终止通常是合同到期、合同履行完毕。

3）法律后果不同。解除是提前解除合同，存在溯及既往的问题；而终止是合同权利义务归于消灭，不存在溯及既往的问题。

八、保险合同的解释原则和争议处理

1. 解释原则

在保险实践中，保险双方当事人由于种种原因对保险合同往往有不同的理解，经常引发保险纠纷，此时必须以一定的原则为准绳，正确解释合同的含义，并使双方均认同。解释保险合同的常用原则有文义解释、意图解释、有利于被保险人或受益人的解释、尊重保险惯例的解释。

1）文义解释是指对保险合同中所使用的文字词句用最通常含义进行解释。它是解释保险合同的最主要方法。

2）意图解释是指当用文义解释原则解释保险合同时，如果所使用的文字词句或者某

些条款可能做两种及以上解释，则应根据双方当事人订立合同时的真实意图来进行解释。

3）有利于被保险人或受益人的解释是指当保险合同某些条款出现一词多义时，并且各种解释都有一定道理时，应当做有利于被保险人或受益人（即合同非起草人）的解释。

4）尊重保险惯例的解释是指在对保险业专业用语和行业习惯用语做解释时，应考虑其在保险业中的特别含义，能为保险经营者所承认和接受。

法律规定

《保险法》第30条　采用保险人提供的格式条款订立的保险合同，保险人与投保人、被保险人或者受益人对合同条款有争议的，应当按照通常理解予以解释。对合同条款有两种以上解释的，人民法院或者仲裁机构应当作出有利于被保险人和受益人的解释。

2. 保险合同争议的处理

当保险合同双方对合同内容的解释产生异议，又无法达成妥协时，即产生了保险合同的争议。其处理方法通常有协商、仲裁和诉讼三种。

协商是指双方当事人本着互谅互让、实事求是的原则，在平等互利、合法的基础上自行解决争议。该处理方式双方气氛友好、处理事情的灵活性大并能节省仲裁或诉讼的费用。

仲裁是指双方当事人把保险合同的纠纷诉诸有关仲裁机关做出判断或裁决。该处理方式费用较诉讼低，且不公开进行，不至于损害双方的利益。

诉讼是指双方当事人请求人民法院依照法定程序，对于保险纠纷予以审查，并做出判决。该处理方式是司法活动，司法判决具有国家强制力，当事人必须执行。

学习单元2　保 险 原 则

导入案例

2008年初，某城镇的王某买来一辆长安面包车跑客运。同年2月，王某到保险公司以家庭自用车名义，为长安面包车购买了1年期的保险，其中包括车上人员责任险。

同年12月2日下午，王某驾驶面包车装载着8人从城镇开往赵庄乡，因操作不当，翻到河沟中致1人死亡，4人受伤，车辆严重受损。

事故发生后，王某共对死伤人员给予了9万余元的赔偿，并要求保险公司按双方签订的保险协议予以赔偿。

保险公司则以车辆改变了使用性质为由拒赔。双方协商未果，王某将保险公司告上法庭。

法院判决：保险公司不必承担赔偿责任。

由上述案情可知，王某将家庭自用性质的投保车辆用于了营运，擅自改变了保险车辆的用途，应属保险标的发生了重大变化，违背了保险诚信的基本原则，其诉讼请求缺乏依据，所以法院判定保险公司不必承担赔偿责任。

营运车辆以家庭自用车辆投保，这是一种很常见的投保人不履行诚信原则的现象，投保人隐瞒实情就是为了节省保费。殊不知这违背了保险的诚信原则，出险后会导致保险公司拒赔。

保险的基本原则是人们在保险业务的长期经营过程中总结出来的规律性的东西，是保险合同相关人员应当遵守的基本准则。深刻理解这些原则，对保险合同相关人员理解条款、分析案例、解决纠纷具有指导意义。保险的基本原则包括最大诚信原则、保险利益原则、近因原则、损失补偿原则，以及损失补偿原则派生出来的代位原则和分摊原则。

一、最大诚信原则

1. 最大诚信原则定义

诚信是指诚实和守信。讲诚信是做人的基本准则，是进行任何民事活动都必须遵循的。与一般民事活动不同，在保险活动中，对当事人的诚信要求更为严格，必须具有“最大诚信”。这是由保险经营对象的特殊性、保险合同双方信息的不对称性以及随合同的成立易诱发新的风险等特点决定的。具体如下：① 保险经营的对象是风险，不像有形产品，能通过严格的工艺流程控制产品的次品率，而风险是否发生、发生后损失程度是否能控制，与当事人的态度有很大关系。② 保险双方当事人所知晓的信息具有不对称性，投保人对保险标的情况非常熟悉，而保险人对保险合同内容、保险条款含义非常熟悉。③ 购买了保险后，被保险人容易放松对保险标的的防护而诱发较大的心理风险。因此，保险中只有双方都如实告知，诚实信用，遵守规定，才能使保险活动正常进行。

最大诚信原则是指保险合同的双方当事人在保险合同的签订和履行过程中，必须以最大的诚意，履行自己的义务，互不欺骗和隐瞒，恪守合同的约定，否则保险合同无效。

2. 最大诚信原则内容

最大诚信原则的内容包括告知、保证、弃权和禁止反言。

（1）告知　告知分为投保人告知和保险人告知两种。

投保人告知是指将保险标的的相关事项和被保险人的有关信息如实陈述给保险人。投保人告知的形式有无限告知和询问回答告知两种。无限告知是指法律对告知的内容没有具体的规定，只是要求投保人或被保险人自行尽量将保险标的的风险状况及其有关重要事实如实告知保险人。询问回答告知是指投保人或被保险人对保险人询问的问题必须如实告知，对询问以外的问题视为非重要事实，不需要告知。无限告知对投保人要求非常严格，大多数国家采取询问回答告知形式，我国保险法即规定采用此种形式。投保人的告知多表现为填写投保单。投保单中列出了保险人认定的重要问题，投保人如实填写即可。投保人告知的具体内容包括：合同订立时，与保险标的及其危险程度有关的重要事实；合同订立后，保险标的的危险程度增加、保险标的转让、保险事故发生、存在重复保险情况等。投保人违反告知义务的法律后果包括：投保人故意隐瞒事实，不履行如实告知义务的，或者因过失未履行如实告知义务，足以影响保险人决定是否同意承保或者提高保险费率的，保险人有权解除保险合同；投保人故意不履行如实告知义务的，保险人对于保险合同解除前发生的保险事故，不承担赔偿或者给付保险金的责任，并不退还保险费；投保人因过失未履行如实告知义务，对保险事故的发生有严重影响的，保险人对于保险合同解除前发生的保险事故，不承担赔偿或者给付保险金的责任，但可以退还保险费。

保险人告知是指保险人应当向投保人据实说明保险合同条款内容。保险人告知形式有明确列明和明确说明两种。明确列明是指保险人只需将保险的主要内容明确列明在保险合同中，即视为已告知投保人；明确说明是指保险人不仅应将保险的主要内容明确列明在保险合同中，还必须对投保人进行明确的提示和正确的解释。在国际上，通常只要求保险人采用明确列明的告知形式。我国为更好地保护被保险人的利益，要求保险人采用明确说明的告知形式。保险人告知的具体内容包括：合同订立时，保险人应当主动向投保人说明保险条款中保险责任、责任免除、投保人、被保险人义务等内容，尤其是要明确说明责任免除部分；其他可能会影响投保人做出投保决定的事实。保险人违反告知义务的法律后果是：未明确说明的保险合同中规定的有关保险人的责任免除条款，该条款不产生效力。

法律规定

保险事故是指保险合同约定的保险责任范围内的事故。

第17条 订立保险合同，采用保险人提供的格式条款的，保险人向投保人提供的投保单应当附格式条款，保险人应当向投保人说明合同的内容。

对保险合同中免除保险人责任的条款，保险人在订立合同时应当在投保单、保险单或者其他保险凭证上作出足以引起投保人注意的提示，并对该条款的内容以书面或者口头形式向投保人作出明确说明；未作提示或者明确说明的，该条款不产生效力。

(2) 保证 保证是指投保人或被保险人根据保险合同的规定，在保险期间对某一投保事项的作为或不作为，或某种事态的存在或不存在向保险人作出的承诺。

保证分为明示保证和默示保证。

明示保证是以语言、文字和其他习惯方式在保险合同内说明的保证。明示保证按事项内容又可以分为确认保证和承诺保证。确认保证是指投保人对过去或现在某种事态存在或不存在的保证，其所保证的事项不涉及将来。承诺保证是指投保人对将来某一特定投保事项的作为或不作为。违反确认保证的，保险合同自始无效，故意违反的，不退还保险费，过失违反的，可退还保险费；违反承诺保证的，自违反之时起保险合同归于无效，并不退还保险费。

默示保证是指在保险单中，虽没有文字明确列出，但在习惯上已经被社会公认为是投保人或被保险人应该遵守的规则，例如，要求被保险的车辆必须有正常的行驶能力等。

对于保证条款，包括明示保证和默示保证，投保人或被保险人应严格遵守，一旦违反，无论是否给保险人造成损害，保险人均有权解除合同，并不承担赔偿或给付保险金的责任。

(3) 弃权和禁止反言 弃权是指保险合同的当事人放弃其在保险合同中可以主张的权利。禁止反言是指保险合同的一方当事人既然已经放弃了这种权利，当保险合同生效后，就不得反悔再向对方主张这种权利。在保险活动中，弃权和禁止反言主要是用以约束保险人的。

二、保险利益原则

1. 保险利益原则定义

保险利益是指投保人或被保险人对保险标的具有的法律上承认的利益，即在保险事故发生时，可能遭受的损失或失去的利益。

保险利益原则是指在保险合同签订时，投保人或被保险人对保险标的必须具有保险利益；在保险合同有效期内，投保人或被保险人不能失去对标的的保险利益，否则合同将失效。例如，一行人将路边停放的汽车投保，由于他对该车不具有保险利益，所以签订的合同无效；如果这位行人对自己拥有的汽车投保，则保险合同有效；但当车辆转让他人后，由于他对该车辆失去了利益，所以合同也随之失效，如果此时车辆再发生事故，保险公司便不会对其进行赔偿。保险法规要求，对此种情况，需要办理合同的变更手续，以维持合同继续有效。

法律规定

《保险法》第 12 条　人身保险的投保人在保险合同订立时，对被保险人应当具有保险利益。

财产保险的被保险人在保险事故发生时，对保险标的应具有保险利益。

人身保险是以人的寿命和身体为保险标的的保险。

财产保险是以财产及其有关利益为保险标的的保险。

被保险人是指其财产或者人身受保险合同保障，享有保险金请求权的人。投保人可以为被保险人。

保险利益是指投保人或被保险人对保险标的具有的法律上承认的利益。

第 48 条　保险事故发生时，被保险人对保险标的不具有保险利益的，不得向保险人请求赔偿保险金。

第 49 条　保险标的转让的，保险标的的受让人承继被保险人的权利和义务。

保险标的转让的，被保险人或者受让人应当及时通知保险人，但货物运输保险合同和另有约定的合同除外。

因保险标的转让导致危险程度显著增加的，保险人自收到前款规定的通知之日起 30 日内，可以按照合同约定增加保险费或者解除合同。保险人解除合同的，应当将已收取的保险费，按照合同约定扣除自保险责任开始之日起至合同解除之日止应收的部分后，退还投保人。

被保险人、受让人未履行本条第 2 款规定的通知义务的，因转让导致保险标的的危险程度显著增加而发生的保险事故，保险人不承担赔偿保险金的责任。

2. 保险利益构成条件

投保人或被保险人对保险标的所拥有的利益并非都可成为保险利益，保险利益必须符合一定的条件，具体如下：

1）保险利益必须是合法利益，即符合法律要求，为法律承认和受法律保护。对违法行为所产生的利益，不能成为保险标的，投保人或被保险人对其没有保险利益。例如，小偷对盗窃赃物的利益便不能成为保险利益。

2）保险利益必须是经济利益，即可以用货币估算其价值。保险实质是对被保险人遭

受的经济损失给予补偿。如果不能用货币衡量其价值损失，也就无法实现对损失的补偿。例如，亲人的照片、情人的书信，虽然所有人对其拥有利益甚至是重大利益，但由于该利益无法用金钱计算，所以不能构成保险利益。

3）保险利益必须是确定利益，包括已经确定的利益和可以确定的利益。已经确定的利益为现有利益，如车主对投保汽车的利益；尚未确定但可以确定的利益，为预期利益，如农民对投保的农产品的收成利益。现有利益比较容易确定，预期利益容易引起争议。

【案例 2-1】 抵押权人对抵押物是否拥有保险利益

王某与赵某为朋友，2000 年 10 月王某从公司辞职后，开始个体经营。开业之初，由于缺乏流动资金，王某向赵某提出借款，并愿意将自己的房子作为抵押，以保证按时还款。赵某觉得以房子作为抵押，自己的债权较有保证，同时为以防万一，赵某要为房子购买保险，王某表示同意，2000 年 10 月，双方到保险公司投了保，并且投保人和被保险人一栏中，都写了赵某的名字。2001 年初，王某家中不慎着火，房子全损，王某也身受重伤。得知事故后，赵某向保险公司提出了索赔，认为该事故属于保险责任，保险公司应当赔偿。保险公司认为尽管该房子的损失属于保险责任，但是房子并非赵某所有或使用，赵某对于房子没有保险利益，根据《保险法》第 12 条的规定，保险合同无效，保险公司应退还赵某所交的保费，不承担赔偿责任。经过几次交涉未果，赵某将保险公司告上了法庭。法院经过审理认为，赵某作为债权人，抵押物是否完好关系到抵押权能否实现，最终决定债权能否清偿，因此，发生保险事故后，赵某对房子拥有保险利益，保险公司应当进行赔偿。

案情分析：本案争议的焦点在于，抵押权人对投保财产是否拥有保险利益。根据《保险法》第 12 条的规定，保险利益指投保人对保险标的具有的法律上承认的利益，具体是指保险事故发生时，投保人可能遭受的损失或失去的利益。实际上，保险利益的形态是多种多样的。就本案而言，赵某为保证自己的抵押权获得实现，以自己为投保人为房子购买了保险，房子若损毁，赵某的抵押权随之消灭，其利益是受到影响的，因此，赵某因对房子具有抵押权而对房子拥有保险利益，保险合同有效，赵某有权向保险公司要求赔偿。

三、近因原则

1. 近因原则定义

近因是指造成保险标的损失的最直接、最有效、起主导作用或支配性作用的原因，而不是指在时间上或空间上与损失最接近的原因。

近因原则是指造成保险标的损失的近因是保险责任范围的，保险人承担损失赔偿责任；造成保险标的损失的近因不属于保险责任范围的，保险人不承担损失赔偿责任。在保险业务中，近因原则是认定保险责任的一个重要原则，对判定事故损失是否属于保险赔偿范围具有重要的意义。

2. 近因的判断

任何一起事故的理赔都必须坚持近因原则，所以对事故的近因判定非常关键。事故的近因判定可分为以下几类。

（1）单一原因造成的损失　该种情况下，造成损失的原因唯一，该原因即近因。若这一原因符合条款的保险责任范围，则保险人应赔偿事故损失；否则，保险人不应赔偿事故损失。例如，一投保了车辆损失保险的车辆，若因雹灾导致车辆受损，则雹灾为近因，且

雹灾属于车辆损失险的保险范围，所以保险人负责赔偿车辆损失；若因地震导致车辆受损，则地震为近因，而地震不属于车辆损失险的保险范围，所以保险人不负责赔偿车辆损失。

(2) 多种原因同时发生造成的损失　该种情况下，造成损失的多种原因均为近因。若这些原因均符合条款的保险责任范围，则保险人应赔偿事故损失；若这些原因均不符合条款的保险责任范围，则保险人不应赔偿事故损失；若这些原因中既有符合保险责任范围的，也有不符合保险责任范围的，且损失比例划分清楚，则保险责任范围内的原因导致的损失，保险人负责赔偿，而保险责任范围外的原因导致的损失，保险人不负责赔偿；如果损失比例难以划分清楚，则保险人不予赔偿或保险双方协商后按比例赔偿。例如，意外事故中对死亡人员“伤病比”的讨论，单纯的“伤”不会产生死亡结果，单纯的“病”也不会产生死亡结果，但在二者共同作用下导致了人的死亡，此时应确定两种因素对死亡结果的作用比例。

(3) 多种原因连续发生造成的损失　该种情况下，要分析前因与后因之间有无因果关系。若有因果关系，那么最先发生并造成一连串事故的前因为事故损失的近因。此时，只需要判断最先的原因是否属于保险责任范围。若无因果关系，只是时间有先后，则后因为事故近因。若后因属于保险责任范围，则保险人应负赔偿责任，否则，不负赔偿责任。如保险车辆暴雨中行驶时熄火，强行起动后导致发动机受损的案例，用近因原则分析可知：发动机受损的过程是“暴雨——强行起动——发动机受损”，有暴雨的前因，有强行起动的后因，但后因与前因之间没有必然联系，因此，该起事故的近因是强行起动发动机。

(4) 多种原因间断发生造成的损失　在一连串间断发生的原因中，有一项新的独立的原因介入，导致损失，若它为保险责任，保险人应负赔偿责任；反之，保险人不负赔偿责任。

四、损失补偿原则

1. 损失补偿原则定义

损失补偿原则是指当保险标的发生保险责任范围内的损失时，保险人按照合同规定，给予被保险人一定的保险赔偿，使被保险人恢复到受灾前的经济原状，但不能因损失而获得额外利益。损失补偿是保险的基本职能，通过保险补偿，避免被保险人因保险事故造成的损失而影响生产或生活的稳定。

2. 损失补偿方式

(1) 保险人履行损失赔偿责任的方式　保险人履行损失赔偿责任的方式有现金给付、重置和维修三种。

1) 现金给付是财产保险的最常见的损失补偿方式，它简单方便、结案迅速，深受欢迎，如机动车第三者责任险中的人身伤害的赔偿。

2) 重置是指保险人重新购置与保险标的相同或相似的物品给予被保险人作为补偿，如汽车玻璃破碎的赔偿。

3) 维修是指当保险标的受损时，保险人采用维修的办法，将保险标的的性能恢复到未受损时的状况，如车辆损失的赔偿。

(2) 保险人履行损失赔偿责任的限度　保险人履行损失赔偿责任时，必须把握三个限度，以保证被保险人既能恢复失去的经济利益，又不会因保险赔款而额外受益。

1）以实际损失为限，即保险赔偿金额不能超过保险标的损失时的市价。

2）以保险金额为限，即保险赔偿金额不得高于保险金额。

3）以保险利益为限，即被保险人获得的赔款，不得超过对被损财产所具有的保险利益。

【案例2-2】 某房屋价值50万元，房主投保了半年的火灾保险，保额50万元。由于市场波动，1个月后该房市价变为40万元，如果此时发生火灾，房屋全损，那房主可从保险公司获得40万元的赔偿，这是以实际损失为限。2个月后该房市价又变为60万元，如果此时发生火灾，房屋全损，那房主可从保险公司获得50万元的赔偿，这是以保险金额为限。9个月后该房市价又变为50万元，此时，房主向银行贷款30万元，并以房屋做抵押，银行为安全起见，将该房屋投了为期1年的火灾保险，保险金额50万元，如果刚买了保险后发生火灾，房屋全损，那银行可从保险公司获得30万元的赔偿，这是以保险利益为限。可见，保险的补偿以保险金额、实际损失、保险利益中最小的为赔偿限度。

五、代位原则

1. 代位原则的定义

代位原则是损失补偿原则的派生原则。

代位原则是指保险人依照约定，对被保险人遭受的损失进行赔偿后，依法取得向对损失负有责任的第三者进行追偿的权利，或取得被保险人对保险标的的所有权。其中，依法取得向对损失负有责任的第三者进行追偿的权利，为权利代位，又称代位追偿；依法取得被保险人对保险标的的所有权，为物上代位，所以代位原则包括权利代位和物上代位两部分。

2. 权利代位产生条件

产生代位追偿权，必须具备三个条件：

1）保险标的的损失必须是由第三者造成的，依法应由第三者承担赔偿责任。

2）保险标的的损失是保险责任范围内的损失，根据合同约定，保险公司理应承担赔偿责任。

3）保险人必须在赔偿保险金后，才能取代被保险人的地位与第三者产生债务债权关系。

3. 权利代位的规定

保险人通过代位追偿得到的第三者赔偿额度，只能以保险人支付给被保险人的实际赔偿额为限，超出部分的权利属于被保险人，保险人无权处理。例如，保险人在支付了15 000元的保险赔款后向有责任的第三方追偿，追偿款为20 000元，则将多余的5000元退还给被保险人。

代位追偿的对象是负民事赔偿责任的第三者，既可以是法人、自然人，也可以是其他经济组织，但保险人不得对被保险人的家庭成员或者其组成人员行使代位追偿权利，除非被保险人的家庭成员或者其组成人员为故意造成保险事故。

保险人向负民事赔偿责任的第三者行使代位请求赔偿的权利，不影响被保险人就未取得赔偿的部分向第三者请求赔偿的权利。

保险事故发生后，保险人未赔偿保险金之前，被保险人放弃对第三者的请求赔偿权利的，保险人不承担赔偿保险金的责任。保险人向被保险人赔偿保险金后，被保险人未经保险人同意放弃对第三者请求赔偿的权利的，该行为无效。由于被保险人的过错致使保险人不能行使代位请求赔偿权利的，保险人可以相应扣减保险赔偿金。

法律规定

《保险法》第60条 因第三者对保险标的的损害而造成保险事故的，保险人自向被保险人赔偿保险金之日起，在赔偿金额范围内代位行使被保险人对第三者请求赔偿的权利。

前款规定的保险事故发生后，被保险人已经从第三者取得损害赔偿的，保险人赔偿保险金时，可以相应扣减被保险人从第三者已取得的赔偿金额。

保险人依照本条第一款规定行使代位请求赔偿的权利，不影响被保险人就未取得赔偿的部分向第三者请求赔偿的权利。

第61条 保险事故发生后，保险人未赔偿保险金之前，被保险人放弃对第三者请求赔偿的权利的，保险人不承担赔偿保险金的责任。

保险人向被保险人赔偿保险金后，被保险人未经保险人同意放弃对第三者请求赔偿的权利的，该行为无效。

被保险人故意或者因重大过失致使保险人不能行使代位请求赔偿的权利的，保险人可以扣减或者要求返还相应的保险金。

第62条 除被保险人的家庭成员或者其组成人员故意造成本法第60条第一款规定的保险事故外，保险人不得对被保险人的家庭成员或者其组成人员行使代位请求赔偿的权利。

第63条 保险人向第三者行使代位请求赔偿的权利时，被保险人应当向保险人提供必要的文件和所知道的有关情况。

4. 物上代位

物上代位实际上是一种物权的转移，当保险人在处理标的物时，若得到的利益超过赔偿的金额，则应属保险人所有。

法律规定

《保险法》第59条 保险事故发生后，保险人已支付了全部保险金额，并且保险金额等于保险价值的，受损保险标的的全部权利归于保险人；保险金额低于保险价值的，保险人按照保险金额与保险价值的比例取得受损保险标的的部分权利。

六、分摊原则

分摊原则是损失补偿原则的另一派生原则。

1. 分摊原则定义

分摊原则适用于重复保险。重复保险是指投保人对同一标的、同一保险利益、同一保险事故分别与两个以上保险人订立保险合同，其保险金额总和超过保险标的的实际价值的保险。重复保险是允许的，但不允许重复赔款，几个保险人只能按一定原则分摊被保险人的损失，以防止被保险人获得超过实际损失以外的不当利益，从而引发道德风险。

2. 分摊方式

重复保险的保险人之间分摊赔款的方式有三种：比例责任分摊、限额责任分摊和顺序责任分摊。其中，比例责任分摊应用最多。

比例责任分摊是将各保险人的保险金额相加，除以各个保险人的保险金额，得出每个保险人应分摊的比例，然后按比例分摊损失金额。即

$$赔款 = 损失金额 \times \frac{该保险人的保险金额}{各保险人保险金额总和}$$

限额责任分摊是假定在没有重复保险的情况下，由各保险人单独应负的责任限额比例分摊损失金额。即

$$赔款 = 损失金额 \times \frac{该保险人责任限额}{各保险人责任限额总和}$$

顺序责任分摊是根据多个保险合同生效的先后顺序，由先出立保单的保险人首先负责赔偿，第二个保险人只负责赔偿超出第一个保险人保险金额的部分，如果仍有超出部分，即依次由第三、第四个保险人负责赔偿。因这种分摊方式不符合公平原则，所以目前很少使用。

法律规定

《保险法》第56条 重复保险的投保人应当将重复保险的有关情况通知各保险人。

重复保险的各保险人赔偿保险金的总和不得超过保险价值。除合同另有约定外，各保险人按照其保险金额与保险金额总和的比例承担赔偿保险金的责任。

重复保险的投保人可以就保险金额总和超过保险价值的部分，请求各保险人按比例返还保险费。

重复保险是指投保人对同一保险标的、同一保险利益、同一保险事故分别与两个以上保险人订立保险合同，且保险金额总和超过保险价值的保险。

【案例2-3】 某人将一批财产先后向A、B两家保险公司投保，保额分别为6万元和4万元。如果保险财产发生保险事故损失5万元，A、B两家保险公司应分别赔付多少？

按比例责任分摊：

A保险公司的赔偿额 =5×6÷（6+4）万元 =3万元

B保险公司的赔偿额 =5×4÷（6+4）万元 =2万元

按限额责任分摊：

A保险公司的赔偿额 =5×5÷（5+4）万元 =25/9万元

B保险公司的赔偿额 =5×4÷（5+4）万元 =20/9万元

按顺序责任分摊：

A保险公司的赔偿额 =5万元

B保险公司的赔偿额 =0元

【本章小结】

1）保险合同的特征包括双务合同、有偿合同、附和合同、射幸合同、属人合同。

2）保险合同的内容分为基本内容和约定内容；保险合同的形式主要有投保单、保险单、保险凭证、暂保单、批单。

3）保险合同的主体包括当事人和关系人，当事人包括保险人和投保人，关系人包括被保险人和受益人；保险合同的客体是投保人对保险标的的保险利益。

4）保险合同的订立是指投保人和保险人在意思一致时双方订立保险合同的行为；保险合同的生效是指合同对当事人双方发生约束力；依法成立的保险合同，自成立时生效。投保人和保险人可以对合同的效力约定附条件或者附期限。

5）保险合同的履行分为投保人义务履行和保险人义务履行；保险合同的变更主要包括主体变更、客体变更和内容变更。

6）保险合同的解除分为投保人解除和保险人解除；保险合同的终止原因包括因合同解除而终止、自然终止、义务履行终止、行使终止权终止、因标的灭失而终止。

7）保险合同的解释原则有文义解释、意图解释、有利益被保险人或受益人解释、尊重保险惯例的解释；保险合同争议处理的方式有协商、仲裁和诉讼。

8）最大诚信原则要求保险双方在签订和履行保险合同时，必须以最大的诚意履行自己的义务，互不欺骗和隐瞒，恪守合同的约定，否则保险合同无效。最大诚信原则的内容包括告知、保证、弃权和禁止反言。

9）保险利益原则强调了保险利益在保险合同签订和履行过程中的重要性。保险利益必须是合法利益、经济利益、确定利益。

10）近因原则要求近因属于保险责任的，保险人应承担赔偿责任；反之，不承担赔偿责任。在保险实务中，如何判定损失近因，要根据具体的情况进行具体分析。

11）损失补偿原则规定如果发生保险责任范围内的损失，被保险人有权按照合同的约定，获得全面、充分的赔偿，但不能由此而获得额外的利益，所以赔偿时，必须以实际损失、保险金额和保险利益为限度。

12）代位原则是损失补偿原则的派生原则，包括权利代位和物上代位。

13）分摊原则也是损失补偿原则的派生原则，适用于重复保险。分摊方式有三种：比例责任分摊、限额责任分摊和顺序责任分摊。

【重要概念】

保险合同　附和合同　射幸合同　保险单　合同生效　文义解释　意图解释　保证　保险利益　近因　权利代位　物上代位　比例责任分摊　限额责任分摊　顺序责任分摊

【技能训练】

【训练题 2-1】　发动机进水案的近因判定

2000 年 8 月 5 日，袁某为自己的轿车购买了汽车保险，车辆损失险保险金额为 19 万元，保险期自 2000 年 8 月 6 日零时起至 2001 年 8 月 5 日 24 时止。2000 年 8 月 20 日凌晨，市区下了一场倾盆大雨，大多数道路有积水现象。同日上午 9 时，袁某准备开车上班，见停放在其住宅区通道的上述保险车辆轮胎一半受水淹，且驾驶室中有浸水的痕迹，则经简单擦抹后就上车点火起动，发动机发出发动声后熄火，之后则无法起动。袁某即将车辆拖至某汽车维修公司，经该公司检查认为故障原因系发动机进气系统进水并被吸进燃烧室，活塞运转时，由于水不可压缩，进而导致连杆折断，缸体破损。袁某向保险公司报案后，

因争议太大，保险公司没有赔偿损失，袁某遂诉至法院。该案在审理期间，经保险公司申请，法院委托市产品质量监督检验所对车辆受损原因进行鉴定。市产品质量监督检验所认为：① 造成发动机缸体损坏的直接原因是进气口浸泡在水中或空气滤清器有余水，起动发动机，气缸吸入了水，导致连杆折断，从而打烂缸体。② 事发时的可能：当天晚上下了大雨，该车停放的地方涨过水，使该车被雨水严重浸泡，进气管空气滤清器进水，当水退至车身地台以下，驾驶人起动汽车时，未先检查汽车进气管空气滤清器有无进水，使空气滤清器余水被吸入发动机气缸，造成连杆折断，缸体破损。袁某和保险公司对质监所的鉴定意见均无异议，只是对造成保险标的损失的近因，保险公司应否赔偿车辆损失这一问题存在较大分歧。

保险公司认为，造成保险车辆发动机缸体损坏的原因是进气管空气滤清器有余水，起动发动机，气缸吸入了水，导致连杆折断，从而打烂缸体。而进气管空气滤清器有余水，则是暴雨所造成的。暴雨和起动发动机这两个危险事故先后间断出现，前因与后因之间不具有关联性，后因既不是前因的合理延续，也不是前因自然延长的结果，后因是完全独立于前因之外的一个原因。根据近因原则，起动发动机是直接导致保险车辆发动机缸体损坏的原因，故为发动机缸体损坏的近因。暴雨为发动机缸体损坏的原因。而起动发动机属除外风险，由起动发动机这一除外风险所致发动机缸体损坏的损失，保险人不负赔偿责任，保险公司只需赔偿因暴雨造成汽车浸水后进行清洗的费用。

袁某认为，从危险事故与保险标的损失之间的因果关系来看，本案属于多种原因连续发生造成损失的情形，其中暴雨是前因，车辆进气管空气滤清器进水相对于暴雨是后因，而相对于前因，起动发动机是后因，正是暴雨的发生，才导致车辆进气管空气滤清器进水，才使起动发动机这一开动汽车必不可少的条件发生作用，导致发动机缸体损坏，根据近因原则，暴雨才是近因，因此保险公司应向袁某赔偿车辆的实际损失。

思考题：

1）你认为发动机损坏的近因是什么？依据是什么？

2）近因原则在保险理赔中有什么作用？

3）结合车辆损失保险条款，谈谈除了发动机损坏部分外，对汽车被水淹部分的损失保险公司负责赔偿吗？

【训练题 2-2】 2004 年 8 月 17 日，王某给自己的汽车购买了车辆损失保险、第三者责任保险、车上人员责任保险、全车盗抢险，保险期限一年。10 月 7 日，王某在开车回老家的路上，被李某的车追尾。经交警认定，李某负事故的全部责任。王某修车花费 5000 元，并从保险公司索赔，同时将向李某追偿的权利转移给保险公司。保险公司在代替王某向李某索要事故损失赔偿时，李某认为事故原因是自己驾驶技术不熟练，责任在自己，心中也感觉十分愧疚，于是马上拿出了 6000 元，给了保险公司人员赵某。赵某将 6000 元全部交回了保险公司。一段时间后，王某听说了此事，向保险公司要多赔的 1000 元钱，保险公司坚决不给。

2005 年 5 月 3 日，王某的汽车被偷，王某马上向公安部门和保险公司报案，三个月后，车辆仍未找回，保险公司给予了王某全部赔款 10 万元。又一个月后，车辆被找回，王某不愿再要车，将车辆的权利转让给保险公司。保险公司对车辆进行拍卖时，竟拍出 15

万元的价格。王某听说了此事后，又向保险公司索要多得的5万元钱，保险公司还是坚决不给。

思考题：

1. 对第一种情况，若给双方调解，你应如何处理？
2. 对第二种情况，若再给双方调解，你应如何处理？

【工作页】

汽车保险合同与原则工作页

教师布置日期：　　年　　月　　日　　　　　　　　个人完成时间：　　（分钟）

问题： 若想今后在保险行业工作，应了解哪些保险合同和保险原则方面的知识呢？	任务： 作为一名保险行业从业人员，应能指导客户签订保险合同，同时出事故后，应能根据保险原则的规定确定是否赔偿。
保险合同与原则知识要点：	指导客户签订合同 事故后电话报案
工作步骤	注意事项
1. 客户购买保险，最常见的保险合同形式为投保单和保险单，哪个需要客户填写？	
2. 保险条款是合同内容的组成，对合同内容是否应告知客户？	
3. 签订合同后，客户应履行什么义务？	
4. 客户签订了保险合同后，发生事故后，保险是否赔偿？阐述依据。（考虑点：合同是否生效、被保险人对标的是否有利益、被保险人是否尽了最大诚信、事故的近因是否属于保险范围、损失额度大于保险金额等。）	

（续）

5. 如果标的转让，客户对保险合同办理什么手续？	
6. 对保险索赔，双方产生纠纷应如何处理？	
学习纪要：	

【知识习题】

1. 填空题

1）对合同个体而言，________射幸；而对合同总体而言，________射幸。

2）保险凭证是一种简化的保险单，与保险单具有________的法律效力。

3）暂保单的法律效力________保险单或保险凭证。

4）保险合同的主体分为________和________两类；保险合同的客体是________。

5）我国保险实务中普遍实行________起保。

6）最大诚信原则的内容包括________、________、________和________。

7）近因是造成保险标的损失________的原因，而不是指________与损失最接近的原因。

8）保险损失补偿有________、________和________三种方式。

2. 简答题

1）阐述汽车保险合同的特征。

2）在哪些情况下保险人可以解除汽车保险合同？

3）保险合同履行时，投保人和保险人各有哪些义务？

4）保险合同终止的原因有哪些？

5）保险合同的解释原则有哪些？

6）何谓最大诚信原则？

7）何谓保险利益原则？保险利益的构成条件有哪些？

8）何谓近因原则？如何判定事故损失的近因？

3. 案例题

某车主将自己价值10万元的汽车向A、B、C三家保险公司分别购买了车辆损失保险，保险金额分别为4万元、6万元、8万元。某日，发生一碰撞事故，导致车辆损失7万元。试用三种分摊方式计算A、B、C三家保险公司分别应赔偿车主多少赔款？

学习任务三

汽车保险产品

【任务描述】

通过“汽车保险产品”任务的学习，要求学生：

1. 了解汽车保险产品的内涵；

2. 熟悉汽车保险附加险产品中常见险种的保险责任、责任免除；

3. 掌握汽车保险主险产品的保险责任、责任免除、保险限额、赔偿处理；

4. 熟练掌握交强险的保险责任、责任免除、垫付与追偿，以及不同车型交强险保费的计算和汽车保险商业险种的保费计算。

学习单元1 交 强 险

导入案例

2010年3月，吴某购买了一辆桑塔纳，并购买了交强险。某天在路口等绿灯时被一辆奔驰轿车追尾，导致桑塔纳的后保险杠被撞坏，奔驰的前保险杠与前照灯等也有部分损坏。交警认定奔驰车主需要承担本次交通事故的全责。桑塔纳维修费300元，奔驰维修费3150元。在此种情况下，奔驰车主肯定要赔偿吴某车辆的维修费300元，那么作为无事故责任一方的吴某或其投保的保险公司是否需要赔偿奔驰车的损失呢？如果要赔偿，最多应赔偿多少呢？

按现行交强险规定，在事故中，有责任方在财产损失责任限额2000元内赔偿对方车辆的损失，无责任方在财产损失责任限额100元内赔偿对方车辆损失。所以，承保桑塔纳的保险公司应该代替吴某赔偿奔驰车主100元，而承保奔驰的保险公司则应该代替奔驰车主赔偿吴某300元。

吴某甚是纳闷：“对方追尾撞了自己，自己无责，承保我的车的保险公司却要赔偿对方100元，这交强险到底是怎么回事？”

机动车交通事故责任强制保险也称为法定汽车责任保险，是在机动车保有量增加、交通事故矛盾日益突出的情况下，国家或地区基于维护社会大众利益考虑，为保障交通事故受害者能获得基本的赔偿，以颁布法律或行政法规的形式实施的机动车责任保险。

机动车交通事故责任强制保险与商业机动车第三者责任保险相比，在对交通事故受害者利益保障方面是相似的，其最大区别是二者的实施性质不同，机动车交通事故责任强制

保险是强制实施，不管被保险人是否愿意，只要拥有机动车，只要想使用机动车，机动车所有人必须投保机动车交通事故责任强制保险，否则属于违法行为；而商业机动车第三者责任保险，一般坚持自愿原则，根据被保险人的需要和经济实力自由选择。

纵观机动车第三者责任保险的发展历史可见，机动车第三者责任险早于机动车辆损失保险出现，而机动车第三者责任险的投保方式也是先为自愿，后来开始采用强制方式，同时再以自愿投保的商业机动车第三者责任险作为补充。

一、机动车交通事故责任强制保险概述

第一次世界大战以后，汽车产量激增，汽车销售成了难题。为了促进销售，出现了分期付款的促销方式，于是汽车迅速在大众中普及。由于汽车价格仍比较昂贵，购车首付几乎花光了车主所有的积蓄，而日后的分期付款和使用费也使得车主收入基本没有剩余，于是出现了许多无力购买汽车保险或无相应财产做担保的驾驶人。当事故发生时不但自己的损失无法弥补，而且受害人的损失也无法得到及时有效的赔偿。为了确保受害人能得到及时补偿，许多国家和地区相继制定了有关法令，强制实行汽车责任保险。

最初将车辆损害视为社会问题的是美国的马萨诸塞州，该州认为公路是为全体行人修建的，驾驶人在使用汽车时对其他行人会构成威胁，万一发生事故，必须具有赔偿能力，因此要求驾驶人预先投保汽车责任保险或者提供保证金以证明自己具有赔偿能力，于是1925年着手起草保险史上闻名的强制汽车保险法，并于1927年实施。

之后，英国于1931年施行了强制汽车责任保险；日本于1956年施行了强制汽车责任保险；法国于1959年施行了强制汽车责任保险制度；德国于1965年制定了《汽车所有人强制责任保险法》，强制汽车所有人投保。

我国于2004年5月1日实施的《道路交通安全法》第17条规定，国家实行机动车辆第三者责任强制保险制度，设立道路交通事故社会救助基金。但是，《道路交通安全法》只是对机动车辆强制责任保险做了一个原则性的规定，与之配套施行的《强制三者险条例》自2006年7月1日起施行，于是我国也正式施行了强制汽车责任保险制度。

目前，世界绝大多数国家或地区都施行了强制汽车责任保险制度。

二、交强险条款

机动车交通事故责任强制保险（以下简称“交强险”）条款的内容共分10部分，分别为总则、定义、保险责任、垫付与追偿、责任免除、保险期间、投保人与被保险人义务、赔偿处理、合同变更与终止、附则。

1. 总则

主要是对条款制订的法律依据、合同的组成与形式、费率的影响因素、交费情况等内容进行阐述。条款制订的法律依据是《中华人民共和国道路交通安全法》《中华人民共和国保险法》《机动车交通事故责任强制保险条例》。

交强险合同由条款、投保单、保险单、批单和特别约定五部分共同组成，均应采用书面形式。这和商业险保险合同组成一致。

2007年7月1日后，交强险费率在全国范围内统一施行与道路交通事故相联系，暂不在全国范围内统一施行与道路交通安全违法行为相联系的浮动机制。

签订合同时，投保人应一次性支付全部保险费。保险费按照保监会批准的费率计算。

2. 定义

主要对合同中的被保险人、投保人、受害人、责任限额、抢救费用等术语做出解释。

被保险人是指投保人及其允许的合法驾驶人。

投保人是指与保险人订立合同，并按合同负有支付保险费义务的机动车所有人、管理人。

受害人是指因被保险机动车发生交通事故遭受人身伤亡或者财产损失的人，但不包括被保险机动车本车车上人员、被保险人。

责任限额是指被保险机动车发生交通事故，保险人对每次保险事故所有受害人的人身伤亡和财产损失所承担的最高赔偿金额。责任限额分为死亡伤残赔偿限额、医疗费用赔偿限额、财产损失赔偿限额以及被保险人在道路交通事故中无责任的赔偿限额。

抢救费用是指被保险机动车发生交通事故导致受害人受伤时，医疗机构对生命体征不平稳和虽然生命体征平稳但如果不采取处理措施会产生生命危险，或者导致残疾、器官功能障碍，或者导致病程明显延长的受害人，参照国务院卫生主管部门组织制定的交通事故人员创伤临床诊疗指南和国家基本医疗保险标准，采取必要的处理措施所发生的医疗费用。为了规范道路交通事故受伤人员医疗救治诊疗行为，提高救治成功率，降低道路交通事故伤害死亡率和伤残率，提高有限医疗资源和保险资源利用率，2007 年 5 月卫生部印发了《道路交通事故受伤人员临床诊疗指南》，以便在道路交通事故受伤人员医疗救治过程中参照执行。

3. 保险责任

规定了交强险保险责任的具体内容和责任限额的具体数额。

保险责任：被保险机动车在中华人民共和国境内使用时，发生交通事故，造成受害人的人身伤亡或者财产损失，依法应当由被保险人承担的损害赔偿责任，保险人按照合同的约定对每次事故在各责任限额内负责赔偿。

交强险保险责任限额

▲死亡伤残赔偿限额：有责 110 000 元，无责 11 000 元

▲医疗费用赔偿限额：有责 10 000 元，无责 1000 元

▲财产损失赔偿限额：有责 2000 元，无责 100 元

▲总限额：有责 122 000 元，无责 12 100 元

责任限额中死亡伤残赔偿限额和医疗费用赔偿限额项目中负责赔偿的具体项目如下。

死亡伤残赔偿限额和无责任死亡伤残赔偿限额项下负责赔偿：丧葬费、死亡补偿费、受害人亲属办理丧葬事宜支出的交通费用、残疾赔偿金、残疾辅助器具费、护理费、康复费、交通费、被扶养人生活费、住宿费、误工费，被保险人依照法院判决或者调解承担的精神损害抚慰金。

医疗费用赔偿限额和无责任医疗费用赔偿限额项下负责赔偿：医药费、诊疗费、住院费、住院伙食补助费，以及必要的、合理的后续治疗费、整容费、营养费。

确定以上赔偿费用的法律依据为《最高人民法院关于审理人身损害赔偿案件适用法律若干问题的解释》（法释［2003］20 号）。

4. 垫付与追偿

规定了垫付情形和具体操作，以及保险人向受害人垫付抢救费用后有权向致害人追偿。

交强险规定的垫付抢救费用情形

▲驾驶人未取得驾驶资格的

▲驾驶人醉酒的

▲被保险机动车被盗抢期间肇事的

▲被保险人故意制造交通事故的

在以上任一情形下发生交通事故，造成受害人受伤需要抢救的，分别在有责、无责限额内负责垫付。对于其他损失和费用，保险人不负责垫付和赔偿。保险人垫付抢救费用后有权向致害人追偿。垫付抢救费用的具体操作是在接到公安机关交通管理部门的书面通知和医疗机构出具的抢救费用清单后，按照国务院卫生主管部门组织制定的交通事故人员创伤临床诊疗指南和国家基本医疗保险标准进行核实，对于符合规定的抢救费用进行垫付。

5. 责任免除

交强险规定的责任免除情形

▲受害人故意造成的交通事故的损失

▲被保险人所有的财产及被保险机动车上的财产遭受的损失

▲被保险机动车发生交通事故，致使受害人停业、停驶、停电、停水、停气、停产、通信或者网络中断、数据丢失、电压变化等造成的损失，以及受害人财产因市场价格变动造成的贬值、修理后因价值降低造成的损失等其他各种间接损失

▲因交通事故产生的仲裁或者诉讼费用以及其他相关费用

6. 保险期间

交强险的保险期间为1年，但有下列情形之一的，可以投保短期保险：临时入境的境外机动车；距报废期限不足一年的机动车；临时上道路行驶的机动车（例如，领取临时牌照的机动车，临时提车，到异地办理注册登记的新购机动车等）；保监会规定的其他情形。

投保短期保险的，按照短期月费率计算保费，不足一个月按一个月计算，短期基础保险费 = 年基础保险费 × 短期月费率系数。交强险短期月费率系数见表3-1。

表3-1 交强险短期月费率系数表

保险期间/月	1	2	3	4	5	6	7	8	9	10	11	12
短期月费率系数（%）	10	20	30	40	50	60	70	80	85	90	95	100

7. 投保人与被保险人义务

投保人与被保险人在履行了相应义务后，才能获得保险的保障。投保人与被保险人应履行的义务包括：

1）投保人投保时，应如实填写投保单，向保险人如实告知重要事项，并提供被保险机动车的行驶证复印件。投保人未如实告知重要事项，对保险费计算有影响的，保险人重新核定保险费。

重要事项包括机动车的种类、厂牌型号、识别代码、发动机号、牌照号码（临时移动证编码或临时号牌）、使用性质和机动车所有人或者管理人的姓名（名称）、性别、年龄、住所、身份证或者驾驶证号码（组织机构代码）、续保前该机动车发生事故的情况（仅无车险信息平台地区的转保业务需提供）以及保监会规定的其他告知事项。

2）签订交强险合同时，投保人应一次性支付全部保险费。不得在保险条款和保险费率之外，向保险公司提出附加其他条件的要求。

3）投保人续保时，应提供被保险机动车上一年度交强险的保险单。

4）在保险合同有效期内，被保险机动车因改装、加装、使用性质改变等导致危险程度增加的，被保险人应及时通知保险人，并办理批改手续。否则，保险人按照保单年度重新核定保险费计收。

5）被保险机动车发生交通事故时，被保险人应及时采取合理、必要的施救和保护措施，并在事故发生后及时通知保险人。

6）发生保险事故后，被保险人应积极协助保险人进行现场查勘和事故调查。同时，发生与保险赔偿有关的仲裁或者诉讼时，被保险人应及时书面通知保险人。

8. 赔偿处理

主要规定了被保险人索赔时应提供的材料、人身伤亡和财产损失赔偿方面的注意事项。

交强险索赔材料

▲交强险保险单

▲被保险人出具的索赔申请书

▲被保险人和受害人身份证明、被保险机动车行驶证和驾驶人的驾驶证

▲交警出具的事故证明，或法院等机构出具的法律文书及其他证明

▲被保险人依法选择自行协商方式处理交通事故的，应提供合乎规定的协议书

▲受害人财产损失证明、人身伤残证明、医疗证明及损失清单和费用单据

▲其他与确认保险事故的性质、原因、损失程度等有关的证明和资料

人身伤亡和财产损失赔偿方面注意事项如下。

1）核定人身伤亡赔偿金额的标准：有关法律法规，主要是《最高人民法院关于审理人身损害赔偿案件适用法律若干问题的解释》；卫生主管部门组织制定的交通事故人员创伤临床诊疗指南；国家基本医疗保险标准。

2）保险事故造成受害人人身伤亡的，未经保险人书面同意，被保险人自行承诺或支

付的赔偿金额，保险人在交强险责任限额内有权重新核定。

3）因保险事故损坏的受害人财产需修理的，被保险人应在修理前会同保险人检验，协商确定修理或者更换项目、方式和费用。否则，保险人在交强险责任限额内有权重新核定。

4）发生涉及受害人受伤的交通事故，因抢救受害人需保险人支付抢救费用的，保险人在接到公安机关交通管理部门的书面通知和医疗机构出具的抢救费用清单后，按照国务院卫生主管部门组织制定的交通事故人员创伤临床诊疗指南和国家基本医疗保险标准进行核实。对于符合规定的抢救费用，保险人在被保险人有责、无责医疗费用赔偿限额内分别支付。

9. 合同变更与终止

主要规定了合同变更和解除的条件以及合同终止后保费的退还办法。

在合同有效期内，被保险机动车所有权发生转移的，投保人应及时通知保险人，并办理合同变更手续。

因交强险是法定保险，所以投保人一般是不能解除的，保险人也不接受投保人解除合同的申请。但以下特殊情况除外：

交强险允许投保人解除合同的情况

▲被保险机动车被依法注销登记的

▲被保险机动车办理停驶的

▲被保险机动车经公安机关证实丢失的

▲投保人重复投保交强险的（解除后期投保的交强险）

1）被保险机动车被转卖、转让、赠送至车籍所在地以外的地方（车籍所在地按地市级行政区划划分）。投保人须持车辆新入户地区的交强险保单、机动车所有权转移证明办理原保单的退保手续，且退保时间须在新交强险保单起保日后。

2）新车因质量问题被销售商收回或因相关技术参数不符合国家规定交管部门不予上户的。投保人能提供产品质量缺陷证明、销售商退车证明或交管部门的不予上户证明的，保险人可在收回交强险保单和保险标志情况下解除保险合同。

交强险合同解除后，保险人按照日费率收取自保险责任开始之日起至合同解除之日止期间的保险费，退还剩余保险费，而投保人应及时将保险单、保险标志交还保险人。无法交回保险标志的，应当向保险人说明情况，征得保险人同意。

10. 附则

主要规定了合同争议的处理方式、适用法律和条款未尽事宜的处理等。

合同争议解决有三种方式：由合同当事人协商解决；协商不成的，提交保险单载明的仲裁机构仲裁；保险单未载明仲裁机构或者争议发生后未达成仲裁协议的，可向人民法院起诉。

交强险合同争议处理适用中华人民共和国法律。

条款未尽事宜，按照《机动车交通事故责任强制保险条例》执行。

三、交强险赔偿规定

1. 互碰自赔

为进一步简化交强险理赔手续，提高客户满意度，准确归集交强险理赔成本，2009 年

2月1日，由中国保险协会下发《交强险损失“互碰自赔”处理办法》，规定了“互碰自赔”的条件，具体如下：

1）多车互碰：两车或多车互碰。

2）有交强险：事故各方都有交强险。

3）只有车损：事故只导致各方车辆损失，没有发生人员伤亡和车外的财产损失。

4）不超2000：各方车损都不超过2000元。

5）都有责任：交警裁定或事故各方自行协商确定为各方都有责任（同等或主次责任）。

6）各方同意：事故各方都同意采用“互碰自赔”。

2. 无责代赔

交强险“无责代赔”，是一种交强险简化处理机制。即两方或多方机动车互碰，对于应由无责方交强险承担的对有责方车辆损失的赔偿责任，由有责方保险公司在本方交强险项下代为赔偿。

四、交强险费率

交强险价格与消费者切身利益息息相关，所以交强险费率厘定坚持不盈不亏原则，也就是说，在厘定交强险费率时只考虑成本因素，不设定预期利润率。为了体现这一原则，保监会采取了以下措施：一是要求保险公司对交强险业务与其他保险业务分开管理，单独核算；二是加大检查力度，每年对保险公司交强险业务情况进行核查，并向社会公布，以便监督；三是根据保险公司交强险的总体盈亏情况，要求或允许保险公司调整费率。

第一年的交强险费率实行全国统一保险价格，之后通过实行“奖优罚劣”的费率浮动机制，并根据各地区经营情况，逐步在费率中加入地区差异化因素等，进而实行差异化费率。

1. 交强险基础费率

交强险基础费率见表3-2。可见，交强险基础费率将所有机动车共分为8大类42小类。8大类分别为家庭自用车、非营业客车、营业客车、非营业货车、营业货车、特种车、摩托车和拖拉机。

表3-2　机动车交通事故责任强制保险基础费率表

车辆大类	序号	车辆明细分类	保费/元
家庭自用车	1	家庭自用汽车6座以下	950
	2	家庭自用汽车6座及以上	1100
非营业客车	3	企业非营业汽车6座以下	1000
	4	企业非营业汽车6~10座	1130
	5	企业非营业汽车10~20座	1220
	6	企业非营业汽车20座以上	1270
	7	机关非营业汽车6座以下	950
	8	机关非营业汽车6~10座	1070
	9	机关非营业汽车10~20座	1140
	10	机关非营业汽车20座以上	1320

（续）

车辆大类	序号	车辆明细分类	保费/元
营业客车	11	营业出租租赁6座以下	1800
	12	营业出租租赁6~10座	2360
	13	营业出租租赁10~20座	2400
	14	营业出租租赁20~36座	2560
	15	营业出租租赁36座以上	3530
	16	营业城市公交6~10座	2250
	17	营业城市公交10~20座	2520
	18	营业城市公交20~36座	3020
	19	营业城市公交36座以上	3140
	20	营业公路客运6~10座	2350
	21	营业公路客运10~20座	2620
	22	营业公路客运20~36座	3420
	23	营业公路客运36座以上	4690
非营业货车	24	非营业货车2t以下	1200
	25	非营业货车2~5t	1470
	26	非营业货车5~10t	1650
	27	非营业货车10t以上	2220
营业货车	28	营业货车2t以下	1850
	29	营业货车2~5t	3070
	30	营业货车5~10t	3450
	31	营业货车10t以上	4480
特种车	32	特种车一	3710
	33	特种车二	2430
	34	特种车三	1080
	35	特种车四	3980
摩托车	36	摩托车50mL及以下	80
	37	摩托车50~250mL（含）	120
	38	摩托车250mL以上及侧三轮	400
拖拉机	39	兼用型拖拉机14.7kW及以下	按保监产险［2007］53号实行地区差别费率
	40	兼用型拖拉机14.7kW以上	
	41	运输型拖拉机14.7kW及以下	
	42	运输型拖拉机14.7kW以上	

注：1. 座位和吨位的分类都按照“含起点不含终点”的原则来解释。

2. 特种车一：油罐车、气罐车、液罐车。

特种车二：专用净水车、特种车一以外的罐式货车，以及用于清障、清扫、清洁、起重、装卸、升降、搅拌、挖掘、推土、冷藏、保温等的各种专用机动车。

特种车三：装有固定专用仪器设备从事专业工作的监测、消防、运钞、医疗、电视转播等的各种专用机动车。

特种车四：集装箱拖头。

3. 挂车根据实际的使用性质并按照对应吨位货车的30%计算。

4. 低速载货汽车参照运输型拖拉机14.7kW以上的费率执行。

费率表中每种类型含义如下。

家庭自用车是指家庭或个人所有，且用途为非营业性的客车。

非营业客车是指党政机关、企事业单位、社会团体、使领馆等机构从事公务或在生产经营活动中不以直接或间接方式收取运费或租金的客车，包括党政机关、企事业单位、社会团体、使领馆等机构为从事公务或在生产经营活动中承租且租赁期限为1年或1年以上的客车。非营业客车分为党政机关、事业团体客车和企业客车。用于驾驶教练、邮政公司用于邮递业务、快递公司用于快递业务的客车，及警车、普通囚车、医院的普通救护车、殡葬车，按照其行驶证上载明的核定载客数，适用对应的企业非营业客车的费率。

营业客车是指用于旅客运输或租赁，并以直接或间接方式收取运费或租金的客车。营业客车分为城市公交客车、公路客运客车、出租或租赁客车、旅游客运车，按照其行驶证上载明的核定载客数，适用对应的公路客运车费率。

非营业货车是指党政机关、企事业单位、社会团体自用或仅用于个人及家庭生活，不以直接或间接方式收取运费或租金的货车（包括客货两用车）。货车是指载货机动车、厢式货车、半挂牵引车、自卸车、蓄电池运输车、装有起重机械但以载货为主的起重运输车。用于驾驶教练、邮政公司用于邮递业务、快递公司用于快递业务的货车，按照其行驶证上载明的核定载质量，适用对应的非营业货车的费率。

营业货车是指用于货物运输或租赁，并以直接或间接方式收取运费或租金的货车（包括客货两用车）。货车是指载货机动车、厢式货车、半挂牵引车、自卸车、蓄电池运输车、装有起重机械但以载货为主的起重运输车。

特种车是指用于各类装载油料、气体、液体等专用罐车；或用于清障、清扫、清洁、起重、装卸（不含自卸车）、升降、搅拌、挖掘、推土、压路等的各种专用机动车，或适用于装有冷藏或保温设备的厢式机动车；或车内装有固定专用仪器设备，从事专业工作的监测、消防、运钞、医疗、电视转播、雷达、X光检查等机动车；或专门用于牵引集装箱箱体（货柜）的集装箱拖头。特种车按其用途共分成四类，不同类型机动车采用不同收费标准：特种车一：油罐车、气罐车、液罐车；特种车二：专用净水车、特种车一以外的罐式货车，以及用于清障、清扫、清洁、起重、装卸（不含自卸车）、升降、搅拌、挖掘、推土、冷藏、保温等的各种专用机动车；特种车三：装有固定专用仪器设备从事专业工作的监测、消防、运钞、医疗、电视转播等的各种专用机动车；特种车四：集装箱拖头。

摩托车是指以燃料或蓄电池为动力的各种两轮、三轮摩托车。摩托车分三类：50mL及以下，50~250mL，250mL以上及侧三轮。正三轮摩托车按照排气量分类执行相应的费率。

拖拉机按其使用性质分为兼用型拖拉机和运输型拖拉机。兼用型拖拉机是指以田间作业为主，通过铰接连接牵引挂车可进行运输作业的拖拉机。兼用型拖拉机分为14.7kW及以下和14.7kW以上两种。运输型拖拉机是指货箱与底盘一体，不通过牵引挂车可运输作业的拖拉机。运输型拖拉机分为14.7kW及以下和14.7kW以上两种。低速载货汽车参照运输型拖拉机14.7kW以上的费率执行。

挂车是指就其设计和技术特征需机动车牵引才能正常使用的一种无动力的道路机动车。挂车根据实际的使用性质并按照对应吨位货车的30%计算。装置有油罐、气罐、液罐的挂车按特种车一的30%计算。

注意：座位按行驶证上载明的核定载客数计算；吨位按行驶证上载明的核定载质量计算。

2. 拖拉机交强险费率方案

《拖拉机交强险费率方案》显示，拖拉机交强险基础费率因地而异、因车型而异，不同区域不同车型费率各不同，具体见表3-3。

表3-3 拖拉机交强险费率方案 （单位：元）

省 份	兼用型14.7kW及以下	兼用型14.7kW以上	运输型14.7kW及以下	运输型14.7kW以上
北京	60	90	400	560
天津	60	90	400	560
河北	60	90	400	560
山西	60	90	340	480
内蒙古	50	80	280	340
辽宁	60	90	340	560
吉林	60	90	340	560
黑龙江	60	90	340	560
上海	60	90	340	560
江苏	80	120	540	700
浙江	80	120	540	700
安徽	70	110	540	700
福建	70	110	400	560
江西	70	110	460	640
山东	70	110	460	640
河南	70	110	460	640
湖北	70	110	460	640
湖南	70	110	460	640
广东	60	90	400	560
广西	60	90	340	480
海南	60	90	340	480
重庆	60	90	400	560
四川	60	90	400	560
贵州	60	90	400	560
云南	60	90	400	560
西藏	50	80	280	340
陕西	60	90	400	560
甘肃	60	90	400	560
青海	50	80	340	480
宁夏	60	90	400	560
新疆	50	80	280	340

注：深圳、宁波、大连、青岛、厦门等计划单列市执行本省费率。

3. 费率浮动暂行办法

实行“奖优罚劣”费率浮动机制的目的是利用费率杠杆的经济调节手段来提高驾驶人的道路交通安全法律意识，督促安全行驶，以便有效预防和减少道路交通事故的发生。

2007年6月27日，保监会公布了《机动车交通事故责任强制保险费率浮动暂行办法》（简称为《费率浮动暂行办法》），规定在全国范围统一实行交强险费率浮动与道路交通事故相联系，暂不实行与道路交通安全违法行为相联系。《费率浮动暂行办法》适用于从2007年7月1日起签发的交强险保单。交强险费率浮动因素及比例见表3-4。

表3-4　2007年7月1日后交强险费率浮动因素及比例

浮动因素			浮动比例
与道路交通事故相联系的浮动 A	A_1	上一个年度未发生有责任道路交通事故	-10%
	A_2	上两个年度未发生有责任道路交通事故	-20%
	A_3	上三个及以上年度未发生有责任道路交通事故	-30%
	A_4	上一个年度发生一次有责任不涉及死亡的道路交通事故	0
	A_5	上一个年度发生两次及两次以上有责任道路交通事故	10%
	A_6	上一个年度发生有责任道路交通死亡事故	30%

费率浮动时，应注意以下事项：

1）交强险最终保险费 = 交强险基础保险费 ×（1 + 与道路交通事故相联系的浮动比例 A）。

2）摩托车和拖拉机暂不浮动。

3）与道路交通事故相联系的浮动比例 A 为 A_1 至 A_6 其中之一，不累加。同时满足多个浮动因素的，按照向上浮动或者向下浮动比例的高者计算。

4）仅发生无责任道路交通事故的，交强险费率仍可享受向下浮动。

5）浮动因素计算区间为上期保单出单日至本期保单出单日之间。

6）与道路交通事故相联系浮动时，应根据上年度交强险已赔付的赔案浮动。上年度发生赔案但还未赔付的，本期交强险费率不浮动，直至赔付后的下一年度交强险费率向上浮动。

7）几种特殊情况的交强险费率浮动方法：

① 首次投保交强险的机动车费率不浮动。

② 在保险期限内，被保险机动车所有权转移，应办理合同变更手续，且费率不浮动。

③ 机动车临时上道路行驶或境外机动车临时入境投保短期交强险的，交强险费率不浮动。其他投保短期交强险的情况下，根据交强险短期基准保险费并按照上述标准浮动。

④ 被保险机动车经公安机关证实丢失后追回的，根据投保人提供的公安机关证明，在丢失期间发生道路交通事故的，交强险费率不向上浮动。

⑤ 机动车上一期交强险保单满期后未及时续保的，浮动因素计算区间仍为上期保单出单日至本期保单出单日之间。

⑥ 在全国车险信息平台联网或全国信息交换前，机动车跨省变更投保地时，投保人能提供相关证明文件的，可享受交强险费率向下浮动。不能提供的，交强险费率不浮动。

8）交强险保单出单日距离保单起期最长不能超过三个月。

9）除投保人明确表示不需要的，保险公司应在完成保险费计算后、出具保险单前，向投保人出具《机动车交通事故责任强制保险费率浮动告知书》（表3-5），经投保人签章确认后，再出具交强险保单、保险标志。投保人有异议的，应告知其有关道路交通事故查询方式。

10）已经建立车险联合信息平台的地区，通过车险联合信息平台实现交强险费率浮动。除当地保险监管部门认可的特殊情形以外，《机动车交通事故责任强制保险费率浮动告知书》和交强险保单必须通过车险信息平台出具。未建立车险信息平台的地区，通过保

险公司之间相互报盘、简易理赔共享查询系统或者手工方式等，实现交强险费率浮动。

表 3-5 机动车交通事故责任强制保险费率浮动告知书

尊敬的投保人：

您的机动车投保基本信息如下：

车牌号码： 号牌种类：

发动机号： 识别代码（车架号）：

浮动因素计算区间： 年 月 日 零时至 年 月 日二十四时

根据中国保险监督管理委员会批准的机动车交通事故责任强制保险（以下简称交强险）费率，您的机动车交强险基础保险费是：人民币 元。

您的机动车从上年度投保以来至今，发生的有责任道路交通事故记录如下：

序 号	赔付时间	是否造成受害人死亡

或者：您的机动车在上 个年度内未发生道路交通事故。

根据中国保险监督管理委员会公布的《机动车交通事故责任强制保险费率浮动暂行办法》，与道路交通事故相联系的费率浮动比例为 %。

交强险最终保险费 = 交强险基础保险费 ×（1 + 与道路交通事故相联系的浮动比例）

本次投保的应交保险费：人民币 元（大写： ）

以上告知，如无异议，请您签字（签章）确认。

投保人签字（盖章）：________

日期：____年____月____日

4. 最终保险费计算办法

先根据基础费率方案计算出基础保险费，再根据费率浮动办法计算出与道路交通事故相联系的浮动比例，两者相乘即最终保险费，最终保险费计算公式如下：

最终保险费 = 基础保险费 ×（1 + 与道路交通事故相联系的浮动比例）

5. 解除保险合同保费计算办法

根据《机动车交通事故责任强制保险条例》规定解除保险合同时，保险人应按如下标准计算退还投保人保险费。

1）投保人已交纳保险费，但保险责任尚未开始的，全额退还保险费。

2）投保人已交纳保险费，但保险责任已开始的，退回未到期责任部分保险费。

退还保险费 = 保险费 ×（1 − 已了责任天数/保险期间天数）

学习单元 2 主 险 产 品

导入案例

北京的王某买了一辆宝来轿车作为家庭自用，在购买了交强险后，顺利办理了车辆的挂牌等手续，而此时4S店人员又向其推荐了许多保险产品，如第三者责任险、机动车损失险、机动车盗抢险、车身划痕损失险、车上人员责任险、不计免赔率特约险、玻璃单独破碎险、可选免赔额特约险等。王某一时糊涂了，怎么这么多保险呀？可是我已经买了交强险，再买这些还有必要吗？如果要买，还需要花多少钱呀？

其实，机动车保险产品分两类：交强险和商业险，交强险强制购买，商业险自愿购买，交强险只是对第三方受害人的最基本保障，商业险种类繁多，针对不同的车辆使用风险有不同的保险产品。因此，王某应该根据自身风险情况和经济基础再选择一些必要的商业险种，以获取比较全面的保险保障。

一、机动车商业保险险种概况

1. 机动车商业保险险种改革历程

机动车商业保险险种分主险和附加险两部分。主险是对车辆使用过程中大多数车辆使用者经常面临的风险给予保障。附加险是对主险保险责任的补充，它承保的一般是主险不予承保的自然灾害或意外事故。附加险不能单独承保，必须投保相应主险后才能承保。

随着机动车保险业的发展，主险、附加险险种都不断补充丰富或改革创新，使险种数量和保障内容都大大增加。2003 年前，我国采用严格的机动车辆保险条款管理制度，各保险公司统一实行 2000 年由保监会颁布的条款，其险种数量非常有限，具体见表 3-6。

表 3-6　2000 版条款的险种

险　别	2000 版
主　险	车辆损失险　第三者责任险
附加险	盗抢险　玻璃单独破碎险　车辆停驶损失险　自燃损失险　车上责任险 无过失责任险　新增设备损失险　车载货物掉落责任险　不计免赔特约条款

2002 年 3 月 4 日，保监会发布《改革机动车辆保险条款费率管理办法有关问题的通知》，规定条款费率不再由保监会统一制订，而是由各公司自主制订、修改和调整，经保监会备案后，向社会公布使用，个性化条款自 2003 年 1 月 1 日起在全国范围实施。人保、平保、太保三大公司的个性化车险险种见表 3-7。

表 3-7　2003 年 1 月 1 日施行的人保、平保、太保三大公司的个性化车险险种

险　别	中国人民财产保险股份有限公司	中国平安财产保险股份有限公司	中国太平洋财产保险股份有限公司
主险	车辆损失险 第三者责任险 家庭自用汽车损失险 非营业用汽车损失险 营业用汽车损失险 特种车辆保险 摩托车保险 拖拉机保险	车辆损失险 第三者综合责任险 第三者人身伤亡责任险	车辆损失险 第三者责任险

（续）

险　别	中国人民财产保险股份有限公司	中国平安财产保险股份有限公司	中国太平洋财产保险股份有限公司
附加险	盗抢险 玻璃单独破碎险 车辆停驶损失险 自燃损失险 车上人员责任险 车上货物责任险 无过失责任险 不计免赔特约条款 火灾、爆炸、自燃损失险 车身划痕损失险 救助特约条款 起重、装卸、挖掘车辆损失扩展条款 特种车辆固定设备、仪器损坏扩展条款	全车盗抢险 车上人员责任险 车上货物责任险 无过错损失补偿险 车载货物掉落责任险 玻璃单独破碎险 车辆停驶损失险 自燃损失险 新增设备损失险 代步车费用险 交通事故精神损害赔偿险 他人恶意行为损失险 全车盗抢附加高尔夫球具盗窃险 指定驾驶人特约条款	全车盗抢险 玻璃单独破碎险 车辆停驶损失险 自燃损失险 新增设备损失险 车上责任险 无过失责任险 车载货物掉落责任险 基本险不计免赔 沿海气象灾害险 地陷险 地质灾害险 冰雪灾害险 过渡险 可选免赔额特约条款 里程变额特约条款 换件特约条款 价值损失特约条款 指定部位赔偿特约 救援费用特约条款 代步车特约条款 附加险不计免赔条款 指定行驶区域特约 法律服务特约条款

经过几年实践，为规范机动车辆保险行业，促进有序竞争和良性发展，2006 年 7 月 1 日施行由保险行业协会统一制定的 A、B、C 三套条款，各公司任选其一（天平汽车保险公司除外），A、B、C 三套条款只对车辆损失险和第三者责任保险两个主要险种进行了统一，其他险种的条款由各保险公司自己制订，报保险监督管理部门备案即可。2006 版 A、B、C 三套条款的险种构成及人保、平保、太保三大公司施行的商业险种分别见表 3-8 和表 3-9。

表 3-8　2006 版 A、B、C 三套条款的险种构成

A 款险种构成	B 款险种构成	C 款险种构成
机动车第三者责任保险 家庭自用汽车损失保险 非营业用汽车损失保险 营业用汽车损失保险 摩托车、拖拉机保险 特种车保险	商业第三者责任保险 车辆损失险	机动车损失保险 机动车第三者责任保险

表 3-9　2006 年 7 月 1 日我国人保、平保、太保三大公司施行的商业险种

公司名称	中国人民财产保险股份有限公司	中国平安财产保险股份有限公司	中国太平洋财产保险股份有限公司
三套条款	采用 A 款	采用 B 款	采用 C 款
主险	家庭自用汽车损失保险 非营业用汽车损失保险 营业用汽车损失保险 机动车第三者责任保险 机动车车上人员责任险 特种车保险 摩托车、拖拉机保险 机动车提车保险	商业第三者责任保险 车辆损失保险 全车盗抢保险 车上人员责任保险	机动车损失保险 第三者责任保险 车上人员责任险 全车盗抢损失险 单程提车损失保险 单程提车三者险
附加险、特约条款	盗抢险 玻璃单独破碎险 火灾、爆炸、自燃损失险 自燃损失险 车身划痕损失险 可选免赔额特约条款 新增加设备损失保险 发动机特别损失险 机动车停驶损失险 代步机动车服务特约条款 更换轮胎服务特约条款 送油、充电服务特约条款 拖车服务特约条款 附加换件特约条款 随车行李物品损失保险 新车特约条款 A 新车特约条款 B 车上货物责任险 附加交通事故精神损害赔偿责任保险 教练车特约条款 附加油污污染责任保险 附加机动车出境保险 异地出险住宿费特约条款 不计免赔率特约条款 起重、装卸、挖掘车辆损失扩展条款 特种车辆固定设备、仪器损坏扩展条款	玻璃单独破碎险 自燃损失险 车辆停驶损失险 代步车费用险 新增加设备损失险 车身划痕损失险 车上货物责任险 车载货物掉落责任险 全车盗抢附加高尔夫球具盗窃险 交通事故精神损害赔偿险 车轮单独损坏险 他人恶意行为损失险 涉水行驶损失险 随车行李物品损失险 保险事故附随费用损失险 车辆重置特约险条款 A 车辆重置特约险条款 B 换件特约险 系安全带补偿特约险 多次事故免赔特约条款	自燃损失险 玻璃单独破碎险 新增设备损失险 车身油漆单独损伤险 涉水损失险 零部件、附属设备被盗窃险 车上货物责任险 精神损害抚慰金责任险 随车携带物品责任险 车损免赔额特约条款 救援费用特约条款 修理期间费用补偿特约条款 事故附随费用特约条款 更换新车特约条款 多次事故免赔率特约条款 使用安全带特约条款 基本险不计免赔特约条款 A 款 基本险不计免赔特约条款 B 款 附加险不计免赔特约条款 法律服务特约条款 节假日行驶区域扩展特约条款

2007 年 4 月 1 日起，正式启用由中国保险行业协会牵头开发的 2007 版 A、B、C 三套条款，国内经营车险的保险公司都必须从这三套条款中选择一款经营（天平汽车保险公司除外）。2007 版 A、B、C 条款与 2006 版相比，2007 版条款涵盖险种增多，包含车辆损失保险、第三者责任保险、车上人员责任险、全车盗抢险、不计免赔率特约险、玻璃单独破碎险、车身划痕损失险和可选免赔额特约险等 8 个险种。2007 版 A、B、C 三套条款的险种构成及人保、平保、太保三大公司施行的商业险种分别见表 3-10 和表 3-11。

表 3-10 2007 版 A、B、C 三套条款的险种构成

A 款险种构成	B 款险种构成	C 款险种构成
机动车第三者责任保险 家庭自用汽车损失保险 非营业用汽车损失保险 营业用汽车损失保险 特种车保险 摩托车、拖拉机保险 机动车车上人员责任保险 机动车盗抢保险 玻璃单独破碎险 车身划痕损失险 可选免赔额特约条款 不计免赔率特约条款	商业第三者责任保险 车辆损失险 全车盗抢险 车上人员责任险 摩托车、拖拉机保险 玻璃单独破碎险条款 车身划痕损失险条款 基本险不计免赔率特约条款	机动车损失保险 机动车第三者责任保险 机动车车上人员责任险 机动车全车盗抢损失险 摩托车、拖拉机保险 玻璃单独破碎险 车身油漆单独损伤险 车损免赔额特约条款 基本险不计免赔特约条款

表 3-11 2007 年 4 月 1 日我国人保、平保、太保三大公司施行的商业险种

公司名称	中国人民财产保险股份有限公司	中国平安财产保险股份有限公司	中国太平洋财产保险股份有限公司
三套条款	采用 A 款	采用 B 款	采用 C 款
主险	机动车第三者责任保险 家庭自用汽车损失保险 非营业用汽车损失保险 营业用汽车损失保险 特种车保险 摩托车、拖拉机保险 机动车车上人员责任险 机动车盗抢保险 机动车提车保险	商业第三者责任保险 车辆损失保险 全车盗抢保险 车上人员责任保险 摩托车、拖拉机保险 机动车单程提车保险	机动车损失保险 第三者责任保险 车上人员责任险 全车盗抢损失险 单程提车损失保险 单程提车三者险 摩托车、拖拉机保险
附加险、特约条款	玻璃单独破碎险 火灾、爆炸、自燃损失险 自燃损失险 车身划痕损失险 可选免赔额特约条款 新增加设备损失保险 发动机特别损失险 机动车停驶损失险 代步机动车服务特约条款 更换轮胎服务特约条款 送油、充电服务特约条款 拖车服务特约条款 附加换件特约条款 随车行李物品损失保险 新车特约条款 A 新车特约条款 B 车上货物责任险 附加交通事故精神损害赔偿责任保险 教练车特约条款 附加油污污染责任保险	玻璃单独破碎险 车身划痕损失险 自燃损失险 车辆停驶损失险 代步车费用险 新增加设备损失险 车上货物责任险 车载货物掉落责任险 附加油污污染责任险 交通事故精神损害赔偿险 全车盗抢附加高尔夫球具盗窃险 车轮单独损坏险 涉水行驶损失险 随车行李物品损失险 保险事故附随费用损失险 车辆重置特约险条款 A 车辆重置特约险条款 B 换件特约险 系安全带补偿特约险 指定专修厂特约条款	自燃损失险 玻璃单独破碎险 新增设备损失险 车身油漆单独损伤险 涉水损失险 零部件、附属设备被盗窃险 车上货物责任险 精神损害抚慰金责任险 随车携带物品责任险 特种车车辆损失扩展险 特种车固定机具、设备损失险 免税车辆关税责任险 道路污染责任险 车损免赔额特约条款 救援费用特约条款 修理期间费用补偿特约条款 事故附随费用特约条款 更换新车特约条款 多次事故免赔率特约条款 使用安全带特约条款 基本险不计免赔特约条款

（续）

公司名称	中国人民财产保险股份有限公司	中国平安财产保险股份有限公司	中国太平洋财产保险股份有限公司
三套条款	采用 A 款	采用 B 款	采用 C 款
附加险、特约条款	附加机动车出境保险 异地出险住宿费特约条款 不计免赔率特约条款 起重、装卸、挖掘车辆损失扩展条款 特种车辆固定设备、仪器损坏扩展条款 多次出险增加免赔率特约条款 约定区域通行费用特约条款 指定专修厂特约条款 租车人人车失踪险条款 法律费用特约条款 广东、深圳分公司免税机动车关税责任险	特种车特约条款 多次事故免赔特约条款 基本险不计免赔率特约条款 附加险不计免赔率特约条款	附加险不计免赔特约条款 法律服务特约条款 节假日行驶区域扩展特约条款 指定专修厂特约条款 换件特约条款

因此，这段时期的机动车辆商业保险险种是由基本统一的主险险种、主要的附加险险种以及个性化的各家保险公司自主制订的其他附加险险种组成的。

2. 车险险种的内容构成

2007 版 A、B、C 条款中车险险种内容构成的表现手法不尽相同，但其内容实质基本一致，都是把合同相关事项和双方当事人的权利义务给予明确。具体内容构成见表 3-12。

表 3-12 2007 版 A、B、C 三套条款中车险险种的内容构成

A 款险种的内容构成	B 款险种的内容构成	C 款险种的内容构成
包括 12 项： 1. 总则 2. 保险责任 3. 责任免除 4. 保险金额、责任限额 5. 保险期间 6. 保险人义务 7. 投保人、被保险人义务 8. 赔偿处理 9. 保险费调整 10. 合同变更和终止 11. 争议处理 12. 附则	包括总则及四部分： 总则 第一部分 基本险，又分四项： 1. 保险责任 2. 责任免除 3. 赔偿限额、保险金额 4. 赔偿处理 第二部分 通用条款，又分五项： 1. 保险期间 2. 保险人义务 3. 投保人、被保险人义务 4. 其他事项 5. 争议处理 第三部分 附加险 第四部分 释义	包括九项： 1. 总则 2. 保险责任 3. 责任免除 4. 保险金额、赔偿限额、保险期间 5. 赔偿处理 6. 保险人义务 7. 投保人、被保险人义务 8. 无赔款折扣 9. 其他事项

现以 A 款为例，简单介绍条款内容构成，A 款中各险种内容由 12 项内容构成。

（1）总则 主要阐述车险合同的形式组成、车险的标的种类、车险合同的性质等。机动车保险合同由条款、投保单、保险单、批单和特别约定共同组成。凡涉及保险合同的约定，均应采用书面形式。

（2）保险责任 主要阐述保险公司承担保险金赔偿的车辆使用风险种类，即保险人对被保险人的保障范围。

(3) 责任免除 主要阐述保险公司不承担保险金赔偿责任的范围，是对保险责任的限制。投保人、被保险人必须要熟悉此部分内容，避免产生投保误解，或因某些不当行为造成不能享有保障权利。

(4) 保险金额、责任限额 主要阐述保险金额和责任限额的确定方式。

(5) 保险期限 主要阐述车险合同的起止时间，一般为一年，需在保险单中载明具体起止时间点。短期保险一般按短期月费率计算保费。短期月费率见表3-13。

表3-13 短期月费率

保险期间/月	1	2	3	4	5	6	7	8	9	10	11	12
短期月费率（年保险费的百分比）	10%	20%	30%	40%	50%	60%	70%	80%	85%	90%	95%	100%

注：保险期间不足一个月的部分，按一个月计算。

(6) 保险人义务 主要阐述保险公司应该履行的义务，一般包括条款说明、及时查勘、及时定损、迅速赔偿、替保户保密等。

(7) 投保人、被保险人义务 主要阐述投保人、被保险人应该履行的义务，一般包括如实告知、及时交费、出险报案、协助查勘、提供索赔证明资料等。

(8) 赔偿处理 主要阐述赔偿方式、赔偿免赔率和被保险人索赔时应提供的单证等。

(9) 保险费调整 主要阐述续保时投保人享受无赔款优惠的比例等。

(10) 合同变更和终止 主要阐述标的转让或相关事项改变时必须办理变更、合同终止时如何扣除或退还保险费等。

在保险期间，被保险机动车转让他人的，投保人应当书面通知保险人并办理批改手续。

保险责任开始前，投保人要求解除保险合同的，需支付应交保费5%的退保手续费。保险责任开始后，投保人要求解除保险合同的，自通知之日起，本保险合同解除。保险人按短期月费率收取自保险责任开始日起至合同解除日止的保险费，并退还剩余部分保险费。

(11) 争议处理 主要阐述争议解决的方式，一般分为协商、仲裁或诉讼三种方式。对因履行本保险合同发生的争议，首先由当事人协商解决。协商不成的，提交保险单载明的仲裁机构仲裁。保险单未载明仲裁机构或者争议发生后未达成仲裁协议的，可向人民法院起诉。保险合同争议处理适用中华人民共和国法律。

(12) 附则 主要阐述前面各项的未尽事宜和条款中部分术语的解释。

二、机动车第三者责任保险

第三者是指因被保险机动车发生意外事故遭受人身伤亡或者财产损失的人，但不包括被保险机动车本车上人员、投保人、被保险人和保险人。

1. 保险责任

机动车第三者责任保险责任

▲保险期间内，被保险人或其允许的合法驾驶人在使用被保险机动车过程中发生意外事故，致使第三者遭受人身伤亡或财产直接损毁，依法应当由被保险人承担的损害赔偿责任，保险人依照本保险合同的约定，对于超过机动车交通事故责任强制保险各分项赔偿限额以上的部分负责赔偿

1）合法驾驶人是指持有效驾驶证，且所驾车辆与驾驶证规定的准驾车类相符；驾驶出租车或营业性客车的驾驶人还必须具备交通运输管理部门核发的许可证书或其他必备证书。

2）使用保险车辆过程中是指保险车辆被运用的整个过程，包括行驶和停放。

3）意外事故是指不是行为人出于故意，而是行为人不可预见的和不可抗拒的并造成人员伤亡或财产损失的突发事件。

4）人身伤亡是指人的身体受伤害或人的生命终止。

5）财产直接损毁是指保险车辆发生意外事故，直接造成事故现场他人财产实际损毁。

6）依法应由被保险人支付的赔偿金额是指依照有关法律（主要是道路交通安全法和民法）、法规（主要指交通事故处理规定和最高人民法院关于损害赔偿的司法解释）应当由被保险人支付的赔偿金额。

2. 责任免除

机动车第三者责任保险的责任免除一般可分三类。

（1）不属于第三者范围的人身伤亡或财产损失不负责赔偿　被保险机动车造成不属于第三者范围的对象的人身伤亡、所有或代管的财产的损失，不论在法律上是否应当由被保险人承担赔偿责任，保险人均不负责赔偿。以下三类对象不属于第三者范围：

1）被保险人及其家庭成员。

2）被保险机动车本车驾驶人及其家庭成员。

3）被保险机动车本车上其他人员。

【案例】 2005年8月10日，一辆大货车在倒车时不慎撞到了一辆小车，导致小车的后灯、后挡风玻璃和后车身损坏。保险公司的调查员现场勘查后，认为发生相撞的两辆汽车，一辆是王某名下的财产，另一辆是其代管财产，并且这两辆车只购买了第三者责任险，被保险人均为王某，符合保险条款的免责范围，故不同意赔偿。为此，王某将保险公司告上法庭，要求法院判令被告支付汽车维修费、误工费共计15 000元。

法庭上，双方发生了激烈的交锋。被告保险公司辩称，第三者责任险条款中，明确将被保险人所有或代管的财产、家庭成员以及他们所有或代管的财产列为该险种的除外责任。原告王某称，保险合同大都用词专业生涩，消费者理解起来非常困难，而购买时，保险公司业务员并没有向他说清楚，并且投保单是由保险公司业务员代签名的。

法院根据《保险法》第17条的规定，保险合同中规定关于保险人责任免责条款的，保险人在订立合同时应当向投保人明确说明，未明确说明的，该条款不产生效力。于是判决保险公司败诉。

案情分析：同一人拥有的两台车相撞，保险公司理应拒赔成功，不应“败诉”，但因未履行告知义务，法院作出了保险公司应赔偿的判决。从表面看，王某胜诉，已获赔偿，但法院判决并没有认定保险公司的这一免责条款违法，所以从这一点看保险公司并没有败诉。但是，这一案件的审理却给保险公司敲响了警钟，那就是履行法定告知义务的程序必不可少。

（2）不可保风险造成的第三者责任不负责赔偿

1）地震。

2）战争、军事冲突、恐怖活动、暴乱、扣押、收缴、没收、政府征用。

3）竞赛、测试、教练，在营业性维修、养护场所修理、养护期间。其中，竞赛是指被保险机动车作为赛车参加车辆比赛活动，包括以参加比赛为目的进行的训练活动。测试

是指对被保险机动车的性能和技术参数进行测量或试验。

4）利用被保险机动车从事违法活动。

5）驾驶人饮酒、吸食或注射毒品、被药物麻醉后使用被保险机动车。

6）事故发生后，被保险人或其允许的驾驶人在未依法采取措施的情况下驾驶被保险机动车或者遗弃被保险机动车逃离事故现场，或故意破坏或伪造现场、毁灭证据。

7）驾驶人不合法的。有下列情形之一者认定为不合法：无驾驶证或驾驶证有效期已届满；驾驶的被保险机动车与驾驶证载明的准驾车型不符；实习期内驾驶公共汽车、营运客车或者载有爆炸物品、易燃易爆化学物品、剧毒或者放射性等危险物品的被保险机动车，实习期内驾驶的被保险机动车牵引挂车；持未按规定审验的驾驶证，以及在暂扣、扣留、吊销、注销驾驶证期间驾驶被保险机动车；使用各种专用机械车、特种车的人员无国家有关部门核发的有效操作证，驾驶营运客车的驾驶人无国家有关部门核发的有效资格证书；依照法律法规或公安机关交通管理部门有关规定不允许驾驶被保险机动车的其他情况下驾车。

8）非被保险人允许的驾驶人使用被保险机动车。

9）被保险机动车转让他人，未向保险人办理批改手续。

10）发生保险事故时被保险机动车无公安机关交通管理部门核发的行驶证或号牌，或未按规定检验或检验不合格。

11）被保险机动车拖带未投保机动车交通事故责任强制保险的机动车（含挂车）或被未投保机动车交通事故责任强制保险的其他机动车拖带。

（3）不属于可赔偿范围的损失和费用

1）被保险机动车发生意外事故，致使第三者停业、停驶、停电、停水、停气、停产、通信或者网络中断、数据丢失、电压变化等造成的损失以及其他各种间接损失。

2）精神损害赔偿。

3）污染（含放射性污染）造成的损失。

4）第三者财产因市场价格变动造成的贬值、修理后价值降低引起的损失。

5）被保险机动车被盗窃、抢劫、抢夺期间造成第三者人身伤亡或财产损失。

6）被保险人或驾驶人的故意行为造成的损失。

7）仲裁或者诉讼费用以及其他相关费用。

8）应当由机动车交通事故责任强制保险赔偿的损失和费用。

9）依据保险合同约定的免赔率应当免赔的费用。常见免赔率：事故责任免赔率；违反安全装载规定的免赔率；投保时指定驾驶人，保险事故发生时为非指定驾驶人使用被保险机动车的免赔率；投保时约定行驶区域，保险事故发生在约定行驶区域以外的免赔率等。

10）其他不属于保险责任范围内的损失和费用。

3. 责任限额

目前我国第三者责任保险采取责任限额方式。责任限额是保险人计收保险费的依据，也是承担每次第三者责任保险事故赔偿的最高额度。第三者责任保险的责任限额分为5万元、10万元、15万元、20万元、30万元、50万元、100万元、100万元以上等档次。责任限额为100万元以上时，必须是50万元的整数倍。责任限额由投保人和保险人在签订保险合同时协商确定。

主车和挂车的责任限额可以分别确定，但当它们连接使用时视为一体，发生保险事故

时，由主车保险人和挂车保险人按照保险单上载明的机动车第三者责任保险责任限额的比例，在各自的责任限额内承担赔偿责任，但赔偿金额总和以主车的责任限额为限。

4. 保险人义务

保险条款中对保险人义务的规定是根据《保险法》的要求做出的，具体义务如下：

1）保险人在订立保险合同时，应向投保人说明投保险种的保险责任、责任免除、保险期间、保险费及支付办法、投保人和被保险人义务等内容。

2）保险人应及时受理被保险人的事故报案，并尽快进行查勘。保险人接到报案后48小时内未进行查勘且未给予受理意见，造成财产损失无法确定的，以被保险人提供的财产损毁照片、损失清单、事故证明和修理发票作为赔付理算依据。

3）保险人收到被保险人的索赔请求后，应当及时作出核定。具体内容包括：保险人应根据事故性质、损失情况，及时向被保险人提供索赔须知。审核索赔材料后认为有关的证明和资料不完整的，应当及时通知被保险人补充提供有关的证明和资料；在被保险人提供了各种必要单证后，保险人应当迅速审查核定，并将核定结果及时通知被保险人；对属于保险责任的，保险人应在与被保险人达成赔偿协议后10 日内支付赔款。

4）保险人对在办理保险业务中知道的投保人、被保险人的业务和财产情况以及个人隐私，负有保密的义务。

5. 投保人、被保险人义务

保险条款中对投保人、被保险人义务的规定是根据《保险法》要求做出的，具体义务如下：

1）投保人应如实填写投保单并回答保险人提出的询问，履行如实告知义务，并提供被保险机动车行驶证复印件、机动车登记证书复印件，指定驾驶人的，应当同时提供被指定驾驶人的驾驶证复印件。

2）在保险期间，被保险机动车改装、加装或被保险家庭自用汽车、非营业用汽车从事营业运输等，导致被保险机动车危险程度增加的，应当及时书面通知保险人。否则，因被保险机动车危险程度增加而发生的保险事故，保险人不承担赔偿责任。

3）除保险合同另有约定外，投保人应当在保险合同成立时交清保险费；保险费交清前发生的保险事故，保险人不承担赔偿责任。

4）发生保险事故时，被保险人应当及时采取合理、必要的施救和保护措施，防止或者减少损失，并在保险事故发生后48h 内通知保险人。否则，造成损失无法确定或扩大的部分，保险人不承担赔偿责任。

5）发生保险事故后，被保险人应当积极协助保险人进行现场查勘。

6）被保险人在索赔时应当向保险人提供与确认保险事故的性质、原因、损失程度等有关的证明和资料。被保险人应当提供保险单、损失清单、有关费用单据、被保险机动车行驶证和发生事故时驾驶人的驾驶证。属于道路交通事故的，被保险人应当提供公安机关交通管理部门或法院等机构出具的事故证明、有关的法律文书（判决书、调解书、裁定书、裁决书等）及其他证明。属于非道路交通事故的，应提供相关的事故证明。

7）引起与保险赔偿有关的仲裁或者诉讼时，被保险人应当及时书面通知保险人。

6. 赔偿处理

（1）赔偿方式　因保险事故损坏的第三者财产，应当尽量修复。修理前被保险人应当

会同保险人检验，协商确定修理项目、方式和费用。否则，保险人有权重新核定；无法重新核定的，保险人有权拒绝赔偿。

（2）赔偿比例 保险人依据被保险机动车驾驶人在事故中所负的事故责任比例，承担相应的赔偿责任。

机动车第三者责任保险赔偿比例

▲被保险机动车方负全部事故责任的，事故责任比例为100%

▲被保险机动车方负主要事故责任的，事故责任比例为70%

▲被保险机动车方负同等事故责任的，事故责任比例为50%

▲被保险机动车方负次要事故责任的，事故责任比例为30%

▲被保险机动车方没有事故责任的，事故责任比例为0

（3）赔偿项目和标准 保险事故发生后，保险人按照国家有关法律、法规规定的赔偿范围、项目和标准以及保险合同的约定，在保险单载明的责任限额内核定赔偿金额。保险人按照国家基本医疗保险的标准核定医疗费用的赔偿金额。未经保险人书面同意，被保险人自行承诺或支付的赔偿金额，保险人有权重新核定。不属于保险人赔偿范围或超出保险人应赔偿金额的，保险人不承担赔偿责任。

（4）重复保险情况 重复保险的，保险人按照本合同的责任限额与各保险合同责任限额的总和的比例承担赔偿责任。其他保险人应承担的赔偿金额，保险人不负责赔偿和垫付。

（5）实行一次赔偿 保险人支付赔款后，对被保险人追加的索赔请求不承担赔偿责任。

（6）合同效力 被保险人获得赔偿后，本保险合同继续有效，直至保险期间届满。

三、机动车损失保险

机动车损失保险（简称车损险）的合同为不定值保险合同。不定值保险合同是指双方当事人在订立保险合同时不预先确定保险标的的保险价值，而是按照保险事故发生时保险标的的实际价值确定保险价值的保险合同。

1. 保险责任

保险期间，被保险人或其允许的合法驾驶人在使用被保险机动车过程中，因保险条款保险责任部分列明的意外事故和自然灾害等危险发生，造成被保险机动车的损失，保险人依照保险合同的约定负责赔偿。另外，为贯彻积极的防灾防损政策，减少事故损失，保险人对事故发生后必要、合理的施救与保护费用一般也负责赔偿。

（1）意外事故导致的车辆损失 意外事故包括碰撞、倾覆、坠落、火灾、爆炸、外界物体坠落、倒塌等。

碰撞是指被保险机动车与外界物体直接接触并发生意外撞击、产生撞击痕迹的现象。包括被保险机动车按规定载运货物时，所载货物与外界物体的意外撞击。

倾覆是指意外事故导致被保险机动车翻倒（两轮以上离地、车体触地），处于失去正常状态和行驶能力、不经施救不能恢复行驶的状态。

坠落是指被保险机动车在行驶中发生意外事故，整车腾空后下落，造成本车损失的情况。非整车腾空，仅由于颠簸造成被保险机动车损失的，不属坠落责任。

火灾是指被保险机动车本身以外的火源引起的、在时间或空间上失去控制的燃烧（即有热、有光、有火焰的剧烈的氧化反应）所造成的灾害。

爆炸是指车辆以外的物体在瞬间分解或燃烧时放出大量的热和气体，并以很大压力向四周扩散，形成破坏力，进而导致车辆损失。

外界物体坠落是指车辆以外的物体掉落到车上导致车辆损失。

（2）自然灾害导致的车辆损失

自然灾害导致的车辆损失的项目

▲暴风：风速在28.5m/s（相当于11级大风）以上的大风

▲龙卷风：一种范围小而时间短的猛烈旋风，平均风速79～103m/s

▲雷击：由于雷电直接击中保险车辆或通过其他物体引起车辆损失

▲雹灾：冰雹降落造成车辆受损

▲暴雨：降雨量达16mm/h以上，或连续12h降雨量达30mm以上，或连续24h降雨量达50mm以上

▲洪水：江河泛滥、山洪暴发、潮水上岸及倒灌，致使车辆遭受浸泡、淹没损失

▲海啸：由于地震或风暴而造成海面巨大涨落现象，海水上岸泡损、淹没、冲失车辆

▲地陷：地壳因为自然变异、地层收缩而发生突然塌陷以及海潮、河流、大雨侵蚀时，地下有孔穴、矿穴，以致地面突然塌陷

▲冰陷：在公安交通管理部门允许车辆行驶的冰面上，车辆通行时，冰面突然下陷造成车辆损失

▲崖崩：石崖、土崖因自然风化、雨蚀而崩裂下塌，或山上岩石滚落，或雨水使山上沙土透湿而崩塌

▲雪崩：大量积雪突然崩落，致使车辆遭受损失

▲泥石流：山地突然爆发饱含大量泥沙、石块的洪流造成车辆受损

▲滑坡：斜坡上不稳的岩体或土体在重力作用下突然整体向下滑动造成车辆受损

▲载运车辆的渡船遭受自然灾害危险：车辆在行驶途中因需跨过江河、湖泊、海峡才能恢复到道路行驶而过渡，驾驶人把车辆开上渡船，并随船同行把车照料到对岸，这期间因遭受自然灾害，致使车辆本身发生损失

（3）必要、合理的施救费用　发生保险事故时，被保险人为防止或者减少被保险机动车的损失所支付的必要、合理的施救费用，由保险人承担，最高不超过保险金额的数额。该费用必须是必要、合理的。一般下列费用是必要、合理的：保险车辆发生火灾时，被保险人或其允许的驾驶人使用他人非专业消防单位的消防设备，施救保险车辆所消耗的合理费用及设备损失；保险车辆出险后，失去正常的行驶能力，被保险人雇用吊车及其他车辆进行抢救的费用，以及将出险车辆拖运到修理厂的运输费用；在抢救过程中，因抢救而损坏他人的财

产，并应由被保险人赔偿的；被保险人自己或他人义务派来抢救的抢救车辆在拖运受损保险车辆途中发生意外事故造成保险车辆的损失扩大部分和费用支出增加部分。

2. 责任免除

车辆损失保险的责任免除一般分两类。

（1）不可保风险造成的车辆损失不负责赔偿　车辆损失险的不可保危险与第三者责任险规定的不可保风险相同。

（2）不属于可赔偿范围的损失和费用　车辆损失保险不负责赔偿的损失和费用如下：

1）自然磨损、朽蚀、腐蚀、故障。车辆的自然磨损、朽蚀、腐蚀是一种正常现象，是一个渐变过程，不属于意外事故，不属于保险公司的保险责任范围。车辆的故障是质量不佳、磨损、老化和破坏的结果，不是自然灾害或意外事故所造成的损失，所以保险人也不负赔偿责任。

2）玻璃单独破碎、车轮单独损坏。玻璃单独破碎是指未发生被保险机动车其他部位的损坏，仅发生被保险机动车前后风挡玻璃和左右车窗玻璃的损坏。车轮单独损坏是指未发生被保险机动车其他部位的损坏，仅发生轮胎、轮辋、轮毂罩的分别单独损坏，或上述三者之中任意二者的共同损坏，或三者的共同损坏。

3）无明显碰撞痕迹的车身划痕。

4）人工直接供油、高温烘烤造成的损失。

5）自燃以及不明原因火灾造成的损失。其中，自燃是指在没有外界火源的情况下，本车电器、线路、供油系统、供气系统等被保险机动车自身原因发生故障或所载货物自身原因起火燃烧。

6）遭受保险责任范围内的损失后，未经必要修理继续使用被保险机动车，致使损失扩大的部分。

7）污染（含放射性污染）造成的损失。其中，污染是指被保险机动车正常使用过程中或发生事故时，由于油料、尾气、货物或其他污染物的泄漏、飞溅、排放、散落等造成被保险机动车污损或状况恶化。

8）市场价格变动造成的贬值、修理后价值降低引起的损失。

9）标准配置以外新增设备的损失。

10）发动机进水后导致的发动机损坏。

11）被保险机动车所载货物坠落、倒塌、撞击、泄漏造成的损失。

12）被盗窃、抢劫、抢夺，以及因被盗窃、抢劫、抢夺受到损坏或车上零部件、附属设备丢失。

13）被保险人或驾驶人的故意行为造成的损失。

14）应当由机动车交通事故责任强制保险赔偿的金额。

15）依据保险合同约定免赔率的免赔部分。

16）其他不属于保险责任范围内的损失和费用。

3. 保险金额

车辆损失险保险金额由投保人和保险人从下列三种方式中选择确定，保险人根据确定保险金额的不同方式承担相应的赔偿责任。

1）按投保时被保险机动车的新车购置价确定。新车购置价是指在保险合同签订地购

置与被保险机动车同类型新车的价格（含车辆购置税）。

投保时的新车购置价根据投保时保险合同签订地同类型新车市场销售价格（含车辆购置税）确定，并在保险单中载明，无同类型新车市场销售价格的，由投保人与保险人协商确定。

2）按投保时被保险机动车的实际价值确定。投保时被保险机动车的实际价值根据投保时的新车购置价减去折旧金额后的价格确定。被保险机动车的折旧按月计算，不足1个月的部分，不计折旧。折旧率因车辆种类不同而有所不同，其制定依据是国家汽车报废标准。被保险机动车最高折旧金额不超过投保时被保险机动车新车购置价的80%。

折旧金额＝投保时的新车购置价×被保险机动车已使用月数×月折旧率

3）在投保时被保险机动车的新车购置价内协商确定。

4. 赔偿处理

（1）赔偿方式　因保险事故损坏的被保险机动车，应当尽量修复。修理前被保险人应当会同保险人检验，协商确定修理项目、方式和费用。否则，保险人有权重新核定；无法重新核定的，保险人有权拒绝赔偿。

（2）赔偿比例　保险人依据被保险机动车驾驶人在事故中所负责任比例，承担相应的赔偿责任。有关被保险机动车驾驶人在事故中所负的事故责任比例的规定同第三者责任险。

（3）赔偿理算　被保险车辆事故损失及相关费用的赔款理算如下。

1）按投保时被保险机动车的新车购置价确定保险金额的。发生全部损失时，在保险金额内计算赔偿，保险金额高于保险事故发生时被保险机动车实际价值的，按保险事故发生时被保险机动车的实际价值计算赔偿。其中，保险事故发生时被保险机动车的实际价值根据保险事故发生时的新车购置价减去折旧金额后的价格确定；保险事故发生时的新车购置价根据保险事故发生时保险合同签订地同类型新车的市场销售价格（含车辆购置税）确定，无同类型新车市场销售价格的，由被保险人与保险人协商确定。

发生部分损失时，按核定修理费用计算赔偿，但不得超过保险事故发生时被保险机动车的实际价值。

2）按投保时被保险机动车的实际价值确定保险金额或协商确定保险金额的。发生全部损失时，保险金额高于保险事故发生时被保险机动车实际价值的，以保险事故发生时被保险机动车的实际价值计算赔偿；保险金额等于或低于保险事故发生时被保险机动车实际价值的，按保险金额计算赔偿。

发生部分损失时，按保险金额与投保时被保险机动车的新车购置价的比例计算赔偿，但不得超过保险事故发生时被保险机动车的实际价值。

3）施救费用赔偿的计算方式同本条1）、2），在被保险机动车损失赔偿金额以外另行计算，最高不超过保险金额的数额。被施救的财产中，含有本保险合同未承保财产的，按被保险机动车与被施救财产价值的比例分摊施救费用。

4）残值处理。被保险机动车遭受损失后的残余部分由保险人、被保险人协商处理。一般做法是双方协商确定其价值后，在赔款中扣除。

（4）合同效力　下列情况下，保险人支付赔款后，保险合同终止，保险人不退还机动车辆损失保险及其附加险的保费。

1）被保险机动车发生全部损失。

2）按投保时被保险机动车的实际价值确定保险金额的，一次赔款金额与免赔金额之和（不含施救费）达到保险事故发生时被保险机动车的实际价值。

3）保险金额低于投保时被保险机动车的实际价值的，一次赔款金额与免赔金额之和（不含施救费）达到保险金额。

四、机动车车上人员责任险

1. 保险责任

机动车车上人员责任险保险责任

▲保险期间内，被保险人或其允许的合法驾驶人在使用被保险机动车过程中发生意外事故，致使车上人员遭受人身伤亡，依法应当由被保险人承担的损害赔偿责任，保险人依照保险合同的约定负责赔偿

2. 责任免除

1）被保险机动车造成下列人身伤亡，不论在法律上是否应当由被保险人承担赔偿责任，保险人均不负责赔偿。

① 被保险人或驾驶人的故意行为造成的人身伤亡。

② 被保险人及驾驶人以外的其他车上人员的故意、重大过失行为造成的自身伤亡。

③ 违法、违章搭乘人员的人身伤亡。

④ 车上人员因疾病、分娩、自残、斗殴、自杀、犯罪行为造成的自身伤亡。

⑤ 车上人员在被保险机动车车下时遭受的人身伤亡。

2）不可保风险造成的对车上人员的损害赔偿责任，保险人均不负责赔偿：车上人员责任险的不可保风险与第三者责任险的规定基本相同。

3）下列损失和费用，保险人不负责赔偿。

① 精神损害赔偿。

② 因污染（含放射性污染）造成的人身伤亡。

③ 仲裁或者诉讼费用以及其他相关费用。

④ 应当由机动车交通事故责任强制保险赔偿的损失和费用。

⑤ 依据保险合同约定免赔率的免赔部分。

⑥ 其他不属于保险责任范围内的损失和费用。

3. 责任限额

驾驶人每次事故责任限额和乘客每次事故每人责任限额由投保人和保险人在投保时协商确定。投保乘客座位数按照被保险机动车的核定载客数（驾驶人座位除外）确定。

4. 赔偿处理

每次事故车上人员的人身伤亡按照国家有关法律、法规规定的赔偿范围、项目和标准以及保险合同的约定进行赔偿。驾驶人的赔偿金额不超过保险单载明的驾驶人每次事故责任限额；每位乘客的赔偿金额不超过保险单载明的乘客每次事故每人责任限额，赔偿人数以投保乘客座位数为限。保险人按照国家基本医疗保险的标准核定医疗费用的赔偿金额。未经保险人书面同意，被保险人自行承诺或支付的赔偿金额，保险人有权重新核定。不属

于保险人赔偿范围或超出保险人应赔偿金额的，保险人不承担赔偿责任。

保险人支付赔款后，对被保险人追加的索赔请求，保险人不承担赔偿责任。

被保险人获得赔偿后，保险合同继续有效，直至保险期间届满。

五、机动车盗抢保险

1. 保险责任

机动车盗抢保险保险责任

▲被盗窃、抢劫、抢夺，经出险当地县级以上公安刑侦部门立案证明，满60天未查明下落的全车损失

▲全车被盗窃、抢劫、抢夺后，受到损坏或车上零部件、附属设备丢失需要修复的合理费用

▲在被抢劫、抢夺过程中，受到损坏需要修复的合理费用

2. 责任免除

1）下列情况下，不论任何原因造成被保险机动车损失，保险人均不负责赔偿。

① 地震。

② 战争、军事冲突、恐怖活动、暴乱、扣押、收缴、没收、政府征用。

③ 竞赛、测试、教练，在营业性维修、养护场所修理、养护期间。

④ 利用被保险机动车从事违法活动。

⑤ 驾驶人饮酒、吸食或注射毒品、被药物麻醉后使用被保险机动车。

⑥ 非被保险人允许的驾驶人使用被保险机动车。

⑦ 租赁机动车与承租人同时失踪。

⑧ 被保险机动车转让他人，未向保险人办理批改手续。

⑨ 除另有约定外，发生保险事故时被保险机动车无公安机关交通管理部门核发的行驶证或号牌，或未按规定检验或检验不合格。

⑩ 被保险人索赔时，未能提供机动车停驶手续或出险当地县级以上公安刑侦部门出具的盗抢立案证明。

2）被保险机动车的下列损失和费用，保险人不负责赔偿。

① 自然磨损、朽蚀、腐蚀、故障。

② 遭受保险责任范围内的损失后，未经必要修理继续使用被保险机动车，致使损失扩大的部分。

③ 市场价格变动造成的贬值、修理后价值降低引起的损失。

④ 标准配置以外新增设备的损失。

⑤ 非全车遭盗窃，仅车上零部件或附属设备被盗窃或损坏。

⑥ 被保险机动车被诈骗造成的损失。

⑦ 被保险人因民事、经济纠纷而导致被保险机动车被抢劫、抢夺。

⑧ 被保险人及其家庭成员、被保险人允许驾驶人的故意行为或违法行为造成的损失。

⑨ 被保险机动车被盗窃、抢劫、抢夺期间造成人身伤亡或本车以外的财产损失，保

险人不负责赔偿。

⑩ 依据保险合同约定免赔率的免赔部分。免赔率规定：发生全车损失的，免赔率为20%；发生全车损失，被保险人未能提供机动车行驶证、机动车登记证书、机动车来历凭证、车辆购置税完税证明（车辆购置附加费缴费证明）或免税证明的，每缺少一项，增加免赔率1%；投保时指定驾驶人，保险事故发生时为非指定驾驶人使用被保险机动车的，增加免赔率5%；投保时约定行驶区域，保险事故发生在约定行驶区域以外的，增加免赔率10%。

⑪ 其他不属于保险责任范围内的损失和费用。

3. 保险金额

保险金额由投保人和保险人在投保时被保险机动车的实际价值内协商确定。

投保时被保险机动车的实际价值根据投保时的新车购置价减去折旧金额后的价格确定。

新车购置价是指在保险合同签订地购置与被保险机动车同类型新车的价格（含购置税）。

折旧金额 = 投保时的新车购置价 × 被保险机动车已使用月数 × 月折旧率

月折旧率见表3-14。

表3-14 月折旧率表

车辆种类	月折旧率				
	家庭自用	非营业	营业		特种车
			出租	其他	
9座（含）以下客车	0.60%	0.60%	1.10%	0.90%	—
10座（含）以上客车	0.90%	0.90%	1.10%	0.90%	—
微型载货汽车	—	0.90%	1.10%	1.10%	—
带拖挂的载货汽车	—	0.90%	1.10%	1.10%	—
低速货车和三轮汽车	—	1.10%	1.40%	1.40%	—
矿山专用车	—	—	—	—	1.10%
其他车辆	—	0.90%	1.10%	0.90%	0.90%

4. 赔偿处理

（1）索赔资料　索赔时须提供保险单、损失清单、有关费用单据、机动车行驶证、机动车登记证书、机动车来历凭证、车辆购置税完税证明（车辆购置附加费缴费证明）或免税证明、机动车停驶手续以及出险当地县级以上公安刑侦部门出具的盗抢立案证明。

（2）赔偿计算

1）全车损失，在保险金额内计算赔偿，但不得超过保险事故发生时被保险机动车的实际价值。

2）部分损失，在保险金额内按实际修复费用计算赔偿，但不得超过保险事故发生时被保险机动车的实际价值。

（3）损坏车辆的修复方式　因保险事故损坏的被保险机动车，应当尽量修复。修理前，被保险人应当会同保险人检验，协商确定修理项目、方式和费用。否则，保险人有权重新核定；无法重新核定的，保险人有权拒绝赔偿。

（4）被保险机动车全车被盗窃、抢劫、抢夺后被找回的　保险人尚未支付赔款的，被保险机动车应归还被保险人。

保险人已支付赔款的，被保险机动车应归还被保险人，被保险人应将赔款返还给保险人；被保险人不同意收回被保险机动车，被保险机动车的所有权归保险人，被保险人应协助保险人办理有关手续。

（5）权益转让　保险人确认索赔单证齐全、有效后，被保险人签具权益转让书，保险人赔付结案。

六、其他主险

1. 特种车保险

1）特种车是指用于牵引、清障、清扫、起重、装卸、升降、搅拌、挖掘、推土、压路等的各种轮式或履带式专用机动车，或车内装有固定专用仪器设备，从事专业工作的监测、消防、清洁、医疗、电视转播、雷达、X 光检查等机动车，或油罐车、气罐车、液罐车、冷藏车、集装箱拖头以及约定的其他机动车。

2）机动车损失保险保险责任。

① 保险期间内，被保险人或其允许的合法驾驶人或操作人员在使用被保险机动车过程中，下列原因造成被保险机动车的损失，保险人依照保险合同的约定负责赔偿。

a. 碰撞、倾覆、坠落。

b. 火灾、爆炸、自燃。

c. 外界物体坠落、倒塌。

d. 暴风、龙卷风。

e. 雷击、雹灾、暴雨、洪水、海啸。

f. 地陷、冰陷、崖崩、雪崩、泥石流、滑坡。

g. 载运被保险机动车的渡船遭受自然灾害（只限于驾驶人或操作人员随船的情形）。

② 发生保险事故时，被保险人为防止或者减少被保险机动车的损失所支付的必要、合理的施救费用，由保险人承担，最高不超过保险金额的数额。

3）第三者责任保险保险责任。保险期间内，被保险人或其允许的合法驾驶人或操作人员在使用被保险机动车过程中发生意外事故，致使第三者遭受人身伤亡或财产直接损毁，依法应当由被保险人承担的损害赔偿责任，保险人依照本保险合同的约定，对于超过机动车交通事故责任强制保险各分项赔偿限额以上的部分负责赔偿。

4）特种车的折旧率见表 3-15。

表 3-15　特种车的折旧率

车辆种类	月折旧率
矿山专用车	1.10%
其他车辆	0.90%

2. 摩托车、拖拉机保险保险责任

1）摩托车是指在中华人民共和国境内行驶的，以燃料或蓄电池为动力的各种两轮、

三轮摩托车、电动车和残疾人专用车。

2）拖拉机是指在中华人民共和国境内行驶的轮式拖拉机（含轮式收割机）。

3）机动车损失保险保险责任

① 保险期间内，被保险人或其允许的驾驶人在使用被保险机动车过程中，因下列原因造成被保险机动车的损失，保险人依照保险合同的约定负责赔偿。

a. 碰撞、倾覆、坠落。

b. 火灾、爆炸。

c. 外界物体坠落、倒塌。

d. 暴风、龙卷风。

e. 雷击、雹灾、暴雨、洪水、海啸。

f. 地陷、冰陷、崖崩、雪崩、泥石流、滑坡。

g. 载运被保险机动车的渡船遭受自然灾害（只限于驾驶人随船的情形）。

② 发生保险事故时，被保险人为防止或者减少被保险机动车的损失所支付的必要、合理的施救费用，由保险人承担，最高不超过保险金额的数额。

4）第三者责任保险保险责任。保险期间内，被保险人或其允许的合法驾驶人在使用被保险机动车过程中发生意外事故，致使第三者遭受人身伤亡或财产直接损毁，依法应当由被保险人承担的损害赔偿责任，保险人依照本保险合同的约定，对于超过机动车交通事故责任强制保险各分项赔偿限额以上的部分负责赔偿。

3. 机动车提车保险

1）保险合同中的机动车是指持有检验合格证、移动证或临时号牌，尚未领取公安机关交通管理部门核发的行驶证和正式号牌的汽车、专用机械车和特种车及约定的其他车辆。

2）提车是指汽车制造商、销售商或购买人将机动车从保单载明的产地或关税缴讫地行驶到销售地，或从销售地行驶到购买人指定地点。

3）机动车提车保险条款由机动车损失保险、第三者责任保险、车上人员责任保险和通用条款四部分组成。

学习单元3　附加险与特约条款

导入案例

一辆桑塔纳2000轿车，购买了车损险、第三者责任保险和自燃险等。该车于2009年5月24日由泰安到石横行驶至泰肥一级公路某路段时起火。整车自前向后均有燃烧痕迹，四个车轮及悬架烧毁，前保险杠、全车玻璃、前照灯均烧毁。驾驶室内座椅、仪表、内饰等全部烧毁。发动机舱内有燃烧痕迹。变速器壳前部熔化。发电机后部壳体熔化严重。第二缸高压线屏蔽罩颜色明显较其他缸发白。车架号板是焊接形成的，焊接缝呈矩形痕迹，车架号与车身不是一体。事故图片如图3-1所示。

由案情可知，该车在行驶过程中着火，第二缸高压线屏蔽罩颜色较白，且发电机后部烧损严重，该处为最初的起火点。该车着火事故为燃油管路漏油引起的火灾。

该事故损失属于自燃险赔偿范围，保险公司在车主购买了自燃险的前提下，应该给予正常理赔。

图 3-1　桑塔纳 2000 自燃事故

一、玻璃单独破碎险

投保了机动车损失保险的机动车，可投保本附加险。

1. 保险责任

被保险机动车风窗玻璃或车窗玻璃的单独破碎，保险人负责赔偿。

2. 投保方式

投保人与保险人可协商选择按进口或国产玻璃投保。保险人根据协商选择的投保方式承担相应的赔偿责任。

3. 责任免除

安装、维修机动车过程中造成的玻璃单独破碎。

二、车身划痕损失险

投保了机动车损失保险的机动车，可投保本附加险。

1. 保险责任

无明显碰撞痕迹的车身划痕损失，保险人负责赔偿。

2. 责任免除

被保险人及其家庭成员、驾驶人及其家庭成员的故意行为造成的损失。

3. 保险金额

保险金额为2000元、5000元、10 000元或20 000元，由投保人和保险人在投保时协商确定。

4. 赔偿处理

1）在保险金额内按实际修理费用计算赔偿。

2）每次赔偿实行15%的免赔率。

3）在保险期间内，累计赔款金额达到保险金额，本附加险保险责任终止。

三、自燃损失险

投保了家庭自用汽车损失保险的机动车，可投保本附加险。

1. 保险责任

1）被保险机动车电器、线路、供油系统、供气系统发生故障或所载货物自身原因起火燃烧造成本车的损失。

2）发生保险事故时，被保险人为防止或者减少被保险机动车的损失所支付的必要、合理的施救费用。

2. 责任免除

1）自燃仅造成电器、线路、供油系统、供气系统的损失。

2）所载货物自身的损失。

3. 保险金额

保险金额由投保人和保险人在投保时被保险机动车的实际价值内协商确定。

4. 赔偿处理

1）全部损失，在保险金额内计算赔偿；部分损失，在保险金额内按实际修理费用计算赔偿。

2）每次赔偿实行20%的免赔率。

四、可选免赔额特约条款

投保了机动车损失保险的机动车可附加本特约条款。保险人按投保人选择的免赔额给予相应的保险费优惠。

被保险机动车发生机动车损失保险合同约定的保险事故，保险人在按照机动车损失保险合同的约定计算赔款后，扣减本特约条款约定的免赔额。

五、新增加设备损失险

投保了机动车损失保险的机动车，可投保本附加险。

1. 保险责任

保险期间，投保了本附加险的被保险机动车因发生机动车损失保险责任范围内的事故，造成车上新增加设备的直接损毁，保险人在保险单载明的本附加险的保险金额内，按照实际损失计算赔偿。

2. 保险金额

保险金额根据新增加设备的实际价值确定。新增加设备的实际价值是指新增加设备的购置价减去折旧金额后的金额。

新增设备的折旧率以本条款所对应的主险条款规定为准。

3. 赔偿处理

每次赔偿的免赔率以本条款所对应的主险条款规定为准。

4. 其他事项

本保险所指新增加设备，是被保险机动车出厂时原有各项设备以外，被保险人加装的设备及设施。投保时，应当列明车上新增加设备明细表及价格。

六、车上货物责任险

投保了机动车第三者责任保险的机动车，可投保本附加险。

1. 保险责任

保险期间，发生意外事故致使被保险机动车所载货物遭受直接损毁，依法应由被保险人承担的损害赔偿责任，保险人负责赔偿。

2. 责任免除

1）偷盗、哄抢、自然损耗、本身缺陷、短少、死亡、腐烂、变质造成的货物损失。

2）违法、违章载运或因包装不善造成的损失。

3）车上人员携带的私人物品。

4）应当由机动车交通事故责任强制保险赔偿的损失和费用。

3. 责任限额

责任限额由投保人和保险人在投保时协商确定。

4. 赔偿处理

被保险人索赔时，应提供运单、起运地货物价格证明等相关单据。保险人在责任限额内按起运地价格计算赔偿。每次赔偿实行 20% 的免赔率。

七、不计免赔率特约条款

1）经特别约定，保险事故发生后，按照对应投保的险种规定的免赔率计算的、应当由被保险人自行承担的免赔金额部分，保险人负责赔偿。

2）下列情况下，应当由被保险人自行承担的免赔金额，保险人不负责赔偿：

① 机动车损失保险中应当由第三方负责赔偿而无法找到第三方的。

② 根据有关法律法规规定选择自行协商方式处理交通事故，但不能证明事故原因的。

③ 因违反安全装载规定而增加的。

④ 投保时指定驾驶人，保险事故发生时为非指定驾驶人使用被保险机动车而增加的。

⑤ 投保时约定行驶区域，保险事故发生在约定行驶区域以外而增加的。

⑥ 因保险期间发生多次保险事故而增加的。

⑦ 发生机动车盗抢保险规定的全车损失保险事故时，被保险人未能提供机动车行驶证、机动车登记证书、机动车来历凭证、车辆购置税完税证明（车辆购置附加费缴费证明）或免税证明而增加的。

⑧ 可附加本条款但未选择附加本条款的险种规定的。

⑨ 不可附加本条款的险种规定的。

八、其他

1. 火灾、爆炸、自燃损失险

投保了营业用汽车损失保险的机动车，可投保本附加险。

（1）保险责任

1）火灾、爆炸、自燃造成被保险机动车的损失。

2）发生保险事故时，被保险人为防止或者减少被保险机动车的损失所支付的必要、合理的施救费用。

（2）责任免除

1）自燃仅造成电器、线路、供油系统、供气系统的损失。

2）所载货物自身的损失。

3）轮胎爆裂的损失。

4）人工直接供油、高温烘烤造成的损失。

（3）保险金额 保险金额由投保人和保险人在投保时被保险机动车的实际价值内协商确定。

（4）赔偿处理

1）全部损失，在保险金额内计算赔偿；部分损失，在保险金额内按实际修理费计算赔偿。

2）每次赔偿实行20%的免赔率。

2. 发动机特别损失险

投保了家庭自用汽车损失保险或非营业用汽车损失保险的机动车，可投保本附加险。

（1）保险责任 保险期间，投保了本附加险的被保险机动车在使用过程中，下列原因导致发动机进水而造成发动机的直接损毁，保险人负责赔偿：

1）被保险机动车在积水路面涉水行驶。

2）被保险机动车在水中起动。

3）发生上述保险事故时被保险人或其允许的驾驶人对被保险机动车采取施救、保护措施所支出的合理费用。

（2）赔偿处理

1）在出险时被保险机动车的实际价值内计算赔偿，但不超过被保险机动车的保险金额。

2）本保险每次赔偿均实行20%的免赔率。

3. 机动车停驶损失险

投保了机动车损失保险的机动车，可投保本附加险。

（1）保险责任　保险期间，因发生机动车损失保险的保险事故，致使被保险机动车停驶，保险人在保险单载明的保险金额内承担赔偿责任。

（2）责任免除　下列情况导致被保险机动车停驶的，保险人不承担赔偿责任：

1）被保险人或驾驶人未及时将被保险机动车送修或拖延修理时间。

2）因修理质量不合格重新返修。

（3）保险金额　保险金额按照投保时约定的日赔偿金额乘以约定的赔偿天数确定；约定的日赔偿金额最高为 300 元，约定的赔偿天数最长为 60 天。

（4）赔偿处理　全车损失，按保险单载明的保险金额计算赔偿；部分损失，在保险金额内按约定的日赔偿金额乘以从送修之日起至修复之日止的实际天数计算赔偿，实际天数超过双方约定修理天数的，以双方约定的修理天数为准。

保险期间，累计赔款金额达到保险单载明的保险金额，本附加险保险责任终止。

4. 代步机动车服务特约条款

投保了家庭自用汽车损失保险或非营业用汽车损失保险的 9 座以下客车，可附加本特约条款。

（1）保险责任　保险期间，被保险机动车因遭受机动车损失保险合同约定的保险事故而修理，且被保险人在修理期限内需要代步机动车并提出请求的，保险人依照本特约条款的约定提供代步机动车。

（2）责任免除　具有下列情形之一的，保险人不负责提供代步机动车。

1）被保险机动车处于查封、扣押期间的。

2）被保险机动车因修理质量不合格，处于返修期间的。

3）被保险人或驾驶人未及时将被保险机动车送修或拖延修理时间的。

4）被保险机动车发生全部损失或推定全损的。

5）机动车损失保险合同约定的保险事故以外的原因使被保险机动车损失的。

（3）服务期限

1）被保险人依照本特约条款要求提供代步机动车服务的，应当在保险事故发生后及时向保险人提出请求，与保险人协商确定事故机动车的修理期限。

2）保险人提供代步机动车服务的期限与修理期限一致。实际修理期限少于协商确定的修理期限的，以实际修理期限为准；实际修理期限超过协商确定的修理期限的，以协商确定的修理期限为准。

3）保险人对每次提供代步机动车服务的期限进行累计计算，累计服务期限最长为 60 日。

（4）责任终止　具有下列情形之一的，本特约条款的保险责任终止：

1）机动车损失保险合同终止的。

2）保险人提供代步机动车的累计服务期限达到 60 日的。

3）本特约条款依照法律、行政法规规定或投保人与保险人的约定终止的。

（5）其他事项

1）保险人提供的代步机动车仅满足被保险人基本的日常代步需要，具体机动车的品牌型号由保险人确定。

2）被保险人使用保险人提供的代步机动车期间，除代步机动车租金以外的一切费用、

责任或损失，保险人均不负责承担。

5. 更换轮胎服务特约条款

投保了家庭自用汽车损失保险或非营业用汽车损失保险的机动车，可附加本特约条款。

（1）保险责任 保险期间，在约定区域内被保险机动车因轮胎损坏而无法行驶，经被保险人请求，由保险人或其受托人提供更换轮胎服务；因此产生的服务费用，由保险人依照本特约条款的约定承担。

（2）责任免除

1）非保险人或其受托人提供更换轮胎服务所产生的费用，保险人不负责赔偿。

2）所更换的轮胎的成本费用，保险人不负责赔偿。

3）法律或国家有关部门规定不允许进入的区域，保险人不提供服务并不承担相关费用。

4）其他不属于第一条约定保险责任范围内的损失和费用，保险人不负责赔偿。

6. 送油、充电服务特约条款

投保了家庭自用汽车损失保险或非营业用汽车损失保险的机动车，可附加本特约条款。

（1）保险责任 保险期间，在约定区域内被保险机动车因缺油、缺电而无法行驶，经被保险人请求，由保险人或其受托人提供送油（每次以10L为限）、充电服务；因此产生的服务费用，由保险人依照本特约条款的约定承担。

（2）责任免除

1）非保险人或其受托人提供送油、充电服务所产生的费用，保险人不负责赔偿。

2）油料的成本费用，保险人不负责赔偿。

3）所更换的蓄电池或其他零部件的成本费用，保险人不负责赔偿。

4）法律或国家有关部门规定不允许进入的区域，保险人不提供服务并不承担相关费用。

5）其他不属于本特约条款第一条约定的保险责任范围内的损失和费用，不负责赔偿。

7. 拖车服务特约条款

投保了家庭自用汽车损失保险或非营业用汽车损失保险的机动车，可附加本特约条款。

（1）保险责任 保险期间，在约定区域内被保险机动车因发生意外事故或故障而丧失行驶能力，经被保险人请求，保险人或其受托人向被保险人提供将被保险机动车拖至上述约定区域内修理场所的拖车服务；因此产生的服务费用，由保险人依照本特约条款的约定承担。

（2）责任免除

1）非保险人或其受托人提供拖车服务所产生的费用，保险人不负责赔偿。

2）法律或国家有关部门规定不允许进入的区域，保险人不提供服务并不承担相关费用。

3）其他不属于本特约条款约定的保险责任范围内的损失和费用，保险人不负责赔偿。

8. 换件特约条款

投保了家庭自用汽车损失保险或非营业用汽车损失保险的使用年限在 3 年以内、9 座以下的客车，可附加本特约条款。

（1）保险责任　保险期间内，因发生机动车损失保险的保险事故，造成被保险机动车的损坏而需要修复时，对受损零部件维修费用达到该部件更换费用20%的，保险人按照保险合同的约定对应予修理的配件给予更换。

（2）赔偿处理

1）被保险机动车遭受损失后，受损零部件按最小可分解件进行更换，被更换的零部件归保险人所有。

2）车身的漆面损伤不做换件处理。

9. 随车行李物品损失保险

投保了家庭自用汽车损失保险或非营业用汽车损失保险的机动车，可投保本附加险。

（1）保险责任　保险期间内，投保了本附加险的机动车因发生机动车损失保险责任范围内的事故，造成车上所载行李物品的直接损毁，保险人在保险单载明的本附加险的保险金额内，对实际损失依据被保险机动车驾驶人在事故中所负责任比例，承担相应的赔偿责任。

（2）责任免除

1）下列财产的损失，保险人不负责赔偿：

① 金银、珠宝、钻石及制品、玉器、水晶制品、首饰、古币、古玩、字画、邮票、艺术品、稀有金属等珍贵财物。

② 货币、票证、有价证券、文件、书籍、账册、图表、技术资料、电脑资料、枪支弹药以及无法鉴定价值的物品。

③ 电话、电视、音像设备及制品、电脑及软件。

④ 国家明文规定的违禁物品、易燃、易爆以及其他危险物品。

⑤ 动物、植物。

⑥ 用于商业和贸易目的的货物或样品。

2）行李物品丢失、被盗窃、抢劫、抢夺，以及因丢失、被盗窃、抢劫、抢夺受到的损坏，保险人不负责赔偿。

（3）保险金额　本附加险的保险金额由保险人和投保人在投保时协商确定，并在保险单中载明。

（4）赔偿处理

1）被保险人向保险人申请索赔时，应提供证明损失物品价值的相关凭据和残骸，以及其他与确认保险事故的性质、原因、损失程度等有关的证明和资料。

2）每次赔偿的免赔率以本条款所对应的主险条款规定为准。

3）保险期间，累计赔款金额达到保险单载明的本附加险的保险金额，本附加险保险责任终止。

10. 新车特约条款

（1）适用范围

1）本特约条款适用于已投保家庭自用汽车损失保险条款和不计免赔率特约条款，或

者投保非营业用汽车损失保险条款和不计免赔率特约条款的核定座位在九座以下的客车，且机动车损失保险应满足以下条件：

① 保险金额按照新车购置价确定。

② 保险期间届满之日在被保险机动车初次登记之日起37个月之内。

2）下列机动车，不适用本特约条款：

① 贷款所购的机动车。

② 设置抵押权的机动车。

③ 用于租赁或营业运输的机动车。

（2）责任免除

1）因下列人员的故意或重大过失导致被保险机动车的损失，保险人不负责赔偿：

① 投保人、被保险人以及其家庭成员。

② 被保险机动车驾驶人。

③ 被保险人的代理人和雇员。

2）贷款所购机动车、设置抵押权的机动车以及用于租赁或营业运输的机动车发生的损失，保险人不负责赔偿。

（3）赔偿处理

1）被保险机动车在一次保险事故中，造成被保险机动车全部损失或部分损失且核定修理费用达到协定金额，保险人选择以下方式负责赔偿：

① 置换新车。以相同品牌、型号的车辆替换受损被保险机动车的方式予以赔偿。置换新车的购置价以保险金额为限。如国内市场上无相同品牌、型号车辆，则以相近型号或相同规格、配置的车辆予以赔偿。

② 支付赔款。在保险金额内按保险事故发生时被保险机动车的新车购置价支付赔款。

③ 协定金额指保险金额和协定比例的乘积。协定比例由投保人和保险人在签订保险合同时按照50%、60%和70%的档次协商确定，并在保险单中载明。

2）保险人履行赔偿义务后，被保险机动车的所有权归保险人，被保险人应协助保险人办理有关手续。

（4）其他 保险人以置换新车或者支付赔款的方式予以赔偿后，保险合同终止，保险人不退还机动车损失保险及其附加险的保险费。

11. 交通事故精神损害赔偿责任保险

投保人在同时投保了机动车第三者责任保险和车上人员责任保险的基础上，可投保本附加险。

（1）保险责任 保险期间，被保险机动车在使用过程中，发生意外事故，致使第三者或本车上人员的残疾、烧伤、死亡或怀孕妇女流产，受害方据此提出的精神损害赔偿请求，依照法院生效判决或者经事故双方当事人协商一致并经保险人书面同意的，应由被保险人承担的精神损害赔偿责任，保险人在本保险合同约定的责任限额内负责赔偿。

（2）责任免除 发生以下情形或损失之一者，保险人不承担精神损害赔偿责任：

1）被保险机动车驾驶人在事故中无过错。

2）被保险机动车未发生直接碰撞事故，仅因第三者或本车上人员的惊恐而引起的损害。

3）怀孕妇女的流产发生在交通事故发生之日起30天以外的。

4）被保险机动车违反安全装载规定。

5）应当由机动车交通事故责任强制保险赔偿的损失和费用。

（3）责任限额 每次事故责任限额和每次事故每人责任限额由投保人和保险人在签订保险合同时协商确定，其中每次事故每人责任限额不超过 5 万元。

（4）赔偿处理

1）按人民法院对被保险人应承担精神损害赔偿责任的生效判决以及保险合同的约定进行赔偿；协商、调解结果中所确定的被保险人的精神损害赔偿责任，经保险人书面同意后，保险人负责赔偿。

2）每次事故赔偿实行 20% 的免赔率。

12. 教练车特约条款

投保了机动车损失保险、第三者责任保险或车上人员责任保险的专用教练车，可附加本特约条款。

保险期间内，对于尚未取得合法机动车驾驶证，但已通过合法教练机构正式学车手续的学员，在固定练习场所或指定路线，并有合格教练随车指导的情况下驾驶被保险机动车时，发生对应投保主险保险责任范围内的事故，保险人负责赔偿。

13. 油污污染责任保险

投保人在同时投保了机动车损失保险和第三者责任保险的基础上，可投保本附加险。

（1）保险责任 保险期间，被保险机动车在使用过程中发生意外事故，被保险机动车或第三方机动车自身油料或所载油料泄漏造成道路的污染损失及清理费用，依法应由被保险人承担的损害赔偿责任，保险人依照合同约定负责赔偿。

（2）责任免除

1）道路以外的损失。

2）污染所导致的罚款及任何间接损失。

3）应当由机动车交通事故责任强制保险赔偿的损失和费用。

（3）责任限额 每次事故责任限额由投保人和保险人按 5 万元、10 万元、20 万元、30 万元、50 万元的档次协商确定。

（4）赔偿处理

1）保险事故发生后，根据法院、仲裁机构依法判决、裁定、裁决或调解，或者经事故双方当事人协商一致并经保险人书面同意的，应由被保险人承担的损害赔偿责任，保险人在保险单载明的本附加险责任限额内给予赔偿。

2）被保险人索赔时，应提供公安机关交通管理部门、交通行政管理部门等出具的事故证明、事故现场记录以及其他与确认保险事故的性质、原因、损失程度等有关的证明和资料。

3）每次事故赔偿实行 20% 的免赔率。

14. 机动车出境保险

投保人在同时投保了机动车损失保险和第三者责任保险的基础上，可投保本附加险。

（1）保险责任 保险期间，经双方同意并在保险单上载明，保险人已承保的机动车损失保险、机动车第三者责任保险的保险责任扩展至中国香港、澳门地区或与中华人民共和国接壤的其他国家和地区。

扩展区域从出境处起算，由投保人和保险人按照 200km、500km 和 1000km 的半径范

围来确定。

（2）责任免除 出境后，在非约定区域内被保险机动车发生事故造成的损失，保险人不负责赔偿。

（3）其他 本附加险生效后，投保人不得退保。

15. 异地出险住宿费特约条款

投保人在同时投保了机动车损失保险和第三者责任保险的基础上，可附加本特约条款。

（1）保险责任 保险期间，被保险机动车在保险合同签订地的地市级行政区域外发生机动车损失保险或第三者责任保险合同约定的保险事故，因在事故发生地修理被保险机动车或处理保险事故，被保险人或其受托人在事故发生地所在地市级行政区域内发生的必要、合理的住宿费，保险人依照本特约条款的约定负责赔偿。

（2）保险金额 保险金额由投保人和保险人在签订保险合同时按500元、800元和1000元的档次协商确定。

（3）责任免除

1）被保险人或其受托人在事故发生地所在的地市级行政区域以外的地点发生的住宿费，保险人不负责赔偿。事故发生地为直辖市的，对被保险人或其受托人在直辖市行政区域以外的地点发生的住宿费，保险人不负责赔偿。

2）被保险人不能提供条款约定的住宿费发票或住宿时间证明的，保险人不负责赔偿。

（4）赔偿处理

1）被保险人索赔时应提供住宿费发票及住宿旅馆出具的住宿时间证明。

2）保险人在保险金额内按每日住宿费之和计算赔偿。每日住宿费按以下方式确定：

每日住宿费按同一旅馆的住宿费发票总金额除以住宿天数计算，超过200元的，按200元计算。居住不同旅馆的，每日住宿费按前述方式分别计算。

3）保险期间，累计赔款金额达到保险金额的，本特约条款保险责任终止。

16. 特种车保险批单

（1）起重、装卸、挖掘车辆损失扩展条款 经双方同意，鉴于被保险人已交付附加保险费，本保险合同扩展承保被保险机动车的下列损失：

1）作业中车体失去重心造成被保险机动车的自身损失。

2）吊升、举升的物体造成被保险机动车的自身损失。

（2）特种车辆固定设备、仪器损坏扩展条款 经双方同意，鉴于被保险人已交付附加保险费，本保险合同扩展承保被保险机动车上固定的设备、仪器因超负荷、超电压或感应电及其他电气等造成的自身损失。

17. 多次出险增加免赔率特约条款

投保了家庭自用汽车损失保险的机动车，可附加本特约条款。保险人按照保险监管部门批准的机动车保险费率方案对家庭自用汽车损失保险给予保险费优惠。

附加本特约条款的被保险机动车在保险期间内发生多次保险事故的（自然灾害引起的事故除外），免赔率从第三次开始每次增加5%，累计增加免赔率不超过25%。

18. 约定区域通行费用特约条款

投保了机动车损失保险的使用年限在五年以内的机动车，可附加本特约条款。

(1) 保险责任　保险期间，经特别约定，被保险机动车在通过桥梁、隧道等约定区域时发生意外事故或被保险机动车自身发生故障，造成桥梁、隧道等约定区域通行障碍的，对被保险人为清除通行障碍而发生的清障费、拖车费、吊车费，保险人在保险单载明的保险金额内负责赔偿。

清障费是指清除因保险事故造成的路面障碍物（不包括被保险机动车自身）的必要、合理的费用。

拖车费是指发生保险事故后，因租用拖车将被保险机动车移离事故现场而产生的必要、合理的费用。

吊车费是指发生保险事故后，因租用吊车将被保险机动车移离事故现场而产生的必要、合理的费用。

(2) 责任免除

1) 被保险机动车违反安全装载规定的。

2) 保险事故发生在约定区域以外的。

3) 清障费、拖车费、吊车费以外的费用。

4) 被保险机动车被盗窃、抢劫、抢夺期间（被盗窃、抢劫、抢夺过程中及全车被盗窃、抢劫、抢夺后至全车被追回）造成的损失或费用。

5) 投保人与保险人约定并于保险单上载明的由被保险人自行承担的损失或费用。

6) 被保险人及其家庭成员、被保险人允许的驾驶人的故意行为或违法行为造成的损失或费用。

(3) 保险金额　保险金额为5000元或10 000元，保险金额和约定区域由投保人和保险人在投保时协商确定。

(4) 赔偿处理　每次赔偿的免赔率以本特约条款所对应的主险条款规定为准。

保险期间，累计赔款金额达到保险金额的，本特约条款保险责任终止。

19. 指定专修厂特约条款

投保了机动车损失保险的机动车，可附加本特约条款。

投保人在投保时未选择本特约条款的，机动车损失保险事故发生后，因保险事故损坏的机动车辆，在修理前应当按照主险条款的规定，由被保险人与保险人协商确定修理方式和费用。

投保人在投保时选择本特约条款，并增加支付本特约条款的保险费的，机动车损失保险事故发生后，被保险人可自主选择具有被保险机动车辆专修资格的修理厂进行修理。

20. 租车人人车失踪险

投保了机动车盗抢保险的机动车，可投保本附加险。

(1) 保险责任　保险期间，租车人未能按约定时间归还租赁机动车，经出险当地县级以上公安刑侦部门立案证明租车人与租赁机动车同时失踪，满60天未查明下落的，对于被保险机动车的自身损失，保险人依照本附加险的约定负责赔偿。

(2) 责任免除

1) 被保险机动车被诈骗、收缴、没收、扣押造成的损失。

2) 被保险机动车失踪期间造成第三者人身伤亡或财产损失。

3) 被保险人及其家庭成员、被保险人允许的驾驶人的故意行为或违法行为造成的

损失。

4）被保险人索赔时，未能提供被保险机动车停驶手续或出险当地县级以上公安刑侦部门出具的失踪立案证明。

（3）保险金额 保险金额由投保人和保险人在投保时被保险机动车的实际价值内协商确定。

（4）赔偿处理

1）被保险人知道被保险机动车失踪后，应在24h内向出险当地公安刑侦部门报案，并通知保险人。

2）被保险人索赔时，须提供保险单、机动车行驶证、机动车登记证书、机动车来历凭证、车辆购置税完税证明（车辆购置附加费缴费证明）或免税证明、机动车停驶手续以及出险当地县级以上公安刑侦部门出具的失踪立案证明。

3）发生保险事故后，在保险金额内计算赔偿，并实行20%的免赔率。被保险人未能提供机动车行驶证、机动车登记证书、机动车来历凭证、车辆购置税完税证明（车辆购置附加费缴费证明）或免税证明的，每缺少一项，增加1%的免赔率。

4）保险人确认索赔单证齐全、有效后，被保险人签具权益转让书，保险人赔付结案。

5）被保险机动车失踪后被找回的：

保险人尚未支付赔款的，被保险机动车应归还被保险人。

保险人已支付赔款的，被保险机动车应归还被保险人，被保险人应将赔款返还给保险人；被保险人不同意收回被保险机动车，被保险机动车的所有权归保险人，被保险人应协助保险人办理有关手续。

21. 法律费用特约条款

投保了机动车第三者责任保险或车上人员责任保险的机动车，可附加本特约条款。

保险期间内，经保险人事先书面同意，被保险人因发生第三者责任保险或车上人员责任保险的保险事故给第三者或车上人员造成损害而被提起仲裁或诉讼的，对应由被保险人支付的仲裁或者诉讼费用以及其他费用，保险人在本特约条款的每次事故责任限额内负责赔偿。每次事故责任限额由投保人和保险人在投保时按1万元、2万元、5万元的档次协商确定。

学习单元4 保费计算

导入案例

王某购买了一辆宝来车近一年，需要再次买车险时，接到了很多保险公司打来的电话，请求其购买保险。王某说了自己的大体想法，各公司人员纷纷报了自己公司的保险费价格，这一下，王某糊涂了，怎么各公司的价格不一样，有的还差别较大，甚至一个保险公司的两个人员的报价也有较大差别，这到底怎么回事？保费到底是如何计算出来的？它与哪些因素有关？本单元就是指导学员计算各险种的保费，最后利用费率调整系数对标准保费进行调整，以获得应缴保费。

保险费率是指按照保险金额计算保险费的比例。其公式为

$$保险费率 = 保险费/保险金额$$

保险费率是每一保险金额单位，在一定保险期间所交保险费的比例，通常以%或‰表示。

一、费率模式

影响汽车保险风险的因素很多，厘定费率时应综合考虑各种因素。一般可将费率模式划分为两类：从车费率模式和从人费率模式。前者确定时主要考虑车辆的风险因素，包括车辆使用性质、车辆种类与大小、车龄、车辆的厂牌型号、车辆的行驶区域等；后者确定时主要考虑驾驶人的因素，包括驾驶人年龄、性别、驾龄、事故记录、附加驾驶人数量等。

在进行机动车辆风险研究的过程中，研究人员通过对大量车辆事故的分析，发现机动车辆事故的发生，由驾驶人因素引起的大于车辆因素引起的，所以，从人费率模式相对于从车费率模式而言，更加科学、合理。我国各保险公司正在逐步将从车费率模式过渡到以从人费率为主的模式，同时综合考虑从车费率模式的风险因素。

二、费率表使用

以 2009 年 10 月 1 日后中国人民财产保险股份有限公司山东区域机动车商业保险费率表为例进行介绍。

1. 第三者责任保险费率表（表 3-16）

按照被保险人类别、车辆用途、座位数/吨位数/排量/功率、责任限额直接查找保费。

挂车根据实际的使用性质并按照对应吨位货车的 30% 计算。

联合收割机保险费按兼用型拖拉机 14. 7kW 以上计收。

表 3-16 第三者责任保险费率表 （单位：元）

家庭自用汽车与非营业用车		责任限额						
		5 万	10 万	15 万	20 万	30 万	50 万	100 万
家庭自用汽车	6 座以下	710	1026	1169	1270	1434	1721	2242
	6～10 座	659	928	1048	1131	1266	1507	1963
	10 座以上	659	928	1048	1131	1266	1507	1963
企业非营业客车	6 座以下	758	1067	1206	1301	1456	1734	2258
	6～10 座	730	1039	1179	1275	1433	1711	2228
	10～20 座	846	1207	1370	1484	1669	1995	2599
	20 座以上	953	1404	1611	1762	2001	2415	3146
党政机关、事业团体非营业客车	6 座以下	639	900	1018	1097	1229	1463	1905
	6～10 座	612	862	975	1050	1177	1401	1825
	10～20 座	730	1027	1163	1253	1404	1671	2176
	20 座以上	1005	1415	1600	1725	1931	2299	2994
非营业货车	2t 以下	800	1126	1274	1373	1538	1831	2385
	2～5t	1052	1521	1734	1885	2129	2554	3327
	5～10t	1250	1783	2023	2191	2462	2943	3832
	10t 以上	1646	2319	2622	2827	3166	3770	4908
	低速载货汽车	679	957	1083	1167	1306	1557	2027

（续）

营业用车与特种车		责任限额						
		5万	10万	15万	20万	30万	50万	100万
出租、租赁营业客车	6座以下	1725	2603	3025	3311	3841	4867	6401
	6~10座	1692	2554	2968	3247	3768	4775	6281
	10~20座	1789	2744	3206	3527	4113	5240	6892
	20~36座	2406	3799	4481	4974	5852	7521	9892
	36座以上	3718	5743	6726	7415	8667	11 062	14 552
城市公交营业客车	6~10座	1590	2399	2789	3051	3540	4487	5902
	10~20座	1771	2673	3106	3399	3944	4998	6574
	20~36座	2455	3775	4414	4858	5670	7227	9507
	36座以上	3263	5154	6080	6748	7940	10203	13420
公路客运营业客车	6~10座	1556	2349	2730	2987	3466	4391	5777
	10~20座	1734	2616	3041	3327	3860	4891	6435
	20~36座	2550	3849	4474	4896	5679	7198	9467
	36座以上	3682	5557	6460	7068	8200	10 392	13 669
营业货车	2t以下	1288	2008	2363	2603	3064	3841	5017
	2~5t	2073	3233	3804	4188	4931	6181	8073
	5~10t	2380	3711	4367	4808	5660	7097	9269
	10t以上	3260	5085	5983	6587	7756	9723	12 700
	低速载货汽车	1095	1707	2009	2212	2604	3264	4263
特种车	特种车型一	2994	4796	5693	6321	7506	9489	12 394
	特种车型二	1393	1793	2025	2240	2715	3557	5242
	特种车型三	637	834	947	1052	1279	1683	2466
	特种车型四	2845	4557	5408	6321	7881	9963	13 014
摩托车与拖拉机		责任限额						
		5万	10万	15万	20万	30万	50万	100万
摩托车	50mL及以下	37	48	55	61	73	96	139
	50~250mL（含）	51	69	78	88	106	140	205
	250mL以上及侧三轮	88	112	126	140	169	218	318
拖拉机	兼用型拖拉机14.7kW及以下	143	179	200	215	236	275	358
	兼用型拖拉机14.7kW以上	391	496	557	601	663	777	1014
	运输型拖拉机14.7kW及以下	344	430	480	516	566	660	858
	运输型拖拉机14.7kW以上	564	716	805	868	957	1122	1465
备注		如果责任限额为100万元以上，则保险费 $=A+0.9\times N\times(A-B)$。式中，$A$ 指同档次限额为100万元时的保险费；B 指同档次限额为50万元时的保险费；$N=$（限额 − 100万）/50万元，限额必须是50万元的整数倍						

2. 机动车损失保险费率表（表3-17）

按照被保险人类别、车辆用途、座位数/吨位数/排量/功率、车辆使用年限所属档次查找基础保费和费率。

$$保费 = 基础保费 + 保险金额 \times 费率$$

挂车根据实际的使用性质并按照对应吨位货车的50%计算。

联合收割机保险费按兼用型拖拉机14.7kW以上计收。

表3-17　机动车损失保险费率表　（单位：元）

家庭自用汽车与非营业用车		1年以下		1~2年		2~6年		6年以上	
		基础保费	费率	基础保费	费率	基础保费	费率	基础保费	费率
家庭自用汽车	6座以下	630	1.50%	600	1.43%	594	1.41%	612	1.46%
	6~10座	756	1.50%	720	1.43%	713	1.41%	735	1.46%
	10座以上	756	1.50%	720	1.43%	713	1.41%	735	1.46%
企业非营业客车	6座以下	385	1.28%	367	1.21%	363	1.20%	374	1.24%
	6~10座	462	1.21%	440	1.15%	436	1.14%	449	1.18%
	10~20座	462	1.30%	440	1.24%	436	1.23%	449	1.26%
	20座以上	481	1.30%	459	1.24%	454	1.23%	468	1.26%
党政机关、事业团体非营业客车	6座以下	298	0.99%	284	0.94%	281	0.93%	290	0.96%
	6~10座	358	0.94%	341	0.90%	337	0.89%	348	0.91%
	10~20座	358	0.99%	341	0.94%	337	0.93%	348	0.96%
	20座以上	373	0.99%	355	0.94%	352	0.93%	362	0.96%
非营业货车	2t以下	264	1.02%	252	0.97%	249	0.96%	257	0.99%
	2~5t	341	1.31%	325	1.25%	321	1.24%	331	1.27%
	5~10t	373	1.43%	355	1.36%	351	1.35%	362	1.39%
	10t以上	246	1.74%	234	1.66%	232	1.64%	239	1.69%
	低速载货汽车	225	0.86%	214	0.82%	212	0.81%	218	0.84%
营业用车与特种车		2年以下		2~3年		3~4年		4年以上	
		基础保费	费率	基础保费	费率	基础保费	费率	基础保费	费率
出租、租赁营业客车	6座以下	1036	3.25%	1026	3.22%	1015	3.18%	1036	3.25%
	6~10座	1156	2.39%	1145	2.36%	1133	2.34%	1156	2.39%
	10~20座	1208	2.23%	1196	2.21%	1184	2.19%	1208	2.23%
	20~36座	1091	2.19%	1080	2.17%	1069	2.15%	1091	2.19%
	36座以上	3156	2.54%	3124	2.52%	3093	2.49%	3156	2.54%
城市公交营业客车	6~10座	984	1.98%	974	1.96%	964	1.94%	984	1.98%
	10~20座	1027	1.85%	1017	1.83%	1006	1.82%	1027	1.85%
	20~36座	929	1.82%	920	1.80%	911	1.79%	929	1.82%
	36座以上	2653	2.11%	2627	2.09%	2600	2.07%	2653	2.11%

（续）

营业用车与特种车		2年以下		2~3年		3~4年		4年以上	
		基础保费	费率	基础保费	费率	基础保费	费率	基础保费	费率
公路客运营业客车	6~10座	1116	2.29%	1104	2.27%	1093	2.25%	1116	2.29%
	10~20座	1166	2.14%	1154	2.12%	1142	2.10%	1166	2.14%
	20~36座	1053	2.11%	1042	2.09%	1032	2.06%	1053	2.11%
	36座以上	3038	2.44%	3007	2.42%	2977	2.39%	3038	2.44%
营业货车	2t以下	970	2.27%	961	2.25%	951	2.23%	970	2.27%
	2~5t	1151	2.27%	1139	2.25%	1128	2.23%	1151	2.27%
	5~10t	1357	2.36%	1343	2.33%	1330	2.31%	1357	2.36%
	10t以上	2277	2.70%	2254	2.67%	2232	2.64%	2277	2.70%
	低速载货汽车	825	1.93%	817	1.91%	808	1.89%	825	1.93%
特种车	特种车型一	1151	2.27%	1139	2.25%	1128	2.23%	1151	2.27%
	特种车型二	443	0.82%	439	0.82%	434	0.81%	443	0.82%
	特种车型三	383	0.72%	379	0.71%	375	0.70%	383	0.72%
	特种车型四	972	1.82%	962	1.80%	952	1.78%	972	1.82%
摩托车与拖拉机		基础保费				费率			
摩托车	50mL及以下	15				2.09%			
	50~250mL（含）	21				2.75%			
	250mL以上及侧三轮	30				4.14%			
拖拉机	兼用型拖拉机14.7kW及以下	25				0.56%			
	兼用型拖拉机14.7kW以上	61				1.32%			
	运输型拖拉机14.7kW及以下	44				0.96%			
	运输型拖拉机14.7kW以上	63				1.39%			
备注									

3. 车上人员责任险费率表（表3-18）

按照被保险人类别、车辆用途、座位数查找费率。

驾驶人保费 = 每次事故责任限额 × 费率

乘客保费 = 每次事故每人责任限额 × 费率 × 投保乘客座位数

4. 机动车盗抢险费率表（表3-18）

按照被保险人类别、车辆用途、座位数查找基础保费和费率。

保费 = 基础保费 + 保险金额 × 费率

挂车根据实际的使用性质并按照对应吨位货车的50%计算。

5. 玻璃单独破碎险费率表（表3-18）

按照被保险人类别、座位数、投保国产/进口玻璃查找费率。

保费 = 新车购置价 × 费率

注：对于特种车，防弹玻璃等特殊材质玻璃标准保费上浮10%。

表 3-18 车上人员责任险、机动车盗抢险、玻璃单独破碎险费率表 （单位：元）

家庭自用汽车与非营业用车		车上人员责任险		机动车盗抢险		玻璃单独破碎险	
		驾驶人	乘客	基础保费	费率	国产玻璃	进口玻璃
家庭自用汽车	6 座以下	0.42%	0.27%	120	0.49%	0.19%	0.31%
	6～10 座	0.40%	0.26%	140	0.44%	0.19%	0.30%
	10 座以上	0.40%	0.26%	140	0.44%	0.22%	0.36%
企业非营业客车	6 座以下	0.42%	0.26%	120	0.45%	0.13%	0.24%
	6～10 座	0.39%	0.23%	130	0.46%	0.13%	0.24%
	10～20 座	0.40%	0.24%	130	0.45%	0.15%	0.28%
	20 座以上	0.42%	0.26%	140	0.39%	0.16%	0.29%
党政机关、事业团体非营业客车	6 座以下	0.40%	0.25%	110	0.42%	0.13%	0.24%
	6～10 座	0.37%	0.22%	120	0.43%	0.13%	0.24%
	10～20 座	0.38%	0.23%	120	0.43%	0.15%	0.28%
	20 座以上	0.39%	0.24%	130	0.36%	0.16%	0.29%
非营业货车	2t 以下	0.47%	0.29%	130	0.50%	0.11%	0.16%
	2～5t	0.47%	0.29%	130	0.50%	0.11%	0.16%
	5～10t	0.47%	0.29%	130	0.50%	0.11%	0.16%
	10t 以上	0.47%	0.29%	130	0.50%	0.11%	0.16%
	低速载货汽车	0.47%	0.29%	130	0.50%	0.11%	0.16%
营业用车与特种车		车上人员责任险		机动车盗抢险		玻璃单独破碎险	
		驾驶人	乘客	基础保费	费率	国产玻璃	进口玻璃
出租、租赁营业客车	6 座以下	0.50%	0.31%	100	0.46%	0.19%	0.31%
	6～10 座	0.40%	0.24%	90	0.43%	0.19%	0.31%
	10～20 座	0.42%	0.26%	90	0.42%	0.21%	0.35%
	20～36 座	0.42%	0.26%	80	0.41%	0.25%	0.43%
	36 座以上	0.42%	0.26%	80	0.41%	0.28%	0.48%
城市公交营业客车	6～10 座	0.42%	0.25%	60	0.46%	0.19%	0.31%
	10～20 座	0.44%	0.27%	90	0.43%	0.21%	0.35%
	20～36 座	0.50%	0.31%	90	0.44%	0.26%	0.44%
	36 座以上	0.50%	0.31%	90	0.44%	0.29%	0.49%
公路客运营业客车	6～10 座	0.42%	0.25%	60	0.47%	0.19%	0.31%
	10～20 座	0.44%	0.27%	90	0.45%	0.21%	0.35%
	20～36 座	0.50%	0.31%	80	0.36%	0.26%	0.45%
	36 座以上	0.50%	0.31%	80	0.40%	0.29%	0.49%
营业货车	2t 以下	0.77%	0.48%	130	0.50%	0.12%	0.18%
	2～5t	0.77%	0.48%	130	0.50%	0.12%	0.18%
	5～10t	0.77%	0.48%	130	0.50%	0.12%	0.18%
	10t 以上	0.77%	0.48%	130	0.50%	0.12%	0.18%
	低速载货汽车	0.77%	0.48%	130	0.50%	0.12%	0.18%

（续）

营业用车与特种车		车上人员责任险		机动车盗抢险		玻璃单独破碎险	
		驾驶人	乘客	基础保费	费率	国产玻璃	进口玻璃
特种车	特种车型一	0.55%	0.37%	120	0.52%	0.08%	0.15%
	特种车型二	0.55%	0.37%	130	0.51%	0.08%	0.16%
	特种车型三	0.55%	0.37%	130	0.51%	0.09%	0.17%
	特种车型四	0.55%	0.37%	140	0.51%	0.09%	0.18%
摩托车与拖拉机		车上人员责任险		机动车盗抢险		—	
		驾驶人	乘客	基础保费	费率		
摩托车	50mL 及以下	0.50%		25	1.00%	—	
	50～250mL（含）	0.50%		25	1.00%		
	250mL 以上及侧三轮	0.50%		25	1.00%		
拖拉机	兼用型拖拉机 14.7kW 及以下	0.50%		25	1.00%		
	兼用型拖拉机 14.7kW 以上	0.50%		25	1.30%		
	运输型拖拉机 14.7kW 及以下	0.50%		25	1.00%		
	运输型拖拉机 14.7kW 以上	0.50%		25	1.30%		
备注							

6. 机动车提车保险费率表（表 3-19）

保险期间分为 30 天或 10 天。保险期间为 30 天时，按照费率表 3-19 所对应的险种直接查找费率；保险期间为 10 天时，费率为费率表对应险种费率的 50%。

表 3-19 机动车提车保险费率表 （单位：元）

险别/车种		保险费				
车损险	新车购置价		5 万以下	5 万～10 万	10 万～15 万	15 万～20 万
	客车		100	200	290	350
	货车		130	250	360	430
	新车购置价		20 万～30 万	30 万～50 万	50 万～100 万	100 万以上
	客车		500	720	1250	1850
	货车		630	890	1560	2040
三者险责任限额		5 万	10 万	20 万	50 万	100 万
客车		50	60	70	80	100
货车		60	70	90	110	120
车上人员责任险限额			1 万	2 万	5 万	10 万
每座保费		客车	6	11	26	53
		货车	8	16	41	81

其中，第三者责任险保险费按照机动车种类和三者险责任限额直接查找；机动车损失险保险费按照机动车种类和新车购置价直接查找；车上人员责任险按照机动车种类和责任限额查找每座保费，保费 = 每座保费 × 投保座位数。

机动车提车暂保单的费率见表3-20，费率为同时投保机动车损失险和第三者责任险的费率。机动车提车暂保单的机动车损失险保额为机动车的新车购置价，第三者责任险责任限额为5万元。

表3-20　机动车提车暂保单费率表　（单位：元）

新车购置价	10万以下	10万~30万	30万以上
保费	200	280	400

7. 车身划痕损失险费率表（表3-21）

按车龄、新车购置价、保额所属档次直接查找保费。

表3-21　车身划痕损失险费率表　（单位：元）

车　龄	保　额	新车购置价		
		30万以下	30万~50万	50万以上
2年以下	2000	400	585	850
	5000	570	900	1100
	10 000	760	1170	1500
	20 000	1140	1780	2250
2年及以上	2000	610	900	1100
	5000	850	1350	1500
	10 000	1300	1800	2000
	20 000	1900	2600	3000

8. 自燃损失险费率表（表3-22）

按照车辆使用年限查找费率。

$$保费=保险金额\times费率$$

表3-22　自燃损失险费率表

地　区	1年以下	1~2年	2~6年	6年以上
深圳	0.15%	0.18%	0.20%	0.30%
其他地区	0.15%	0.18%	0.20%	0.23%

9. 可选免赔额特约条款费率表（表3-23）

按照选择的免赔额、新车购置价查找费率折扣系数。

约定免赔额之后的机动车损失保险保费=机动车损失保险保费×费率折扣系数

表3-23　可选免赔额特约条款费率表　（单位：元）

地　区	免赔额	新车购置价					
		5万以下	5万~10万	10万~20万	20万~30万	30万~50万	50万以上
北京、新疆、甘肃、湖北、大连、内蒙古	300	0.87	0.92	0.94	0.95	0.97	0.98
	500	0.76	0.84	0.89	0.93	0.95	0.96
	1000	0.65	0.74	0.83	0.88	0.90	0.93
	2000	0.52	0.58	0.69	0.78	0.85	0.89

（续）

地　区	免赔额	新车购置价					
		5万以下	5万~10万	10万~20万	20万~30万	30万~50万	50万以上
上海、黑龙江、吉林、辽宁、江苏、山东、青岛、海南、广西、四川、重庆、云南、贵州、江西	300	0.89	0.92	0.94	0.96	0.97	0.98
	500	0.79	0.85	0.89	0.93	0.95	0.96
	1000	0.68	0.74	0.84	0.88	0.90	0.93
	2000	0.54	0.58	0.70	0.78	0.86	0.89
广东、天津、宁夏、陕西、河南、浙江、宁波、安徽、福建、厦门、青海、山西	300	0.90	0.93	0.95	0.96	0.97	0.98
	500	0.81	0.87	0.91	0.94	0.96	0.96
	1000	0.71	0.78	0.84	0.88	0.91	0.93
	2000	0.58	0.62	0.71	0.78	0.86	0.90
深圳、湖南、河北、西藏	300	0.92	0.94	0.95	0.96	0.97	0.98
	500	0.84	0.89	0.92	0.94	0.96	0.97
	1000	0.75	0.82	0.87	0.89	0.91	0.94
	2000	0.62	0.68	0.76	0.80	0.88	0.91

10. 车上货物责任险费率表（表3-24）

按照营业用、非营业用查找费率。

$$保费 = 责任限额 \times 费率$$

注：最低责任限额为人民币20 000元。

表3-24　车上货物责任险费率表

车辆类别	非营业用货车	营业用货车
费率	0.85%	2.73%

11. 不计免赔率特约条款费率表（表3-25）

按照适用的险种查找费率。

$$保费 = 适用本条款的险种标准保费 \times 费率$$

不计免赔率特约条款费率表适用险种中未列明的险种，不可投保不计免赔率特约条款。

机动车提车保险、机动车提车暂保单可以投保不计免赔率特约条款，其保费依据不计免赔率特约条款费率表对应的适用险种的费率计算。

表3-25　不计免赔率特约条款费率表

适用险种	费　率	适用险种	费　率
第三者责任保险	15%	机动车盗抢险	20%
机动车损失保险	15%	发动机特别损失险	20%
车上人员责任险	15%	车上货物责任险	20%
车身划痕损失险	15%	附加油污污染责任险	20%
新增加设备损失保险	15%		

12. 机动车出境保险费率表（表 3-26）

按照扩展的区域半径查找费率。

$$保费 = (车损险标准保费 + 三者险标准保费) \times 费率$$

注：只有同时投保了机动车损失保险和第三者责任保险，方可投保本附加险。

表 3-26　机动车出境保险费率表

扩展区域半径	200km	500km	1000km
费率	30%	50%	100%

13. 新车特约条款费率表（表 3-27）

新车特约条款 A：按照车辆使用年限、协定比例查找费率。

$$保费 = 车损险标准保费 \times 费率$$

新车特约条款 B：按照车辆使用年限、协定比例查找费率。

$$保费 = 车损险标准保费 \times 费率$$

表 3-27　新车特约条款费率表

险　别	车　龄	协定比例		
		50%	60%	70%
新车特约条款 A	1 年以下	38%	22%	12%
	1～2 年	46%	26%	14%
	2～3 年	57%	33%	18%
新车特约条款 B	1 年以下	20%	14%	8%
	1～2 年	24%	17%	10%
	2～3 年	30%	21%	12%

14. 油污污染责任保险费率表（表 3-28）

按照责任限额直接查找保费。

注：只有同时投保了机动车损失保险和第三者责任保险，方可投保本附加险。

表 3-28　油污污染责任保险费率表　　（单位：元）

责任限额	5 万	10 万	20 万	30 万	50 万
保费	500	900	1600	2200	3000

15. 约定区域通行费用特约条款费率表（表 3-29）

按照事故类型、车辆种类查找每 5000 元保险金额的保险费，并根据保险金额计算相应保险费。

$$保费 = 保险金额/5000 \times 每 5000 元保险金额的保险费$$

表 3-29　约定区域通行费用特约条款费率表　　（单位：元）

事故类型	车辆种类	每 5000 元保险金额的保险费
意外事故	特种车、货车、20 座及以上客车	440
	20 座以下客车	240
意外事故或自身故障	特种车、货车、20 座及以上客车	495
	20 座以下客车	270

16. 法律费用特约条款费率表（表3-30）

按照责任限额直接查找保费。

表3-30 法律费用特约条款费率表 （单位：元）

责任限额	1万	2万	5万
保费	50	80	150

17. 其他险种费率表（表3-31）

（1）火灾、爆炸、自燃损失险 固定费率。

保费 = 保险金额 × 费率

（2）机动车停驶损失险 固定费率。

保费 = 约定的最高赔偿天数 × 约定的最高日赔偿限额 × 费率

（3）代步机动车服务特约条款 固定保费，无需计算。

（4）更换轮胎服务特约条款 固定保费，无需计算。

（5）送油、充电服务特约条款 固定保费，无需计算。

（6）拖车服务特约条款 固定保费，无需计算。

（7）新增加设备损失保险

保费 = 本附加险保险金额 × 车损险标准保费/车损险保险金额

（8）换件特约条款

保费 = 车损险标准保费 × 10%

（9）发动机特别损失险

保费 = 车损险标准保费 × 5%

（10）随车行李物品损失保险 固定费率。

保费 = 保险金额 × 费率

（11）交通事故精神损害赔偿责任保险 固定费率。

保费 = 每次事故责任限额 × 费率

注：每人每次事故的最高责任限额为人民币50 000元。

（12）教练车特约条款

保费 = 适用本条款的所有险种标准保费之和 × 10%

（13）异地出险住宿费特约条款 固定费率。

保费 = 保险金额 × 费率

（14）多次出险增加免赔率特约条款 选择该附加险，机动车损失保险保费下浮一定比例。

选择本附加险后的机动车损失保险保费 = 机动车损失保险保费 × 98%

（15）租车人人车失踪险 固定费率。

保费 = 保险金额 × 费率

（16）指定专修厂特约条款 选择该特约条款，按照国产/进口车，对机动车车损险保险费进行相应的调整。

表 3-31　其他险种费率表

险　别	保费计算
火灾、爆炸、自燃损失险	保险金额×0.3%
机动车停驶损失险	约定的最高赔偿天数×约定的最高日责任限额×10%
代步机动车服务特约条款	年保费为300元人民币
更换轮胎服务特约条款	年保费为20元人民币
送油、充电服务特约条款	年保费为40元人民币
拖车服务特约条款	年保费为100元人民币
新增加设备损失保险	本附加险保险金额×车损险标准保费/车损险保险金额
换件特约条款	车损险标准保费×10%
发动机特别损失险	车损险标准保费×5%
随车行李物品损失保险	保险金额×2%
交通事故精神损害赔偿责任保险	每次事故责任限额×8‰
教练车特约条款	适用本条款的所有险种标准保费之和×10%
异地出险住宿费特约条款	保险金额×10%
多次出险增加免赔率特约条款	车损险保费下浮2%
租车人人车失踪险	保险金额×0.25%
指定专修厂特约条款	车损险保费相应上浮，国产车：10%～30%；进口车：15%～60%

三、费率调整系数（表3-32）

1. 无赔款优待及上年赔款记录费率调整系数

根据历史赔款记录，按照规定的费率调整系数进行费率调整。

2. 约定行驶区域系数

“场内”指仅在工地、机场、厂区、码头等固定范围内使用。“省内”“固定路线”“场内”三项系数不能同时使用；家庭自用车不能使用“固定路线”及“场内”费率调整系数。

3. 承保数量系数

根据同一被保险人或同一投保人在一个投保年度内，在保险公司投保车辆数的情况选择使用。家庭自用车不能使用该费率调整系数。

4. 指定驾驶人、性别、驾龄、年龄系数

仅适用于家庭自用车指定驾驶人的情况，当指定多名驾驶人时，以乘积高者为准。

5. 经验及预期赔付率系数、管理水平系数

适用于车队。经验及预期赔付率系数、管理水平系数不能同时使用。

6. 使用规则

1）费率调整系数采用系数连乘的方式：

$$费率调整系数 = 系数1 \times 系数2 \times 系数3 \times \cdots\cdots$$

2）使用费率调整系数后，各险别的费率优惠幅度超过监管部门规定的最大优惠幅度，按照监管部门规定的最大优惠幅度执行。

3）机动车提车保险适用费率调整系数。

4）费率调整系数表不适用于摩托车和拖拉机。

表 3-32 费率调整系数表

序号	项目	内容	系数	适用范围
1	无赔款优待及上年赔款记录	连续3年没有发生赔款	0.7	所有车辆
		连续2年没有发生赔款	0.8	
		上年没有发生赔款	0.9	
		新保或上年赔款次数在3次以下	1.0	
		上年发生3次赔款	1.1	
		上年发生4次赔款	1.2	
		上年发生5次及以上赔款	1.3	
2	多险种同时投保	同时投保车损险、三者险	0.95~1.00	
3	客户忠诚度	首年投保	1.00	
		续保	0.90	
4	平均年行驶里程	平均年行驶里程<30 000km	0.90	
		平均年行驶里程≥50 000km	1.1~1.3	
5	安全驾驶	上一保险年度无交通违法记录	0.90	
6	约定行驶区域	省内	0.95	所有车辆
		固定路线	0.92	不适用于家庭自用车
		场内	0.80	
7	承保数量	承保数量<5台	1.00	不适用于家庭自用车
		5台≤承保数量<20台	0.95	
		20台≤承保数量<50台	0.90	
		承保数量≥50台	0.80	
8	指定驾驶人	指定驾驶人	0.90	仅适用于家庭自用车
9	性别	男	1.00	
		女	0.95	
10	驾龄	驾龄<1年	1.05	
		1年≤驾龄<3年	1.02	
		驾龄≥3年	1.00	
11	年龄	年龄<25岁	1.05	
		25岁≤年龄<30岁	1.00	
		30岁≤年龄<40岁	0.95	
		40岁≤年龄<60岁	1.00	
		年龄≥60岁	1.05	
12	经验及预期赔付率	40%及以下	0.7~0.8	仅适用于车队
		40%~60%	0.8~0.9	
		60%~70%	1.00	
		70%~90%	1.1~1.3	
		90%以上	1.3以上	
13	管理水平	根据风险管理水平和业务类型	0.7以上	
14	车辆损失险车型	特异车型、稀有车型、古老车型	1.3~2.0	所有车辆

注：费率调整系数表不适用于摩托车和拖拉机。

学习单元5　机动车辆保险示范条款

导入案例

2010年5月，李某在某保险公司为爱车投保了车辆损失险、车损险不计免赔条款等，保险责任期自2010年5月2日起至2011年5月1日止，保险金额为80万元。

2010年11月22日，李某驾车在某路口，被一辆摩托车撞上。轿车遭受严重损坏，摩托车车主也倒地受伤。经交警部门认定：摩托车车主承担事故的全部责任，李某无责任。之后，李某多次通过电话要求保险公司核定自己的车辆损失，但却被告知“无责不赔”，保险公司拒绝承担保险赔偿责任。

由于摩托车车主是一名外来务工人员，在事故中，他本人也骨折受伤，所以根本无力支付如此巨额的赔偿。无奈之下，李某只得自行联系，将受损的轿车拖至4S店维修，为此，李某自行支付了维修费33万余元。

2011年1月，李某将保险公司告上了法院。法院依据保险的代位追偿原则判定保险公司首先应全额赔偿李某车辆的事故损失及施救费用，然后获得向摩托车主追偿的权利。

目前，我国各家保险公司的“机动车辆损失保险条款”中基本都规定了“无责免赔条款”，当被保险人无责任时，保险公司将不予赔偿。

而《保险法》第六十条规定：“因第三者对保险标的的损害而造成保险事故的，保险人自向被保险人赔偿保险金之日起，在赔偿金额范围内代位行使被保险人对第三者请求赔偿的权利。”这就是说，投保人可以将追偿权转给保险公司，让保险公司先行垫付赔偿款，然后再向肇事方追偿，此即代位追偿。

车辆保险条款规定与法律规定的矛盾，显示了车辆保险条款尚有不完善之处。从利于车险业持续健康发展角度看，您认为应如何改进车辆保险条款？

为更好地维护保险消费者的合法权益，切实提升车险承保、理赔工作质量，促进保险业的持续健康发展，中国保险行业协会于2012年3月14日，对外发布了《机动车辆商业保险示范条款》(以下简称为《示范条款》)，这是我国商业车险产品发展进程中的一次重要创新，对我国车险市场的持续、健康发展意义重大。

《示范条款》的拟订，为保险公司提供了商业车险条款行业范本，各家保险公司可以参考或使用《示范条款》拟订本公司的商业车险条款。

《示范条款》立足于解决社会公众关心的重要问题、切实维护社会公众利益；对原有商业车险条款进行了全面梳理，认真筛查不利于保护被保险人权益、表述不清和容易产生歧义之处并进行了合理修订，突出特点如下。

一、简化产品体系，优化条款体例

《示范条款》简化了商业车险的产品体系，除对特种车、摩托车、拖拉机、单程提车单独设置条款外，其余机动车采用统一的条款。每个条款分为总则、主险条款、通用条款、附加险条款、释义等部分。同时《示范条款》还对现有商业车险的附加险条款进行了大幅简化，把部分附加险纳入主险保障范围，保留玻璃单独破碎险、自燃损失险、车身划

痕损失险等十个附加险，并新增了无法找到第三方不计免赔险。具体见表 3-33。

表 3-33 《示范条款》产品体系和条款体例

产品体系	机动车辆商业保险示范条款	机动车单程提车保险示范条款	摩托车、拖拉机商业保险示范条款	特种车商业保险示范条款
条款体例	总则 第一章　机动车损失保险 保险责任 责任免除 保险金额 赔偿处理 第二章　机动车第三者责任保险 保险责任 责任免除 责任限额 赔偿处理 第三章　机动车车上人员责任险 保险责任 责任免除 责任限额 赔偿处理 第四章　机动车全车盗抢险 保险责任 责任免除 保险金额 赔偿处理 第五章　通用条款 保险期间 其他事项 附加险 玻璃单独破碎险 自燃损失险 新增设备损失险 车身划痕损失险 发动机涉水损失险 修理期间费用补偿险 车上货物责任险 精神损害抚慰金责任险 不计免赔险 机动车损失保险无法找到第三方特约险 指定修理厂险 释义	总则 第一章　机动车损失保险 保险责任 责任免除 保险金额 赔偿处理 第二章　机动车第三者责任保险 保险责任 责任免除 责任限额 赔偿处理 第三章　机动车车上人员责任险 保险责任 责任免除 责任限额 赔偿处理 第四章　通用条款 保险期间 其他事项 附加险 不计免赔险 释义	总则 第一章　摩托车、拖拉机损失保险 保险责任 责任免除 保险金额 赔偿处理 第二章　摩托车、拖拉机第三者责任保险 保险责任 责任免除 责任限额 赔偿处理 第三章　摩托车、拖拉机车上人员责任险 保险责任 责任免除 责任限额 赔偿处理 第四章　摩托车、拖拉机全车盗抢险 保险责任 责任免除 保险金额 赔偿处理 第五章　通用条款 保险期间 其他事项 摩托车、拖拉机保险附加不计免赔险 释义	总则 第一章　特种车损失保险 保险责任 责任免除 保险金额 赔偿处理 第二章　特种车第三者责任保险 保险责任 责任免除 责任限额 赔偿处理 第三章　特种车车上人员责任险 保险责任 责任免除 责任限额 赔偿处理 第四章　特种车全车盗抢险 保险责任 责任免除 保险金额 赔偿处理 第五章　通用条款 保险期间 其他事项 附加险 玻璃单独破碎险 自燃损失险 新增设备损失险 修理期间费用补偿险 车上货物责任险 精神损害抚慰金责任险 不计免赔险 专修厂指定险 起重、装卸、挖掘车辆损失扩展条款 特种车辆固定设备、仪器损坏扩展条款 释义

二、调整车辆损失险承保、理赔方式

《机动车辆商业保险示范条款》第 12 条规定：车辆损失保险的保险金额按投保时被保险机动车的实际价值确定，投保时被保险机动车的实际价值由投保人与保险人根据投保时的新车购置价减去折旧金额后的价格或其他市场公允价值协商确定。

第 19 条规定：保险机动车发生全部损失，保险人按保险金额进行赔偿；保险机动车发生部分损失，保险人按实际修复费用在保险金额内计算赔偿，具体计算公式如下：

全部损失：赔款 =（保险金额 – 被保险人已从第三方获得的赔偿金额）×（1 – 事故责任免赔率）×（1 – 绝对免赔率之和）– 绝对免赔额

部分损失：赔款 =（实际修复费用 – 被保险人已从第三方获得的赔偿金额）×（1 – 事故责任免赔率）×（1 – 绝对免赔率之和）– 绝对免赔额

同时第 18 条还规定，因第三方对保险机动车的损害而造成保险事故，被保险人向第三方索赔的，保险人应积极协助；被保险人也可以直接向本保险人索赔，保险人在保险金额内先行赔付被保险人，并在赔偿金额内代位行使被保险人对第三方请求赔偿的权利。

“代位求偿”索赔方式的实施，使被保险人在发生车辆损失保险事故后，能直接向自身投保的保险公司进行索赔，免去了和第三方之间的沟通索赔，但被保险人向保险公司申请赔付时，除正常车损险赔案所需索赔单证和材料以外，还应向保险公司提供：

1）被保险人当面签署并完整准确填写的“代位求偿”案件索赔申请书（见表 3-34 和表 3-35）。

2）被保险人亲自签署的权益转让书（表 3-36，被保险人是单位的，需盖单位公章）。

3）保险公司向被保险人赔偿保险金后，向责任对方行使代位请求赔偿的权利时，被保险人根据保险法第 63 条的规定，向保险公司提供其他必要的文件和所知道的有关情况。

表 3-34 “代位求偿”案件索赔申请书（责任方为机动车方）

重要提示： **尊敬的客户：为了保证您的索赔权益，请您全面、认真、如实地填写以下各项内容，尤其是责任对方的各项信息必须逐项准确填写，确保真实可信。**			
报案号：	承保情况：□交强 □商业 □交强 + 商业		商业险保单号： 交强险保单号：
保险车辆	被保险人：	联系人：	联系电话：
	出险时间： 年 月 日 时	出险地点：	出险原因：
	号牌号码：	厂牌型号：	车架号（VIN 码）：
	发动机号：	驾驶人姓名：	驾驶证号：□□□□□□□□□□□□□□□□□□□□
	准驾车型：	性别：□男 □女	初次领证日期： 年 月 日
	事故处理部门：□交警 □其他事故处理部门__________□保险公司 □自行处理		
	责任类型：□全责 □主责 □同责 □次责 □无责	责任比例：	
责任对方	号牌号码：	厂牌型号：	车架号（VIN 码）：
	发动机号：	驾驶人姓名：	驾驶证号：□□□□□□□□□□□□□□□□□□□□
	准驾车型：	性别：□男 □女	初次领证日期： 年 月 日
	被保险人：	联系电话（手机）：	联系电话（固定电话）：
	联系地址：		邮政编码：
	联系人：	联系电话（手机）：	联系电话（固定电话）：
	交强险承保公司：	商业险承保公司：	
	商业险投保险别：□商业第三者责任险（赔偿限额： 万元）□不计免赔特约险 □车辆损失险 □其他附加险		
	商业险保险期限：		

（续）

事故经过	
索赔申请	本人（单位）的保险车辆发生的上述事故已结案，相关的索赔材料已整理齐全，因责任对方尚未（或未足额）向我支付赔款，因此特向你公司提出先行赔付的索赔申请。 本人（单位）郑重承诺：本人尚未得到上述责任对方或其他相关人员给予的（□全部 □部分： 元）赔偿；没有放弃向责任对方索赔的任何权利。 你公司已将有关索赔的注意事项对我进行了告知。兹声明本人所填写上述事故经过和郑重承诺内容以及所提交的所有索赔材料均真实可信，没有任何虚假和隐瞒。 被保险人（报案人）签章：

表3-35 “代位求偿”案件索赔申请书（责任方为非机动车方）

重要提示： **尊敬的客户：为了保证您的索赔权益，请您全面、认真、如实地填写以下各项内容，尤其是第三方责任方的各项信息必须逐项准确填写，确保真实可信。**			
报案号：	承保情况：□交强 □商业 □交强+商业		商业险保单号： 交强险保单号：
保险车辆	被保险人：	联系人：	联系电话：
	出险时间： 年 月 日 时	出险地点：	出险原因：
	号牌号码：	厂牌型号：	车架号（VIN码）：
	发动机号：	驾驶人姓名：	驾驶证号：□□□□□□□□□□□□□□□□□□□□
	准驾车型：	性别：□男 □女	初次领证日期： 年 月 日
	事故处理部门：□交警 □其他事故处理部门________□保险公司 □自行处理		
	责任类型：□全责 □主责 □同责 □次责 □无责		责任比例：
第三方责任方	姓名：	身份证号码：□□□□□□□□□□□□□□□□□□□□	性别：□男 □女
	家庭住址：		邮政编码：□□□□□□
	联系电话（手机）：	联系电话（固定电话）：	投保保险情况：
	单位名称：		
	单位地址：		邮政编码：□□□□□□
	联系人：	联系电话（手机）：	联系电话（固定电话）：
	法人代表：	联系电话（手机）：	联系电话（固定电话）：
	投保保险险种：		投保保险公司：
	保险期限：		
事故经过			
索赔申请	本人（单位）的保险车辆发生的上述事故已结案，相关的索赔材料已整理齐全，因责任对方尚未（或未足额）向我支付赔款，因此特向你公司提出先行赔付的索赔申请。 本人（单位）郑重承诺：本人尚未得到上述责任对方或其他相关人员给予的（□全部 □部分： 元）赔偿；没有放弃向责任对方索赔的任何权利。 你公司已将有关索赔的注意事项对我进行了告知。兹声明本人所填写上述事故经过和郑重承诺内容以及所提交的所有索赔材料均真实可信，没有任何虚假和隐瞒。 被保险人（报案人）签章：		

表 3-36　机动车辆索赔权转让书

______保险公司： 你公司__________（保险单号码）项下承保的车辆__________（厂牌型号）、__________（号牌号码），于______年______月______日发生事故。立书人已收到你公司赔款金额（人民币大写）：__________元。 立书人同意将已取得赔款部分的向责任对方追偿的权利转让给你公司，并授权你公司得以立书人名义或你公司名义向责任方——具体名称__________追偿。立书人保证随时为你公司行使上述权利提供充分协助。 本人（单位）郑重承诺：本人尚未得到上述责任对方或其他相关人员给予的（□全部　□部分：　　元）赔偿；没有放弃向责任对方索赔的任何权利。 特立本权利转让书为凭。 此致 权利转让人（签章）： 日期：　年　月　日

三、扩大保险责任，减少免赔事项

《示范条款》将原有商业车险中“教练车特约”“租车人人车失踪”“法律费用”“倒车镜车灯单独损坏”“车载货物掉落”等附加险的保险责任直接纳入主险保险责任；删除了原有商业车险条款实践中存在一定争议的责任免除条款，例如，“驾驶证失效或审验未合格”“发生保险事故时无公安机关交通管理部门核发的合法有效行驶证、号牌，或临时号牌或临时移动证”；免去了原有商业车险条款中部分绝对免赔率。从而有效扩大了商业车险的保险责任范围，使商业车险的保障能力更加符合广大消费者的需要。

四、强化如实告知，简化索赔资料

《示范条款》对原有商业车险条款中的概念、文字进行了修改和完善，尤其是消费者最为关心的保险责任、责任免除、赔偿处理等内容进行了针对性完善，使条款文字表述更加清晰准确、通俗易懂，强化了保险公司如实告知义务，便于广大消费者更好地理解车险条款。同时，《示范条款》对商业车险的索赔资料进行了简化，例如，不再要求车辆损失保险索赔提供营运许可证或道路运输许可证复印件，不再要求盗抢保险索赔提供驾驶证复印件、行驶证正副本、全套原车钥匙等资料，便于广大消费者更快捷地办理索赔手续，提升车险理赔效率和服务水平。

【本章小结】

1）交强险是我国第一个法定强制保险，于2006年7月1日正式施行。

2）交强险条款分为总则、定义、保险责任、垫付与追偿、责任免除、保险期间、投保人、被保险人义务、赔偿处理、合同变更与终止、附则等部分。

3）交强险的责任限额为12.2万元。其中，死亡伤残赔偿限额为110 000元，医疗费用赔偿限额为10 000元，财产损失赔偿限额为2000元；无责任死亡伤残赔偿限额为11 000元,无责任医疗费用赔偿限额为1000元，无责任财产损失赔偿限额为100元。

4）交强险基础费率将所有机动车共分为8大类42小类。8大类分别为家庭自用车、非营业客车、营业客车、非营业货车、营业货车、特种车、摩托车和拖拉机。

5）《费率浮动暂行办法》规定：目前在全国范围统一实行交强险费率浮动与道路交通事故相联系，暂不实行与道路交通安全违法行为相联系。

6）交强险最终保费 = 基础保险费 ×（1 + 与道路交通事故相联系的浮动比率）。

7）2007 款 ABC 条款规范了八个险种，包含车辆损失保险、第三者责任保险、车上人员责任险、全车盗抢险、不计免赔率特约险、玻璃单独破碎险、车身划痕损失险和可选免赔额特约险等。

8）机动车第三者责任保险的保险责任：保险期间，被保险人或其允许的合法驾驶人在使用被保险机动车过程中发生意外事故，致使第三者遭受人身伤亡或财产直接损毁，依法应当由被保险人承担的损害赔偿责任，保险人依照本保险合同的约定，对于超过机动车交通事故责任强制保险各分项赔偿限额以上的部分负责赔偿。责任限额分为 5 万元、10 万元、15 万元、20 万元、30 万元、50 万元、100 万元、100 万元以上等档次。

9）车辆损失保险的保险责任：保险期间，被保险人或其允许的合法驾驶人在使用被保险机动车过程中，因保险条款保险责任部分列明的意外事故和自然灾害等危险发生，造成被保险机动车的损失，保险人依照保险合同的约定负责赔偿。另外，保险人对事故发生后必要的、合理的施救与保护费用一般也负责赔偿。导致的车辆损失的意外事故包括碰撞、倾覆、坠落、火灾、爆炸、外界物体坠落、倒塌等。导致的车辆损失的自然灾害包括暴风、龙卷风、雷击、雹灾、暴雨、洪水、海啸、地陷、冰陷、崖崩、雪崩、泥石流、滑坡、载运车辆的渡船遭受自然灾害危险。

10）影响汽车保险风险的因素很多，厘定费率时应综合考虑各种因素。一般可将费率模式划分为两类：从车费率模式和从人费率模式。

11）中国保险行业协会于 2012 年 3 月 14 日，公布了《机动车辆保险示范条款》，这是我国商业车险产品发展进程中的一次重要创新，对我国车险市场持续、健康发展意义重大。

【重要概念】

责任限额　抢救费用　家庭自用汽车　非营业客车　营业客车　非营业货车　营业货车　特种车　摩托车　兼用型拖拉机　运输型拖拉机　挂车　碰撞　火灾　爆炸　暴风　暴雨　地陷　冰陷　新车购置价　新增加设备　从车费率模式　从人费率模式

【技能训练】

【训练题 3-1】 甲车投保交强险及商业三者险 20 万元，发生交通事故后撞了一骑自行车的人，造成自行车上乙、丙两人受伤，财物受损，其中乙医疗费 7000 元，死亡伤残费 50 000 元，财物损失 2500 元，丙医疗费 8000 元，死亡伤残费 35 000 元，财物损失 2000 元，经事故处理部门认定甲车负事故 70% 的责任。

思考题：甲车从交强险中能获得多少赔款？

【训练题 3-2】 某物流公司驾驶人李某驾驶货车在山路上行驶，忽遇路面滑坡，车辆顺势滑至坡下 30m 处，所幸李某没有受伤。李某小心翼翼地下车，发现车子还有可能继续下滑，就从工具箱中取出千斤顶，想把车的前部顶起以防继续下滑。就在李某操作千斤顶时，车辆忽然下滑，李某躲闪不及，被车辆压住，导致腰椎骨折。

事故发生后，物流公司迅速向保险公司报案，并提出索赔请求。保险公司核赔时发现该车只投保了车辆损失险，遂告知物流公司对于李某的伤残费用不负赔偿责任。物流公司认为，李某是在对车辆施救过程中受的伤，其伤残费用应属于“施救费”，应属车损险赔付范围，并申请在车辆修复金额之外单独计算予以赔偿。保险公司拒绝了物流公司的请求，物流公司遂向法院起诉。

思考题：

1）法院应如何判决？依据是什么？

2）对事故损失施救时，应注意什么？

【训练题3-3】 周某刚买了一辆新车，同时买了比较齐全的保险，只是车辆还没有上牌。因为小区没有停车场，她把车停在自家楼下。当天晚上她的车被偷走了。

思考题：

1）她去保险公司索赔能否成功？为什么？

2）针对上述情况，为保障车辆的安全，周某的应对方法有哪些？

【工作页】

汽车保险产品工作页

教师布置日期：　　年　　月　　日　　　　　　个人完成时间：　　（分钟）

问题： 王某刚花18万元购买了一辆私家车，所住小区没有车库，他对汽车保险一窍不通。遂向保险公司的业务员赵某咨询：汽车保险产品有哪些？分别保障哪些方面？费用如何？	任务： 作为一名汽车保险行业从业人员，应了解车险产品的种类，熟悉保险责任与责任免除，计算车险价格。
车险产品框架要点：	交强险　商业车险
工作步骤	注意事项
1. 王某的私家车，哪些保险必须买？	
2. 王某的私家车，哪些保险有必要买？	

（续）

工作步骤	注意事项
3. 交强险保障什么？保费是多少？	
4. 第三者责任险保障什么？保费是多少？	
5. 车辆损失险保障什么？保费是多少？	
6. 机动车盗抢保险保障什么？保费是多少？	
7. 还有什么其他险种最好应考虑？	
8. 保费是每个险种保费的直接累加吗？有优惠项目吗？	
学习纪要：	

【知识习题】

1. 填空题

1）交强险责任限额为________万元。

2）交强险基础费率将所有机动车共分为________大类________小类。

3）36 座公交车交强险基础费率是________元；安全行驶一年的 55 座长途客车第二年的交强险费用是________元。

4）车与所载货物撞击导致的车辆损坏，________车辆损失险保险责任。

5）开车撞伤爱人的医疗费用，________机动车第三者责任保险赔偿范围。

6）机动车盗抢险规定：车辆被盗窃、抢劫、抢夺，需经出险地________以上________部门立案证明。

7）车身划痕损失险的保险责任是________，保险人负责赔偿。

8）机动车保险条款规定，只有投保了________险以后，才能投保车上货物责任险。

9）在保险实践中通常将强制汽车责任保险与商业汽车责任保险有机地结合起来实施，不同国家采用不同的实施方式，常见的实施方式有________和________。我国采用的实施

方式为________。

10）车辆损失险的保险金额一般按照________、________、________三种方式确定。

11）车辆损失险的保费计算公式为________。

12）车上人员责任险的保费计算公式为________。

13）玻璃单独破碎险的保费计算公式为________。

14）不计免赔率特约条款的保费计算公式为________。

15）发动机特别损失险的保费计算公式为________。

2. 简答题

1）何谓机动车交通事故强制责任保险？

2）我国交强险条款制定的法律依据有哪些？

3）交强险的责任限额分几类，数额分别为多少？

4）交强险垫付的条件有哪些？垫付时需要那些材料？

5）交强险第一年实行什么费率？第二年如何？依据是什么？

6）从影响交强险费率浮动的项目看，驾驶人在使用车辆的过程中，应注意哪些事项？

7）我国交强险费率对机动车辆种类如何划分？

8）分别说出一普桑轿车家庭自用、企业非营业用、机关非营业用、作为出租车用时购买交强险的价格（不考虑费率浮动）？

9）根据第三者责任险的责任免除条款，列举十种常见的被保险人索赔遭拒的情况。

10）在计算机动车第三者责任保险的赔款时，常用的免赔率有哪几种？

11）车辆损失险保险金额的确定一般有哪些方式？

12）汽车损失保险中属于保险责任范围的意外事故和自然灾害各包括哪些？

13）汽车出险后，常见的合理施救费用包括哪些？

14）商业机动车保险的费率表如何使用？

15）《机动车辆商业保险示范条款》有何特点？

3. 案例题

1）驾驶人下车修车被撞是否该以第三者责任保险来赔偿？

2013年5月18日晚，任某和郎某驾一辆重型货车，在京福高速路江西段行驶。从始发地山东一路开至江西，任某和郎某均显疲态。任某是车主兼驾驶人，因为这趟是长途，便找来会开车的朋友郎某一同前往。两人决定轮流开车，每过几个小时便换着开。

当晚22时40分左右，他俩发现车有故障，便将车停靠在加速车道内检查车辆。随后，郎某下车检查车辆。事后郎某回忆：“当时，我正在车下修车，看到后面有一辆大货车过来，便赶紧一边收拾修车工具，一边示意在车上休息的任某将车开到旁边去。”谁知当时睡眼惺忪的任某只听到郎某叫他开车，并没注意车下的郎某还没收拾好工具，起动车辆后，右侧驱动轮将郎某右腿压伤，导致郎某截肢的严重后果，该伤经鉴定伤残等级为第Ⅴ级。江西省公安交警部门通过勘查认定，任某负事故全部责任。

试问：驾驶人郎某的受伤损失是否能以第三者责任保险来赔偿？请阐明理由。

2）捷达车与摩托车相撞致损的案例。

2013年2月15日14时，某保险公司承保的被保险人赵某的捷达车在山东海阳市林西路由东向南左转弯时与由南向北的一辆二轮摩托车相撞，致使两车受损，摩托车驾驶人受伤的事故。交警出具的证明显示：赵某在路口左转弯时，未让行直行的摩托车，造成了事故，所以赵某承担此次事故的全部责任。捷达车在保险公司承保的险种有交强险、车损险、第三者责任险、盗抢险、不计免赔险等。

捷达车受损配件及价格：车门450元，玻璃45元，玻璃升降器220元，后视镜95元，共计残值50元，本次事故拆装、喷漆工时费为840元。

摩托车损失项目有前减震器、前圈、前照灯、仪表、方向柱、前导流罩、后视镜等损失共计968元，拆装费40元，残值24元。

摩托车驾驶人左手挫裂伤，右前臂、右大腿肿胀。在医院检查治疗费共计1422元。

试问：本次事故保险公司应如何赔偿？

3）被盗3个月追回，车主是否要车？

丁某于2012年10月22日购买了一辆宝来，花费了16.8万元。他为该车办理了包括全车盗抢险在内的诸多保险。全车盗抢险双方确认保险金额为16.8万元，按照保险合同中的有关规定，如果该车被盗，保险公司将按保险金额予以全额赔偿。

2013年4月28日，该车被盗，丁某立即向公安机关和保险公司报了案。60天后，汽车仍未找到。丁某持公安机关的证明向保险公司索赔，保险公司称要向上级公司申报。

8月初，丁某被盗的汽车被公安机关查获，保险公司将车取回，但这时丁某不愿收回自己被盗的汽车，而要求保险公司按照保险合同支付16.8万元的保险金。而保险公司则认为，既然被盗汽车已经被找回，因汽车被盗而引起的保险赔偿金的问题已不存在，因此，丁某应领回自己的汽车。引发诉讼。

试问：假如你是保险公司理赔人员，如何处理此次事故？

学习任务四

汽车保险承保实务

【任务描述】

通过“汽车保险承保实务”任务的学习，要求学生：

1. 了解投保权益；
2. 熟悉保险单证并能熟练清分；
3. 掌握承保流程，能熟练开展保险展业，并能提供保险方案；
4. 掌握核保知识，能根据核保政策，审核投保业务的风险大小；
5. 掌握投保流程，能熟练填写投保单，能有效指导客户续保。

学习单元1 承 保 流 程

导入案例

王某最近有点烦，因为他的车险今年11月初已到期，由于他的车上个年度出了6次险，A保险公司嫌他出险次数太多，理赔额高于保费，已对其明确表示只可以承保他的交强险和商业三者险，其他商业车险不能给他续保了。

对于A保险公司的答复，王某也没表现出太多的愤怒，按照往年惯例，这家不保完全可以去另外一家投保的，不怕买不到车险。于是他来到了B保险公司，该公司工作人员要求王某提供上一年的旧保单，以便查上一年的出险情况，查询的结果是，王某被告知：“您的车辆上一年出了6次险，已经超出本公司承保规定，因此不能接受您投保商业险的请求。”

车险一直没着落，这可急坏了王某，又询问了其他几家保险公司，答复都相似，看来自己的车注定要成为没有保险公司承保的“流浪车”了。

之后，王某对赵某说了自己的遭遇，赵某也很感叹：他的车险合同也马上就到期了，他咨询保险公司续保问题时，被告知他的车属于保险公司核保政策里规定的进口老旧车型，也不能予以承保。二人同病相怜，抱怨保险公司这种规避风险的方法有点太不厚道了。

以上两位被拒保到底是怎么回事呢？保险公司违规了吗？

实际上，商业车险属于保险公司自身的商业行为，保险公司和车主都有权决定是否签订保单，保险公司拒保高风险业务没有违规。在商业车险条款中，并没有对保险公司做拒保的束缚，拒保是各商业保险公司根据自己内部的核保政策所做出的举措，并不是行业统一的政策。而对于交强险，保险公司是不能拒保的。

一、承保流程

汽车承保是保险人与投保人签订保险合同的过程。具体是，从事展业的人员向客户宣传保险产品，帮助客户分析风险种类及相应管理方法，并制订出完善的保险方案；而客户根据自身情况以及展业人员的介绍，产生购买保险的愿望，并填写投保单；然后，保险人审查投保单，向投保人询问有关保险标的和被保险人的各种情况，从而决定是否接受投保。如果保险人接受投保，则收取保险费、出具保险单和保险证，保险合同即告成立，并按约定时间生效。如果保险人根据当前的客户条件尚不能确定，则可向客户提出需要补充的事项，或表明可以接受投保的附加条件。当然，保险人也可以直接拒绝承保。

在保险合同有效期内，如果保险标的的所有权改变，或者投保人因某种原因要求更改或取消保险合同，则需进行批改作业。

保险合同接近期满时，保险人会征询投保人意愿，是否继续办理保险事宜，即续保。

因此，一个完整的承保流程由六个环节组成，即展业→投保→核保→签发单证→批改→续保。其核心环节为投保→核保→签发单证。

二、保险展业

保险展业是保险人向客户宣传保险、介绍保险产品的过程，是保险经营的第一步。展业工作做得如何，直接影响保险产品的销售量，直接影响用于事故补偿的保险基金的积累量，因此，各家保险公司都非常重视展业工作，不断提高展业人员的业务素质，利用代理人、经纪人拓宽服务网络，同时注重加强保险的宣传。

展业人员应具备的业务能力

▲掌握保险基本原理、运行原则、保险合同等基础知识

▲掌握条款、费率规章、承保规定、理赔流程等

▲掌握本地区车险市场动态和竞争对手的业务重点、展业手段

▲熟悉机动车辆使用的常见风险及管理方法

▲熟悉本地区汽车保有量、增长量、各类车型所占比例、以往保险情况、事故次数、出险赔付等

▲熟悉客户需求，尤其是大客户，以便做好公关工作

▲了解交通管理、交通事故处理的相关法律法规

▲了解汽车保险的相关法律法规

▲了解机动车辆管理的相关法律法规，如《汽车报废标准》等

汽车保险在我国处于起步阶段，许多客户对汽车保险还了解不多，即使了解一些，也存在一些认识的误区，加大保险宣传对保险业务的开展、避免保险纠纷的出现具有重要作用。

保险宣传可从多种角度展开，例如，可通过电视、电影、广播、报纸、网络、杂志、电话等多种媒体，可利用广告、新闻、保险知识讲座、大型事件理赔处理、发放宣传资料等多种方式，还可采用召开座谈会、开展公益活动、开展保险咨询活动等多种场合展开宣传。

宣传内容主要是本公司机构网络、偿付能力、服务优势、保险产品的保险责任、责任免除、投保人义务、保险人义务、承保和理赔手续等。

三、投保业务

客户在使用汽车的过程中，面临多种风险，为规避风险，保障自身利益，客户一般会积极主动地了解汽车保险，并付诸购买行动。

投保是投保人向保险人表达购买汽车保险意愿的行为，具体表现为对汽车保险条款的认真阅读和投保单的如实填写。具体见学习单元2。

四、核保业务

保险公司除了要大量承揽业务，还要保证每笔业务的质量。如果大量承保不符合要求或风险较大的业务，将使保险公司赔付率上升，影响其经营效益。保险核保是保险人对每笔业务的风险进行辨认、评估、定价，并确认保单条件，以选择优质业务进行承保的一种行为。所以，核保对于控制经营风险，确保保险业务的健康发展有十分重要的作用，它是保险承保过程中的重要环节之一。核保完毕后，核保人在投保单上签署意见，将投保单、核保意见一并转业务内勤据以缮制保险单证。对超出本级核保权限的，应报上级公司核保。

1. 核保机构设置模式

（1）分级设置模式　根据内部机构设置情况、人员配备情况、开展业务需要、业务技术要求等设立数级核保组织。例如，人保公司在各省分公司内设立三级核保组织，即省分公司、地市分公司（营业部）、县支公司（营业部）。这是我国普遍采用的一种模式。

（2）核保中心模式　即在一定的区域范围内设立一个核保中心，通过网络技术，对所辖的业务实行远程核保。其优点在于：所有经营机构均可得到核保中心的技术支持，最大限度地实现技术和优势共享；同时，核保中心可对各机构的经营行为进行有效的控制和管理。按照核保管理集中的趋向，核保中心将成为今后保险公司核保的一个重要模式，同时，网络技术的发展和广泛应用，为远程集中核保提供了有利的条件和必要的技术保证。

2. 核保人员的等级和权限

目前核保人员一般分三个等级，根据等级不同，授予不同的权限。

一级核保人主要负责审核特殊风险业务，包括高价值车辆的核保、特殊车型业务的核保、车队业务的核保，以及下级核保人员无力核保的业务。同时，还应及时解决其管辖范围内出现的有关核保技术方面的问题。

二级核保人主要负责审核非标准业务，即在核保手册中没有明确指示核保条件的业务，如保险金额、赔偿限额、免赔额等有特殊要求的业务。

三级核保人主要负责对常规业务的核保，即按照核保手册的有关规定对投保单的各个要素进行形式上的审核，亦称投保单核保。

3. 核保手册

核保手册，即核保指南，是将公司对于机动车辆保险核保工作的原则、方针和政策，机动车辆保险业务中涉及的条款、费率以及相关的规定，核保工作中的程序和权限规定，可能遇到的各种问题及其处理的方法，用书面文件的方式予以明确。

核保手册是核保工作的主要依据。通过核保手册，核保人员能按统一标准和程序进行核保，可实现核保工作的标准化、规范化和程序化。

4. 核保的主要内容

核保内容

▲审核投保单是否按规定内容和要求填写，有无错漏

▲审核保险价值与保险金额是否合理

▲审核业务人员或代理人是否验证和查验车辆，是否按要求向投保人履行了告知义务，对特别约定的事项是否在特约栏内注明

▲审核费率标准和计收保费是否正确

▲对于高保额和投保盗抢险的车辆，审核有关证件，查验实际情况是否与投保单的填写一致，是否按规定拓印牌照存档

▲对高发事故和风险集中的投保单位，提出限制性承保条件

▲对费率表中没有列明的车辆，视风险情况提出厘订费率的意见

▲审核其他相关情况

五、签发单证

1. 打印单证

核保通过后，系统按预先设置的编制规则生成保险单号码。交强险和商业险必须分别出具保险单、保险标志、保险卡、发票。

商业险：用现行印制的商业险单证打印保单、发票和保险卡。盖章后清分，保单业务联与发票业务联、投保单、投保资料一并装订归档，保单财务联与发票财务联交财务留存，保单正本与发票正本、保险卡一并交投保人。

交强险：使用保监会监制的保险单、保险标志进行打印。盖章后清分，保单业务联与发票业务联、投保单、投保资料、机动车交通事故强制责任保险费率浮动告知单一并装订归档，保单财务联与发票财务联交财务留存，保单正本与发票正本、保险标志一并交投保人保存，保单公安交管留存联交由投保人在公安交管部门进行登记、检验等时交公安交管部门留存。

2. 交强险单证

交强险单证由保监会监制，全国统一式样。交强险单证分为交强险保险单、定额保险单和批单三个类别。除摩托车和农用拖拉机可使用定额保险单外，其他投保车辆必须使用交强险保险单。交强险保险单、定额保险单均由正本和副本组成。正本由投保人或被保险人留存，副本包括业务留存联、财务留存联和公安交管部门留存联。表4-1所示为交强险保险单式样；表4-2所示为定额保险单式样。

表4-1 机动车交通事故责任强制保险单

保险单号：

被保险人			
被保险人身份证号码（组织机构代码）			
地　址		联系电话	

（续）

<table>
<tr><td rowspan="4">被保险机动车</td><td>号牌号码</td><td></td><td>机动车种类</td><td></td><td>使用性质</td><td></td></tr>
<tr><td>发动机号码</td><td></td><td>识别代码（车架号）</td><td colspan="3"></td></tr>
<tr><td>厂牌型号</td><td></td><td>核定载客</td><td>人</td><td>核定载质量</td><td>千克</td></tr>
<tr><td>排　　量</td><td></td><td>功　　率</td><td></td><td>登记日期</td><td></td></tr>
<tr><td rowspan="3">责任限额</td><td>死亡伤残赔偿限额</td><td colspan="2">110 000 元</td><td>无责任死亡伤残赔偿限额</td><td colspan="2">11 000 元</td></tr>
<tr><td>医疗费用赔偿限额</td><td colspan="2">10 000 元</td><td>无责任医疗费用赔偿限额</td><td colspan="2">1000 元</td></tr>
<tr><td>财产损失赔偿限额</td><td colspan="2">2000 元</td><td>无责任财产损失赔偿限额</td><td colspan="2">100 元</td></tr>
<tr><td colspan="7">与道路交通安全违法行为和道路交通事故相联系的浮动比率　　　　%</td></tr>
<tr><td colspan="7">保险费合计（人民币大写）：　　　　（¥：　　　元）其中救助基金（%）¥：　　　元</td></tr>
<tr><td colspan="7">保险期间自　　　年　　　月　　　日零时起至　　　年　　　月　　　日 24 时止</td></tr>
<tr><td colspan="2">保险合同争议解决方式</td><td colspan="5"></td></tr>
<tr><td rowspan="4">代收车船税</td><td>整备质量</td><td colspan="2"></td><td>纳税人识别号</td><td colspan="2"></td></tr>
<tr><td>当年应缴</td><td>¥：　　　元</td><td>往年补缴</td><td>¥：　　　元</td><td>滞纳金</td><td>¥：　元</td></tr>
<tr><td colspan="6">合计（人民币大写）：　　　　（¥：　　　元）</td></tr>
<tr><td colspan="2">完税凭证号（减免税证明号）</td><td></td><td>开具税务机关</td><td colspan="2"></td></tr>
<tr><td>特别约定</td><td colspan="6"></td></tr>
<tr><td>重要提示</td><td colspan="6">1. 请详细阅读保险条款，特别是责任免除和投保人、被保险人义务。
2. 收到本保险单后，请立即核对，如有不符合或疏漏，请及时通知保险人并办理变更或补充手续。
3. 保险费应一次性交清，请您及时核对保险单和发票（收据），如有不符，请及时与保险人联系。
4. 投保人应如实告知对保险费计算有影响的或被保险机动车因改装、加装、改变使用性质等导致危险程度增加的重要事项，并及时通知保险人办理批改手续。
5. 被保险人应当在交通事故发生后及时通知保险人。</td></tr>
<tr><td>保险人</td><td colspan="6">公司名称：
公司地址：
邮政编码：　　　服务电话：　　　签单日期：　　　（保险人签章）</td></tr>
</table>

核保：　　　　制单：　　　　经办：

表 4-2　机动车交通事故责任强制保险摩托车定额保险单（排气量 250mL 以上及侧三轮）

保险单号：

<table>
<tr><td colspan="2">被保险人</td><td></td><td colspan="2">被保险人身份证号码（组织机构代码）</td><td></td></tr>
<tr><td colspan="2">被保险人地址</td><td colspan="2"></td><td>被保险人电话</td><td></td></tr>
<tr><td colspan="2">号牌号码</td><td>厂牌型号</td><td></td><td>发动机号码</td><td></td></tr>
<tr><td colspan="2">识别代码（车架号）</td><td colspan="4"></td></tr>
<tr><td rowspan="2">责任限额</td><td colspan="2">死亡伤残赔偿
限额 110 000 元</td><td colspan="2">医疗费用赔偿
限额 10 000 元</td><td>财产损失赔偿
限额 2 000 元</td></tr>
<tr><td colspan="2">无责任死亡伤残
赔偿限额 11 000 元</td><td colspan="2">无责任医疗费用
赔偿限额 1 000 元</td><td>无责任财产损失
赔偿限额 100 元</td></tr>
</table>

（续）

<table>
<tr><td colspan="7">保险费合计（人民币大写）： （¥： 元）其中救助基金（%）¥： 元</td></tr>
<tr><td colspan="7">保险期间自 年 月 日零时起至 年 月 日24时止</td></tr>
<tr><td rowspan="4">代收车船税</td><td>整备质量</td><td colspan="2"></td><td colspan="2">纳税人识别号</td><td></td></tr>
<tr><td>当年应缴</td><td>¥： 元</td><td>往年补缴</td><td>¥： 元</td><td>滞纳金</td><td>¥： 元</td></tr>
<tr><td colspan="6">合计（人民币大写）： （¥： 元）</td></tr>
<tr><td colspan="2">完税凭证号（减免税证明号）</td><td colspan="2"></td><td>开具税务机关</td><td></td></tr>
<tr><td colspan="7">特别约定：本保险单涂改无效。</td></tr>
<tr><td>重要提示</td><td colspan="6">1. 请详细阅读保险条款，特别是责任免除和投保人、被保险人义务。
2. 收到本保险单后，请立即核对，如有不符合或疏漏，请及时通知保险人并办理变更或补充手续。</td></tr>
<tr><td colspan="4">投保人声明：保险人已将投保险种对应的保险条款（包括责任免除部分）向本人作了明确说明，本人已充分理解；上述所填写的内容均属实，同意签订本保险合同。</td><td colspan="3">公司名称：
公司地址：
邮政编码： 服务电话：
签单日期： 年 月 日 （保险人签章）</td></tr>
</table>

核保： 经办：

3. 交强险标志

交强险标志是指根据法律、法规规定，由保险公司向投保人核发、证明其已经投保的标志。由保监会监制，全国统一式样。交强险标志分内置型（图4-1）和便携型（图4-2）两种。具有前风窗玻璃的投保车辆应使用内置型；不具有前风窗玻璃的投保车辆应使用便携型。

a) 正面

b) 背面

图4-1 内置型交强险标志

a) 正面

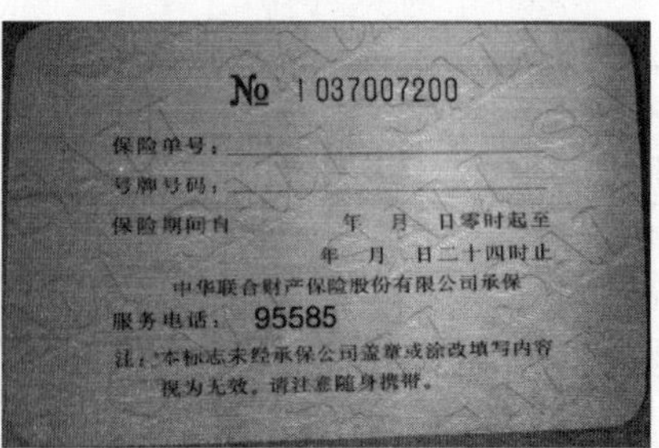

b) 背面

图4-2 便携型交强险标志

4. 商业险保险单

保险单是被保险人向保险人索赔保险事故损失的法律凭证，被保险人应妥善保存。商业险保险单由正本和副本组成。正本由投保人或被保险人留存；副本应包括业务留存联和财务留存联。所以，商业险保单与交强险保险单相比，缺少公安交管部门留存联，其余相同。表4-3所示为××财产保险股份有限公司商业险保险单。

表4-3　××财产保险股份有限公司商业险保险单

保险单号：

鉴于投保人已向保险人提出投保申请，并同意按约定交付保险费，保险人依照承保险种及其对应条款和特别约定承担赔偿责任。

被保险人						
保险车辆情况	号牌号码		厂牌型号			
	VIN码		车架号		机动车种类	
	发动机号码			核定载客　人	核定载质量　kg	已使用年限　年
	初次登记日期		年平均行驶里程　千米		使用性质	
	行驶区域				新车购置价	元

承保险种	费率浮动（±）	保险金额/责任限额（元）	保险费（元）

保险费合计（人民币大写）：　　　　（¥：　　　元）	
保险期间自　　年　　月　　日零时起至　　年　　月　　日24时止	
特别约定	
保险合同争议解决方式	
重要提示	1. 本保险合同由保险条款、保险单、投保单、批单和特别约定组成。 2. 收到本保险单、承保险种对应的保险条款后，请立即核对，如有不符或疏漏，请在48h内通知保险人并办理变更或补办手续；超过48h未通知的，视为投保人无异议。 3. 请详细阅读承保险种对应的保险条款，特别是责任免除和投保人、被保险人义务。 4. 被保险机动车因改装、加装、改变使用性质等导致危险程度增加以及转卖、转让、赠送他人的，应书面通知保险人并办理变更手续。 5. 被保险人应当在交通事故发生后及时通知保险人。

（续）

保险人	公司名称：	公司地址：	
		联系电话：	网址：
	邮政编码：	签单日期：	（保险人签章）

核保： 制单： 经办：

5. 保险卡

保险卡是投保人购买汽车保险的凭证，内容简单，便于随车携带，以方便车辆出险后被保险人能及时向保险公司报案。表4-4所示为××财产保险股份有限公司机动车保险卡。

表4-4 ××财产保险股份有限公司机动车保险卡

（正面）	（反面）
××财产保险股份有限公司 机动车辆保险证 随身携带 就地报案 机构遍布全国 随时提供服务 NO.	保险单号______ 被保险人______ 号牌号码______ 厂牌型号______ 发动机号______ 使用性质______ 车架号______ 人/千克______ 承保险种______ 保险期限自_年_月_日_时起 保险公司 至_年_月_日_时止 盖 章 服务报案电话：______

六、批改

在保险单证签发后，对保险合同内容进行修改、补充或增删所进行的一系列作业称为批改，经批改所签发的一种书面证明称为批单。

对保险合同的任何修改均应使用批改形式完成。被保险人应事先书面通知保险人申请办理批改手续。保险批单是保险合同的组成部分，其法律效力高于格式合同文本内容，且末次批改内容效力高于前期批改内容。

保单批改的内容主要包括：被保险人信息更改、车主信息更改、投保车辆信息更改、增加特别约定、变更约定驾驶人、保险期限更改、险种增加或减少、车辆使用性质更改、车辆种类更改、保险金额（限额）增加或减少、行驶区域变更、免赔额变更、保险车辆危险程度增加或减少等。

七、续保

保险合同到期后，其效力会自然终止，被保险人利益将不再享受保险保障。为避免因合同到期而效力丧失，投保人一般会采取续保行为。

续保是指在原有的保险合同即将期满时，投保人向保险人提出继续投保的申请，保险人根据投保人的实际情况，对原有合同条件稍加修改而继续签约承保的行为。

续保是一项保险合同双方“双赢”的活动。对投保人来说，通过及时续保，一方面可以从保险人那里得到连续不断的、可靠的保险保障与服务，另一方面，作为公司的老客户，可以在保险费率方面享受续保优惠；对保险人来说，老客户的及时续保，可以稳定业务量，同时还能利用与投保人建立起来的关系，减少许多展业工作量与费用。

学习单元2　投 保 实 务

导入案例

赵某，35岁，驾龄二年，花10万元新购了一辆标致307自用，该车配置较高，平时一般停放在露天停车位。赵某喜欢驾车出游，曾经有过两次追尾事故的记录。赵某的妻子也需要经常使用该车，驾龄一年，无不良驾驶记录。赵某想为自己的爱车购买保险，但却不知道应如何购买？有哪些注意事项？需经过哪几个步骤？可获得哪些保险单证？

赵某购买汽车保险的行为属于“投保”，而保险公司受理客户投保的过程为“承保”。

客户在使用汽车的过程中，面临多种风险，为规避风险，保障自身利益，客户一般会积极主动地了解汽车保险，并付诸购买行动。

一、客户投保动机

我国当前的汽车保险产品分两类：交强险和商业险。

1. 交强险必须投保

我国于2006年7月1日开始施行交强险。如果机动车所有人、管理人未按照《道路交通安全法》《机动车交通事故责任强制保险条例》等法律规定投保交强险，则公安机关交通管理部门可以扣留在道路上行驶的机动车，并通知机动车所有人、管理人依照规定投保，同时处以依照规定投保最低责任限额应缴纳保费的2倍罚款。因此交强险作为车辆上道路行驶的必备条件，是必须购买的险种，这也是客户遵守法律的良好表现。

2. 商业险应量力而行

交强险的保障总额为12.2万元，其中，死亡伤残赔偿限额11万元；医疗费用赔偿限额1万元；财产损失赔偿限额0.2万元。这就是说，交强险只是体现了对第三者损害的基本保障，许多情况下不能完全补偿第三者的损失。而车辆所有者或使用者除面临第三者赔偿的风险，还面临车辆自身因交通事故、火灾、水灾、盗窃、雹灾、泥石流等意外事故遭受损失的风险，车上人员、车上货物等同样也面临多种风险，这些都需要车辆所有者或使用者进行风险转嫁，即购买第三者责任险、车辆损失险、车上人员责任险、车上货物责任险等商业保险。由于商业保险险种丰富并以赢利为目的，且坚持自愿购买原则，所以，客户应根据自身风险状况和经济能力综合考虑购买相应的险种和额度。

二、投保注意事项

1. 投保前

1）了解保险公司财务状况。投保人投保的目的是当保险合同约定的保险事故发生时，保险公司能补偿自身的经济损失，而保险公司的财务状况是否良好决定着其偿付能力是否充足。所以，投保人在投保前应了解保险公司的财务状况。

2）了解保险条款准确含义。保险条款是保险合同的组成部分之一，由保险公司单方面制定，因此，投保人应详细了解条款的含义，确切知晓所购买的保险保障的内容。由于保险条款使用了大量专业术语，投保人可以就其不明白的地方询问展业人员，展业人员应据实回答。

3）比较保险公司服务。主要考虑网点分布、售后服务、附加服务等。网点分布决定了投保、理赔的方便程度；售后服务包括：业务人员是否热情周到、及时送达保险单、及时通报新产品、及时赔付、耐心听取并真心解决顾客的投诉、注意与顾客的沟通等；附加服务是提高公司形象的重要手段，也是其提供的延伸产品，如持保险单在日常生活中享受消费优惠、经常召开联谊会、对故障车辆免费施救、给客户免费洗车等。

4）比较保险产品内容。主要考虑其保险责任、保险费用。目前，各保险公司非常重视车险产品的开发，使保险产品的品种和类型越来越丰富。面对不同的车险产品，投保人应根据自身情况，挑选最适合与满意的产品。挑选保险产品时，首先要注意所选险种的保险责任与自己的风险是否对应，因为保险公司只负责赔偿保险责任范围内的损失；其次，车险产品的价格也是需要考虑的因素，对此，投保人可根据公司提供的费率规章和各种优惠政策进行简单的费用计算，然后比较其价格高低，争取以较少的投入获得适合自身风险的较大保障。

5）比较并选择投保方式。常见的投保方式有上门投保、到保险公司营业部门投保、电话投保、网上投保、通过保险代理人投保、通过保险经纪人投保等。多种投保方式的费率优惠程度不同。一般通过保险代理人、保险经纪人投保的，保费较贵，网上投保费率优惠较大。

小资料：电话车险

电话车险是保险公司为用户推出的一种便捷车险购买方式。用户可以通过拨打保监会特批的电话购买车险（商业险和交强险）。客服专员与用户通过电话咨询用户信息，用户告知相关信息后，车险公司进行核保，并通过上门收费、网上收费的方式完成收费，并派送保单。

电话车险是新兴的投保模式，由保险公司通过电话和客户直接交易，可以理解为保险公司的车险直销，因此，节省了很多环节和其他方面的费用，所以价格能节省社会车险的15%。

价格仍是当前车险竞争的主要手段之一，电销产品的出现恰好顺应了目前的市场需求，同时也充分说明，费率改革的走向也将直接决定车险市场竞争的方向。

自2007年车险电销专用产品推出以来，国内保险新渠道业务发展迅猛，连续数年实现高速增长，截至目前已有19家财险公司经营车险电销业务。2011年，全行业实现车险电销保费收入超过440亿元，同比增长130%，占车险总保费的12.5%左右。新渠道业务已经成为国内车险近几年来最具成长性的营销渠道。

附：部分保险公司电话车险专营电话

保险公司	电话	保险公司	电话
人　保	4001234567	平　安	4008000000
太平洋	10108888	阳　光	4000000000
中华联合	4001999999	国寿财	4008007007
大　地	4009666666	渤　海	4006111100

2. 投保时

1）投保时应如实告知。投保人无论投保交强险还是投保商业机动车保险，都应当如

实告知。否则，机动车辆发生保险事故时，保险公司将不负责赔偿。

2）应及时交纳保险费，以保障自身权益。根据规定，交纳保险费一般是保险合同生效的前提条件，而保险费交付前发生的保险事故，保险人不承担赔偿责任。

3）不重复投保。构成重复保险的车辆出险时，各保险公司一般是按其保险金额与保险金额总和的比例承担赔偿责任的，不存在重复保险重复赔偿的问题，只能是多付保费。

4）不超额投保。超额保险中，其超出部分无效，其赔偿效果等同于足额保险。因此，投保人不要超额投保，避免浪费金钱。

3. 投保后

1）了解保险责任开始时间。保险责任开始时间应由双方在保险合同中约定。如果没有约定，保险实务中规定，于次日零时生效。投保人必须清楚合同生效时间，合同生效才对自己有保障，否则，保险公司不承担赔偿责任。

2）注意对保险车辆的安全维护。对车辆的安全维护，是被保险人应尽的义务，也是享受保险合同保障的前提条件。

3）对保险公司服务不满意的，投保人具有随时退保的权利。退保时，保险公司应收取自保险责任开始之日起至合同解除之日止的保险费，退还剩余部分保险费。

三、汽车保险投保单填写

1. 投保单

投保单是保险合同的组成部分之一，投保人必须如实填写。表4-5为××财产保险股份有限公司机动车保险/机动车交通事故责任强制保险投保单。

表4-5　××财产保险股份有限公司机动车保险/机动车交通事故责任强制保险投保单

No：

欢迎您到××财产保险股份有限公司投保！在您填写本投保单前请先详细阅读《机动车交通事故责任强制保险条款》及我公司的机动车辆保险条款，阅读条款时请您特别注意各个条款中的保险责任、责任免除、投保人义务、被保险人义务等内容并听取保险人就条款（包括责任免除条款）所作的说明。您在充分理解条款后，再填写本投保单各项内容（请在需要选择的项目前的“□”内划“√”表示）。为了合理确定投保机动车的保险费，并保证您获得充足的保障，请您认真填写每个项目，确保内容的真实可靠。您所填写的内容我公司将为您保密。本投保单所填写内容如有变动，请及时到我公司办理变更手续。

<table>
<tr><td rowspan="3">投保人</td><td>投保人名称/姓名</td><td colspan="3"></td><td>投保机动车数</td><td>辆</td></tr>
<tr><td>联系人姓名</td><td></td><td>固定电话</td><td></td><td>移动电话</td><td></td></tr>
<tr><td>投保人住所</td><td colspan="3"></td><td>邮政编码</td><td>□□□□□□</td></tr>
<tr><td rowspan="5">被保险人</td><td colspan="2">□自然人姓名：</td><td>身份证号码</td><td colspan="3">□□□□□□□□□□□□□□□□□□</td></tr>
<tr><td colspan="4">□法人或其他组织名称：</td><td>组织机构代码</td><td>□□□□□□□□□</td></tr>
<tr><td>被保险人单位性质</td><td colspan="5">□党政机关、团体　□事业单位　□军队（武警）　□使（领）馆
□个体、私营企业　□其他企业　□其他</td></tr>
<tr><td>联系人姓名</td><td></td><td>固定电话</td><td></td><td>移动电话</td><td></td></tr>
<tr><td>被保险人住所</td><td colspan="3"></td><td>邮政编码</td><td>□□□□□□</td></tr>
</table>

（续）

投保车辆情况	被保险人与车辆的关系	□所有 □使用 □管理		车主		
	号牌号码		号牌底色	□蓝 □黑 □黄 □白 □白蓝 □其他颜色		
	厂牌型号		发动机号			
	VIN 码	□□□□□□□□□□□□□□□□□		车架号		
	核定载客	人	核定载质量	kg	排量/功率	L/kW
	初次登记日期	年 月	已使用年限	年	年平均行驶里程	公里
	车身颜色	□黑色 □白色 □红色 □灰色 □蓝色 □黄色 □绿色 □紫色 □粉色 □棕色 □其他颜色				
	机动车种类	□客车 □货车 □客货两用车 □挂车 □摩托车（不含侧三轮）□侧三轮 □农用拖拉机 □运输拖拉机 □低速载货汽车 □特种车：请填写用途______				
	机动车使用性质	□家庭自用 □非营业用（不含家庭自用） □出租/租赁 □城市公交 □公路客运 □旅游客运 □营业性货运				
	上年是否在本公司投保商业机动车保险	□是 □否				
	行驶区域	□省内行驶 □固定行驶路线 具体路线：______				
	是否为未还清贷款的车辆	□是 □否	车损险与车身划痕险选择汽车专修厂	□是 □否		
	上年赔款次数	□交强险赔款次数______次 □商业机动车保险赔款次数______次				
	上一年度交通违法行为	□有 □无				

投保主险条款名称			
指定驾驶人	姓名	驾驶证号码	初次领证日期
驾驶人1		□□□□□□□□□□□□□□□□□□	___年___月___日
驾驶人2		□□□□□□□□□□□□□□□□□□	___年___月___日
保险期间	______年____月____日零时起至______年______月______日24时止		

第1页，共2页

（续表）

投保险种		保险金额/责任限额（元）	保险费（元）	备注
□机动车交通事故责任强制保险				
□机动车损失险：新车购置价______元				
□商业第三者责任险				
□车上人员责任险	投保人数______人	/人		
	投保人数______人	/人		
□盗抢险				
□附加玻璃单独破碎险	□国产玻璃			
	□进口玻璃			
□附加停驶损失险：日赔偿金额____元×___天				
□附加自燃损失险				
□附加火灾、爆炸、自燃损失险				
□附加车身划痕损失险		元		
□附加新增加设备损失险				

（续）

投 保 险 种		保险金额/责任限额（元）	保险费（元）	备注
□附加车上货物责任险				
□附加不计免赔率特约条款	□机动车损失险			
	□第三者责任险			
□附加可选免赔额特约条款		免赔金额：		
保险费合计（人民币大写）：		（￥： 元）		
特别约定				
保险合同争议解决方式选择	□诉讼　□提交________仲裁委员会仲裁			

本保险合同由保险条款、投保单、保险单、批单和特别约定组成。

投保人声明：保险人已将投保险种对应的保险条款（包括责任免除部分）向本人作了明确说明，本人已充分理解；上述所填写的内容均属实，同意以此投保单作为订立保险合同的依据。

投保人签名/签章：

______年______月______日

验车验证情况	□已验车　□已验证　查验人员签名：______年____月____日____时____分		
初审情况	业务来源：□直接业务　□个人代理 □专业代理　□兼业代理 □经纪人　□网上/电话业务 代理（经纪）人名称： 上年度是否在本公司承保：□是　□否 业务员签字：______年______月______日	复核意见	复核人签字：______年______月______日

注：阴影部分内容由保险公司人员填写。

第2页，共2页

2. 投保单填写

（1）投保人与被保险人的信息

1）填写目的。

投保单填写目的

▲确定投保人，判断其资格，看是否对保险标的具有保险利益

▲确定缴费义务人，投保人是缴费义务人

▲确定被保险人，被保险人是享有保险金请求权的人

▲为客户提供后续增值服务

2）填写要求。投保人与被保险人为单位的，名称填写全称，应与公章名称一致；投保人与被保险人为个人的，填写姓名，与身份证一致；名称应与车辆行驶证相符，使用人或所有人称谓与行驶证不符或车辆是合伙购买与经营的，应在投保单规定位置注明，以便

登录在保险单上；地址是指法律确认的自然人的生活住所或法人的主要办事机构所在地；根据被保险人单位性质，把汽车属性分为党政机关（团体）车辆、事业单位车辆、军队（武警）车辆、使（领）馆车辆、个体或私营企业车辆、其他企业车辆、其他车辆等。

（2）投保车辆信息

1）填写目的。确定投保车辆的唯一性；依据不同属性、使用性质、车辆类型、座位/吨位、车龄、行驶区域等确定费率。

2）填写要求。被保险人与车辆的关系如果为所有关系，则被保险人与车主是同一人，如果为使用或管理关系，则被保险人与车主不是同一人，此栏主要是看被保险人是否对标的车具有保险利益。

填写车辆管理机关核发的号牌号码并注明底色，如鲁 A××××（蓝）。号牌号码应与机动车行驶证（图4-3）一致，号牌底色分蓝、黑、黄、白、白蓝、其他颜色六类。

中华人民共和国机动车行驶证

号牌号码________ 车辆类型________
所 有 人________
住　　址________
品牌型号________ 使用性质________
发动机号________
发证机关章　车辆识别代号________
注册登记日期____ 发证日期____

中华人民共和国机动车行驶证副页

号牌号码________ 车辆类型________
总 质 量________ 整备质量________
核定载质量________ 准牵引总质量________
核定载客________ 驾驶室共承________
货 厢 内________ 后轴钢板________
部 尺 寸________ 弹簧片数________
外廓尺寸________
检验记录________

图4-3　机动车行驶证

厂牌型号、发动机号、车架号、VIN码等按照投保车辆行驶证或合格证的内容填写。对于新车尤其注意要把合格证上的发动机号码、车架号、VIN码中的字母和数字都写完整；对于有VIN码的车辆，应以VIN码代替车架号。

核定载客/核定载质量。根据车辆行驶证注明的核定载客人数或核定载质量填写。客车填核定载客人数，货车填核定载质量，客货两用车填写核定载客人数/核定载质量。

排量/功率。汽车、摩托车填排量，拖拉机填功率。排量单位为L，功率单位为kW。

初次登记年月。根据行驶证上的登记日期填写。它是理赔时确定车辆实际价值的依据。

已使用年限。指车辆自开始使用到保险期限起始时的使用年数，不足一年的不计算。

年平均行驶里程。指投保车辆自出厂到投保单填写日的实际已行驶的总里程与已使用年限的比值。一般根据里程表上显示的总里程数计算，如果里程表有损坏或进行过调整、更换，则应根据车辆实际已行驶的里程计算。

车身颜色。按照车身颜色的主色系在“黑、白、红、灰、蓝、黄、绿、紫、粉、棕”10种颜色中归类选择一种颜色；多颜色车辆，应选择面积较大的一种颜色；有机动车登记证书（图4-4）的车辆，按照登记证书中的“车身颜色”栏目填写。如果实在无法归入上述色系中，则可作为“其他颜色”。

车辆种类。按照车辆行驶证上注明的车辆种类填写。车辆种类主要包括货车、客车、客货两用车、挂车、摩托车（不含侧三轮）、侧三轮、农用拖拉机、运输拖拉机、低速载

机动车登记证书编号：××××××××××××

注册登记摘要信息栏

Ⅰ	1. 机动车所有人/身份证明名称/号码					
	2. 登记机关		3. 登记日期		4. 机动车登记编号	

过户、转入登记摘要信息栏

Ⅱ	机动车所有人/身份证明名称/号码					
	登记机关		登记日期		机动车登记编号	
Ⅲ	机动车所有人/身份证明名称/号码					
	登记机关		登记日期		机动车登记编号	
Ⅳ	机动车所有人/身份证明名称/号码					
	登记机关		登记日期		机动车登记编号	
Ⅴ	机动车所有人/身份证明名称/号码					
	登记机关		登记日期		机动车登记编号	
Ⅵ	机动车所有人/身份证明名称/号码					
	登记机关		登记日期		机动车登记编号	
Ⅶ	机动车所有人/身份证明名称/号码					
	登记机关		登记日期		机动车登记编号	

第1页

注册登记机动车信息栏

5. 车辆类型		6. 车辆品牌	
7. 车辆型号		8. 车身颜色	
9. 车辆识别代号/车架号		10. 国产/进口	
11. 发动机号		12. 发动机型号	
13. 燃料种类		14. 排量/功率	mL/　kW
15. 制造厂名称		16. 转向形式	
17. 轮距	前　后　mm	18. 轮胎数	
19. 轮胎规格		20. 钢板弹簧片数	后轴　片
21. 轴距	mm	22. 轴数	
23. 外廓尺寸	长　宽　高　mm		33. 发证机关章
24. 货厢内部尺寸	长　宽　高　mm		
25. 总质量	kg	26. 核定载质量　kg	
27. 核定载客	人	28. 准牵引总质量　kg	
29. 驾驶室载客	人	30. 使用性质	
31. 车辆获得方式		32. 车辆出厂日期	34. 发证日期

第2页

图4-4　机动车登记证书

货汽车、特种车等种类，若为特种车，则还需要写明车辆用途。

车辆使用性质。车辆使用性质主要分营业与非营业两类，目前，多数保险公司又将其细分为家庭自用、非营业用（不含家庭自用）、出租/租赁、城市公交、公路客运、旅游客运、营业性货运等。

上年是否在本公司投保商业车险，用以判定投保人能否享受无赔款优待以及优待比例，同时还判定投保人是否为本公司的续保客户或忠诚客户。

行驶区域。汽车可指定行驶区域，以获得费率优惠。指定行驶区域分省内行驶、固定行驶路线，对固定行驶路线的还需指明具体路线。

是否为未还清贷款的车辆？如果是，贷款方是谁？同时保险人一般会要求投保人选择保险范围较宽的险种，以保障财产的安全。

车损险与车身划痕险若选择汽车专修厂，则费率将上浮一定比例。

上年度的赔款次数和交通违法行为，是费率浮动的依据。

（3）驾驶人信息

1）填写目的

① 确定指定驾驶人后的费率优惠系数。

② 为理赔做准备，如果不是指定驾驶人使用车辆出险，保险公司将增加一定的免赔率。

2）填写要求

① 不指定驾驶人的不用填写。

② 若指定驾驶人，可以指定一名，也可以指定不超过三名的多人。

③ 指定驾驶人的姓名、性别、年龄、初次领证日期、驾驶证号码等信息根据机动车驾驶证（图 4-5）信息填写。

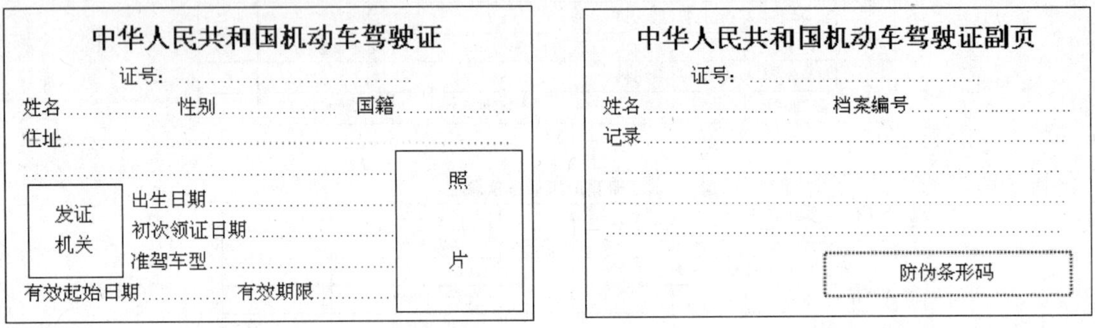

中华人民共和国机动车驾驶证

证号：……………………

姓名…………　性别…………　国籍…………

住址……………………

……………………

发证机关

出生日期…………

初次领证日期…………

准驾车型…………

照片

有效起始日期…………　有效期限…………

中华人民共和国机动车驾驶证副页

证号：……………………

姓名…………　档案编号…………

记录……………………

防伪条形码

图 4-5　机动车驾驶证

（4）保险期间

1）填写目的：明确合同期限。

2）填写要求：保险期限通常为一年，费率表中的费率是保险期限为一年的费率；保险期限不足一年的按短期月费率计收保险费，不足一个月的按一个月计算；短期保险费 = 年保险费 × 短期月费率系数。

（5）投保险种信息

1）填写目的。确定投保险种；确定保险金额或责任限额。

2）填写要求。

投保单填写要求

▲交强险固定赔偿限额，保费根据上一年事故次数进行浮动

▲对车损险，既要告知客户合同为不定值保险合同，也要清楚新车购置价是指保险合同签订地购置与保险车辆同类型新车（含车辆购置税）的价格，还要按车辆信息从费率表中选取基础保费和相应费率

▲对三者险，需根据车辆信息、个人确定的责任限额从费率表中选取不同档次的固定保险费

▲其他险种的保险金额、责任限额和保费确定

▲保费计算时注意费率优惠系数的适用险种

（6）特别约定

1）填写目的。对保险合同的未尽事宜，投保人和保险人协商后，在此栏注明。

2）填写要求。特别约定内容不得与法律相抵触，否则无效。投保单和保险单特别约定内容要一致，且在投保时向客户如实告知。

对保单收费的约定："在保险合同签订时交清保险费，否则本公司不承担保险责任；""自起保之日起××日内交清保险费，否则本公司不承担保险责任；""本保单保费分××期付款，第一期保费××元于起保前交清，剩余保费于××年××月××日前交清。逾期未交，发生保险事故，按出险时的保费到账比例赔付。"

对投保车损险的特别约定：如车损险保险金额未达到新车购置价，应约定"车损险不足额投保，出险后按比例赔付"；除新车、未保车辆损失险的车辆、车辆损失险保额低于实际价值的车辆外，应约定"如果标的车损超过出险时的实际价值，则按出险时的实际价值计算赔偿"；除前述约定外，对车况较差的车辆，也可以根据车况约定"本标的车实际价值为××元"。

对投保全车盗抢险的特别约定：如果没有办理正式牌照，则应约定"盗抢险自办理正式牌照并到本公司办理批改之日起生效，保险止期不变"；承保主要在本地使用的外省、市籍牌照车辆，可约定"盗抢险限在××省、市内"。

对投保玻璃单独破碎险的特别约定：进口玻璃按国产玻璃投保，应约定"本车按国产玻璃收费，出险时按国产玻璃赔付"。

对投保新增设备损失险的特别约定：应准确列出新增设备明细和金额。

对营业性大货车、长途客车：应约定"装载必须符合国家法律法规中有关机动车辆装载的规定"。

（7）争议解决方式选择

1）填写目的。明确合同的履行发生争议时采取的司法手段。

2）填写要求。争议处理方式分仲裁和诉讼两种，根据投保人的要求选择相应的项目即可。

（8）投保人声明

1）投保人声明的含义。投保人声明投保单各项内容填写属实，核对无误；投保人声明对条款内容特别是责任免除和投保人、被保险人义务无异议；投保人同意投保，完成合同的要约步骤。

2）填写要求。投保人声明必须由投保人本人（本单位）签章。

（9）标的初审

1）审核目的。完成合同是否承诺步骤。

2）填写要求。查验人员要写明验车或验证情况，并签名；业务来源要分类，业务员要签字；复核人签发意见并签名。

【本章小结】

1）车险承保流程由展业、投保、核保、签发单证、批改、续保六个环节组成。

2）展业是保险人向客户宣传保险、介绍保险产品的过程，是保险经营的第一步。

3）投保是投保人向保险人表达购买汽车保险意愿的行为，具体表现为对汽车保险条款的认真阅读和投保单的如实填写。

4）核保是保险人对每笔业务的风险进行辨认、评估、定价，并确认保单条件，以选择优质业务进行承保的一种行为。

5）签发单证是保险公司对交强险和商业险必须分别出具保险单、保险标志、保险卡、发票。

6）在保险单证签发后，对保险合同内容进行修改、补充或增删所进行的一系列作业称为批改。

7）续保是指在原有的保险合同即将期满时，投保人向保险人提出继续投保的申请，保险人根据投保人的实际情况，对原有合同条件稍加修改而继续签约承保的行为。

8）客户投保动机。交强险作为车辆上道路行驶的必备条件，是必须购买的险种，这也是客户遵守法律的良好表现；商业险应量力而行，客户应根据自身风险状况和经济能力综合考虑购买相应的险种和额度。

【重要概念】

汽车承保　分级设置模式　核保中心模式　核保手册

【技能训练】

【训练题4-1】　如何替客户设计车险购买方案？

刘某，30岁，驾龄两年，新买了一辆奥迪，作为家庭自用，新车购置价32万元，配置双安全气囊，平时一般停放在露天停车位，经常驾车出游，有两次追尾事故记录。刘某的妻子也经常用车，驾龄一年，无不良驾驶记录。

思考题：你作为业务员，你应建议刘某如何投保车险？

【训练题4-2】　营运车改为非营运，保险如何处理？

王某于3年前购买了一辆夏利，从事出租营运，并一直在当地保险公司投保。一年之后，王某感到从事出租营运太辛苦，便停止了营运，另外找了一份工作，夏利改为上下班私用。

思考题：你作为保险公司的业务员，如何建议王某处理原来的车辆保险？

【工作页】

汽车保险承保实务工作页

教师布置日期：　　年　　月　　日　　　　个人完成时间：　　（分钟）

问题： 面对不同的客户，对于不同的标的，应该如何替客户设计投保方案？	任务： 替A、B、C、D四名不同职业、性别、汽车品牌的客户设计投保方案。
汽车保险承保要点：	

（续）

特别提示： 　　在确定保险方案时，展业人员应将交强险和商业险结合投保，这样才能使客户获得全面保障。同时应建议车主还是应该根据自己的实际驾驶情况、车辆情况、面临风险的情况、风险承受能力、经济承受能力等因素，综合考虑如何确定保险方案。除交强险、商业三者险外，一般车损险、盗抢险、车上人员责任险、不计免赔特约险都是消费者选择比较多的险种。同时，提醒客户，如车上经常放置贵重物品，则可考虑购买随车携带物品责任险；如经常在雨水多路段行驶，则可考虑涉水损失险；如汽车新增加了设备，则可考虑购买新增设备损失险；如果是特种车或者货车，则可以与保险公司签订车损免赔额特约条款等。	
工 作 步 骤	注 意 事 项
1. 如何向客户宣传公司及产品？	
2. 如何指导客户填写投保单？	
3. 如何指导客户确定保险方案？	
4. 核保的内容是什么？结果是什么？	
5. 缮制保险单证后，哪些应该给客户？	
6. 是否要提醒客户，在合同期间若有合同事项变化应注意什么？	
7. 假如客户合同快到期了，你应如何做？	

（续）

工作步骤	注意事项
车主基本情况描述	投保方案及理由说明
车主：A 年龄：35岁 驾龄：15年，近3年从未发生过交通事故 车型：桑塔纳（8年前购买）	
车主：B 年龄：35岁 驾龄：9年 车型：帕萨特（5年前购买）	
车主：C 年龄：35岁 驾龄：5年 车型：捷达（3年前购买）	
车主：D 年龄：23岁 驾龄：1年 车型：宝来（新购买的车）	
学习纪要：	

【知识习题】

1. 填空题

1）核保机构设置模式分为________模式和________模式，其中________模式将成为今后保险公司核保的一个重要模式。

2）交强险标志证明是投保人已经投保的标志，分________型和________型两种，具有前挡风玻璃的投保车辆应使用________型。

3）一个完整的承保流程由六个环节组成，而其核心由三个环节组成，即__________→________→________。

4）在保险单证签发后，对保险合同内容进行修改、补充或增删所进行的一系列作业称为________，其所签发的一种书面证明称为________。

5）交强险单证分为________、________和________三个类别。

2. 简答题

1）六环节承保流程包括哪些？

2）客户投保时应注意哪些事项？

3）投保单中有哪些信息？

4）核保工作的主要内容有哪些？

5）在调查车辆过程中，查验的主要内容有那些？

6）常见的保险单证有哪些？交强险单证与商业险单证相比，有哪些区别？

3. 案例题

假如你是某保险公司的工作人员，现有一朋友找你为他新买的私家轿车买汽车保险，购买险种为交强险、车损险（保额10万元）、第三者责任险（责任限额50万元）、车上人员责任险（每人责任限额1万元）以及上述险种的不计免赔率特约条款（按学习任务三中的费率计算应交保费）。请填写投保单、交强险保险单、商业险保险单（按本章中给出的表格格式填写）。

学习任务五

汽车保险理赔实务

【任务描述】

通过“汽车保险理赔实务”任务的学习，要求学生：

1. 了解车险理赔的概念、特点、原则和理赔的流程、理赔案卷的整理；
2. 熟悉根据理赔流程指导客户按程序处理事故的基本技能；
3. 掌握理算方法和核赔内容；
4. 熟练掌握定损流程和事故损失的确定。

学习单元1　理 赔 流 程

导入案例

车主电话报案称，他所投保的别克轿车于5月19日22时左右因倒车不慎撞到了墙上，请求查勘定损。保险公司接到报案后，迅速安排查勘人员赶赴现场，发现墙上有碰撞痕迹，但地上碎片却很少。经查勘，前保险杠、前保险杠右支架、吸能杠、前照灯、雾灯、右前叶子板、空滤器总成、左前纵梁等有所损坏。当查勘人员向驾驶人询问事故的经过时，驾驶人声称车的损失为这一次事故造成的，而且反复强调要自己联系4S店去维修。

查勘人员根据现场情况，分析得出以下疑点：①碰撞后地上脱落的碎片很少，而且许多比较大的碎片不知去向。②虽然碰撞痕迹处有部分因损失形成的新茬，但大多是旧茬。③车主反复强调要自己联系4S店维修，令人起疑。查勘人员根据疑点，认真进一步取证，后又反复询问事故经过，并向客户说明事故作假的后果，最后客户主动放弃了索赔，为保险公司挽回损失3200余元。

应该说，正常发生的事故，现场与碰撞痕迹是相吻合的。假如查勘时发现痕迹不符，一般属于非现场事故。本案中，车主反复强调要自己联系4S店去维修，可以理解为是为了得到更高的赔偿金额，从而获得额外利益。可见，对事故处理，保险公司不是走过场，而是每个环节都认真调查，如果事故属实，则快速理赔，否则拒赔。

一、理赔概述

机动车保险的理赔是指被保险车辆在发生保险责任范围内的损失后，保险人依据保险合同对被保险人提出的索赔请求进行处理的行为。机动车保险理赔涉及保险合同双方的权利与义务的实现，是保险经营中的一项重要内容，保险人应谨慎处理保险理赔事宜。

1. 保险理赔的意义

理赔是保险人依照保险合同履行保险责任、被保险人享受保险权益的实现形式，因此，保险理赔涉及投保人（被保险人）和保险人的各自利益，做好理赔工作对双方都有积极意义。

（1）保险理赔对投保人（被保险人）的意义　保险理赔对投保人（被保险人）来说，能及时恢复其生产或安定其生活。因为机动车保险的基本职能是损失补偿，当被保险车辆发生事故时，被保险人就会因产生经济损失向保险人索赔，保险人则根据合同对被保险人的损失予以补偿，从而实现对被保险人生产和生活的保障。

（2）保险理赔对保险人的意义

1）车险理赔可以发现和检验承保业务质量。例如，通过赔付额度或赔付率等指标，保险人可以发现保险费率、保险金额的确定是否合理，防灾防损工作是否有效，从而进一步改进保险企业的经营管理水平，以提高其经济效益。

2）提高保险公司知名度。机动车保险的被保险人涉及各行各业，人数众多，是保险公司向社会各界宣传企业形象、推广公共关系的窗口。理赔工作作为保险产品的售后服务环节，其理赔人员的服务态度是否主动热情、真诚周到，服务质量是否令人满意，将直接影响保险公司在公众心目中的形象，进而影响他们购买车险的意愿。

3）识别保险欺诈。保险欺诈的最终目的是获取赔偿，该目的只有通过理赔才能实现。理赔人员通过加强查勘、定损、核赔等，可有效识别保险欺诈，为保险公司挽回经济损失。

2. 机动车保险理赔的特点

理赔人员了解和掌握车险理赔的特点是做好该项工作的前提。机动车保险与其他保险相比，理赔工作有其显著的特点，具体如下：

（1）机动车流动性大　机动车经常处于移动状态，这就导致机动车发生事故的地点和时间具有不确定性，所以保险公司必须拥有一个全天候的报案受理机制和庞大而高效的查勘定损网络来支持其理赔服务，做到随时随地都能接受报案并予以及时处理。

（2）损失频率高且损失幅度较小　机动车出险频率较高，但每起事故损失金额是较小的，所以保险公司经营过程中需投入的精力和费用较大。另外，个案的赔偿金额虽然不大，但由于事故数量多，总赔款仍是巨额数字，积少成多也将对保险公司的经营产生不利影响。

（3）道德风险普遍　欺诈现象严重的主要原因是机动车保险具有标的流动性强、保险信息不对称、保险条款不完善、相关法律环境不健全等，这给了许多不法分子以可乘之机。

近年来，机动车保险理赔工作难度逐渐加大，主要原因是，汽车设计、制造技术日趋成熟完善，以电子技术为主的高新技术在汽车上的普及应用，使得现代汽车的结构更加合理，性能更加可靠，车辆机械故障导致的交通事故比例呈下降趋势，而人为因素引起的交通事故比例则迅速增加，人为因素具有复杂难辨的特点。而有些理赔人员没有根据机动车保险理赔现状的改变调整、充实、提高自己，再加之平时工作任务繁重，所以出现了应付任务、得过且过的做法，这对欺诈分子也是一种纵容。

（4）受制于维修企业的程度较大　机动车保险中对车辆损失的赔偿方式多以维修为主，所以维修企业在机动车保险的理赔中也扮演着重要角色。这主要是由于多数被保险人认为保险公司和维修企业间有相关协议，既然是保险公司“委托”维修企业对车辆维修，那么其必须负责相关事项。一旦因修理价格、工期和质量等出现纠纷，会将保险公司和维修企业一并指责，认为保险公司的服务质量差。事实上，保险公司只负责承担保险合同约

定风险而导致的损失补偿，对事故车辆维修过程中产生的问题没有责任。

（5）被保险人的公众性　在我国机动车保险业务开展的初期，被保险人主要是企事业单位。随着私家车的增加，被保险人中私家车车主的比例在逐年增加。这些被保险人文化、知识、修养差异较大，再加上他们对保险、交通事故处理、车辆修理等方面知识的匮乏，使得他们购买保险具有较大的被动色彩。另一方面，由于利益驱动，查勘定损和理算人员在理赔过程中与被保险人交流时存在较大障碍。所以要求保险人对每个案件都提供较高的服务质量，不仅是技术上的，甚至还包括条款解释、行为举止、其他方面的咨询等。这样，保险人才能做到既对每个案件准确定损、合理赔偿，又能向众多被保险人宣传公司、宣传产品、树立企业形象。

3. 机动车保险理赔的原则

机动车保险理赔的原则

▲主动：主动热情受理案件；主动询问、调查、了解和查勘现场

▲迅速：办得快、查得准、赔得及时

▲准确：准确认定责任范围，准确运用免赔率，准确确定损余物残值，准确计算赔付金额

▲合理：实事求是按条款办事，同时考虑实际情况，结合具体案情准确定性，合理确定事故责任，合理制订事故车辆的维修方案

理赔工作的“八字原则”是“辩证统一，不可偏废”。如果片面追求速度，不深入调查了解，不对具体情况作具体分析，盲目结论，或者计算不准确草率处理，则可能会发生错案，甚至引起法律纠纷。当然，如果只追求准确、合理，忽视速度，不讲工作效率，赔案久拖不决，则可能造成极坏的社会影响，损害保险公司的形象。

二、车险理赔流程

整个车险理赔过程一般包括接受报案、现场查勘、确定保险责任、立案、定损核损、赔款理算并缮制赔款计算书、核赔、结案处理、支付赔款等环节。具体流程如图5-1所示。

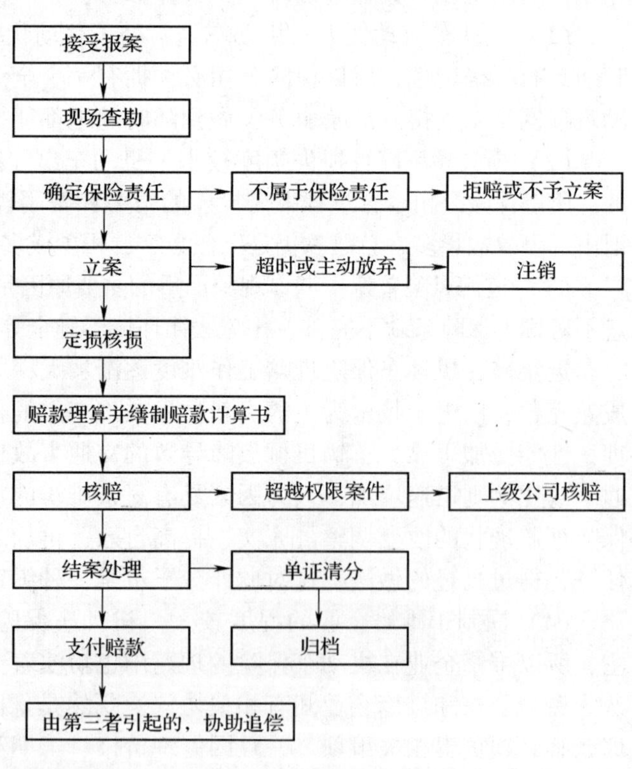

图5-1　车险理赔流程

理赔流程中各环节的主要工作及特点如下：

接受报案是指保险人接受被保险人的报案，并对相关事项做出安排。

现场查勘是指运用科学的方法和现代技术手段，对保险事故现场进行实地勘察和查询，将事故现场、事故原因等内容完整而准确地记录下来的工作过程。它是查明保险事故真相的重要手段，是分析事故原因和认定事故责任的基本依据。

确定保险责任是指理赔人员根据现场查勘记录和有关证明材料，依照保险条款的有关规定，全面分析主客观原因，确定事故是否属于保险责任范围。它是保险人对被保险人的事故损失是否给予赔偿的依据。

立案是指对符合保险赔偿的案件，业务人员在车险业务处理系统中进行正式确立，并对其统一编号和管理。它是保险人对案件进行有效管理的必要手段。

定损核损是指理赔人员根据现场查勘情况，认真检查受损车辆、受损财产和人员受伤情况，确定损失项目和金额，并取得公司核损人员或医疗审核人员的认可。它是确定保险事故损失数额的必需环节。

赔款理算是指保险公司按照法律和保险合同规定，根据保险事故的定损核损结果，核定和计算应向被保险人赔付金额的过程。它决定保险人向被保险人的赔偿数额与准确性。

缮制赔款计算书是指制作赔款理算过程与结果的文件。

核赔是指在保险公司授权范围内独立负责理赔质量的人员，按照保险条款及公司内部有关规章制度对赔案进行审核的工作。它是保证保险人进行准确合理赔偿的关键环节，能有效控制理赔风险。

结案处理是指业务人员根据核赔的审批金额，向被保险人支付赔款后，对理赔的单据进行清分并对理赔案卷进行整理的工作。它是理赔案件处理的收尾环节。

支付赔款是指业务人员根据核赔的审批金额，通知被保险人凭有效身份证明领取赔款。它是体现保险损失补偿职能的环节。

对个别案件来说，可能保险事故是第三者引起的，当保险人向被保险人赔款后，可以获得向第三者追偿的权利，而被保险人应协助保险人追偿。

三、接受报案

保险人接受被保险人报案后，需要开展询问案情、查询与核对承保信息、调度安排查勘人员等工作，具体操作流程如图 5-2 所示。

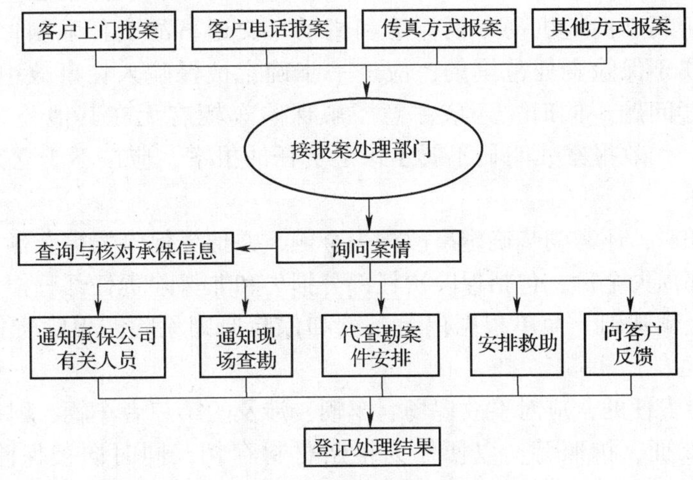

图 5-2　接受报案操作流程

四、现场查勘

查勘人员接到查勘通知后，应迅速做好查勘准备，尽快赶到现场，会同被保险人及有关部门开展查勘工作，具体操作流程如图5-3所示。现场查勘应由两位以上人员参加，并应尽量查勘第一现场。如果第一现场已改变或清理，要及时调查了解有关情况。

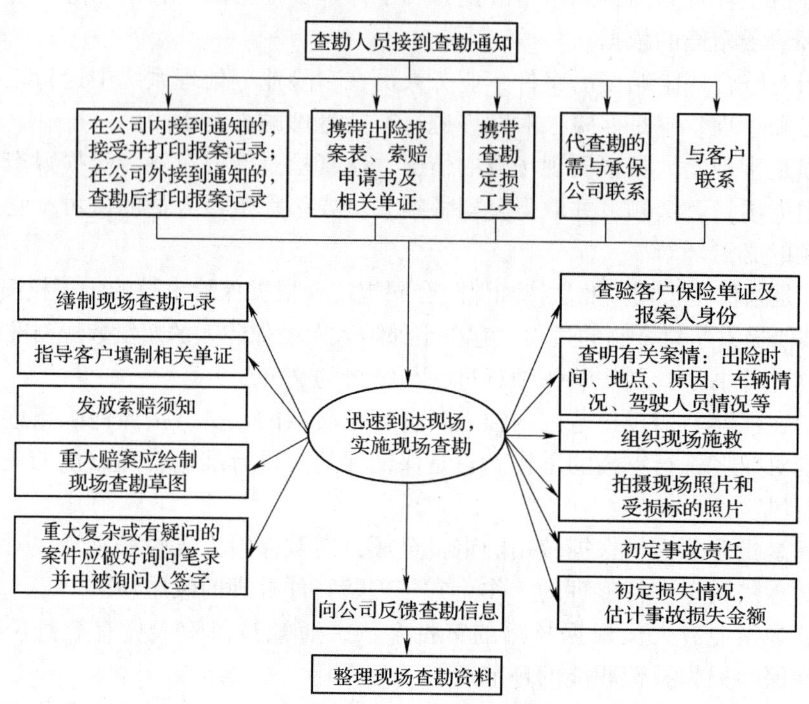

图5-3 现场查勘操作流程

五、确定保险责任

经过整理分析已获取的查勘资料，包括查勘记录及附表、查勘照片、询问笔录，以及驾驶证照片、行驶证照片等，结合保险车辆的查勘信息、承保信息和历史赔案信息，分别判断事故是否属于商业机动车辆保险和机动车交通事故责任强制保险的保险责任。经查勘人员核实属于保险责任范围的，应进一步确定被保险人在事故中所承担的责任，有无向第三者追偿问题。同时，还应注意了解保险车辆有无在其他公司重复保险的情况；对重复报案、无效报案、明显不属于保险责任的报案，应按不予立案或拒绝赔偿案件处理。

确定保险责任后，还需初步确定事故损失金额，并估算保险损失金额。事故损失金额指事故涉及的全部损失金额，包括保险责任部分损失和非保险责任部分损失；保险损失金额指在事故损失金额基础上简单根据保险条款和保险原则剔除非保险责任部分损失后的金额。

对不属于保险责任的，应对事故现场、车辆、涉及的第三者车辆、财产、人身伤亡情况认真地记录、取证、拍照等，以便作为拒赔材料存档，同时向被保险人递交拒赔通知书。

【案例5-1】 王某于6月9日购买新车一辆，投保了车辆损失保险和第三者责任险。6月15日，王某驾车回家停车后约5min，该车自燃烧毁，紧挨着的捷达车也被烧坏。事发后，王某立即向保险公司打了报案电话，提出理赔要求，该车生产厂商也赶到现场。经勘验后厂方同意赔偿同型号的新车一辆。至于修理捷达轿车一事，经保险公司核定费用为10 000元，由王某先垫付。可在同年9月1日，保险公司书面拒赔，认为王某的要求，不属于保险财产保险责任范围。但王某难以接受，状告保险公司赔偿第三者责任险10 000元。

案情分析：本案案情不复杂，但却涉及诸多条款、法律、操作上的问题。

1）从案情介绍看，车辆着火符合机动车辆保险自燃的定义，但自燃是车辆损失险的除外责任。

2）本案原告诉请赔偿的是捷达修理费，是保险车辆对第三者造成的损失。而机动车辆保险条款中第三者责任险的界定是，“被保险人允许的合格驾驶人在使用保险车辆过程中发生意外事故，致使第三者遭受人身伤亡或财产的直接损毁，依法应当由被保险人支付的赔偿金额，保险人依照合同的规定予以赔偿。”本案由自燃引起的第三者财产的损失，当然可以认为是意外事故，但关键在于是否是“合格驾驶人在使用保险车辆过程中发生的”。从案情介绍可知，在发生事故时，①驾驶人已离开车辆；②车辆处于停放状态；③保险车辆本身未主动或被动地与捷达发生接触而致捷达受损，相反是保险车辆“自燃”引起的捷达受损。因而，捷达受损，不符合第三者责任险的构成要件，所以也不属于第三者责任险的承保范围。

3）本案“殃及捷达”是保险车辆存在缺陷造成的。根据《中华人民共和国产品质量法》的规定，产品缺陷是指产品存在危及人身及他人财产安全的不合理的危险。本案中保险车辆自燃殃及捷达，说明该保险车辆存在产品缺陷的状况。因产品存在缺陷造成人身、他人财产损失的，受害人可以向生产者要求赔偿，也可以向销售者要求赔偿。王某垫付了捷达修理费用，据此可向生产商或销售商提出索赔，向保险公司提出按保险合同承担赔偿保险金的责任，理由不充分。

综上所述，按照机动车辆保险条款及相关法律，本案中保险公司无义务承担第三者责任险的赔偿。但对上述自燃造成的损失，王某可以受害人身份找车辆生产商或销售商索赔。

六、立案

对在保险有效期内，且属于保险责任的赔案，理赔人员应在现场查勘结束后的规定时间内，依据出险报案表和查勘记录中的有关内容以及初步确定的事故损失金额和保险损失金额，通过车险业务处理系统进行认真、准确、翔实的立案登记，最后，计算机自动生成立案编号。立案之后，管理部门可定期对赔案的处理过程、时限进行监控。

立案处理时限一般为简单案件应于查勘结束后24h内立案；复杂案件最晚于接报案后7日内，进行立案或注销处理；对报案登记后超过规定时间未立案的案件，管理部门须给予处理；查勘所涉及的单证可在立案同时或之后收集。

七、定损核损

定损即确定事故损失，包括车辆损失、人身伤亡费用（见学习任务七）、其他财产损失（见学习任务七）、施救费用、残值处理等。核损是指由核损人员对保险事故中涉及的

车辆损失和其他财产损失的定损情况进行复核，目的是提高定损质量，保证定损的准确性、标准性和统一性。定损核损的操作流程如图5-4所示。

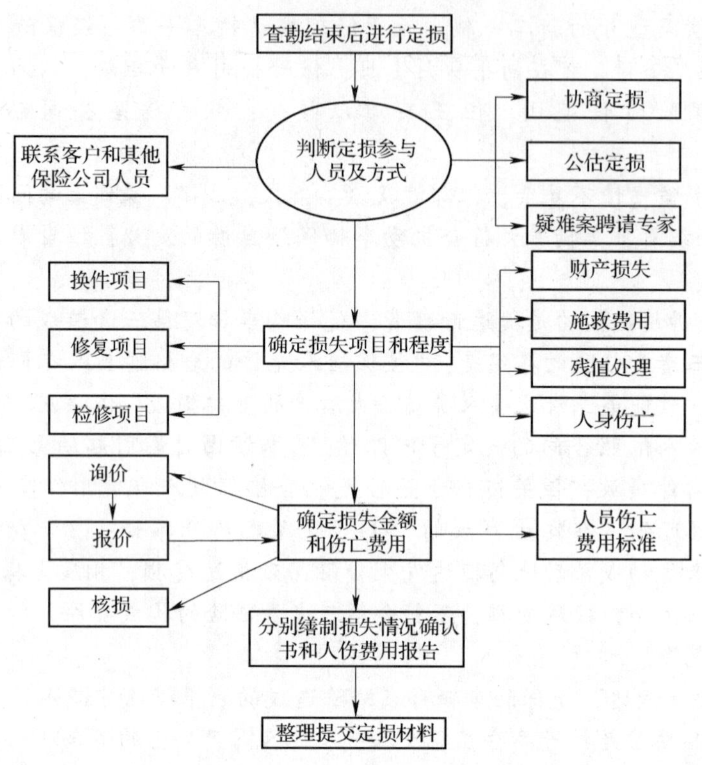

图5-4 定损核损操作流程

1. 事故车辆损失的确定

(1) 损失确定的程序 事故损失的确定，需按照条款规定，会同被保险人共同协商修复方式、修复价格，并取得双方共同认可。对认可后的结果，需缮制定损报告。定损报告由事故各方当事人共同签字确认；如果条件允许，参与事故处理的各保险公司理赔人员也应签字确认。其具体程序如下：

1) 保险公司一般应指派两名定损员一起参与车辆定损，或直接委派公估机构定损。

2) 根据现场查勘记录，认真检查受损车辆，搞清本次事故造成的损伤部位，并由此判断和确定可能间接引起的其他部位的损伤。最后，确定出损失部位、损失项目、损失程度，并对损坏的零部件由表及里进行逐项登记，同时进行修复与更换的分类。修理项目需列明各项目工时费，换件项目需明确零件价格，零件价格需通过询价、报价程序确定。

3) 对更换的零部件属于本级公司询价、报价范围的，要将换件项目清单交报价员审核，报价员根据标准价或参考价核定所更换的配件价格；对属于上级公司规定的报价车型和询价范围的，应及时上报，向上级公司询价。上级公司对询价金额低于或等于自己报价的进行核准；对询价金额高于自己报价的，应重新报价。

4）根据对车辆损伤的鉴定和核价结果，确定事故车辆损失金额，然后送核损人员审核。

5）核损后，缮制损失情况确认书，双方签字，一式两份，保险人、被保险人各执一份。

6）对损失金额较大，双方协商难以定损的，或受损车辆技术要求高，定损人员不太熟悉该车型导致难以确定损失的，可聘请专家参与定损。

7）受损车辆原则上应一次定损。对大的车辆事故，一般需拆解定损。为此，各保险公司均规定了一些自己的协议拆解点。

8）定损完毕，由被保险人自选修理厂或到保险人推荐修理厂修理。保险人推荐的协议修理厂一般不低于二级资质。被保险人自选修理厂的，车辆修复后，被保险人凭修理发票向保险人索赔。如果被保险人到保险人推荐的协议修理厂修理，一般协议修理厂都实行代垫付制度，由协议修理厂向保险人索赔，而被保险人只要将相关资料留给协议修理厂即可。

（2）损失范围确认

1）区分本次事故和非本次事故造成的损失。一般根据事故部位痕迹判断。本次事故碰撞部位，一般有脱落的漆皮痕迹和新的金属刮痕；非本次事故碰撞部位一般有油污和锈迹。

2）区分事故损失和机械损失。保险事故损失保险人赔偿，机械损失如制动失灵、机械故障、轮胎自身爆裂，以及零部件的锈蚀、朽旧、老化、变形、开裂等，保险人不赔偿。但若机械损失导致事故并已构成碰撞、倾覆、爆炸等保险责任的，只对事故损失部分负责。

3）区分可保风险导致的事故损失和产品质量或维修质量问题而引发的事故损失。碰撞、倾覆、坠落、火灾、爆炸、暴风、暴雨、雹灾、泥石流等可保风险造成的车辆损失保险人负责赔偿，而汽车或零配件的产品质量或维修质量引发的车辆损毁，应由生产厂家、配件供应厂家、汽车销售公司或汽车维修厂家负责赔偿。汽车质量是否合格，保险人可委托机动车辆的司法鉴定部门进行鉴定。

4）区分过失行为引发的事故损失和故意行为引发的事故损失。过失行为属于心理风险，是保险责任范围；故意行为属于道德风险，是不可保风险范围。损失鉴定时，可根据当事人、见证人的描述、事故车辆的实际损失、事故痕迹、事故处理部门意见等信息综合判断。

5）对没有投保新增设备损失险的车辆，应区分保险车辆标准配置和新增设备。

6）保险赔偿只对车辆确定为事故损失的部位进行尽量修复。如被保险人或第三者提出扩大修理范围或应修理要求而更换的，超出部分的费用应由其自行承担，并在合同中明确注明。

7）受损车辆未经保险人同意而自行送修，造成事故损失范围模糊的，保险人有权重新核定修理费用或拒绝赔偿。重新核定时，应对照现场查勘记录，逐项核对修理费用，剔除扩大修理的费用或其他不合理项目和费用。

8）对于更换零件的损失范围，应为换件价格扣除损坏件的残值。损坏件的残值应合理作价，如果被保险人不愿接受，保险人应将残件收回。

（3）损失确定原则

损失确定原则

▲修复为主原则：坚持尽量修复原则，不随意更换新的零部件；能局部修复的不能扩大到整体修理

▲拆解定损原则：对损失较大或不经拆解不能确定损失的，拆解后再出具全部损失核定报告；需拆解定损的，全程跟踪车辆拆检，并记录换件项目、待检项目和修理项目

▲配件及工时定价原则：原则上按照车辆承修地购置其适用配件的最低价格为标准；涉及车辆安全、行驶、转向系统的配件，其价格可适当放宽；未约定“指定修理厂特约条款”的，原则上不适用4S店价格；两年内新车，若客户强烈要求到4S店修理，可参照4S店协商价定损

▲重新核定损失原则：未经核赔，被保险人擅自修复的，保险人有权对损失重新核定，被保险人导致损失无法确定的部分，不承担赔偿责任

▲增补定损原则：原则上采取一次定损。如在修复中发现需增加修理的，在修复或更换前，通知保险人进行二次定损；增补定损项目时，应注意区分零部件损坏是在拆检过程中、保管过程中、施救过程中发生的，还是保险事故发生时造成的；修理时造成的损失扩大部分，不予做增项处理

（4）事故车辆修复费用组成　事故车辆的维修费用主要由三部分构成：工时费、材料费和其他费用。

1）工时费：工时费 = 定额工时 × 工时单价。

其中，定额工时是指实际维修作业项目核定的结算工时数。工时单价是指在生产过程中，单位小时的收费标准。目前，我国汽车维修行业工时费一般是由各省交通厅和物价局根据当地市场和物价指数联合制定的，即《机动车辆维修行业工时定额和收费标准》，可以此作为工时费确定的依据。

工时费种类包括：事故相关部件拆装工时费；事故部分钣金修复工时费；事故部分配件修复工时费；事故相关的机修工时费；事故相关的电工工时费；事故部分喷烤漆工时费等。

2）材料费：材料费 = 外购配件费（配件、漆料、油料等）+ 自制配件费 + 辅助材料费。

其中，外购配件费按实际购进的价格结算。漆料、油料费按实际消耗量计算，其价格按实际进价结算。自制配件费按实际制造成本结算。辅助材料费是指在维修过程中使用的辅助材料的费用，但是，在工时费计价标准中已经包含的辅助材料不得再次收取。

3）其他费用：其他费用 = 外加工费 + 材料管理费。

其中，外加工费是指在事故车辆维修过程中本厂以外协作方式由专业加工企业进行加工、维修而发生的费用，根据实际发生数额确定。材料管理费是指保险公司针对保险车辆发生保险责任事故时，保险人对维修企业因维修需更换的配件在采购过程中发生的采购、

装卸、运输、保管、损耗等费用以及维修企业应得的利润和出具发票应缴的税金而给出的综合性补偿费用，其收取标准按单件配件购进价格或根据购置地点的距离远近，然后综合考虑维修厂技术类别、专修车型等确定。

（5）更换零配件的询报价　对需要更换的零配件应通过询报价后确定价格，且应符合市场情况，能让修理厂保质保量地完成维修任务，即更换零配件的价格确定应做到“有价有市”。

汽车配件价格信息的准确度对降低赔款有着举足轻重的影响。零配件生产厂家众多，市场上不但有原厂或正规厂家生产的零配件，而且有许多小厂家生产的零配件，因此市场价格差异较大。另外，生产厂家的生产调整、市场供求变化、地域差别等多种因素也会造成零配件价格不稳定，处于波动状态。特别是进口汽车零部件缺乏统一的价格标准，其价格差异更大。为此，多数保险公司已建立了完整、准确、动态的询报价体系，如中国人民财产保险公司建立的独立报价系统——事故车辆定损系统。独立报价系统的建立，使得定损人员在定损过程中能够争取主动，保证定出的零配件价格符合市场行情。同时由于询价与报价效率高、准确性强，极大地加快了整个理赔的速度，缩短了赔案周期。除了利用独立报价系统外，有些保险公司，还采用与专业机构合作的方式或安排专人定期收集整理配件信息，掌握和了解配件市场行情变化情况，与各汽配商店和经济信息部门联系，以期取得各方面的配件信息，为零配件的询价与报价提供丰富的准确信息。

零配件询报价中常见的问题及其处理方式如下。

1）询价单中车型信息不准确或不齐全，甚至前后互相矛盾，造成无法核定车型，更无法确定配件，导致报价部门不能顺利报价。针对这种情况，一般要求准确填写标的车辆的详细信息，以帮助报价部门准确辨认车型。

2）配件名称不准确或配件特征描述不清楚。此时，一般要求选择准确的配件名称或规范术语，并在备注栏说明，对于重要或特殊配件，可查找实物编码或零件编码或上传照片。

3）把总成与零部件混淆或有单个配件而报套件。此时，一般要求定损人员必须熟悉车辆结构和零配件市场供给情况，实在把握不准时，可向配件商咨询或上传照片。

4）对老旧、稀有车型的配件报价，应准确核对车型，积极寻找通用的替换件。

5）报价时效一般为3～7天，受市场规律影响，零配件的市场价格也是不断波动的，当货源紧张时价格上涨，当货源充足时价格下跌，所以报价要有时效性，同时要求供货时间快，避免涨价或缺货。

6）无现货而必须订货的，原则上按海运价报价，不能按空运价报价。

（6）修复车辆的复检　对损失较大的事故车辆，在其修复完工后，可选择安排车辆复检，即对维修方案的落实情况、更换配件的品质和修理质量进行检验，以确保修理方案的实施，零配件修理、更换的真实性，防范道德风险的发生，保证被保险人的利益。

复检的结果应在定损单上注明。如发现未更换定损换件或未按定损价格更换原厂件，应在定损单上扣除相应的差价。

（7）核损工作内容

1）根据抄单信息、查勘录入信息、行驶证信息、受损车辆照片信息，了解受损车辆型号、规格、年款和车身构造的类型，比对上述四种信息提供的车牌号码、发动机号和车

架号（VIN 码）是否一致。

2）通过抄单信息、报案信息、查勘情况说明，了解事故发生的时间、地点、原因及碰撞过程情况，确定保险责任范围。

3）翻看现场照片记录、损失照片痕迹记录，核对出险原因、经过及大概损失情况是否相符，有无扩大损失部分。如上传资料不能完整反映事故损失的各项内容，或照片不能完整反映事故损失部位和事故全貌，应通知定损员补充相关资料。

4）查看所有受损车辆照片，目测碰撞位置、碰撞方向，判断碰撞力大小、走向，初步确定事故损失范围，并估计可能有的损伤。

5）沿着碰撞力传递路线系统地检查车辆配件的损伤，直到没有任何损伤痕迹的位置，以防遗漏间接损失。间接损失是碰撞力的冲力沿着车身传输和惯性力的作用在车身其他部位引起的损坏。间接损失较难全面地确定和分析，但是，无论碰撞力来自哪个方向，都会使车架或车身变形。所以，核损人员在核损时必须设法找出各个部位变形的痕迹，并检查所有螺栓、垫片或其他紧固件有没有发生移动或离位，有没有露出未涂漆的金属面，内涂层有无开裂或出现裂纹等。同时，又要注意间接损失和非事故损失的区分（例如，车顶褶皱、弯曲和顶平面凹陷，发动机支脚、悬架、转向、底盘等部位机件机械磨损、老化和外力撞击损伤）。

6）注意观察里程表数和车内各种开关、设施和轮胎的磨损。

7）确定损伤是否限制在车身范围内，是否还包含功能部件、元件或隐藏件（如车轮、悬架、发动机、仪表板内藏件等），根据碰撞力传导范围、损伤变形情况和配件拆出来后的损失照片，区分事故损伤与拆装损伤。

8）严格按拆装、钣金、机修、电工、喷漆分类确定修理项目和按碰撞线路和碰撞力传导线路确定换件项目，并及时记录照片中反映出的零配件型号、规格及零配件上的配件编码。

9）根据型号、规格、年款和配件编码向市场询价，按“有价有市”的原则确定配件价格，根据维修当地工时费标准核定维修工时价。

2. 施救费用的确定

施救费用是指当保险标的遭遇保险责任范围内的灾害事故时，被保险人或其代理人、雇佣人员等为防止损失的扩大，采取措施抢救保险标的而支出的必要、合理的费用。必要、合理的费用是指施救行为支出的费用是直接的、必要的，并符合国家有关政策规定。

（1）施救费用的确定原则　施救费用确定要严格依照条款规定，并按以下原则处理：

1）施救费用必须是抢救保险标的而支出的必要、合理的费用；否则，保险人不负责赔偿。

2）施救、保护费用与修理费用应分别理算。当施救、保护费用与修理费用相加，估计已达到或超过保险车辆的实际价值时，可按推定全损予以赔偿。

3）车损险施救费是单独的保险金额，但第三者责任险的施救费用不是一个单独的责任限额。第三者责任险的施救费用与第三者损失金额相加不得超过第三者责任险的责任限额。

4）施救费应根据事故责任、相对应险种的有关规定扣减相应的免赔率。

5）重大或特殊案件的施救费用应委托专业施救单位出具相关施救方案和费用计算清单。

6）只对保险车辆的救护费用负责。保险车辆发生保险事故后，涉及两车以上应按责分摊施救费用。受损保险车辆与其所装货物（或其拖带其他保险公司承保的挂车）同时被施救，其救货（或救护其他保险公司承保的挂车）的费用应予剔除。如果它们之间的施救费用分不清楚，则应按保险车辆与货物（其他保险公司承保的挂车）的实际价值进行比例分摊赔偿。

（2）常见施救费用

1）被保险人使用他人（非专业消防单位）的消防设备，施救保险车辆所消耗的费用及设备损失可以赔偿。

2）保险车辆出险后，雇用吊车（图5-5）和其他车辆进行抢救的费用，以及将出险车辆拖运到修理厂的运输费用，在当地物价部门颁布的收费标准内负责赔偿。

图5-5　吊车施救图

3）在抢救过程中，因抢救而损坏他人的财产，如果应由被保险人承担赔偿责任的，可酌情予以赔偿。但在抢救时，抢救人员个人物品的丢失，不予赔偿。

4）抢救车辆在拖运受损保险车辆途中发生意外事故造成的损失和费用支出，如果车辆是被保险人自己或他人义务来抢救的，应予赔偿；如果该抢救车辆是有偿服务的，则不予赔偿。

5）保险车辆出险后，被保险人赶赴肇事现场处理所支出的费用，不予负责。

6）保险车辆为进口车或特种车，发生保险责任范围的事故后，当地确实不能修理，经保险公司同意去外地修理的移送费，可予负责，并在定损单上注明送修地点和金额。但护送车辆者的工资和差旅费，不予负责。

（3）施救情况

1）事故车辆及其他财产需要施救的，应记录被施救财产的名称、数量、重量、价值、施救方式、施救路程。

2）被施救财产已经施救的，应在查勘记录中记录已发生的施救费用。

3）保险标的与其他财产一同施救的，应与被保险人说明施救费的分摊原则并在查勘记录中注明。

（4）常见的不合理施救　对于不合理的施救费用，保险人不予负责。

常见不合理施救

▲对倾覆车辆吊装时未对车身进行合理保护，致车身漆层大面积损伤

▲对倾覆车辆吊装过程中未进行合理固定，造成二次倾覆的

▲在分解施救过程中拆卸不当，造成车辆零部件损坏或丢失

▲对拖移车辆未进行检查，造成拖移过程中车辆损坏扩大，如轮胎缺气或转向失灵硬拖硬磨造成轮胎的损坏

3. 损余物资的残值处理

损余物资是指机动车保险项下的保险标的或第三者车辆或非车辆财产的全部或部分遭受损失且已经保险公司按合同规定予以赔偿，赔偿后的损失物仍有一定价值的物资。

残值处理是指保险公司根据保险合同履行了赔偿并取得对受损标的所有权后，对尚存一部分经济价值的受损标的进行的处理。

车险的损余物资包括：更换后仍具一定价值的车辆部件、成套销售的零配件的未使用部分、推定全损车辆的未损坏部分、承保的本车车上货物和第三者的财产等。

按照保险合同规定，损余物资的处理需经双方协商，合理确定其剩余价值（残值）。残值确定后，一般采取折归被保险人并冲减损失金额的方式。当残值折归被保险人并扣减损失金额的处理方式与被保险人协商不成时，需将残值物品全部收回。

八、赔款理算

在赔偿顺序上，交强险是第一顺序，商业机动车保险是第二顺序。因此，交强险的赔款理算，将影响商业机动车保险的赔款理算。

1. 交强险赔款的理算

（1）交强险承担责任划分　交强险将被保险人在事故中承担的责任分为有责和无责两级。如果有责任，不管责任大小，其赔款在死亡伤残、医疗费用、财产损失三个赔偿限额进行计算赔偿；如果无责任，其赔款则在无责任死亡伤残、无责任医疗费用、无责任财产损失三个赔偿限额内进行计算赔偿。而商业险将被保险人在事故中承担的责任划分为全部责任、主要责任、同等责任、次要责任、无责任五个级别，所以交强险与商业险的担责划分不同。

（2）交强险赔款计算

1）基本计算公式：

总赔款 = ∑各分项损失赔款 = 死亡伤残费用赔款 + 医疗费用赔款 + 财产损失赔款

各分项损失赔款 = 各分项核定损失承担金额

即　死亡伤残费用赔款 = 死亡伤残费用核定承担金额

医疗费用赔款 = 医疗费用核定承担金额

财产损失赔款 = 财产损失核定承担金额

各分项核定损失承担金额超过交强险各分项赔偿限额的，各分项损失赔款等于交强险各分项赔偿限额。

2）当保险事故涉及多个受害人时，基本计算公式中的相应项目表示为

各分项损失赔款 = ∑各受害人各分项核定损失承担金额

即　死亡伤残费用赔款 = ∑各受害人死亡伤残费用核定承担金额

医疗费用赔款 = ∑各受害人医疗费用核定承担金额

财产损失赔款 = ∑各受害人财产损失核定承担金额

各受害人各分项核定损失承担金额之和超过被保险机动车交强险相应分项赔偿限额的，各分项损失赔款等于交强险各分项赔偿限额。

各受害人各分项核定损失承担金额之和超过被保险机动车交强险相应分项赔偿限额的，各受害人在被保险机动车交强险分项赔偿限额内应得到的赔偿为

被保险机动车交强险对某一受害人分项损失的赔偿金额 = 交强险分项赔偿限额 ×［事

故中某一受害人的分项核定损失承担金额/（∑各受害人分项核定损失承担金额）]

3）当保险事故涉及多辆肇事机动车时，各被保险机动车的保险人分别在各自的交强险各分项赔偿限额内，对受害人的分项损失计算赔偿。

各方机动车按其适用的交强险分项赔偿限额占总分项赔偿限额的比例，对受害人的各分项损失进行分摊。

某分项核定损失承担金额＝该分项损失金额×[适用的交强险该分项赔偿限额/（∑各致害方交强险该分项赔偿限额）]

注意：肇事机动车中的无责任车辆，不参与对其他无责车辆和车外财产损失的赔偿计算，仅参与对有责方车辆损失或车外人员伤亡损失的赔偿计算。无责方车辆对有责方车辆损失应承担的赔偿金额，由有责方在本方交强险无责任财产损失赔偿限额项下代赔。

初次计算后，如果有致害方交强险限额未赔足，同时有受害方损失没有得到充分补偿，则对受害方的损失在交强险剩余限额内再次进行分配，在交强险限额内补足。对于待分配的各项损失合计没有超过剩余赔偿限额的，按分配结果赔付各方；超过剩余赔偿限额的，则按每项分配金额占各项分配金额总和的比例乘以剩余赔偿限额分摊；直至受损各方均得到足额赔偿或应赔付方交强险无剩余限额。

4）受害人财产损失需施救的，财产损失赔款与施救费累计不超过财产损失赔偿限额。

5）主车和挂车在连接使用时发生交通事故，主车与挂车的交强险保险人分别在各自的责任限额内承担赔偿责任。若交通管理部门未确定主车、挂车应承担的赔偿责任，主车、挂车的保险人对各受害人的各分项损失平均分摊，并在对应的分项赔偿限额内计算赔偿。主车与挂车由不同被保险人投保的，在连接使用时发生交通事故，按互为第三者的原则处理。

6）对被保险人依照法院判决或者调解承担的精神损害抚慰金，原则上在其他赔偿项目足额赔偿后，在死亡伤残赔偿限额内赔偿。

例5-1 A、B两机动车发生交通事故，两车均有责任。A、B两车车损分别为3000元、6000元，B车车上人员医疗费用8000元，死亡伤残费用7万元，另造成路产损失2000元。设两车适用的交强险财产损失赔偿限额为2000元，医疗费用赔偿限额为1万元，死亡伤残赔偿限额为11万元，试计算A、B两车可获得的交强险赔款。

解：A车交强险赔偿计算：

A车交强险赔偿金额＝受害人死亡伤残费用赔款＋受害人医疗费用赔款＋受害人财产损失赔款＝B车车上人员死亡伤残费用核定承担金额＋B车车上人员医疗费用核定承担金额＋财产损失核定承担金额

其中 B车车上人员死亡伤残费用核定承担金额＝7万元 ＜ 死亡伤残赔偿限额（11万元）

B车车上人员医疗费用核定承担金额＝8000元 ＜ 医疗费用赔偿限额（1万元）

财产损失核定承担金额＝路产损失核定承担金额＋B车损核定承担金额＝2000÷2＋6000元＝7000元 ＞ 财产损失赔偿限额（2000元）

其中 A车交强险对B车损的赔款＝财产损失赔偿限额×B车损核定承担金额÷（路产损失核定承担金额＋B车损核定承担金额）＝2000×[6000÷（2000÷2＋6000）]元＝1714.29元

A车交强险对路产损失的赔款＝财产损失赔偿限额×路产损失核定承担金额÷（路产

损失核定承担金额 + B 车损核定承担金额) = 2000 × [(2000 ÷ 2) ÷ (2000 ÷ 2 + 6000)] 元 = 285.71 元

所以 A 车交强险赔偿金额 = 70 000 + 8000 + 2000 元 = 80 000 元

B 车交强险赔偿计算:

B 车交强险赔偿金额 = 财产损失核定承担金额 = 路产损失核定承担金额 + A 车损核定承担金额 = 2000 ÷ 2 + 3000 元 = 4000 元 > 财产损失赔偿限额 (2000 元)

所以 B 车交强险赔偿金额 = 2000 元。

例 5-2 A、B 两机动车发生交通事故，A 车全责、B 车无责，A、B 两车车损分别为 4000 元和 10 000 元，另造成路产损失 2000 元。设 A 车适用的交强险财产损失赔偿限额为 2000 元，B 车适用的交强险无责任财产损失限额为 100 元，试计算 A、B 两车可获得的交强险赔款。

解: A 车交强险赔偿计算:

A 车交强险赔偿金额 = B 车损失核定承担金额 + 路产损失核定承担金额 = 10 000 + 2000 元 = 12 000 元 > 财产损失赔偿限额 (2000 元)。

所以 A 车交强险赔偿金额 = 2000 元。

B 车交强险赔偿计算:

B 车交强险赔偿金额 = A 车损核定承担金额 = 4000 元 > 无责任财产损失赔偿限额 (100 元)。

所以 B 车交强险赔偿金额 = 100 元

但该 100 元赔款由 A 车保险人在交强险无责财产损失赔偿限额项下代赔。

2. 商业车险赔款理算

商业保险赔款计算时，按照条款要求应先扣除事故当事方保险公司赔付的交强险赔款，然后在商业险项下进行赔偿。

(1) 商业第三者责任险的赔款计算

1) 基本计算公式:

商业第三者责任险中被保险人按事故责任比例应承担的赔偿金额 = (第三者人伤总损失 + 第三者财产总损失 + 第三者车总损失 − 本车交强险赔偿金额 − 其他交强险赔偿金额 − 残值) × 事故责任比例

当应承担的赔偿金额高于责任限额时: 赔款 = 责任限额 × (1 − 免赔率之和)

当应承担的赔偿金额低于或等于责任限额时: 赔款 = 应承担的赔偿金额 × (1 − 免赔率之和)

2) 挂车的赔款计算同第三者责任险的计算公式。

主车与挂车连接时发生保险事故，在主车的责任限额内承担赔偿责任。主车与挂车由不同保险公司承保的，按主车、挂车责任限额占总责任限额的比例分摊赔款，具体计算如下:

主车应承担的赔款 = 总赔款 × [主车责任限额 ÷ (主车实责任限额 + 挂车责任限额)]

挂车应承担的赔款 = 总赔款 × [挂车责任限额 ÷ (主车实责任限额 + 挂车责任限额)]

挂车只投保了交强险的，不参与分摊在商业三者险项下应承担的赔偿金额。

挂车未与主车连接时发生保险事故，保险人在挂车的责任限额内承担赔偿责任。

例 5-3 一投保交强险和商业第三者责任险的车辆发生交通事故，在事故中负主要责任，承担 70% 的损失，依据条款规定承担 15% 的免赔率。第三者责任险责任限额为

100 000 元。此次事故第三方损失为 252 000 元，其中财产损失 80 000 元，医疗费用 20 000 元，死亡伤残费用 152 000 元。试计算商业第三者责任险的赔款。

解：第三者责任险中被保险人按事故责任比例应承担的赔偿金额 =（事故第三方损失 252000 元 − 交强险赔款 122 000 元）× 事故责任比例 70% = 91 000 元 < 责任限额（100 000 元）

所以　第三者责任险赔款 = 91 000 ×（1 − 15%）元 = 77 350 元

（2）车辆损失险的赔款计算

1）全部损失：

赔款 =［（出险时保险车辆的实际价值或保险金额）− 交强险赔偿金额 − 残值］× 事故责任比例 ×（1 − 免赔率之和）

2）部分损失：

赔款 =（实际修复费用 − 交强险赔偿金额 − 残值）×（保险金额/投保时新车购置价）× 事故责任比例 ×（1 − 免赔率之和）

3）施救费：施救费用在保险车辆损失赔偿金额以外另行计算，最高不超过保险金额。

赔款 =（实际施救费用 − 交强险赔偿金额）×（保险车辆出险时实际价值/施救财产总价值）×（保险金额/新车购置价）× 事故责任比例 ×（1 − 免赔率之和）

例 5-4　一投保营业用汽车损失保险的车辆甲，在保险期限内与另一机动车乙发生碰撞事故。车辆甲新车购置价（含车辆购置税）100 000 元，保额 80 000 元，出险时实际价值 50 000 元，驾驶人承担主要责任，责任比例为 70%，依据条款规定承担 15% 的免赔率，同时由于第三次出险，增加 10% 免赔率。车辆甲修理费用 40 000 元，残值 100 元，对方机动车乙交强险应对车辆甲损失赔偿 2000 元。试计算甲的车辆损失险的赔款。

解：车辆损失险赔款 =（实际修复费用 40 000 元 − 交强险赔偿金额 2000 元 − 残值 100 元）×（保险金额 80 000 元/投保时新车购置价 100 000 元）× 事故责任比例 70% ×［1 − 免赔率之和（15% + 10%）］= 15 918 元

（3）车上人员责任险的赔款计算　车上人员的伤亡赔款首先应减去其他车辆交强险对该车上人员应赔偿部分，然后再计算被保险人按事故责任比例对每座车上人员伤亡应承担的赔偿金额，最后比较应承担的赔偿金额与保险合同载明的每人责任限额的大小。

1）如果应承担的赔偿金额小于或等于责任限额，则

每人赔款 = 应承担的赔偿金额 ×（1 − 免赔率之和）。

2）如果应承担的赔偿金额大于责任限额，则

每人赔款 = 责任限额 ×（1 − 免赔率之和）。

3）赔款人数以投保座位数为限

车上人员责任险总的赔款 = $\sum$ 每人赔款

（4）盗抢险的赔款计算

1）全部损失：

出险时被保险车辆实际价值小于保险金额的

赔款 = 出险时实际价值 ×（1 − 免赔率之和）

出险时被保险车辆实际价值大于或等于保险金额的

赔款 = 保险金额 ×（1 − 免赔率之和）

出险时实际价值 = 出险时的新车购置价 ×（1 − 月折旧率 × 已使用月份）

2）部分损失：

赔款＝实际修理费用－残值

实际修理费用不超过保险车辆出险时的实际价值；赔偿金额不超过被保险车辆出险时的保险金额。

（5）玻璃单独破碎险的赔款计算

赔款＝实际发生的修理费用。

（6）自燃损失险的赔款计算

1）全部损失。

出险时被保险车辆实际价值小于保险金额的

赔款＝(出险时实际价值－残值)×(1－免赔率)

(出险时实际价值－残值)大于或等于保险金额的，

赔款＝保险金额×(1－免赔率)

出险时实际价值＝出险时的新车购置价×(1－月折旧率×已使用月份)

2）部分损失：

赔款＝(实际修理费用－残值)×(1－免赔率)

3）施救费用：

赔款＝实际施救费用×(保险财产价值/实际施救财产总价值)×(1－免赔率)，以不超过保险金额为限

（7）车身划痕损失险的赔款计算

赔款＝实际发生的修理费用×(1－免赔率)

在保险期限内，赔款金额累计计算，当达到保险金额时，保险责任终止。

（8）可选免赔额特约条款的赔款计算

赔款＝按车辆损失险计算的赔款－选定的免赔额

（9）新增设备损失险的赔款计算

赔款＝(核定修理费用－交强险赔偿金额－残值)×事故责任比例×(1－免赔率)

1）“核定修理费用”大于等于出险时被保险机动车所保新增设备实际价值的

赔款＝(出险时实际价值－交强险赔偿金额－残值)×事故责任比例×(1－免赔率)

2）“(核定修理费用－交强险赔偿金额－残值)×事故责任比例”大于等于被保险机动车所保新增设备保险金额的

赔款＝保险金额×(1－免赔率)

3）新增加设备出险时实际价值是指新增加设备的购置价减去折旧后的金额，新增设备的折旧率以本条款所对应的主险条款规定为准。

（10）发动机特别损失险的赔款计算

赔款＝(核定发动机修理费用－残值)×(保险金额÷投保时保险车辆的新车购置价)×(1－免赔率)

1）(核定发动机修理费用＋车辆其他部分核定修理费用）应小于等于被保险机动车出险时的实际价值。

2）对发动机和车辆其他部分损失的赔款金额与免赔额之和不应超过被保险机动车的保险金额。

3）以不超过保险金额为限

施救费用 = 核定施救费用 ×（被保险车辆价值 ÷ 实际被施救财产总价值）×（1 – 免赔率）

（11）车上货物责任险的赔款计算

赔款 =（实际财产损失 + 施救费 – 残值 – 交强险对车上货物赔款）× 事故责任比例 ×（1 – 免赔率）

（实际财产损失 + 施救费 – 残值 – 交强险赔款）× 事故责任比例大于等于保险金额的

赔款 = 保险金额 ×（1 – 免赔率）

（12）交通事故精神损害赔偿责任险的赔款计算

赔款 =（赔偿限额或被保险人应负赔偿金额）×（1 – 免赔率）

被保险人应负赔偿金额 = 法院判决或经保险人同意应由被保险人承担的精神损害赔偿金 – 交强险赔偿金额

（13）不计免赔率特约条款的赔款计算

赔款 = 一次赔款中已承保且出险的各险种中按约定的免赔率计算的且应当由被保险人自行承担的免赔额之和

九、缮制赔款计算书

业务人员对有关单证进行清理，并列出清单录入计算机自动生成赔款计算书。

赔款计算书各项目要齐全，数字要正确，损失计算要分险种、分项目并列明计算公式，并应注意免赔率的正确使用。

业务负责人审核无误后，在赔款计算书上签注意见和日期，送核赔人审核。

十、核赔

核赔是对整个赔案处理过程所进行的控制，是保险公司控制业务风险的最后关口。其流程如图 5-6 所示。

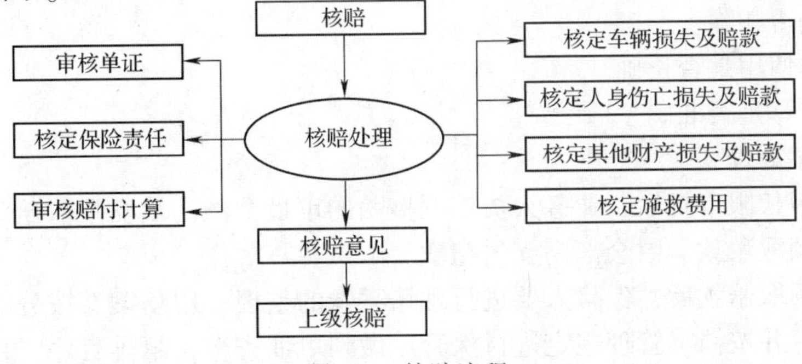

图 5-6　核赔流程

核赔工作的主要内容和要点如下：

1. 审核单证

1）确认被保险人提供的单证、证明及相关材料是否齐全有效，有无涂改、伪造。

2）经办人员是否规范填写有关单证并签字，必备的单证是否齐全等。

3）相关签章是否齐全。

4）所有索赔单证是否严格按照单证填写规范认真、准确、全面地填写。

2. 核定保险责任

1）被保险人是否具有保险利益。

2）出险车辆厂牌型号、牌照号码、发动机号、车架号、VIN 码与保险单证是否相符。

3）驾驶人是否为保险合同约定的驾驶人。

4）出险原因是否为保险责任，赔偿责任是否与保险险别相符。

5）出险日期是否在保险期限内。

6）事故责任划分是否准确合理。

3. 核定车辆损失及赔款

1）车辆损失项目、损失程度是否准确合理。

2）更换的零部件是否按照规定进行了询报价，定损项目与报价项目是否一致。

3）换件部分拟赔款金额是否与报价金额相符。

4）残值确定是否合理。

4. 核定人身伤亡损失及赔款

1）根据现场查勘记录、调查证明和被保险人提供的“事故认定书”“事故调解书”和伤残证明等材料，按照相关规定审核。

2）核定伤亡人员数、伤残程度是否与调查情况和证明相符。

3）核定人员伤亡费用是否合理。

4）被抚养人口、年龄是否属实，生活费计算是否合理、准确。

5. 核定其他财产损失及赔款

根据照片和被保险人提供的有关货物、财产的原始发票等有关单证，核定其他财产损失和损失物资处理等有关项目是否合理。

6. 核定施救费用

根据案情和对施救费用的有关规定，对涉及施救费用的有关单证和赔付金额进行审核。

7. 审核赔付计算

1）残值是否扣除。

2）免赔率使用是否正确。

3）赔付计算是否准确。

十一、结案处理

赔案按分级权限审批后，业务人员根据核赔的审批金额，填发领取赔款通知书，然后通知被保险人领取赔款、财会部门支付赔款。

被保险人领取赔款后，保险人要进行理赔案卷的整理。理赔案卷按分级审批、集中留存的原则管理，并按档案管理规定进行保管。做到单证齐全，编排有序，目录清楚，装订整齐。理赔案卷需一单一卷整理、装订、登记、保管，并按赔案号顺序归档。

赔案卷内理赔材料装订顺序如下：

1）赔偿收据。

2）赔案赔偿审批表或垫付费用审核表。

3）机动车辆保险出险信息表。

4）机动车辆保险索赔申请书。

5）重大赔案呈报表。

6）查勘报告或公估报告。

7）事故调查询问笔录。

8）重大赔案调查报告。

9）人伤案件调查报告。
10）定损单或经核定的预算/造价单。
11）超权限核价/核损审批表。
12）事故照片。
13）道路交通事故赔偿凭证或修理/修复发票。
14）人伤案件费用拟算表。
15）药费单据、住院票据、医疗费或抢救费清单。
16）护理人员收入证明。
17）伤亡人员收入证明。
18）交通费、住宿费票据。
19）事故证明（包括事故责任认定书、车辆失窃证明、火灾证明和气象证明等）。
20）交警、法院或其他机构的调解书、判决书。
21）死亡证明。
22）户口注销证明或火化证明。
23）死者或伤残者的家庭情况证明或被抚养人户口本复印件等。
24）公安交通管理部门支付垫付通知书。
25）机动车行驶证、驾驶人驾驶证、驾驶人资格证书。
26）权益转让书。
27）丢失车辆登报声明。
28）丢失车辆封档证明。
29）丢失车辆养路费停缴证明。
30）丢失车辆购车发票。
31）丢失车辆附加税缴费原件。
32）丢失车辆行驶证及驾驶证原件、原车钥匙（装入信封）。
33）其他所需单据。

学习单元2　索 赔 实 务

导入案例

赵某驾驶自己的丰田轿车外出购物，欲将车辆停放在路旁的停车场，车辆转弯时与消防栓发生碰撞，造成爱车的右前侧损失（图5-7）。此次交通事故经交警部门认定，赵某负全部责任。

赵某看到车辆右前翼子板和裙边严重损坏，需要换件、喷漆，再加上更换件的拆装工时费用等，估计得付出3000元左右，心痛不已。

赵某的爱车已购买了车辆保险，他应如何向保险公司索赔此次事故损失？

汽车保险理赔是从保险公司角度而言的，而索赔是从被保险人角度而言的。当出现保险事故时，被保险人可就自己的事故损失向保险人提出索赔请求，这是被保险人的权利。

a）事故现场

b）从另一侧看现场

c）车辆损坏处近景

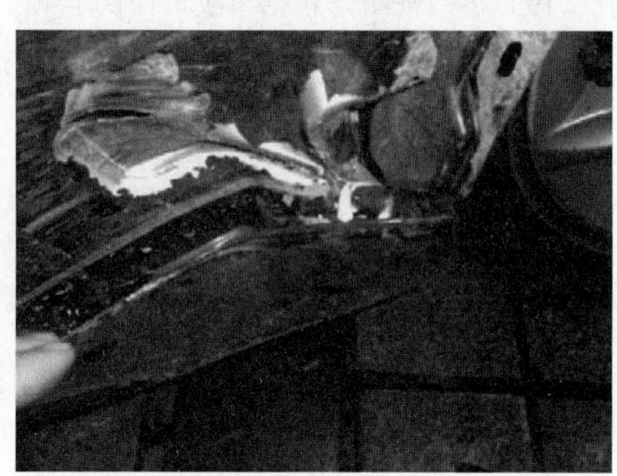

d）车辆损坏处特写

图 5-7 丰田轿车与消防栓碰撞事故

那么，车险索赔到底有哪些程序，应注意哪些问题呢？

一、车险索赔程序

被保险机动车出险后被保险人向保险公司索赔时应按如下程序进行：出险通知→配合查勘→提出索赔→领取赔款→权益转让。

1. 出险通知

汽车出险后，被保险人应及时通知保险公司，否则，造成损失无法确定或扩大的部分，保险公司将不予赔偿。报案有上门、电话、传真等方式。其中，电话报案快捷方便，使用最多，人保、太保、平保等大公司的全国统一报案电话分别为“95518”“95500”“95512”。可接受报案的部门有理赔部门、客服中心等。报案时需说明的内容包括保单号码、被保险人姓名、车型、牌照号码、出险时间、出险地点、出险原因、事故类型、受损情况、报案人姓名、联系电话、驾驶人姓名等，如涉及第三者，还需说明第三方车辆的车型、牌照号码等信息。

2. 配合查勘

接案后，保险公司会派人到现场查勘，并通过拍照、记录等手段来掌握第一手材料，这些材料是判断事故是否属于保险责任和计算、确定赔偿金额的重要依据。如果上述材料不准确，则会给判断事故是否属于保险责任和计算、确定赔偿金额造成困难。因此，被保

险人应积极协助查勘。

3. 提出索赔

被保险人向保险公司索赔时，应填写《索赔申请书》（表5-1），同时应根据《索赔须知》（表5-2）的要求，向保险公司提供与确认事故的性质、原因、损失程度等有关的证明和资料作为索赔证据。

表5-1　某保险公司机动车辆保险索赔申请书

被保险人			保单号码		
厂牌型号			车牌号码		
发动机号			车架号码		
出险时间		年　月　日　时　分	出险地点		
报案时间		年　月　日　时　分	是否第一现场报案		□是　□否
保险期限		自　年　月　日零时起至　年　月　日24时止			
事故类型		□单方　□双方　□其他	车辆初次登记日期		年　月　日
使用性质		□家庭自用　□非营业　□营业　□摩托车、拖拉机　□特种车			
处理方式		□交警　□保险公司　□自行处理　□其他事故处理部门			
驾驶人员情况	驾驶人		联系电话		
	驾驶证号				
	准驾车型	□A □B □C □其他	固定驾驶人		□是　□否
出险经过：（请您如实填报事故经过，报案时的任何虚假、欺诈行为，均可能成为保险人拒绝赔偿的依据。）					
损失及施救情况： 查勘员签字： 年　月　日			《机动车辆保险索赔须知》已收悉。 驾驶人签字： 被保险人联系电话： 被保险人签章： 年　月　日		

表5-2　某保险公司机动车辆保险索赔须知

机动车辆保险索赔须知	
（被保险人名称/姓名）：	
由于您投保的机动车辆发生了事故，请您在向我公司提交《机动车辆保险索赔申请书》的同时，依照我公司的要求，提供以下有关单证。如果您遇到困难，请随时拨打××保险公司的服务专线电话“×××××”，我公司将竭诚为您提供优质，高效的保险服务。 谢谢您的合作！	
机动车辆索赔材料手续明细如下：	
1. □《机动车辆保险索赔申请书》	
2. □机动车辆保险单正本 □保险车辆互碰卡	
3. 事故处理部门出具的：　□交通事故责任认定书　□调解书 □简易事故处理书　□其他事故证明（　）	
4. 法院、仲裁机构出具的：□裁定书　□裁决书　□调解书　□判决书　□仲裁书	

（续）

5. 涉及车辆损失还需提供：□《机动车辆保险车辆损失情况确认书》及《修理项目清单》和《领部件更换项目清单》 □车辆修理的正式发票（即“汽车维修业专用发票”） □修理材料清单 □结算清单			
6. 涉及财产损失还需提供：□《机动车辆保险财产损失确认书》 □设备总体造价及损失程度证明 □设备恢复的工程预算 □财产损失清单 □购置、修复受损财产的有关费用单据			
7. 涉及人身伤、残、亡损失还需提供： □县级以上医院诊断证明 □出院通知书 □需要护理人员证明 □医疗费报销凭证（须附处方及治疗、用药明细单据） □残者需提供法医伤残鉴定书 □亡者需提供死亡证明 □被抚养人证明材料 □户籍派出所出具的受害者家庭情况证明 □户口 □丧失劳动能力证明 □交通费报销凭证□住宿费报销凭证 □参加事故处理人员工资证明 □伤、残、亡人员误工证明及收入情况证明（收入超过纳税金额的应提交纳税证明） □护理人员误工证明及收入情况证明（收入超过纳税金额的应提交纳税证明） □向第三方支付赔偿费用的过款凭证（须由事故处理部门签章确认）			
8. 涉及车辆盗抢案件还需提供： □机动车行驶证（原件） □出险地县级以上公安刑侦部门出具的盗抢案件立案证明□已登报声明的证明 □车辆购置附加费凭证和收据（原件）或车辆购置税完税证明和代征车辆购置税缴税收据（原件）或免税证明（原件） □机动车登记证明（原件） □车辆停驶手续证明 □机动车来历证明 □全套车钥匙			
9. 被保险人索赔时，还须提供以下证件原件，经保险公司验证后留存复印件： □保险车辆《机动车行驶证》 □肇事驾驶人员的《机动车驾驶证》			
10. 被保险人领取赔款时，须提供以下材料和证件，经保险公司验证后留存复印件： □领取赔款授权书 □被保险人身份证明 □领取赔款人员身份证明			
11. 需要提供的其他索赔证明和单据： （1） （2） （3） （4）			
敬请注意：为确保您能够获得更全面、合理的保险赔偿，我公司在理赔过程中，可能需要您进一步提供上述所列单证以外的其他证明材料。届时，我公司将及时通知您。感谢您对我们工作的理解与支持！			
被保险人：		保险公司：	
领到《索赔须知》日期： 年 月 日		交付《索赔须知》日期： 年 月 日	
确认签字：		经办人签字：	
提交索赔材料日期： 年 月 日		收到索赔材料日期： 年 月 日	
确认签字		经办人签字：	

4. 领取赔款

当保险公司确定了赔偿金额后，会通知被保险人领取赔款。被保险人应提供身份证明（原件）。找他人代领的，需被保险人签署《领取赔款授权书》和代领人身份证明（原件）。

5. 出具权益转让书

事故由第三方引起的，保险公司可先向被保险人赔偿，但被保险人需将向第三方索赔的权利转让给保险公司，再由保险公司向第三方追偿。某保险公司车险权益转让协议见表5-3。

表 5-3　某保险公司车险权益转让协议

××财产保险公司＿＿＿＿＿＿分公司（办事处/支公司）：

贵公司承保的机动车辆盗抢险，保险单号为＿＿＿＿＿＿＿＿，保险金额为＿＿＿＿＿＿元，保险期限为＿＿＿＿＿＿，出险时间为＿＿＿＿＿＿，出险地点为＿＿＿＿＿＿，根据机动车辆保险附加盗抢险条款的规定，请贵公司对我单位的损失按规定先予以赔付，同时，我们将权益全权转让给贵公司，并提供充分的协助，共同向第三者追偿损失。

被保险人：（盖章）

年　月　日

二、车险索赔所需单证

根据事故不同，涉及的险种不同，车险索赔所需资料也有所差别，某保险公司所要求的索赔单证见表 5-4。

表 5-4　某保险公司车险索赔需车主提供的资料

车损需提供：1、2、3、5（或6）、7	物损需提供：1、3、5、7、8、9
人伤需提供：1、3、5、7、10	残疾需提供：1、3、5、7、10、11、12
死亡需提供：1、3、5、7、12、13	盗抢需提供：1、3、7、15、16、17
营运车、特种车还需提供：4	外地代查还需提供：19
法院调解、判决或仲裁委员会仲裁的还需提供：14	特殊事故还需提供：18、21
火灾、自燃及自然灾害的还需提供：20	
单证列表	
1. 索赔申请书	
2. 车辆损失情况确认书、维修发票、维修明细清单、施救费发票	
3. 驾驶证正副本、行驶证正副本、《身体条件证明》回执	
4. 从业资格证或特种车操作证（营运车、特种车）	
5. 交通事故认定书（或证明）、交通事故损害赔偿调解书、交通事故经济赔偿凭证	
6. 单方事故出险地派出所证明	
7. 被保险人身份证或营业执照	
8. 财产损失确认书、购置或修复受损财产费用发票，或工程预决算以及评估报告	
9. 公路设施、路面、树木等损失明细及赔偿凭证	
10. 县级以上医院的门诊病历、住院病历、诊断证明、转院证明、医疗费用清单、交通费、参加处理人员的住宿费、后续治疗证明、伤者及护理人员工资和纳税证明	
11. 交通事故评残证明、残疾用具证明	
12. 被抚养人户籍证明、丧失劳动能力证明、家庭关系证明	
13. 交通事故死亡的法医鉴定书或医学证明书、户口注销证明、火化证明	
14. 法院调解书或判决书、仲裁委员会仲裁书、付款收据	
15. 保单正本、保险发票、保卡	
16. 车辆来历凭证、机动车登记证书、附加税完税证明或免税证明	
17. 车管所注销证明、县级以上公安机关立案证明及未侦破证明、登报声明、全套车钥匙、权益转让书	
18. 非交警所辖公路、场院、码头、仓库的保险事故由派出所或法院出具的调解书、判决书	
19. 代查勘材料	
20. 消防部门出具的火灾鉴定报告、气象部门出具的暴雨证明、暴风证明等	
21. 其他证明材料	

三、被保险人的索赔权益

1. 有及时获得损失赔偿的权益

保险公司进行查勘后，应将审查结果及时通知被保险人。若认为有关证明和资料不完整，则应通知被保险人及时补充。如保险公司认定事故属于保险责任，则被保险人有权获得及时赔偿。如事故不属于保险责任，则保险公司应以书面形式通知拒赔。赔款获取的时间根据《保险法》第24条规定，应在保险公司与被保险人达成赔偿协议后十日内支付；若超过十日，则保险公司除支付赔款外，还应赔偿被保险人因未及时获得赔款而受到的损失。

2. 有及时获得相关费用赔偿的权益

在确定事故损失过程中，被保险人不可避免地会产生一些开支。例如，为取得有关证明和资料而支出的鉴定费，在牵扯第三者事故中发生的诉讼费、仲裁费、律师费等，根据《保险法》第49、51条规定，应由保险公司承担。

3. 有对保险公司赔偿提出异议的权益

被保险人如果认为保险公司的赔偿决定与自己的预期不相符，有权对其提出异议，要求保险公司予以解释，必要时可以向仲裁机关或向人民法院起诉来保护自己的合法权益。

4. 有获取保险公司代位追偿超过其支付赔款的多余部分的权益

保险公司代位追偿的金额以其向被保险人支付赔款的金额为限，如果保险公司代位追偿的金额大于其支付的赔款，则超过部分应还给被保险人，保险公司不能自留。

5. 可就自己实际损失与保险公司赔偿的差额部分向第三方继续请求赔偿的权益

如果被保险人因事故的损失大于保险公司的赔款，即使向保险公司转让了代位追偿权，并不影响被保险人就保险公司赔偿不足部分向第三方继续请求赔偿的权利。

四、索赔注意事项

在索赔阶段，被保险人应避免一些错误做法，以免索赔受阻。

1. 未经保险公司认可不要擅自修复受损车辆

实践中，一些被保险人为避免耽误车辆使用，往往先将车送修，然后再向保险公司索赔，其实这是一种错误的做法，会给索赔带来麻烦。根据车险条款的规定，车辆出险后，被保险人应会同保险公司检验车辆，协商确定修理项目、方式和费用。否则，保险公司有权重新核定或拒绝赔偿。

2. 被保险人不要对第三者自行承诺赔偿金额

按照车险条款规定，事故牵扯第三者的，保险公司将按有关规定在责任限额内核定赔偿金额。未经保险公司书面同意，被保险人自行承诺的赔偿金额，保险公司有权重新核定。

3. 被保险人不要在保险公司赔偿前放弃向第三者索赔的权利

在保险公司支付赔款前，向第三者请求赔偿的权利属于被保险人，此时被保险人有权放弃向第三者请求赔偿的权利，但这也意味着放弃了向保险公司索赔的权利。当保险公司向被保险人支付赔款后，被保险人未经保险公司同意，放弃对第三者请求赔偿权利的行为无效。

4. 被保险人索赔时应实事求是

若有隐瞒事实、伪造单证、制造假案等行为发生，则被保险人除将有可能因此而受到法律制裁外，还有可能遭到保险公司拒赔。

五、索赔遭拒绝的常见情况

买了保险，不等于保险公司会赔偿你的所有损失，一些情况下的索赔，可能会遭到保险公司的拒绝。

1. 车辆未按期检测

保险合同只对合格车辆生效，对于未按期检测的机动车，保险公司视为不合格，该情况下发生的事故，保险公司当然拒赔。

2. 车辆无牌照

车辆出险时必须具备公安交通管理部门核发的有效行驶证及号牌，否则保险公司将拒绝赔偿事故损失。

3. 车辆在收费停车场或营业性修理厂出险

保险公司认为收费停车场或营业性修理厂对车辆负有保管责任，在保管期间因保管人管理不善造成车辆损毁、丢失的，保管人应承担相应责任，故保险公司不会赔偿事故损失。

4. 驾驶证未按期审核

驾驶人逾期没有年审，驾驶机动车便属违法行为，保险公司可以根据保险合同拒绝理赔。

5. 酒后肇事

饮酒开车，会降低驾驶人的应急反应能力，增加出事故的概率，因此交通安全法规严令禁止饮酒开车。违法行为产生的事故损失，保险公司拒绝赔付。

6. 被保险人、车辆驾驶人及其家庭成员受害

根据第三者责任险的责任免除的规定，被保险人、被保险车辆的驾驶人不属于第三者，当他们成为事故受害者时，不能获得保险公司的赔偿。

7. 车轮单独损坏

如果被保险车辆仅车轮单独损坏（包括轮胎、轮辋、轮毂罩），而其他部位未发生损坏，保险公司认为此损失极易产生道德风险，故在条款中规定不予赔偿。

8. 牵引没保险的车撞车不赔

如果因为开车牵引一辆没有投保第三者责任险的车辆上路，与其他车辆相撞并负全责，保险公司不会对此做任何赔偿。

9. 非被保险人允许的驾驶人使用保险车辆肇事

保险条款规定，驾驶人使用保险车辆必须征得被保险人的允许，否则，造成的车辆损失，保险公司不负责赔偿。

10. 利用保险车辆从事违法活动

利用保险车辆从事违法活动不利于社会安定，不符合保险稳定社会生产和社会生活的宗旨，保险公司不予保障。

【本章小结】

1）理赔是保险人依照保险合同履行保险责任、被保险人享受保险权益的实现形式。

2）理赔原则：主动、迅速、准确、合理。理赔工作的 8 字原则：辨证统一，不可偏废。

3）保险理赔过程一般包括接受报案、现场查勘、确定保险责任、立案、定损核损、赔款理算、缮制赔款计算书、核赔、结案处理、支付赔款等环节。

4）现场查勘是指运用科学的方法和现代技术手段，对保险事故现场进行实地勘察和查询，将事故现场、事故原因等内容完整而准确地记录的工作过程。

5）定损即确定事故损失，包括车辆损失、人身伤亡费用、其他财产损失、施救费用、残值处理等。

6）核损是指由核损人员对保险事故中涉及的车辆损失和其他财产损失的定损情况进

行复核，目的是提高定损质量，保证定损的准确性、标准性和统一性。

7）在赔偿顺序上，交强险是第一顺序，商业机动车保险是第二顺序。因此，交强险的赔款理算，将影响商业机动车保险的赔款理算。

8）核赔是对整个赔案处理过程所进行的控制，是保险公司控制业务风险的最后关口。

【重要概念】

理赔 现场查勘 立案 定损 核损 赔款理算 核赔材料管理费 施救费用 损余物资 残值处理

【技能训练】

【训练题5-1】 客户报案称：中秋节晚20时50分左右，自己驾驶一辆奔驰轿车行驶在乡间公路，在转弯时由于车速过快，方向没有把握好，车掉入路边沟中，并被大树挡住。

思考题：

1）作为查勘人员，现场查勘过程中应具体做哪些工作？

2）该案查勘的重点是什么？

【训练题5-2】 一辆新轿车实际价值20万元，在某保险公司投保车损险20万元，由于不慎该车发生交通事故，导致标的车全损，查勘员李某在查勘过程中发现该车在另一保险公司也投保一份车损险，保额也为20万元。

思考题：

1）该标的车辆的投保是否构成重复保险？

2）李某的保险公司对轿车的车损应如何赔付？

【训练题5-3】 张某购买了一辆国产轿车，并在某保险公司购买了交强险和车辆损失险。由于这辆车的四个车轮都是国产的普通车轮，张某觉得不够漂亮且对其质量和安全没有信心，于是张某就到汽车美容店给轿车更换了四个进口品牌车轮，价格是原来车轮的5倍，同时增加了许多其他装置。一番改装后，轿车显得与众不同，张某甚是喜爱。但不久，该轿车发生了交通事故，轿车损坏严重，同时四个车轮坏了两个。

思考题：

1）本次事故损失保险公司会赔偿吗？两个损坏的车轮保险公司会赔偿吗？

2）汽车购置后的加装装置如何才能获得保险保障？

3）此种加装装置的车辆出事故后，查勘重点是什么？

【训练题5-4】 被保险人王某给自己的轿车购买了车辆损失保险。1月9日上午8时30分保险公司接到王某的报案称：1月8日王某驾驶轿车夜间11时30分在市区环城路行驶时，前部与一大型箱式货车追尾，货车已趁夜色逃逸，目前被保车辆已在郊区某修理厂。1月9日上午10时，受保险公司委派，查勘定损人员随即赶到修理厂，发现该轿车前部受损，需更换保险杠、左右前照灯、左右转向灯、左右雾灯、散热器、冷凝器等部件，预计费用1万元；经修理厂对该车作进一步拆检后发现，发动机因过热已严重损坏，需更换活塞、缸体、曲轴、连杆等部件，这部分修理费用为4.2万元。

思考题：

1）本案有哪些疑点？

2）作为保险公司的查勘定损人员，应如何处理该事故？

【训练题5-5】 甲车与乙车发生相撞事故，造成甲车、乙车受损，乙车驾驶人死亡。经认定，甲车被保险人承担事故主要责任，交警部门未明确划定事故赔偿比例。

甲车投保情况：①强制保险情况：投保了机动车辆交通事故强制责任保险，其中，财

产损失责任限额2 000元，医疗费用责任限额10 000元，死亡伤残责任限额110 000元。②商业保险情况：投保了机动车损失险、第三者责任险，机动车损失险保额为100 000元，第三者责任险责任限额为50 000元。负事故主要责任时，免赔率为15%。

乙车投保情况：乙车只投保了交强险，其中，财产损失责任限额2000元，医疗费用责任限额10 000元，死亡伤残责任限额110 000元。

事故损失情况及调解赔偿：①乙车驾驶人医药费：12 000元；②死亡赔偿金：9000元/年×20年=180 000元；③丧葬费：7000元；④死者随身手机：3000元；⑤被抚养人生活费：110 000元；⑥事故处理人员误工费：300元；⑦处理丧葬事宜的交通费：1000元；⑧精神抚慰金：30 000元；⑨甲车损失12 000元；⑩乙车损失25 000元。

思考题：甲、乙两车分别能获得多少保险赔款？

【工作页】

汽车保险理赔工作页

教师布置日期：　　年　　月　　日　　　　　　　　　　个人完成时间：　　min

问题： 一客户车辆着火（或单方碰撞事故、双方碰撞事故、水灾事故、盗抢事故），给保险公司一名理赔人员打电话，咨询保险理赔过程。	任务： 作为一名汽车保险理赔人员，应如何根据保险公司规定、事故类型，指导客户完成整个理赔过程？
汽车保险理赔要点：	
工作步骤	注意事项
1. 根据事故情况，理赔人员应指导客户首先做什么？	
2. 客户应如何报案？	
3. 现场查勘查哪些方面？	
4. 如何确定是否为保险责任？	
5. 如何进行立案？	
6. 如何确定车辆损失？施救费用如何处理？	

(续)

工作步骤	注意事项
7. 如何计算赔款数额?	
8. 对整个案件处理过程，保险公司需要核赔吗?	
9. 理赔材料如何处理?	
10. 保险公司如何支付赔款?	
11. 若事故是第三者造成的，保险公司还应当要求客户做什么?	
学习纪要:	

【知识习题】

1. 填空题

1）区分本次事故和非本次事故造成的损失时，本次事故碰撞部位，一般有________；非本次事故碰撞部位一般有________。

2）事故车辆的维修费用主要由三部分构成，为__________、__________和__________。

3）在赔偿顺序上，________是第一顺序，________是第二顺序。

4）理算时，施救、保护费用与修理费用应________。当施救、保护费用与修理费用相加，估计已达到或超过保险车辆的实际价值时，可按________予以赔偿。

5）一般只对保险车辆的救护费用负责。若受损保险车辆与其所装货物同时被施救，则其救货的费用应予________。如果它们之间的施救费用分不清楚，则应按________进行比例分摊赔偿。

6）零配件询报价时，无现货而必须定货的，原则上按________报价，不能按空运价报价。

7）保险赔偿只对车辆确定为事故损失的部位尽量进行修复。如果被保险人或第三者提出扩大修理范围或应修理而要求更换，则超出部分的费用应________。

8）定损即确定事故损失，包括________、________、________、________、________等。

9）定损完毕后，由被保险人自选修理厂或到保险人推荐修理厂修理。保险人推荐的协议修理厂一般不低于________资质。

10）按照保险合同规定，损余物资的处理需经双方协商，合理确定其残值。残值确定后，一般采取折归________并冲减损失金额的方式。

2. 简答题

1）如何理解机动车辆保险理赔的特点？

2）机动车辆保险理赔流程包括哪些环节？

3）现场查勘的操作流程包括哪些内容？

4）定损核损的操作流程包括哪些内容？

5）简述车辆定损的程序。

6）车辆定损的原则有哪些？

7）车辆零配件询报价中常见问题有哪些？

8）核损工作的内容有哪些？

9）核赔工作的内容有哪些？

10）理赔案卷一般包括哪些材料？

3. 案例题

1）一车辆购买了交强险起动、第三者责任保险、车辆损失险。在济南的“7.18 水灾”中，该车辆被淹。为摆脱困境，驾驶人王某起动发动机想将车开到地势较高的路面。岂料此时积水已较深，发动机起动过程中，有部分积水被吸入气缸，导致曲轴连杆折断。该车已投保了车辆损失保险，于是被保险人向保险公司提出了索赔申请。作为保险公司的理赔人员，您应如何处理客户的索赔并说明理由？

2）甲乙两车分别投保交强险、足额车损险、商业第三者责任险 20 万元。某日，甲乙两车互撞，甲车承担 70% 责任，车损 1 万元，驾驶人受伤且医疗费用 8000 元，车上一乘员死亡且死亡费用 10 万元；乙车承担 30% 责任，车损 5000 元。按商业险条款规定主要责任免赔率为 15%、次要责任免赔率为 5%，则甲、乙两车能获得多少保险赔款？

学习任务六

车险事故现场查勘

【任务描述】

通过“车险事故现场查勘”任务的学习，要求学生：

1. 了解现场查勘的目的、原则、概念；
2. 熟悉案件的受理流程；
3. 掌握现场查勘之前的相关准备工作；
4. 熟练掌握现场查勘的八大环节：询问、嗅闻、查看、丈量、摄影、收集、绘图、填写。

学习单元1 现场查勘要求

导入案例

张某为自己的新车购买了多项保险。由于是新手驾车，上路的第一天就发生了擦碰事故。由于当时是上班高峰期，交警在进行了简单询问后，判定事故双方承担相同的责任比例，并要求事故双方迅速撤离现场。

看着自己的爱车受损，张某心痛不已。幸运的是，她准确地记住了自己所投保公司的报案电话，于是，赶紧拨打了报案电话。大约20min后，保险公司的查勘人员来到面前，询问了事故发生的经过，并在张某的指引下看了发生事故的现场，为她提供了必要的服务。

其实，每家保险公司都有自己特定的、唯一的报案电话，保户应该记住自己所投保公司的报案电话。

部分保险公司的报案电话

▲人保	95518	▲平安	95512
▲太平洋	95500	▲中华联合	95585
▲大地	95590	▲国寿财产	95519
▲阳光	95510	▲天安	95505

保险公司承保的车辆出险以后，需要查勘人员及时进行现场查勘，并依据查勘结果进行定损。查勘定损人员所采用的现场查勘技术是否科学、合理，是现场查勘工作成功与否的关键，直接关系到事故原因的分析与事故责任的认定。

查勘人员接到查勘任务后，应迅速做好相关准备，尽快赶赴事故现场，会同被保险人及有关部门进行事故现场的查勘工作。

现场查勘一般应由两人参加，并应尽量查勘第一现场。如果第一现场已被改变或清理，要及时调查、了解有关情况。

一、现场查勘概述

1. 现场查勘目的

现场查勘主要是为了了解事故发生的真实性并初步确定事故造成的损失。现场查勘工作在整个车险理赔环节中具有极其重要的地位。

现场查勘在理赔中的地位

▲理赔服务的基础环节
▲确定责任的关键依据
▲开展核查的起始步骤
▲风险控制的前沿阵地

通过查勘，需要回答七个问题：何时？何地？何情？何故？何人？何物？何事？

通过查勘，需要初步确定五个方面的内容。

现场查勘的“五定”

▲确定事故的真实性和发生事故的原因
▲确定被保险人在事故中的责任
▲确定被保险人与保险人之间的合同责任
▲确定事故造成的损害程度、损失的具体项目
▲确定事故造成的经济损失（在授权范围内）

2. 现场查勘原则

（1）树立为保户服务的思想，坚持实事求是原则　保险理赔要体现出保险的经济补偿职能。承保的车发生事故后，保险公司要急车主之所急，千方百计避免扩大损失，尽量减轻因灾害事故造成的影响，及时安排修复，并保证基本恢复其原有性能，使其尽快投入使用。所以，要及时处理赔案，支付赔款。

现场查勘、事故车辆修复定损及赔案处理，要坚持实事求是原则，在尊重客观事实的基础上，具体问题具体分析，既严格按条款办事，又结合实际情况进行适当灵活的处理，

使各方都能感觉比较满意。

（2）重合同、守信用、依法办事　保险人是否履行合同，就看其是否严格履行经济补偿义务。

在处理赔案时，须加强法制观念，严格按条款办事，该赔则赔且赔足；不该赔的不滥赔，同时还要向被保险人讲明道理，拒赔部分要讲事实、重证据、摆条款。

（3）坚决贯彻“主动、迅速、准确、合理”的八字理赔原则

1）主动。理赔人员对出险的案件，积极、主动调查并了解和勘察现场，掌握出险情况，进行事故分析，确定保险责任。

2）迅速。理赔人员查勘、定损迅速，不拖沓、抓紧赔案处理，对赔案要核得准，赔款计算案卷缮制快，复核、审批快。

3）准确。要求查勘、定损、赔款计算，都要做到准确无误，不错赔、不滥赔、不惜赔。在这方面，主要存在以下问题：同样案件，不同公司理赔尺度不一样；同一公司，不同理赔员理赔标准不一样；同一理赔员，不同保户理赔标准不一样。

4）合理。在理赔过程中，保险公司要本着实事求是的原则，严格按条款办事。在定损过程中，要合理确定事故车辆的维修方案。

当然，“主动、迅速、准确、合理”的八字方针，要辩证统一地运用。如果片面追求速度，不深入调查了解，不对具体情况作具体分析，就盲目下结论，或者计算不准确草率处理，可能发生错案，甚至引起诉讼纠纷；如果只追求准确、合理，忽视速度，不讲效率，赔案久拖不决，则会造成极坏的社会影响，损害保险公司的形象。

3. 现场查勘的几个概念

（1）原始现场　原始现场也称第一现场，是指事故现场的车辆、物体和痕迹等，仍保持着事故发生后的原始状态，没有任何改变或破坏的现场（图6-1）。这种现场保留了事故的原貌，可为事故原因的分析和认定提供直接证据，这是最理想的查勘现场。

（2）变动现场　变动现场也称移动现场，是指自然因素或人为原因，致使出险现场的原始状态发生改变的事故现场，包括正常变动现场、伪造现场和逃逸现场等。

1）正常变动现场。导致出险现场正常变动的主要因素如下：

① 为抢救伤者而移动车辆，致使现场的车辆、物体或人员位置发生了变化。

② 保护不善，导致事故现场被过往车辆、行人破坏。

③ 风吹、雨淋、日晒、下雪等自然因素，导致事故现场破坏。

④ 事故车辆另有特殊任务，如消防车、工程救险车等在执行任务过程中出险后，需驶离现场，致使出险现场发生了变化。

⑤ 在一些主要交通干道或繁华地段发生的交通事故，为疏导交通而导致出险现场变化。

⑥ 其他原因导致事故现场变化，如车辆发生事故后，当事人没有察觉而离开现场的。

2）伪造现场。指事故当事人为逃避责任或嫁祸于人，有意改变现场遗留物原始状态的现场。

3）逃逸现场。指事故当事人为逃避责任而驾车逃逸，导致事故现场原貌被改变的现场。例如，2011年10月13日下午5时30分，佛山南海黄岐的广佛五金城里，两岁小女

孩悦悦，在路上被一辆面包车撞倒和碾轧，肇事车辆逃逸（图 6-2）。7min 之后，还有呼吸的悦悦又被一辆货车碾轧过去，货车同样逃逸。最终小悦悦被第 19 名路人（一名捡破烂的阿婆）抱到路边，随后被送往医院急救。

图 6-1　运载轿车的专用车倾翻现场

图 6-2　碾轧小悦悦的面包车

（3）恢复现场　恢复现场是指事故现场撤离后，为分析事故或复查案件，根据现场调查记录资料重新布置、恢复的现场。为与前述的原始现场相区别，这种现场一般称为恢复现场。

（4）第一现场查勘任务　指事故发生后，标的车辆仍在现场未发生变动，或依据相关法律、法规等规定在标注现场位置撤离到不妨碍交通畅通地点等待处理的事故。

（5）非现场查勘任务　指事故当事人及车辆已离开第一现场，车辆已在停车场或交警扣车点或修理厂，伤者已在医院的事故。

二、受理案件

受理案件是保险公司接受报案、做好记录并安排人员查勘的过程，是理赔环节的第一步。

1. 接受报案

机动车辆发生保险事故后，被保险人应及时报案。除不可抗力外，被保险人应在保险事故发生后的 48h 内通知保险公司。《保险法》第二十二条规定：投保人、被保险人或受益人知道保险事故发生后，应及时通知保险人。否则，造成的损失中无法确定或扩大的部分，保险人不承担赔偿责任。保险公司及时受理案件并调查，容易掌握事故真相，利于尽快确定案件损失，履行赔偿责任。

（1）报案方式　保险人一般都向被保险人提供了多种便捷、畅通的报案渠道。可采取的报案方式通常有上门报案、电话报案、传真报案等。其中，电话报案快捷方便，是被保险人最常用的报案方式。

被保险人可向保险公司报案，也可向经营单位或业务人员或代理人等处报案。车辆在外地出险的，如果保险人在出险地有分支机构，则被保险人也可直接向其分支机构报案。

虽然保险人提供了多种报案渠道，但被保险人出险后，也会因交通不便、通信受阻、

自身受伤等无法及时报案，此时可暂缓报案，等有条件时再报案，但一定要向保险人说明事实真相。

（2）报案记录 被保险人报案时，保险公司应对一些内容进行记录，主要包括：

1）报案人、被保险人、驾驶人的姓名和联系方式等自然信息。

2）出险的时间、地点、简单原因、事故形态等案件情况。

3）保险车辆情况，如厂牌、车型、牌照等。如涉及第三方车辆，也需询问第三方车辆的车型、牌照等信息，根据这些信息查询第三方车辆是否也属于本公司承保的车辆，如果是且在事故中负有一定比例的责任，则一并登记，进行报案处理。

4）保单号码，以便查询保单信息，核对承保情况。

为保证报案记录完整、无遗漏内容，保险公司一般都事先制定出险报案表，在报案时，完成表格填写即可。图6-3为××财产保险公司机动车辆保险出险报案表。

机动车辆保险出险报案表

报案编号：

被保险人：		保险单号：	
厂牌型号：	号牌号码：	牌照底色：	车辆种类：
出险时间：		出险原因：	
报案人：		报案时间：	
报案方式：□电话 □传真 □上门 □其他		是否第一现场报案：□是 □否	
联系人：		联系电话：	
出险地点：		出险地邮政编码：	
出险地点分类	□高速公路 □普通公路 □城市道路 □乡村便道和机耕道 □场院及其他	车辆已行驶里程：	已使用年限：
		车辆初次登记日期：	
处理部门：□交警 □其他事故处理部门 □保险公司 □自行处理			排量/功率：
驾驶人员情况	驾驶人员姓名：	初次领证日期： 年 月 日	
	驾驶证号码：□□□□□□□□□□□□□□□□□□		
	准驾车型：□A □B □C □其他	性别：□男 □女	年龄：
	职业分类	□职业驾驶人 □国家社会管理者 □企业管理人员 □私营企业主 □专业技术人员 □办事人员 □个体工商户 □商业服务业员工 □产业工人 □农业劳动者 □军人 □其他	
	文化程度 □研究生及以上 □大学本科 □大专 □中专 □高中 □初中及以下		
事故经过：（请您如实填报事故经过。报案时的任何虚假、欺诈行为，均可能成为保险人拒绝赔偿的依据。） 报案人签字： 年 月 日			
事故处理结果： 查勘人员签字： 年 月 日			

图6-3 ××财产保险公司机动车辆保险出险报案表

2. 出险通知

业务人员在受理报案的同时，则向被保险人提供《保险车辆出险通知书》和《索赔须知》（图6-4），并指导其据实详细填写《保险车辆出险通知书》。若被保险人采用电话

报案，则应在事后补填出险通知书。出险通知一般包括如下内容：

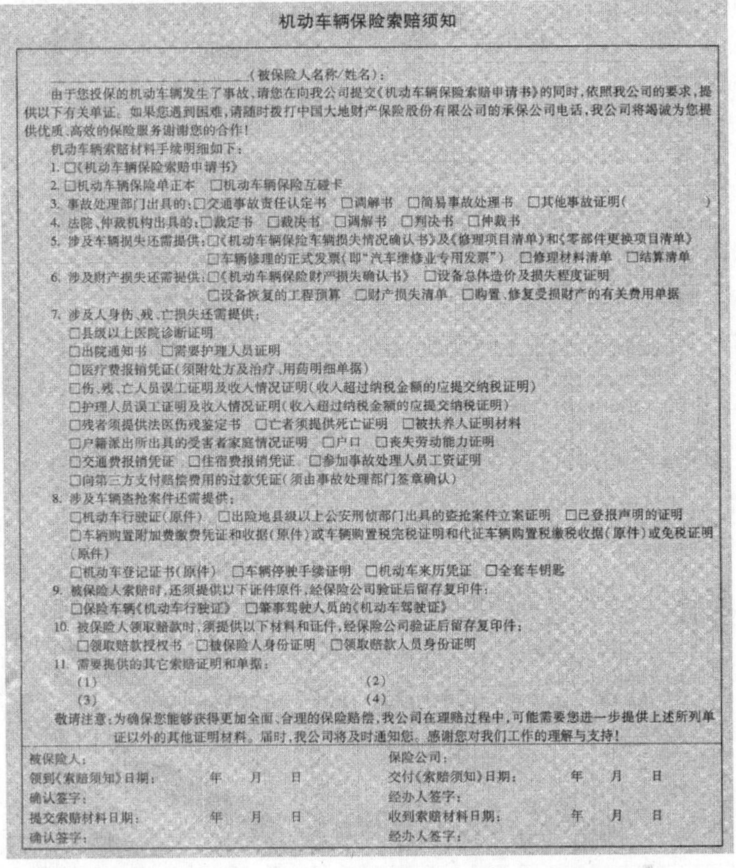

机动车辆保险索赔须知

________________（被保险人名称/姓名）：

由于您投保的机动车辆发生了事故，请您在向我公司提交《机动车辆保险索赔申请书》的同时，依照我公司的要求，提供以下有关单证。如果您遇到困难，请随时拨打中国大地财产保险股份有限公司的承保公司电话，我公司将竭诚为您提供优质、高效的保险服务谢谢您的合作！

机动车辆索赔材料手续明细如下：

1. □《机动车辆保险索赔申请书》
2. □机动车辆保险单正本 □机动车辆保险互碰卡
3. 事故处理部门出具的：□交通事故责任认定书 □调解书 □简易事故处理书 □其他事故证明（ ）
4. 法院、仲裁机构出具的：□裁定书 □裁决书 □调解书 □判决书 □仲裁书
5. 涉及车辆损失还需提供：□《机动车辆保险车辆损失情况确认书》及《修理项目清单》和《零部件更换项目清单》 □车辆修理的正式发票（即"汽车维修业专用发票"） □修理材料清单 □结算清单
6. 涉及财产损失还需提供：□《机动车辆保险财产损失确认书》 □设备总体造价及损失程度证明 □设备恢复的工程预算 □财产损失清单 □购置、修复受损财产的有关费用单据
7. 涉及人身伤、残、亡损失还需提供：
   □县级以上医院诊断证明
   □出院通知书 □需要护理人员证明
   □医疗费报销凭证（须附处方及治疗、用药明细单据）
   □伤、残、亡人员误工证明及收入情况证明（收入超过纳税金额的应提交纳税证明）
   □护理人员误工证明及收入情况证明（收入超过纳税金额的应提交纳税证明）
   □残者须提供法医伤残鉴定书 □亡者须提供死亡证明 □被扶养人证明材料
   □户籍派出所出具的受害者家庭情况证明 □户口 □丧失劳动能力证明
   □交通费报销凭证 □住宿费报销凭证 □参加事故处理人员工资证明
   □向第三方支付赔偿费用的过款凭证（须由事故处理部门签章确认）
8. 涉及车辆盗抢案件还需提供：
   □机动车行驶证（原件） □出险地县级以上公安刑侦部门出具的盗抢案件立案证明 □已登报声明的证明
   □车辆购置附加费缴费凭证和收据（原件）或车辆购置税完税证明和代征车辆购置税缴税收据（原件）或免税证明（原件）
   □机动车登记证书（原件） □车辆停驶手续证明 □机动车来历凭证 □全套车钥匙
9. 被保险人索赔时，还须提供以下证件原件，经保险公司验证后留存复印件：
   □保险车辆《机动车行驶证》 □肇事驾驶人员的《机动车驾驶证》
10. 被保险人领取赔款时，须提供以下材料和证件，经保险公司验证后留存复印件：
   □领取赔款授权书 □被保险人身份证明 □领取赔款人员身份证明
11. 需要提供的其它索赔证明和单据：
   （1） （2）
   （3） （4）

敬请注意：为确保您能够获得更加全面、合理的保险赔偿，我公司在理赔过程中，可能需要您进一步提供上述所列单证以外的其他证明材料。届时，我公司将及时通知您。感谢您对我们工作的理解与支持！

被保险人：	保险公司：
领到《索赔须知》日期： 年 月 日	交付《索赔须知》日期： 年 月 日
确认签字：	经办人签字：
提交索赔材料日期： 年 月 日	收到索赔材料日期： 年 月 日
确认签字：	经办人签字：

图 6-4 × ×财产保险公司机动车辆保险索赔须知

1）保险单证号码。

2）被保险人名称、地址和电话号码。

3）保险车辆的种类、厂牌型号、生产日期、第一次申领牌照日期、牌照号码、发动机号码等。

4）驾驶人姓名、住址、年龄、婚否、驾驶证号码、驾龄、与被保险人的关系等。

5）出险时间、地点、原因、经过等。

6）事故所涉及的第三者情况。

7）处理事故的交通管理部门名称、经办人姓名和电话号码等。

8）被保险人签章与日期。

3. 查核保单信息

根据保单号码，查询保单信息，核对承保情况。例如，查验出险时间是否在保险期限以内、出险时间是否接近保险期限起讫时间、与上起案件报案时间是否比较接近；查明投保人投保了哪些险种、是否存在不足额投保、是否已经交费；核对驾驶人是否为保单中约定的驾驶人，并初步审核报案人所述事故原因与经过是否属于保险责任等。对于明显不属于保险责任的，应向客户说明，并耐心做好解释工作。对属于保险责任的事故和不能明确确定拒绝赔

偿的案件，应登入保险车辆报案登记簿，并立即调度查勘人员赶赴现场进一步了解情况。

4. 安排查勘

对属于保险责任的事故，受理报案的人员应及时通知查勘人员现场查勘。查勘人员一般应在规定时限到达事故现场并向受理报案的业务人员报告。

假如是损失额度比较小的案件，可以按照简易赔案的程序处理，处理单样式如图6-5所示。

机动车辆保险简易赔案处理单

下表阴影部分为客户必填内容　　　　报案编号：

被保险人				保单号码			
牌照号码		厂牌车型		初次登记日期		已使用年限	
出险时间	年 月 日 时 分	出险地点				出险地点分类	□乡村便道
第一现场	□是 □否	报案人		报案时间		□高速公路	□普通公路
联系电话		处理部门	□交警□其他部门□保险公司□自行处理			□城市道路	□场院及其它
驾驶员姓名		驾驶证号		准驾车型		初次领证日期	

出险经过：

被保险人（签章）：

年 月 日

本处理单仅作为对车辆受损项目和修理费用的初步确认，不做为保险人对事故赔偿的承诺。

查勘时间		查勘地点		修理厂资质	□一类□二类□三类□三类以下
车牌号码		变速箱型式	□手动□自动	发动机号/车架号	
三者车号		厂牌车型		发动机号/车架号	
事故涉及险种	□车损险□三者险□玻璃险□车身划痕险			事故责任	□全责□主要□同等□次要□无责□单方

查勘人意见：

查勘人签字：

年 月 日

维修及更换项目	报价	核价	维修及更换项目	报价	核价	维修及更换项目	报价	核价

配件价格合计		工时费合计		残值		修理费总计	

定损金额：合计人民币大写　仟　佰　拾　元　角　分（￥　　　）　更换配件必须报价，配件价格以保险公司核价为准。注明需回收的配件，确已更换，但未能回收的，按核定价格的50%赔付。

被保险人： 年 月 日	定损人： 年 月 日	核价人： 年 月 日

索赔单证明细表（请将下表打"✓"的材料准备齐全后，送交大地保险客户服务中心）

□简易赔案处理单 □被保险人身份证及领款人身份证 □修车费发票及清单 □施救费发票 □交通事故责任认定书

□交通事故赔偿调解书 □事故证明 □行驶证正副本复印件 □驾驶证正副本复印件 □授权委托书 □

图6-5　××财产保险公司简易赔案处理单

当保险车辆在外地出险时，保险公司既可派自己的查勘人员前往事故现场，也可委托本公司在出险地的分支机构或中介公司代理查勘。

委托代理查勘时应注意：一是明确委托事项，即单纯委托查勘，还是委托查勘和定损；二是明确委托定损的权限，如委托权限是5000元，则5000元以内的损失可直接由受托方定损，若损失超过5000元则需向委托方报告，或要求进一步授权或放弃定损。

注意：被委托机构在工作中出现的质量问题，其后果应由承保公司负责。所以，为加强异地出险的查勘，全国性大公司均建立了有效的内部运作模式，即"双代案件"（代查勘、代定损）制度。

5. 立案

对符合保险赔偿的案件，业务人员应立案登记，正式确立，并统一管理；对不符合保险赔偿的案件，应在出险通知书和机动车辆保险报案、立案登记簿上签注不予立案的原因，并向被保险人做出书面通知和必要解释；对代理查勘案件，应将代理查勘公司的名称一并登记。

三、车辆识别代码

世界各国生产的汽车大多使用了 VIN（Vehicle Identification Number）代码。对于车辆识别代码的熟悉，有助于帮助查勘人员有效识别标的。

“VIN 代码”由一组字母和阿拉伯数字组成，共 17 位。它是识别一辆汽车不可缺少的工具，被誉为“汽车身份证”。

VIN 的每位代码都代表着汽车某方面的信息。按代码顺序，可以识别出该车的生产国家、制造公司或生产厂家、车辆类型、品牌名称、车型系列、车身型式、发动机型号、车型年款（生产年份）、安全防护装置型号、检验数字、装配工厂名称和出厂顺序号码等。

各国技术法规一般只规定车辆识别代码的基本要求，例如，应由 17 位代码组成，字母和数字的尺寸、书写形式、排列位置和安装位置等，保证 30 年内不会重号。除对个别符号的含义有硬性规定外，其他不做硬性规定，由生产厂家自行规定其具体含义。

我国参照 EEC（欧洲经济委员会）标准，制定了国家标准《道路车辆　车辆识别代码（VIN）》（GB 16735－2004），对 VIN 车辆识别代码进行了详细规定，如图 6-6 所示。

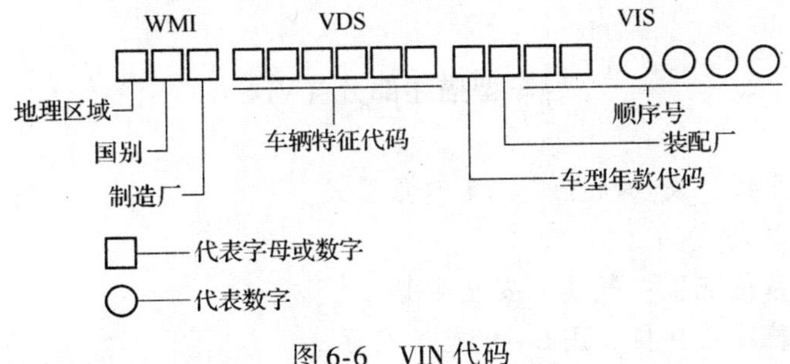

图 6-6　VIN 代码

1. 世界制造厂识别代号（WMI）

VIN 代码的第 1～3 位按地理区域分配给各国，各国再分配给本国的制造厂。中国的识别代号由国家发展与改革委员会受理、审核、备案，并完成车辆识别代号（VIN）的管理工作，由中国汽车技术研究中心承办具体工作。

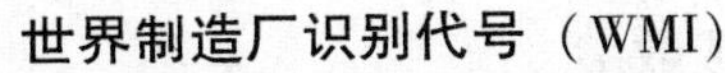

世界制造厂识别代号（WMI）

▲第一位字码：地理区域代码，如非洲、亚洲、欧洲、大洋洲、北美洲、南美洲

▲第二位字码：国家代码。由美国汽车工程师协会（SAE）分配

▲第三位字码：制造厂代码，由各国自行分配。若制造厂年产量少于 500 辆，代码为 9；生产规模大的汽车厂则用于分配车系

1）中国部分汽车生产厂家代码：

LSV—上海大众；LFV——汽大众；LDC—神龙富康；LEN—北京吉普；LHG—广州本田；LKD—哈飞汽车；LSY—沈阳金杯；LSG—上海通用；LS5—长安汽车；LVV—奇瑞汽车。

2）日本部分汽车生产厂家代码：

JAA、JAJ、JAL—五十铃；JA5、JB5、JJ5、JMA、JP5—三菱；JSA—铃木；JT1、JT7—丰田；JT6、JT8—雷克萨斯；JHM、JH4、1HG—本田。

3）德国部分汽车生产厂家代码：

WD3、WDB、8A3、8AB、9BM、3MB—戴姆勒-克莱斯勒；WV1、WV2、WV3、WVM—大众；WBA/WBS/WB1/4US—宝马。

其中，W代表在德国本土生产；8代表在阿根廷生产；9代表在巴西生产。

4）美国部分汽车生产厂家代码：

1FD、1FT—福特；1G0、1G9—通用；1B3、4P3—克莱斯勒。

其中，1A-10、4A-40、5A-50代表在美国本土生产；2代表在加拿大生产；3代表在墨西哥生产。

2. 车型描述部分（VDS）

VIN代码的第4~9位，表示车辆的类型和配置。若其中的一位或几位字符不用，则必须用选定的字母或数字占位。该部分编码一般包含以下信息。

车型描述部分（VDS）

▲车系

▲动力系统：发动机型号、变速器型式

▲车身型式

▲约束系统配置：气囊、安全带等

▲校验位：第9位，用0~9或X表示

3. 车型指示部分（VIS）

VIN代码的第10~17位，是制造厂为了区别每辆车而指定的一组字符，最后四位字符应该是数字。该部分代码一般包含以下信息。

车型年代：第10位，用字母或数字表示，不能采用数字0和字母I、O、Q、U、Z，见表6-1。

装配厂：第11位，字母或数字。

生产顺序号：最后6位，一般为数字。

上海大众汽车有限公司生产的一款汽车的VIN识别代码（图6-7）解读如下。

第1~3位为世界制造厂识别代码，LSV代表“上海大众汽车有限公司”。

第4位为车身型式代码。

A——四门折背式车身；

B——四门直背式车身；

表 6-1　代表车辆生产年份的字码

年　份	代　码	年　份	代　码	年　份	代　码	年　份	代　码	年　份	代　码	年　份	代　码
1971	1	1981	B	1991	M	2001	1	2011	B	2021	M
1972	2	1982	C	1992	N	2002	2	2012	C	2022	N
1973	3	1983	D	1993	P	2003	3	2013	D	2023	P
1974	4	1984	E	1994	R	2004	4	2014	E	2024	R
1975	5	1985	F	1995	S	2005	5	2015	F	2025	S
1976	6	1986	G	1996	T	2006	6	2016	G	2026	T
1977	7	1987	H	1997	V	2007	7	2017	H	2027	V
1978	8	1988	J	1998	W	2008	8	2018	J	2028	W
1979	9	1989	K	1999	X	2009	9	2019	K	2029	X
1980	A	1990	L	2000	Y	2010	A	2020	L	2030	Y

LSVHJ133022221761

图 6-7　桑塔纳轿车的 VIN 代码

C——四门加长型折背式车身；

E——4 门加长型折背式车身；

F——四门短背式车身；

H——4 门加长型折背式车身；

K——二门短背式车身。

第 5 位为发动机变速器代码：当车型系列为上海桑塔纳轿车、上海桑塔纳旅行轿车、上海桑塔纳 2000 轿车时：

A——JV(026A)/AHM(014. K)；

B——JV(026A) + LPG/AHM(014. K)；

C——JV(026A)/2P(013. 9)；

D——JV(026A) + LPG/2P(013. 9)；

E——JV(026A) + CNG/2P(013. 9)；

F——AFE(026N)/2P(013. 9)；

G——AYF(050B)/QJ(013. 3)；

H——AJR(06BC)[AYJ(06BC)]/2P(013. 9)；

J——AYJ(06BC)/FNV(01N. A)；

K——AFE(026N) + LPG/2P(013.9);

L——AYF(050B) + LPG/QJ(013.3);

M——AYJ(06BC) + LPG/2P(013.9)。

当车型系列为上海帕萨特（PASSAT）轿车时：

A——ANQ(06BH)/DWB(01W.D)[FSN(0A9.A)];

B——ANQ(06BH)/DMU(01N.A)[EPT(01N.A)];

C——AWL(06BA)/EZS(01V.J);

D——AWL(06BA)/EMG(01W.V);

E——BBG(078.2)/EZY(01V.B);

L——BGC(06BM)/EZS(01V.J);

M——BGC(06BM)/EMG(01W.V)。

当车型系列为上海波罗（POLO）轿车时：

A——BCC(036P)/GET(02T.Z)[FCU(02T.Z)];

B——BCC(036P)/GCU(001.H)[ESK(001.H)];

C——BCD(06A6)/GEV(02T.U)[FXP(02T.U)]。

当车型系列为上海高尔（GOL）轿车时：

A——BHJ(050.C)/GPJ(013.D)。

第6位为乘员保护系统代码：

0——安全带；

1——安全气囊（驾驶人）；

2——安全气囊（驾驶人和前排乘客、前座侧面）；

3——安全气囊（驾驶人和前排乘客、前后座侧面）；

4——安全气囊（驾驶人和前排乘客）；

5——安全气囊（驾驶人和前排乘客、前后座侧面、头部）；

6——安全气囊（驾驶人和前排乘客、前座侧面、头部）。

第7、8位为车辆等级代码：

33——上海桑塔纳轿车、上海桑塔纳旅行轿车、上海桑塔纳2000轿车；

9F——上海帕萨特轿车；

9J——上海波罗轿车；

5X——上海高尔轿车。

第9位为校验位：采用0~9中任何一个数字或字母“X”。

第10位为年份代码：“2”代表该车为2002年生产的。

第11位为装配厂代码：“2”代表该车由上海大众汽车有限公司组装。

第12~17位为车辆制造顺序号：该车的出厂编码为221761。

解读该车整个VIN代码，其含义就是：2002年由上海大众汽车有限公司生产的桑塔纳2000型轿车，该车配备AYJ发动机，FNV（01N.A）自动变速器，装有驾驶座气囊，出厂编号为221761。

4. VIN代码的位置

对于VIN代码在车上的位置，各大汽车制造厂不完全一样，一般设置在：风窗玻璃左侧；仪表板上；门柱上；防火墙上；发动机、车架等大部件上；左侧轮罩内；转向柱上；散热器支架上；发动机前部的加工垫上；质保手册或车主手册上。图 6-8 所示为 VIN 代码在各种车型中有可能设置的位置。

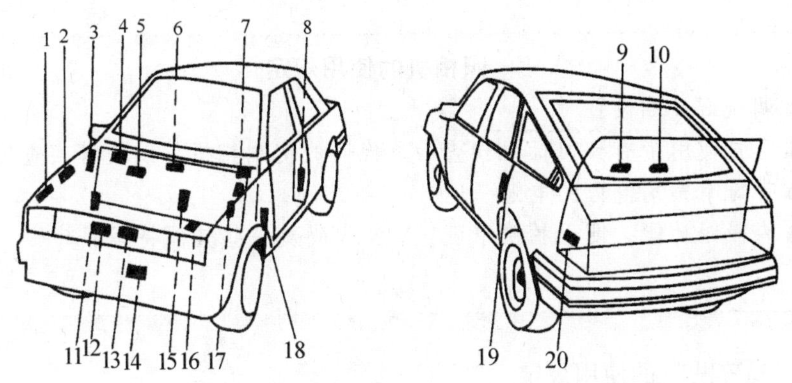

图 6-8　VIN 代码位置图（1～20 为 VIN 可能设置的位置）

学习单元 2　现场查勘工作技巧

导入案例

李某将于 7 月从汽车专业毕业，但他已经在 3 月就被保险公司初步录用，并被安排到查勘岗位实习，保险公司让他跟随张某同车查勘。两周之后，张某问他是否找到了一些感觉？李某很有信心地说："已经有感觉了"。

于是，在第二天查勘某起事故的现场时，张某有意让他主导查勘。那是一起货车倾翻的案件，李某带足了查勘用的相关器物，与张某来到现场后，进行了现场拍照，询问了相关问题，笔录了所问问题，感觉已经没有什么可再做的了，就用询问的目光看着张某。这时，张某在自己单独记录的笔录上，又继续询问、笔录了几个关键问题，补拍了几张照片，索要了货运单据并拍照，拿出尺子丈量了所载货物（明显超宽）的尺寸，让驾驶人对笔录进行了签字确认，才算完成了这次现场查勘任务。回来之后，张某与李某一起分析他的查勘结果，指出了一些具体问题。李某这才认识到：虽然自己做了许多工作，但却没有抓住问题的关键，假如因为定损结果引发诉讼，自己所掌握的现有证据基本无法获得法院的支持。

此时，他才认识到：自己离一个合格的车险查勘员的要求，还有很长一段距离，必须努力学习。

一、查勘前的准备

接到报案电话后，查勘人员要及时出现场。出发前需适当做一些准备。

1. 携带查勘资料及工具

资料主要包括出险报案表、保单抄件、索赔申请书、报案记录、现场查勘记录表、索

赔须知、询问笔录、事故车辆损失确认书。

工具主要包括笔记本电脑、照明设备、通信工具、照相机、手电筒、卷尺、砂纸、笔、记录本、易碎贴、防雨装备、反光背心、反光锥、反光牌等。

（1）照相机的使用规定

照相机的使用规定

▲调校好日期设置

▲尽量使用带有公司标记和查勘员代码的定制相机，以便落实查勘责任人

▲带好有充足电力的电池

▲有微距功能，便于拍摄单证、VIN代码及一些其他特写照片

（2）对“易碎贴”的使用规定

1）第一现场估损符合自动核价条件的，需要回收残值的配件应该加贴易碎贴。

2）第一现场不能估损的案件，对外表损坏的配件需要加贴易碎贴；对容易被掉包和可能损坏的配件加贴易碎贴；对需要监督拆解的车辆，在拆解关键点加贴易碎贴以防被私自拆解。

3）在水损事故中，对持有疑问的配件（如电脑板等）加贴易碎贴以锁定配件。

图6-9所示是太平洋保险公司“易碎贴”样式及实际使用场景。

a)“易碎贴”样式

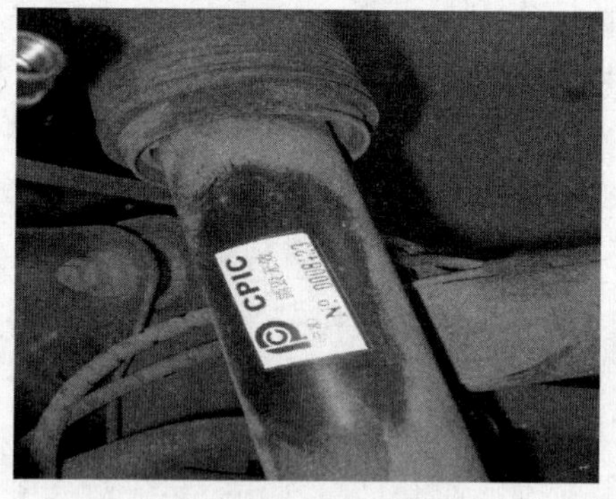

b)“易碎贴”实际使用场景

图6-9 太平洋保险公司“易碎贴”样式及实际使用场景

2. 查阅代抄单

（1）保险期限 查验保单，确认出险时间是否在保险期限之内。对于出险时间接近保险起止时间的案件，要作出标记，重点核实。代抄单格式如图6-10所示。

（2）承保的险种 核实车主是否只承保了交强险。

1）对于报案称有人员伤亡的，查验其是否承保了车上人员责任险，以及车上人员责任险是否为指定座位。

机动车辆保险报案记录　（代抄单）

保险单号：　　　　　　　　报案编号：

被保险人：		号牌号码：	号牌底色：黄
厂牌型号：欧曼BJ4251SMFJB		报案方式：电话报案	
报案人：	报案时间：2007	联系人：任红	联系电话：
出险时间：2007	出险原因：碰撞		是否是第一现场报案：是
出险地点：山东济南市环城高速		驾驶人员名称：任红	准驾车型：
驾驶证初次领证日期：		驾驶证号码：	
处理部门：01	承保公司：		客户类别：个人
VIN码：	发动机号：		车架号：
被保险人单位性质：		车辆初次登记日期：2007-05-17	已使用年限：0年
新车购置价：220,000.00元	车辆使用性质：营业性货运		核定载客 3 人 核定载质量 25200.00 千克
保险期限：2007/…2008/	车辆行驶区域：中华人民共和国境内（不含港澳）		车辆种类：特种车Ⅱ类其它
基本险条款类别：机动车辆损失保险条款	争议解决方式：诉讼		

约定驾驶人员			
约定驾驶人员	主驾驶人员姓名：	驾驶证号码：	初次领证日期：
	从驾驶人员姓名：	驾驶证号码：	初次领证日期：

序号	险别（代码）	保险金额/责任限额	序号	险别（代码）	保险金额/责任限额
1	车辆损失保险(A)	220,000.00	7		
2	第三者责任保险(B)	200,000.00	8		
3	全车盗抢险(G1)	220,000.00	9		
4	不计免赔特约(M)[A、B]		10		
5			11		
6			12		

车辆出险信息	立案号：　　出险日期：　　出险原因：车与车碰撞 出险摘要：　被保险人刘景民所持有的欧曼BJ4251SMFJB，车牌号码：　，于2007-10-24日00小时30分由　驾驶在山东济南市环城高速，2车追尾　事故造成：　标的车　前右侧挡风玻璃损　仪表损　三者车00左后侧损　整个事故大约损失0.00　报案人：　联系人：
特别约定	特别约定：1. 全国服务专线报案电话　（24小时服务）；2. 保险人提醒投保人或被保险人注意，以下情况保险人不承担赔偿责任：保险车辆未经公安交通部门审验合格的；保险车辆与火车相撞；投保人或被保险人未履行缴、纳保费义务；3. 双方肇事要求必须经公安交警部门处理，单方肇事要求必须保留第一现场；4. 人员伤亡事故中医疗费用赔付标准按照当地社会基本医疗保险保障规定的标准确定。经被保险人与保险人确认，该车第一受益人为：　，该车交强险在
双方约定	投保人投保时：约定了中华人民共和国境内（不含港澳）；发生盗抢损失时至少执行20%的绝对免赔率；

本单批改次数：0	车辆出险次数：1	赔款次数：0	赔款总计：0.00
被保险人住址：吉林省双辽市		邮政编码：	
联系人：	固定电话：	移动电话：	

签单人：　　经办人：　　核保人：　　抄单人：　　抄单日期：

图 6-10　××财产保险公司代抄单

2）对于火灾引发的车损案件，查验其是否承保了自燃损失险。

3）对于与非机动车碰撞的案件，查验其是否承保了无过失责任险。

（3）保险金额、责任限额　注意新车购置价以及各险种的保险金额、责任限额，以便现场查勘时心中有数。

（4）交费情况　注意保费是否属于分期付款，是否依据约定交足了保费。

3. 阅读报案记录

1）被保险人名称、保险车辆车牌号。

2）出险时间、地点、原因、处理机关、损失概要。

3）被保险人、驾驶人和当事人联系电话。

二、现场查勘的主要内容与技巧

车险现场的查勘是识别事故真相最重要的环节，必须高度重视。

1. 查勘的工作顺序

第一现场查勘的工作顺序

▲接受查勘任务调度

▲查验保险凭证和行驶证、驾驶证

▲询问事故经过，确认被保险人和驾驶人的关系

▲勘验现场并拍摄现场照片和标的损失照片

▲分析判断事故原因，初步确认保险责任

▲根据案情需要制作询问笔录

▲估算损失金额

▲向被保险人告知索赔事宜

非第一现场查勘的工作顺序

▲接受查勘任务调度

▲查验保险凭证和行驶证、驾驶证

▲询问事故经过，确认被保险人和驾驶人的关系

▲拍摄车损照片和痕迹细节

▲分析判断事故原因，初步确认保险责任

▲根据案情需要制作询问笔录

▲估算损失金额

▲向被保险人告知索赔事宜

▲必要时复勘第一现场

2. 查勘第一现场的要求

在查勘工作程序中，查勘人员应该关注的重点内容是车、人、证、事、痕五个方面。

1）查勘人员接受了查勘调度之后，应该在5min内联系被保险人，做到“当日调度，当日处理”；先查勘第一现场，后查勘非第一现场；经联系有变化的查勘任务，应及时在系统中退回或电话通知调度。

2）保留了第一现场的事故必须查勘第一现场。

3）无第三方人身伤亡的单方事故，凡损失在1000元以上的，原则上均须查勘第一现场或复勘第一现场。

4）两车之间发生无人身伤亡的事故，依据相关法规已经撤离第一现场的，对属于交强险“互碰自赔”范围的，按“互碰自赔”的相关规定处理；对“互碰自赔”有疑问的或其他事故，应对事故车辆的相关各方核对碰撞痕迹，对痕迹有疑问的应对第一现场进行复勘；对单车损失在2000元以上的应当复勘第一现场；对事故真相有疑问的案件，无论损失金额大小，未查勘第一现场的必须复勘第一现场。

5）对在高速公路上发生的事故，应依据事故发生地高速公路的管理规定，在确保安

全的情形下进行查勘，必要时可调取高速公路通行记录的影像来确认事故真伪。

6）造成了物损的事故，原则上应该查勘或复勘第一现场。

7）车漆单独损伤险、车轮单独损坏险、盗抢险、涉水损失险、火灾、自燃、非大面积自然灾害事故、大面积自然灾害中有疑点的事故等，须查勘或复勘第一现场，走访目击证人。

3. 查勘工作技巧

现场查勘主要采用沿车辆行驶路线查勘法、由内向外查勘法、由外向内查勘法和分段查勘法四种。

沿车辆行驶路线查勘法要求事故发生地点的痕迹必须清楚，以便能顺利地取证、摄影、丈量与绘制现场图，进而能够准确确定事故原因。

由内向外查勘法适用于范围不大、痕迹与物件集中且事故中心点明确的出险现场，此时，可由中心点开始，按由内向外的顺序取证、摄影、丈量与绘制现场图，进而确定事故原因。

由外向内查勘法适用于范围较大、痕迹较为分散的出险现场，此时，可按由外围向中心的顺序取证、摄影、丈量与绘制现场图，进而确定事故原因。

分段查勘法适用于范围大的事故现场，此时，先将事故现场按照现场痕迹、散落物等特征分成若干的片或段，分别取证、摄影、丈量与绘制现场图，进而确定事故原因。

现场查勘主要包括八个环节。

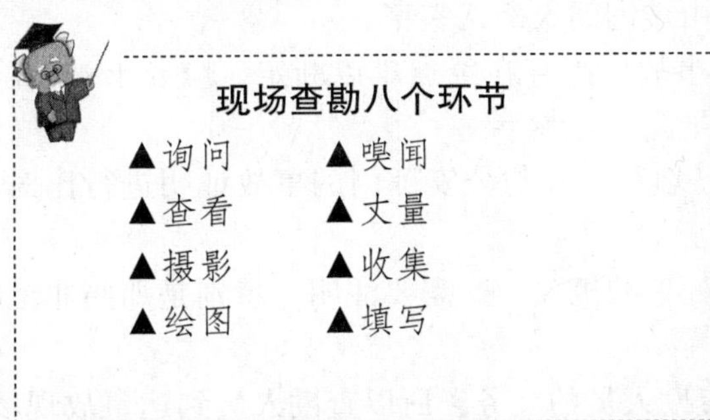

（1）询问　一起保险事故发生后，查勘人员的询问内容很多，也无一定之规，一般包括出险时间、出险地点、出险原因、出险经过、财产损失、人员伤亡、施救情况等。

询问的目的在于搜集证据，但需要注意证据搜集的合法性、制作的规范性、过程的技巧性、落款的重要性。

1）出险时间。查明出险时间的主要目的是判断事故是否发生在保险期限内。对接近保险期限起止时间的案件应特别注意，更应认真查实，排除道德风险。

为确认真实的出险时间，应仔细核对公安部门的证明与当事人的陈述时间是否一致，同时详细了解车辆的启程时间、返回时间、行驶路线、伤者住院时间等。如涉及装载货物出险的，还要了解委托运输单位的装货时间等。同时，对出险时间和报案时间进行比对，看是否在48h之内。

确定出险时间有时还可对事故原因的判断提供帮助。尤其是在一些特定时间、对一些特定的驾驶人群体，更是如此。

2）出险地点。出险地点分为高速公路、普通公路、城市道路、乡村便道、机耕路段、场院及其他，查勘时要详细写明，并记录出险地的地址、邮政编码。

查明以上出险地点，主要是判断事故是否在此处发生，如果不是，要查明变动原因。对擅自移动出险地点或谎报出险地点的，尤其要注意是否存在道德风险。同时，确定出险地点还可确定车辆是否超出保单所约定的行驶区域，是否属于在责任免除地发生的损失，如车辆在营业性修理场所出险、在收费停车场出险、驾驶教练车在高速公路行驶时出险等，在这些路段或场所发生的损失，或可拒赔，或可增加免赔率。

3）出险原因。查明出险原因是现场查勘的重点，要深入调查，利用现场查勘技术进行现场查勘，并采取多听、多问、多看、多想、多分析的办法，索取证明，搜集证据，全面分析。凡是与事故有关的重要情节，都要尽量收集以反映事故全貌。

注意应用好近因原则，火灾导致的车辆损坏，须有消防部门的证明；工程车辆、施工机械的损坏，须经当地安监部门证明。

若驾驶人员有饮酒、吸食或注射毒品、被药物麻醉后使用保险车辆，或无照驾驶、驾驶车辆与准驾车型不符、超载等嫌疑，则应立即协同交警部门获取相应证人证言和检验证明。

对于所查明的事故原因，应说明是客观因素还是人为因素，是车辆自身因素还是车辆以外因素，是违章行驶还是故意违法行为。

对于复杂或有疑问的理赔案件，要走访现场见证人或知情人，了解事故真相，做出询问记录，载明询问日期和被询问人地址并由被询问人确认签字。

对于造成重大损失的保险事故，如果事故原因存在疑点难以断定，应要求被保险人、造成事故的驾驶人、受损方对现场查勘记录确认并签字。

4）出险经过。应要求当事驾驶人自己填写，并与公安部门的事故证明进行比对，两者应基本一致或关键内容一致。

一般来说，事故发生后，总会有受理处理的机关，这需要注明；特别是那些非道路事故，更应该强调注明处理机关的名称。

5）事故致损财产。施救受损财产是查勘人员的义务，所以查勘人员到达事故现场后，如果险情尚未控制，应立即会同被保险人及有关部门共同研究、确定施救方案，采取合理施救措施，以防损失进一步扩大。

车辆受损包括标的车和第三者车。如果当地修理价格合理，应安排就地修理，不得使车辆带“伤”行驶。如果当地修理费用过高需拖回本地修理，拖车时应采取防护措施，拖拽牢固，以防再次发生事故，扩大损失。如果无法修复，应妥善处理残值部分。

查清标的车上的货物损失、第三者车上的货物损失和其他财产的损失情况，查清事故各方所承担的事故责任比例，确定损失程度。标的车上的货物损失需记录物品品名、规格、型号、数量、发运地、目的地、发票（或运单）、生产厂家等内容；第三者车上的货物损坏和外界固定物的损坏，也须记录规格、型号、数量等信息。

6）人员伤亡情况。具体了解车上人员、车下人员伤亡情况，在第一时间准确区分出谁是车上人员，谁是第三者。记录伤亡人员的姓名、性别、年龄、基本伤情、医疗单位名称。

7）施救情况。对于因受损而无法继续行驶的车辆，需要进行施救。对于根据条款约定可以进行施救的事故以及按照相关规定发生的费用，保险公司可以给予报销。但需要注意把握以下几点：

① 使用非专业单位的消防设施所消耗的费用和设备损坏可以赔偿。

② 出险后雇用吊车和其他车辆抢救的费用以及将保险标的托运至修理厂的运输费用在当地物价部门的收费标准内予以负责。

③ 施救费用需要贯彻分摊原则，既要按事故责任分摊施救费用，又要注意保险标的与非保险财产的比例分摊施救费用。

8）投保情况。通过对投保情况的询问，可以有效区分是否属于保险责任。

① 保险期限。审验出险时间是否在保险合同约定的有效期限之内，要充分注意在保单起止日十天之内的报案，尽可能排除道德风险。

② 交费情况。对于投保车辆比较多的集体保户，要审验其是否已经全额交费。假如没有全额交费，核实当初是否约定了比例赔付。如果约定了比例赔付，就要根据当初的约定适当扣减赔付款。

③ 承保险种。明确投保的险种，对于界定相关赔偿至关重要。

a. 只承保了交强险，保险公司一概不考虑本车损失，第三者的损失也是按分项限额赔付。

b. 只承保了第三者责任险，对于本车损失，保险公司一概不用考虑。

c. 车上人员有伤亡的，假如没有承保车上人员责任险，无需赔付。

d. 假如没有投保机动车自燃损失险的机动车发生了火灾事故，需要仔细区别火灾是否属于自燃。

e. 被保险车辆发生被盗、进水、起火损失后，假如没有投保新增设备险，而新增设的设备也发生了损坏，则无需考虑对这些新增设备的赔付。

f. 被保险车辆与非机动车碰撞，如果保险公司承保了无过失责任险，则应该赔付。

g. 被保险车辆的车身有划痕的，假如车主投保了车身划痕险，则应该在限额之内赔付。

h. 发动机因进水而损坏，假如车主投保了发动机进水损失险，则应该赔付，否则，无需赔付。

查验被保险车辆有无重复保险情况，以便理赔计算时分摊赔款。

9）汽车被盗原因分析。承保的机动车被盗窃、抢夺、抢劫之后，查勘定损人员要通过询问及时了解以下信息：

① 保险车辆是否属于只是车上零部件或附属设备被盗窃或损坏？

② 保险车辆是否属于被诈骗、罚没、扣押造成的损失？

③ 是否因被保险人民事、经济纠纷而导致保险车辆被抢劫、抢夺？

④ 被保险人有无将非营业标的从事出租或租赁行为？

⑤ 有无租赁车辆与承租人同时失踪的现象？

⑥ 有无被保险人及其家庭成员、被保险人允许的驾驶人故意行为或违法行为造成的损失？

假如存在上述任何一种现象，都属于责任免除的范围，保险公司无需担责。

现场查勘结束后，查勘人员应按上述内容及要求认真填写现场查勘记录。如果可能，

应力争让被保险人或驾驶人签字确认。表6-2是调查笔录的参考模板。

调查笔录的制作要点

▲记录调查时间、地点、调查人、被调查人、在场人及记录人的姓名、工作单位、职务等

▲询问要直接，一般可从被调查人与某事件的关系问起。提问切忌拐弯抹角，但也不应带有引导性

▲要求被调查人回忆事件首尾，记录尽量客观、全面，不带记录人个人的分析或判断

▲一般事故要问清楚车主与驾驶人的关系、是否职务行为、事故过程等

▲必要时，可采取明知故问法，由被调查人自己说出已掌握的事件真相

▲询问结束，要求被调查人写上“以上笔录已阅，内容属实”并签名

表6-2 调查笔录的参考模板

基本内容	
时间	2012年3月15日15时15分
地点	北京市长安街××号××室
调查人	刘××，中国太平洋财产保险股份有限公司，法律顾问
被调查人	张三，北京某无线电厂，驾驶人，联系电话：******
在场人	李四，北京某无线电厂，安全科科长；联系电话：****** 王五，中国人民财产保险股份有限公司，客户服务部，职员，联系电话：******
记录人	王五

调查询问

刘：今为2011年3月15日发生在某某路、某某路口两车相撞事故向你了解情况，请如实告知。
张：好的。
刘：你当时开的是什么车？
张：是京AB1234。
刘：该车车主是谁？
张：是我们厂的。
刘：发生事故时，谁派你出车？
张：厂里叫我去办事。
刘：请详细介绍一下事故的过程？
张：好的，2012年3月15日早上10时35分，我开车……
刘：还有其他补充吗？
张：没有了。
刘：请仔细阅读笔录，无误请签字。
以上笔录已阅，内容属实。
签名：张三　　日期：2012.3.17

（2）嗅闻　查勘时，通过嗅闻，可以判断驾驶人是否饮酒，以确定是否应该拒赔。如每天尤其是节假日的13时至16时、20时至23时，青壮年男性驾驶人、经营人员，出险后应考虑是否存在酒后驾车问题，设法与公安人员一起取证。

案例：某地在端午节之夜的21时左右发生了一起追尾车祸。作为后车的轿车，追尾撞上了前边正常行驶的大货车。轿车上的4位乘客全部死亡，轿车报废。查勘人员根据时值端午节，又是21时左右这一事实，怀疑驾驶人有可能酒后驾驶，提醒公安人员重点查验这一项目，最后与公安人员一起，抽取了已经死亡的驾驶人血样送检，由公安部门得出了“酒后驾车，车速过快，导致追尾，后车全责”的结论。保险公司依据“酒后驾车”的客观事实，拒绝了被保险人受益人的赔付要求。

（3）查看

查看的主要内容

▲观察事故现场相关人员的表情

▲查看出险地的地貌、建筑

▲查看出险现场痕迹情况及散落物情况

▲查看车辆损失情况

▲查看人员受伤情况

▲查看物资损坏情况

1）出险车辆。查明出险车辆是否属于标的物。

① 查验汽车牌照与保单记载的是否一致；查验临时牌照的真实性、有效期、使用地、出险时是否仍在有效期内；临时牌照规定的行驶路径与出险地点是否相符。

② 查验行驶证登记的车辆类型，是否为保险公司允许承保的车辆类型，以核实行驶证所登记的车辆类型与保单是否一致，被保险人是否履行了如实告知的义务，保险费率的选择是否正确；查验行驶证上的彩照与实物是否相符；对行驶证的纸质、印刷质量、字体、字号是否存在疑问；查验行驶证上的防伪标记，看是否有伪造嫌疑。

③ 核对行驶证副页上的检验合格章，看车辆是否在法定检验有效期内（注意：最常见的伪造，就是行驶证副页上的检验合格章不是由相关部门按时检验加盖的）。

根据《中华人民共和国道路交通安全法》的规定，机动车应当从注册登记之日起，按照下列期限进行安全技术检验：

a. 营运载客汽车五年以内每年检验一次；超过五年的，每六个月检验一次。

b. 载货汽车和大型、中型非营运载客汽车十年以内每年检验一次；超过十年的，每六个月检验一次。

c. 小型、微型非营运载客汽车六年以内每两年检验一次；超过六年的，每年检验一次；超过十五年的，每六个月检验一次。

d. 摩托车四年以内每两年检验一次；超过四年的，每年检验一次。

e. 拖拉机和其他机动车每年检验一次。

对于达到强制报废规定的车辆，应该强制报废。

④ 查验 VIN 码是否与保单记载的一致。详细记录事故车辆已行驶里程、车身颜色，并与保险单或批单核对是否相符。

⑤ 查明车辆出险时的使用性质是否与保险单记载的一致，以及是否运载着危险品。

⑥ 查看车辆结构有无改装或加装。根据《机动车登记规定》（公安部令第 72 号）第 17 条，在不影响安全和识别号牌的情况下，机动车所有人可以自行变更以下内容：

a. 小型、微型载客汽车加装前后防撞装置。

b. 货运机动车加装防风罩、散热器、工具箱、备胎架等。

c. 机动车增加车内装饰等。

除此之外，其他项目均不允许改动，尤其是汽车的外形、结构、颜色这三项。

汽车自行改装，有可能破坏了原有的性能，影响了行车的安全，是否还具有合法意义？

常见的非法改装形式：增加货车栏板高度；加大货车轮胎；增加钢板弹簧片数、厚度或副簧；增加车厢长度；开设天窗；乘用车安装行李架等。

《保险法》中提到的加大风险程度的情况有改变车厢尺寸、加高货箱栏板、增加车厢长度、增加车厢宽度（图 6-11）、加大轮胎和增加弹簧钢板片数等。

⑦ 新车质量。目前，几乎所有的新车都有生产厂家标明的免费维修规定。就轿车而言，大多执行两年或 50 000（或 40 000、60 000）km 的免费维修规定（任何一项达到的，均中止）。在这个限度内，汽车所发生的质量事故，由生产厂家负责解决。

例如，一辆挂牌仅有几个月的某款新车，驾驶人在行驶过程中嗅到了一股焦煳味。立即停车后，发现仪表板内冒出了黑烟，经全力扑救，火未燃起，但导致部分线路、内饰烧坏，如图 6-12 所示。

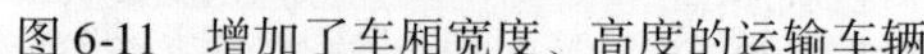

图 6-11　增加了车厢宽度、高度的运输车辆

图 6-12　因制造质量而自燃的新车

按照常规理解，这种情况完全符合汽车自燃的特征。假如保险公司的查勘定损人员以自燃险赔付，应该没有什么疑义。

当时，查勘人员经过检查发现：该起事故的起因，属于仪表板下方的线路故障产生高温，将导线外包皮烧焦，仪表板是因受高温烘烤而变软熔化的。这应该属于产品质量问题。

于是，查勘人员先建议车主找经销商解决。协商未果后，又建议委托产品质量鉴定部门鉴定。最终得到了“故障起因属于产品质量存在缺陷”的结论，保险公司拒赔了该起事故所造成的全部损失。

⑧ 维修质保期。汽车维修的政府管理部门，隶属于交通运输部以及各省交通运输厅。为了维护汽车用户的权益，交通运输部出台了《机动车维修管理规定》（2005 年 8 月 1 日开始实施）。其中涉及的相关条款为：

第三十七条　机动车维修实行竣工出厂质量保证期制度。

汽车和危险货物运输车辆整车修理或总成修理质量保证期为车辆行驶 20 000km 或者 100 日；二级维护质量保证期为车辆行驶 5000km 或者 30 日；一级维护、小修及专项修理质量保证期为车辆行驶 2000km 或者 10 日。

摩托车整车修理或者总成修理质量保证期为摩托车行驶 7000km 或者 80 日；维护、小修及专项修理质量保证期为摩托车行驶 800km 或者 10 日。

其他机动车整车修理或者总成修理质量保证期为机动车行驶 6000km 或者 60 日；维护、小修及专项修理质量保证期为机动车行驶 700km 或者 7 日。

质量保证期中行驶里程和日期指标，以先达到者为准。

机动车维修质量保证期，从维修竣工出厂之日起计算。

第三十八条　在质量保证期和承诺的质量保证期内，因维修质量原因造成机动车无法正常使用，且承修方在 3 日内不能或者无法提供因非维修原因而造成机动车无法使用的相关证据的，机动车维修经营者应当及时无偿返修，不得故意拖延或者无理拒绝。

在质量保证期内，机动车因同一故障或维修项目经两次修理仍不能正常使用的，机动车维修经营者应当负责联系其他机动车维修经营者，并承担相应修理费用。

第三十九条　机动车维修经营者应当公示承诺的机动车维修质量保证期。所承诺的质量保证期不得低于第三十七条的规定。

注：以清洁、润滑、紧固为主，并检查有关制动、操纵等安全部件统称为一级维护。车辆行驶 7500 ~ 10 000km 所做的正常维护保养，称为二级维护。

导入案例

2011 年 5 月 14 日上午 10 时左右，一辆轻型客车在某高速公路行驶时，因驾驶人操作失误，汽车与护栏轻微刮擦而致损。但查勘时，却发现还存在以下损坏：散热器出水管爆裂约 170mm；发动机气缸损坏（图 6-13）。

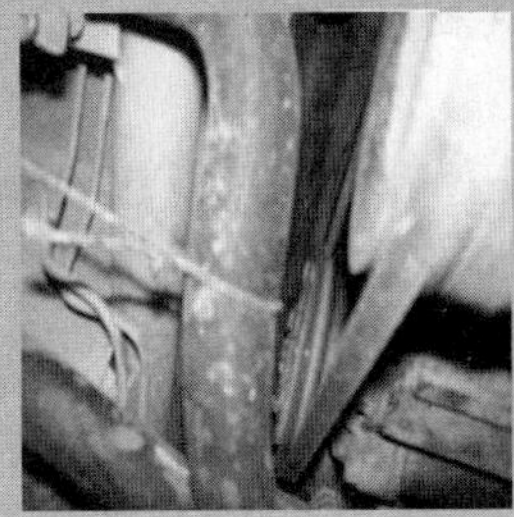

a) 安装靠近的水管

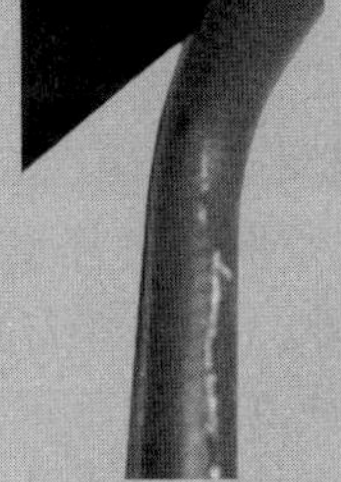

b) 爆开了的水管

c) 损坏了的活塞

图 6-13　在维修期内损坏了的轻型客车

汽车轻微擦刮护栏，为什么会导致散热器出水管爆裂和发动机气缸损坏呢？查勘人员百思不得其解。询问得知，该车发动机曾经于2011年5月6日在一家汽车修理厂进行过更换散热器出水管、散热器风扇电动机总成等部件的维修（维修结算单可以佐证这一点）。对所更换过的出水管检查可见，在距连接散热器端头约200mm的位置，有一道空调传动带旋转时造成的划痕，长约10mm，最大宽度约5mm，深度基本与出水管壁厚相同。自划痕至距连接散热器端头处，已爆裂的长度约为170mm。

正常情况下，散热器出水管应距空调传动带20~30mm。但在本次维修发动机时，由于维修人员更换出水管时装配不当，造成了其与空调传动带的接触性拉伤。水管在循环水压的作用之下，使得自拉伤处至散热器接口处产生了爆裂。车辆高速行驶过程中，出水管爆裂后造成发动机瞬间大量缺水，致使冷却液温度传感器无法反映出发动机的实际温度，使驾驶人误认为发动机是在冷却液温度正常的情况下继续行驶，使发动机温度过高，造成胀缸损坏。而汽车与高速公路护栏的擦刮，纯属巧合。

由于该车发动机曾于2011年5月6日在修理厂进行过小修，距修竣不足10日，根据《机动车维修管理规定》第三十七条的规定："小修质量保证期为车辆行驶2000km或者10日"，该车出现维修质量问题在质保期之内。发动机方面的相关损失应该由汽车维修厂负责。

⑨ 合法使用情况验证。合格机动车不合规定使用的情况主要体现在两个方面：使用性质不相符；违章装载。

查验与保险单载明的使用性质是否一致：从机动车辆保险的角度划分，机动车的常见使用性质一般可分为党政机关用车、企业自备用车、个人非营运车、租赁用车、出租用车、营业性用车等。

两种常见的使用性质与保单不符的情况如下：

a. 营运货车按非营运货车投保。这种投保方式可以明显节省保费。这种情况可以从车辆的状况、车辆的行驶里程来辨别其是否在从事营运。一旦发生了事故，可采用索取营运证复印件和机动车登记证相关信息、调查货物来龙去脉等方式取证。

b. 家庭自用车或非营运车从事营业性客运。这种投保方式也可以明显节省保费。主要通过调查取证驾驶人与被保险人、乘客与驾驶人、乘客与被保险人的关系，以及标的车的行驶线路（常为车站、码头、位于郊区的大学校园门口等处）来获取从事营业性客运的有效证据。

违章装载：核定载荷与实际载荷是否相符。根据《中华人民共和国道路交通安全法实施条例》第54条、第55条、第56条的规定：

机动车载物不得超过机动车行驶证上核定的装载质量，装载长度、宽度不得超出车厢。只要装载货物的长度、宽度超过车厢，一旦发生了保险责任事故，即可拒赔或增加免赔。

客车不得超载，但按照规定免票的儿童除外，在载客人数已满的情况下，按照规定免票的儿童不得超过核定载客人数的10%。载货汽车车厢不得载客。在城市道路上，货运机动车在留有安全位置的情况下，车厢内可以附载临时作业人员1~5人。假如载客不符合规定，一旦发生保险责任事故，就可拒赔或增加免赔。

载货汽车、半挂牵引车、拖拉机只允许牵引一辆挂车。挂车不得载人，所牵引车的载质量不得超过本车载质量。假如牵挂不符合规定，一旦发生保险责任事故，就可拒赔或增加免赔。

⑩ 如果是与第三方车辆发生事故，还应查明第三方车辆的基本情况。

出险车辆容易出现的问题

▲车型信息不一致（目的在于选择保费低的投保或规避限制承保政策）
▲实际使用年限、登记年月不一致（老车新保、新车老保，规避核保）
▲年检过期、临牌过期
▲出险时使用性质改变

查看出险车辆时，必须注意以下几点：行驶证必须在查勘现场查验、拍照取证，除非是被交警暂扣的；对特殊车型须多记录车辆配置、技术信息以备询价、报价之用。

2）驾驶人情况。根据保险条款的规定，只有车主允许的合格驾驶人驾驶被保险车辆时，非故意原因导致的损失，才有可能得到赔付（未必一定得到赔付）。因此，验明驾驶人身份十分必要。

根据《中华人民共和国机动车驾驶证管理办法》规定：在道路上驾驶民用机动车辆者，须申请领取机动车驾驶证；实行驾驶证准予驾驶相关车辆制度；驾驶证有效期为6年；持未记载审验合格的驾驶证不具备驾驶资格；驾驶证持有人从事道路驾驶教练的，应持有相应准驾车型驾驶证5年以上；驾驶特种车辆、营运性客车，需要持有国家有关部门核发的有效资格证书且在有效期之内。驾驶人准驾车型及代号见表6-3。

表6-3　驾驶人准驾车型及代号一览表

代　号	准驾车型	准驾的车辆	准予驾驶的其他准驾车型
A1	大型客车	大型载客汽车	A3、B1、B2、C1、C2、C3、C4、M
A2	牵引车	重型、中型全挂、半挂汽车列车	B1、B2、C1、C2、C3、C4、M
A3	城市公交车	核载10人以上的城市公共汽车	C1、C2、C3、C4
B1	中型客车	中型载客汽车（含核载10人以上、19人以下的城市公共汽车）	C1、C2、C3、C4、M
B2	大型货车	重型、中型载货汽车；大、重、中型专项作业车	
C1	小型汽车	小型、微型载客汽车以及轻型、微型载货汽车；轻、小、微型专项作业车	C2、C3、C4
C2	小型自动档汽车	小型、微型自动变速器载客汽车以及轻型、微型自动变速器载货汽车	
C3	低速载货汽车	低速载货汽车（原四轮农用运输车）	C4
C4	三轮汽车	三轮汽车（原三轮农用运输车）	

（续）

代　　号	准驾车型	准驾的车辆	准予驾驶的其他准驾车型
D	普通三轮摩托车	发动机排量大于 50mL 或者最大设计车速大于 50km/h 的三轮摩托车	E、F
E	普通二轮摩托车	发动机排量大于 50mL 或者最大设计车速大于 50km/h 的二轮摩托车	F
F	轻便摩托车	发动机排量小于等于 50mL，最大设计车速小于等于 50km/h 的摩托车	
M	轮式自行机械车	轮式自行机械车	
N	无轨电车	无轨电车	
P	有轨电车	有轨电车	

验明驾驶人身份主要包括以下方面：

① 通过查验驾驶证真伪，确定驾驶被保险车辆者是否为中华人民共和国合格的驾驶人。

② 通过查验驾驶证准驾类型，确定驾驶被保险车辆者是否具有驾驶该车的资格。如 C 本驾驶大货车、B 本或 C 本驾驶大客车、军本驾驶民车、民本驾驶军车、普通本驾驶危险品运输车等，都属于不具备驾驶相关车辆的资格。

③ 查验保单，并比照驾驶证以及公安部门的证明，看是否是保单约定驾驶人驾驶被保险车辆出的险。

④ 通过询问，确定是否是被保险人允许的驾驶人驾驶被保险车辆出的险。

⑤ 通过询问和其他方式，确认驾驶人是否为酒后、吸毒或者服用了相关免责范围的药物后驾驶被保险车辆出的险。

3）出险现场的车损情况。通过查看现场状况，对比事故车的损坏情况，可以分析出基本的事故情况。

分析事故损坏时，应重点把握第一碰撞点，假如是正面碰撞，第一接触点一般应该是前保险杠：如果碰的是树，前保险杠上会有树皮；如果碰的是电线杆，前保险杠上会有灰屑；如果碰的是墙，前保险杠上会有土屑、砖屑；如果碰的是护栏，前保险杠上一般会有油漆。

另外，要学会用运动学方法分析事故发生后所造成的痕迹，例如，图 6-14 所示为一辆别克轿车碰撞了树的照片。从照片来看，前保险杠、散热器罩的变形都容易理解，但发动机舱盖的变形似乎不应该，因为从照片来看，发动机舱盖明显靠后，怎么可能造成这样的损坏呢？其实，当我们明白“汽车制动时，会因为惯性力作用压缩弹性的悬架系统而使车头下沉”的道理后，自然就会明白发动机舱盖产生皱褶的原因属于正常碰撞了。

图 6-14　汽车撞树图

4）出险现场的车载货损情况。充分注意车辆的总载货量、载客量是否超出规定，注

意在现场的货物损坏情况。帮助客户归拢有可能走失、散失的货（活）物。

5）出险现场的人员伤亡。通过分析伤亡人员所处的位置，车上物体及地面所遗留的血迹等，准确判断伤亡人员究竟谁是车上人员、谁是第三者。

（4）丈量　现场丈量前，要认定与事故相关的物体和痕迹，然后逐项丈量并做好相应记录。

1）确定事故现场方位。事故现场的方位以道路中心线与指北方向的夹角来表示。如果事故路段为弯道，以进入弯道的直线与指北方向夹角和转弯半径表示。

2）事故现场定位。事故现场的定位方法有三点定位法、垂直定位法、极坐标法等。三种定位方法首先都需要选定一个固定现场的基准点，基准点必须具有永久的固定性，如可选有标号的里程碑或电线杆。

三点定位法是用基准点、事故车辆某一点以及基准点向道路中心线作垂线的交点三个点所形成的三角形来固定现场位置的，所以此时只需要量取三角形各边的距离。

垂直定位法是用经过基准点且平行于道路边线的直线与经过事故车辆某一个点且垂直于道路边线的直线相交所形成的两个线段来固定事故现场，所以该方法只需要量取基准点与交点、交点与事故车辆某一点两条线段的距离。

极坐标法是用基准点与事故车辆某一点连接形成线段的距离以及线段与道路边线垂直方向的夹角来固定事故现场，所以该方法只需量取线段长度和夹角度数。

3）道路丈量。道路的路面宽度、路肩宽度和边沟深度等参数一般都需要丈量。

4）车辆位置丈量。事故车辆位置用车辆的四个轮胎外缘与地面接触中心点到道路边缘的垂直距离来确定，所以只需量取四个轮胎距离。车辆行驶方向可根据现场遗留的痕迹判断，如从车上滴落的油点、水点，一般其尖端的方向为车辆的行驶方向。

5）制动印痕丈量。直线形的制动印痕的拖印距离直接测量即可；量取弧形制动印痕的拖印距离时，一般是先四等分弧形印痕，分别丈量等分点至道路一边的垂直距离，再量出制动印痕的长度。

6）事故接触部位丈量。事故接触部位的丈量，最关键的是先准确判定事故接触部位。事故接触部位是形成事故的作用点，是事故车辆的变形损坏点，因此，可根据物体的运动、受力、损坏形状和散落距离等因素科学判断事故的接触部位。对其丈量时，一般应测量车与车、车与人，或者车与其他物体接触部位距地面的高度、接触部位的形状大小等。

7）其他丈量。如果事故现场还有毛发、血皮、纤维、车身漆皮、玻璃碎片、脱落的车辆零部件、泥土、物资等遗留物，并且他们对事故认定起着重要作用，则一并需要丈量它们散落的距离或黏附的高度等。

（5）摄影　现场摄影是真实记录现场和受损标的客观情况的重要手段之一，它比现场图和文字记录更直观地反映现场和事故车辆的情况，它是处理事故的重要证据。查勘照片质量的好坏直接影响案件证据保留的有效性、核查的准确性和研究的客观性。因此，现场摄影已成为现场查勘中的一项重要工作。

1）现场摄影的原则。对事故现场进行摄影时一般应遵循以下原则：应有反映事故现场全貌的全景照片，应有反映受损车辆号牌及受损财产部位和程度的近景照片，要有某些重要局部（如保险标的发动机号码、车辆 VIN 代码等）的特写照片。应坚持节省的原则，

以最少的照片数量反映事故现场最佳的效果。

2）现场摄影的要求。现场摄影主要有以下要求：

① 有第一现场的，必须拍摄现场全景照片。

② 拍摄带有车牌号与损伤部位的全景照片。

③ 拍摄车架号的清晰照片（前风窗左下角驾驶人侧、发动机舱内右侧铭牌、前围板钢印等，图6-15）。

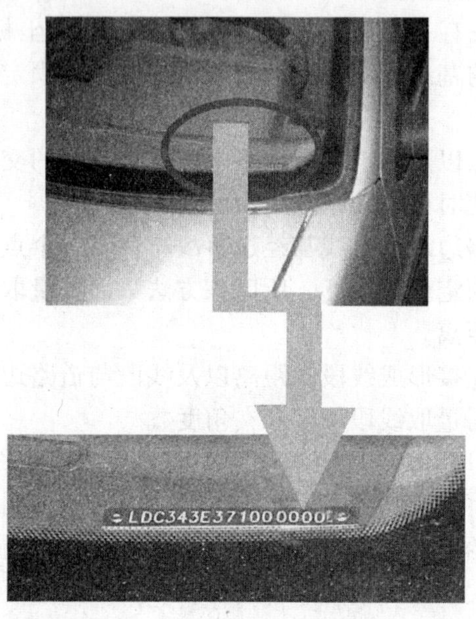

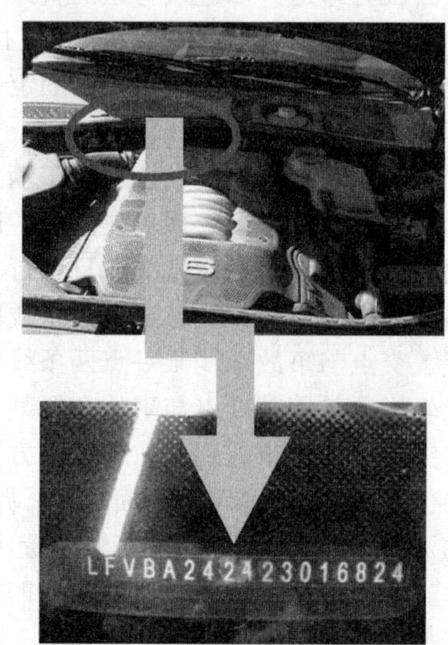

图6-15 拍摄车架号（VIN）

④ 数码相机日期在拍摄前校准，不得擅自更改，不得使用日期校调不准的数码相机拍摄。

⑤ 拍摄能够反映局部损失的特写照片。

⑥ 拍摄必须保证成像清晰度，夜间拍摄时应考虑闪光灯的使用距离，必要时可借用查勘车、手电筒灯光，找固定物支撑相机以慢速曝光（不用闪光灯）拍摄。

⑦ 查勘拍摄是固定和客观记录交通事故相关证据的重要手段，必须真实、全面地反映被拍摄的对象，不得有艺术加工成分。

⑧ 拍摄较大事故的车损照片时，应拍好两个45°照片（图6-16）。即使有一侧未受损，也应拍摄。以防施救时扩大损失或在修理厂拆检后多列换件、维修项目；同时，拍摄车辆后部的45°照片还能将出险车辆的后围板上或行李箱盖上的厂牌型号信息清楚地反映出来，方便核损、核赔人员对标的车的车型准确确认。

⑨ 照片较多时应在录入影像系统时分别建立"现场照片""未拆检整车照片""拆检照片""回勘照片"等多个子文件夹，便于核损、核赔时审查。

3）现场摄影的方式。现场摄影时，应根据事故的实际情况和具体拍摄目的，选择不同的拍摄方式。

左前45°照片

右后45°照片

图6-16　事故车辆的前后45°照片

现场摄影方式

▲方位摄影

▲概览摄影

▲中心摄影

▲细目摄影

▲宣传摄影

① 方位摄影主要用在对事故发生地所处环境拍摄（图6-17），反映事故发生地环境特征，一般采用以由高向低的俯角拍摄整个事故现场范围，如一张照片无法包括的，可采用平行连续拍摄或回转连续拍摄的方式拍照（俗称接片）。另外可将出险地一些明显标志物拍摄进来，如路牌、里程碑、方向指示牌等。此拍摄方式重在突出事故现场的全貌，目的是反映事故车辆与其他物体之间的相互关系。

② 中心摄影即以事故接触点为中心，近距离拍摄反映事故接触的各部位及其相关部位的局部照片（图6-18），如接触点、车辆和物体的主要损伤痕迹位置。注意在拍摄时用卷尺标注高度、长度。此拍摄方式重在突出拍摄现场的中心地段，目的是反映事故损坏部位及其相关部位的特点、状态。

图6-17　方位摄影图

图6-18　中心摄影图

③ 细目摄影是采用近距或微距拍摄路面、车身、人体、固定物上的痕迹特征照片的拍摄方式（图6-19）。如车身上附着其他车辆油漆、轮胎痕迹和沾有血迹的位置等。用此方式拍摄时一般以镜头的主光轴垂直于被摄痕迹面，慎用闪光灯，特别是拍摄白色等浅色物体时不要用闪光灯。对细小的痕迹应摆放比例尺拍摄。目的在于突出各个具体物证，反映出重要物证的大小、形状、特征。

④ 概览摄影是以中远距离拍摄事故现场的车辆、路面散落物、被撞物体（人、车、固定物）的位置及相互关系的摄影方式（图6-20）。可以从出险车辆的顺向、逆向行驶方向或路中、路边等多方位拍摄来交代出险标的车与事故相关物体的位置、关系。

图6-19　细目摄影图

图6-20　概览摄影图

⑤ 宣传摄影即运用技巧突出反映事故某一侧面的拍摄。此拍摄方式重在突出事故某一侧面的状态、特点，为了相关宣传和收集资料（图6-21）。

图6-21　宣传摄影图

4）现场摄影的方法。常见的现场摄影方法有相向拍摄、十字交叉拍摄、连续拍摄和比例拍摄四种。

① 相向拍摄法即从两个相对的方向对现场中心部分进行拍摄。该方法可较为清楚地反映现场中心两个相对方向的情况（图6-22）。

② 十字交叉拍摄法即从四个不同的地点对现场中心部分进行交叉的拍摄。该方法可从前、后、左、右四个角度准确反映现场中心的情况（图6-23）。

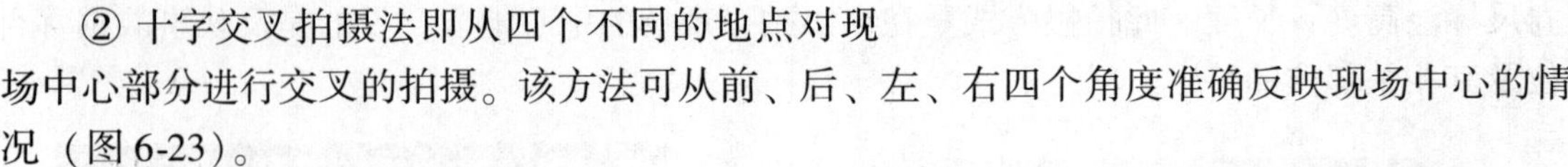

图6-22　相向拍摄法

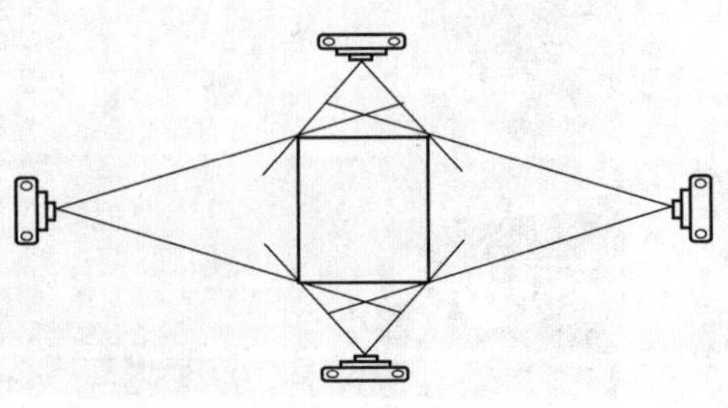

图6-23　十字交叉拍摄法

③ 连续拍摄法即将面积较大的事故现场分段拍摄（图 6-24）。为获得事故现场完整的照片，需对分段照片进行接片，所以在分段拍摄时，各照片取景应略有重合，并要求同样的拍摄距离和光圈等。

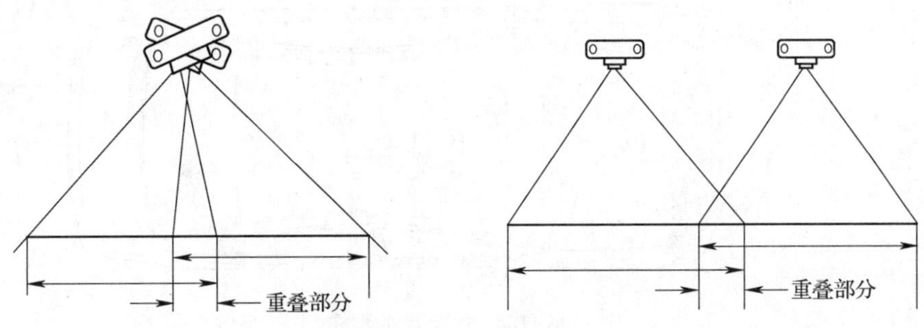

图 6-24　连续拍摄法

④ 比例拍摄法即将带有刻度的尺子放在被损物体旁边进行的摄影（图 6-25）。该方法可确定被拍摄物体的实际大小和尺寸，常用于痕迹、碎片和微小物证的摄影。

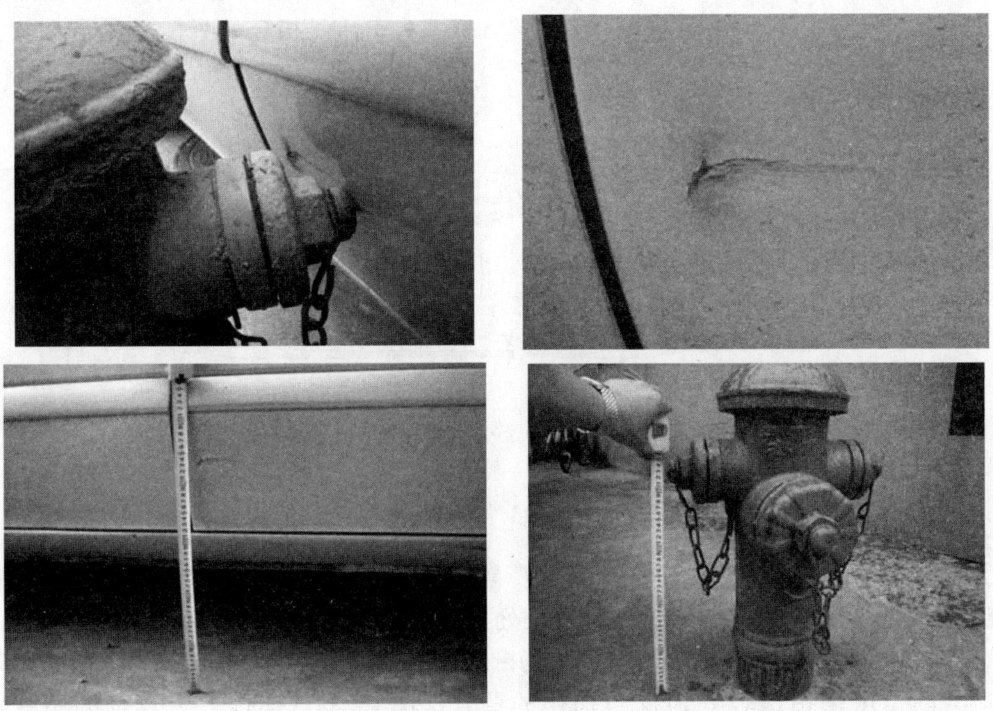

图 6-25　比例拍摄法

5）现场摄影的一般技巧。现场摄影有一定的技巧，需要查勘人员事先掌握。如取景、接片技术在现场拍摄中的运用、滤色镜的使用、事故现场常见痕迹的拍摄等。拍摄者要突出拍摄意图，把想表现出的部位（损伤处）拍下来。

① 取景。取景时，应根据拍摄的目的和要求，合理确定拍摄的角度、距离和光照，

力求所要表达的主体物突出、明显和准确（图 6-26）。

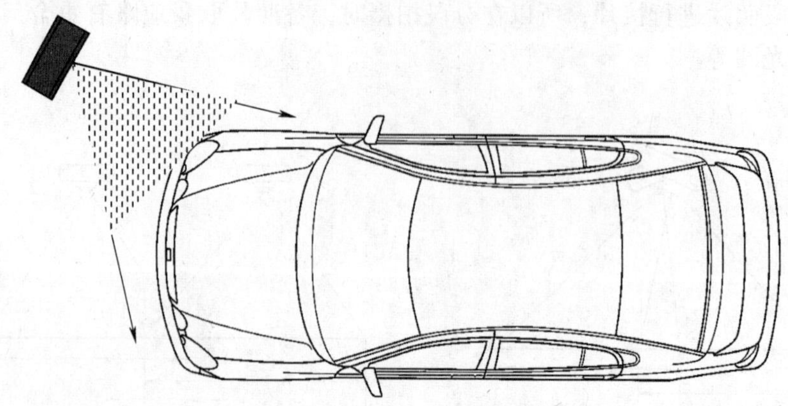

图 6-26 前 45°照片的取景

根据拍摄者立足点和被拍物体方位，拍摄角度可分俯视拍摄、平视拍摄、仰视拍摄、正面拍摄和侧面拍摄等。根据拍摄者立足点和被拍物体的远近，拍摄距离可分为远景拍摄、中景拍摄、近景拍摄和特写拍摄等。根据光线和拍摄方向，拍摄光照可分为正面光拍摄、侧面光拍摄和逆光拍摄等。针对车前的损坏，可以从中心轴线与平行方向及直角方向开始，向其损伤部位的 45°拍摄，从水平位置 5 个方向分别拍摄，如图 6-27 所示。

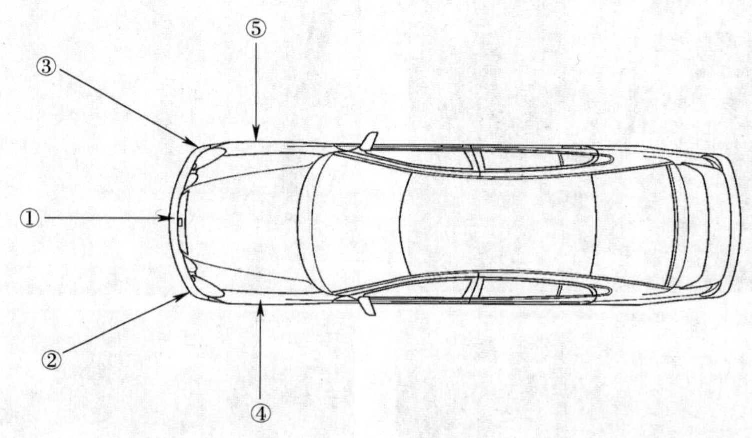

图 6-27 从水平位置 5 个方向分别进行的拍摄

② 为了记录事故的发生地，应尽量选择静止的固定参照物进入拍摄画面。如果事故车辆已经被拖到了停车场，而在现场或停放处与其他车辆间的间隔狭窄，给拍摄带来一定的困难，则应尽量将其他车辆移开（在现场挪动须事先得到交警许可或当事双方的承诺），保证适当的角度来拍摄较好地反映损伤的照片。图 6-28 是拍摄效果较好的照片，而图 6-29则是拍摄效果不好的照片。

③ 内部与底部有损伤时的拍摄。当内部发生损伤时，应打开发动机舱盖或行李箱盖，清楚地拍摄内部损伤情况（图 6-30）。

当制动系统、行驶系统和侧梁发生损伤时，尽量进行底部拍摄，拍摄时需要将车举起并锁死，以确保拍摄者的安全（图 6-31）。

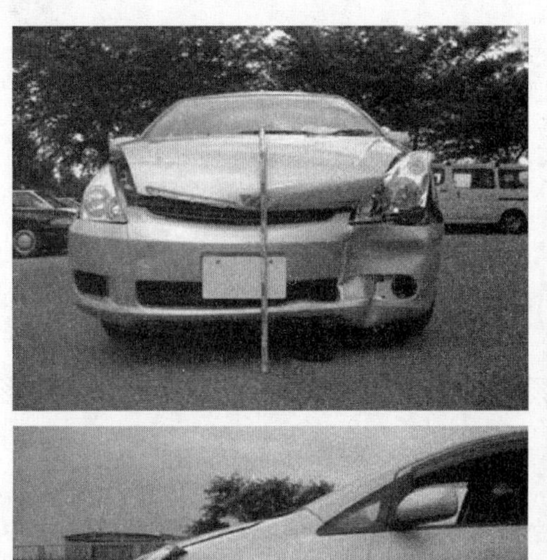

图 6-28　拍摄效果较好的照片

已将周围车辆移开，相机角度与损伤面高度一致，从照片上能够明确确认损伤程度

存在问题：
① 没比照损伤面的高度进行拍摄。
② 事故车与周围车辆离得太近，别的车辆也同时被拍摄了进来，混乱。
改进建议：
需要将周围的车辆挪开，从与损伤高度一致的5个方向进行拍摄。

图 6-29　拍摄效果不好的照片

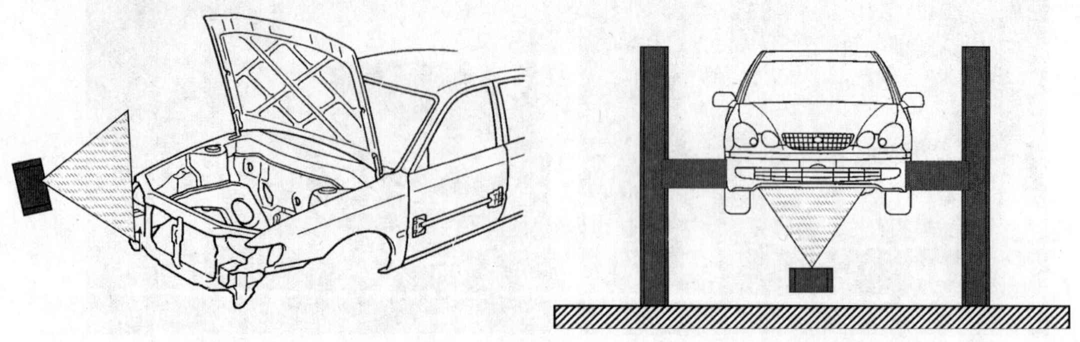

图 6-30 发动机内部损伤照片的拍摄　　图 6-31 底部拍摄

④ 总成或高价值的零部件一定要拍摄照片，小的损失、低值零件视情况拍摄。

⑤ 铸件（如发动机气缸体、变速器外壳、主降速器外壳等）发生裂纹时，直接拍摄无法反映出裂纹。可以先在裂纹处抹油，再用滑石粉或粉笔末撒在油上，用小锤敲击裂纹附近，形成一条线后再拍摄。电脑损坏后所拍摄的照片应反映其变形。

⑥ 对碰撞痕迹的拍摄，要通过合理选择拍摄角度和光线，以准确反映其凹陷、隆起、变形、断裂、穿孔或破碎等特征。对于较小、较浅的凹陷一般要采用侧面光、反光板、闪光灯等进行拍摄。

⑦ 对刮擦痕迹，如果为有颜色物质，可选择滤色镜拍摄，突出被粘挂物。

⑧ 拍摄血迹时，应选用滤色镜拍摄。如血迹滴落在泥土粘污的油路上，可用黄色滤色镜拍摄。

⑨ 拍摄制动拖印时，为反映制动拖印的起止点及其特征，可对拖印起点用白灰或树枝等进行标记，并要注意反映起点与道路中心线或路边的关系。

⑩ 现场拍摄时，可采用数码相机和光学相机两种工具。数码相机拍摄的照片便于计算机管理，便于网上传输，成像快，但缺点是易被修改、伪造，而光学相机正好相反。

6）照片的编辑。拍摄的照片，需要进行恰当的编辑，以符合保险公司的相关要求。

① 按照照片的属性（现场照片、未拆检照片、拆检照片、回勘照片）进行分类编排。

② 按照时间顺序（查勘日期、录入日期）进行编排。

③ 按照事故的发生过程进行编排。

（6）收集　物证是分析事故原因最为客观的依据，收取物证是现场查勘的核心工作。事故现场物证的类型有散落物、附着物和痕迹。

1）散落物可分为车体散落物、人体散落物和他体散落物三类。车体散落物主要包括零部件、钢片、木片、漆片、玻璃、胶条等；人体散落物主要包括事故受伤人员的穿戴品、携带品、器官或组织的分离品；他体散落物主要包括事故现场人、车之外的物证，如树皮、断枝、水泥、石块等。

2）附着物可分为喷洒或粘附物、创痕物和搁置物三类。喷洒或粘附物主要包括血液、毛发、纤维、油脂等；创痕物主要包括油漆微粒、橡胶颗粒、热熔塑料涂膜、反光膜等；搁置物主要包括织物或粗糙面上的玻璃颗粒等。

3）痕迹。不同的痕迹，各有其形状、颜色和尺寸，往往是事故过程某些侧面的反映，因此也是事故现场物证收集的重点。痕迹可分为车辆行驶痕迹、车辆碰撞痕迹、涂污与喷溅痕迹三类。

车辆行驶痕迹主要包括轮胎拖印、压印和擦印等。

车辆碰撞痕迹主要包括车与车之间的碰撞痕迹、车与地面之间的撞砸与擦刮痕迹、车与其他物体之间的碰撞与擦刮痕迹。车与车之间的碰撞痕迹包括车辆正面与正面、正面与侧面、追尾等的碰撞痕迹；车与地面之间的碰撞与擦刮痕迹常见于车辆倾覆或坠落的事故；车与其他物体间碰撞与擦刮痕迹主要有车与路旁建筑物、道路设施、电杆、树木等的接触而产生的痕迹。图 6-32 所示为谎称碰撞电线杆的事故现场。

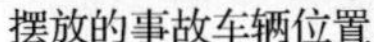
摆放的事故车辆位置

陈旧断裂痕迹的倒车镜

图 6-32　谎称碰撞电线杆的事故现场

涂污与喷溅痕迹主要包括油污、泥浆、血液、汗液、组织液等的涂污与喷溅。

（7）绘图　对重大赔案的查勘应绘制事故现场草图。事故现场草图应在出险现场当场绘制。因为是在查勘现场绘制，且绘制时间较短，所以对事故现场草图不要求十分工整，只要求内容完整，尺寸数字准确、物体位置、形状、尺寸、距离的大小基本成比例。

1）事故现场草图的基本内容。事故现场草图要反映出事故车的方位、道路情况及外界影响因素，要标明车辆以及与事故有关的遗留痕迹和散落物的相互位置。

简单的平面图加上适当文字说明，即可反映出事故现场概况。如果道路线形复杂，为准确表达事故现场的空间位置和道路纵横断面几何线形的变化，事故现场草图也经常采用立体图或剖面图等。

2）事故现场草图的绘制过程

① 选比例：根据出险情况，选用适当比例进行草图的总体构思。

② 画轮廓：按照近似比例画出道路边缘线和中心线。确定道路走向，在图的右上方绘制指北标志。标注道路中心线与指北线的夹角。

③ 画车辆：以同一近似比例绘制出险车辆，再以出险车辆为中心绘制各有关物体图例。

④ 标尺寸：根据现场具体条件，选择基准点和定位法，为现场出险的车辆和主要物品、痕迹定位并标注尺寸。

⑤ 小处理：根据需要绘制立体图、剖面图和局部放大图，必要的地方加注文字说明。

⑥ 先校核：两名查勘人员，一名负责绘制现场草图，另一名负责校核。

⑦ 后签名：草图绘制完成后，由绘图人、校核人、当事人、见证人分别签名。

现场查勘结束后，应根据现场查勘草图所标明的尺寸和位置，按照正投影的绘图原理，选用一定比例和线型，工整准确地绘制出正式的事故现场图（图6-33），它是理赔和申请诉讼的依据。

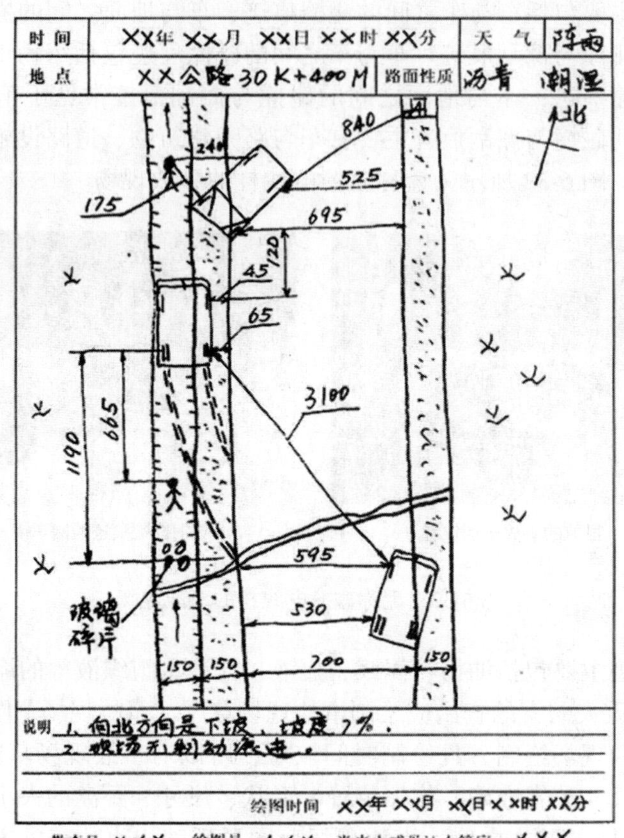

图6-33 事故现场草图

（8）填写 现场查勘结束后，还有一项重要的工作就是填写查勘报告。

1）统一的样式。现场查勘工作非常重要，而现场查勘的内容又非常多，为防止查勘员疏忽某些细节，同时为规范查勘工作，各保险公司一般都制定有机动车辆保险现场查勘记录（图6-34），查勘人员根据现场查勘情况，如实填写现场查勘记录表即可。

2）现场查勘报告的制作及录入要求。不论赔案大小，均应撰写现场查勘报告，而且要实事求是，是第一现场查勘、复勘还是没有查勘第一现场均应如实填写，手工填写的查勘人员应当签名并事后录入系统中。

3）现场查勘报告的主要内容应该包括出险情况、车辆情况、道路情况、报案情况等。重点是客观表述现场所见情况，对碰撞痕迹、事故发生原因、驾驶人员状态进行分析，分析内容主要围绕保险条款要素，但不对是否构成保险责任进行结论性分析。

【本章小结】

1）现场查勘是理赔服务的基础环节，是确定责任的关键依据，是开展核查的起始步骤，是风险控制的前沿阵地。

机动车辆保险事故现场查勘记录

保险单号码：　　　　报案编号：　　　　立案编号：

保险车辆	厂牌型号：	发动机号：	车辆已行驶里程：	已使用年限：
	号牌号码：	车架号(VIN)：		初次登记日期：
驾驶人员姓名：		驾驶证号码：□□□□□□□□□□□□□□□□□□		职业：
初次领证日期：　年　月　日	性别：□男　□女	年龄：	准驾车型：□A　□B　□C　□其他	
查勘时间：　年　月　日　时	查勘地点：		是否第一现场：□是　□否	
赔案类别：□一般　□特殊（□简易　□救助　□其它）　双代（□委托外地查勘　□外地委托查勘）				
出险时间：　年　月　日　时	出险地点：　省　市　县			
第三方车辆	厂牌型号：	号牌号码：	车主联系方式	车辆已行驶里程：
	驾驶人员姓名：	驾驶证号：□□□□□□□□□□□□□□□□□□		车辆初次登记日期：
	是否保强制保险：	强制保险承保公司机构名称：		
	初次领证日期：	准驾车型：□A　□B　□C　□其他	职业	车辆已使用年限：

现场查勘时查验并认真完整填写：

1、保险车辆的号牌、发动机号、车架号与保险单上所载明的是否相符　□是　□否

2、出险时间是否与保险起止日期临近　□是　□否

3、出险地点与报案人所报是否一致：□是　□否

4、实际使用性质与保险单上所载明的是否一致　□是　□否

5、保险车辆驾驶人员情况与报案人所述是否一致　□是　□否

6、保险车辆驾驶人员准驾车型与实际驾驶车辆是否相符　□是　□否

7、保险车辆驾驶人员是否为保险合同约定的驾驶人员　□是　□否　□保险合同未约定

8、事故车辆损失痕迹与事故现场痕迹是否吻合　□是　□否

9、事故是否涉及第三方财产损失或人员伤亡　□是　□否

10、其它需要说明的内容：

是否属于保险责任：□是　□不是　□待确定（原因是：　　　）

事故估损金额：

事故损失金额估计合计：				
其中：强制险损失				
强制保险	死亡伤残：		财产损失：	
	医疗费用：		其他费用：	
车辆损失险损失：	第三者损失：		其他损失：	
商业保险　车辆损失险	标的损失： 施救费：	第三者责任险	车辆： 人员： 财产：	其他险别

查勘人意见（包括事故经过简单描述和初步责任认定）：　　　　询问笔录　张　事故照片　张

被保险人／当事人签章：　　　　查勘人签字：

说明：1、估计损失金额单位为人民币元。　2、第三方车辆不止一辆的，可增加《机动车辆现场查勘记录》用纸。

注：被保险车辆出险后，被保险人可选择保险人下属的任意一家有通赔职能的理赔服务网点，就近接受查勘定损服务，并就近递交索赔资

图 6-34　××财产保险公司机动车辆保险现场查勘记录

2）通过对事故现场的查勘，需要进行“五定”：确定事故的真实性和发生事故的原因；确定被保险人在事故中的责任；确定被保险人与保险人之间的合同责任；确定事故造成的损害程度、损失的具体项目；确定事故造成的经济损失（在授权范围内）。

3）现场的查勘几项原则：树立为保户服务思想，坚持实事求是原则；重合同、守信用、依法办事；坚决贯彻“主动、迅速、准确、合理”的八字理赔原则。

4）保险公司受理客户车险案件的基本流程：接受报案、出险通知、查核保单信息、安排查勘、立案。

5）车辆识别代码是汽车“身份证”，可以有效识别车辆信息，可以帮助查勘人员有效识别标的。

6）现场查勘主要采用沿车辆行驶路线查勘法、由内向外查勘法、由外向内查勘法、分段查勘法四种。

7）现场查勘八个环节：询问、嗅闻、查看、丈量、摄影、收集、绘图、填写。

8）车辆的改装必须依法进行，否则，出险后就有可能失去索赔资格；凡未投保新增设备险的加装件，一律构不成车辆损失险的赔偿条件。

9）在新车质保期、维修质保期期内发生的损失，要区分是否属于制造质量或维修质量引起的。

10）现场摄影是真实记录现场和受损标的客观情况的重要手段之一，查勘照片质量的好坏直接影响案件证据保留的有效性、核查的准确性和研究的客观性。现场摄影的种类分方位摄影、中心摄影、细目摄影、概览摄影、宣传摄影五类，摄影的方法有相向拍摄、十字交叉拍摄、连续拍摄和比例拍摄四种。

11）事故现场物证的类型有散落物（包括车体散落物、人体散落物和他体散落物）、附着物（包括喷洒或粘附物、创痕物和搁置物）和痕迹（包括车辆行走痕迹、车辆碰撞痕迹、涂污与喷溅痕迹）三大类。

【重要概念】

询问　嗅闻　查看　丈量　摄影　收集　绘图　填写　现场查勘　原始现场　变动现场　恢复现场　车辆识别代码　驾驶证　行驶证　车辆安全技术检验　车辆改装或加装　新车质保期　车辆维修质保期　违章装载　散落物　附着物　痕迹

【实训建议】

1）学完汽车的VIN码之后，要求每位学生在实验室、自己或亲戚家里、修理厂、马路上等处，至少找到国产（上汽通用、上汽大众、一汽大众、北京现代、一汽丰田、东风标致等）、美国产、日本产、德国产汽车各一辆，利用自己的手机或数码相机拍摄下清晰的VIN码（多处位置的VIN码）照片，通过邮箱发给教师。

2）学完对事故当事人访谈的内容之后，将学生每5人分成一组，分别扮演查勘员、车主、出险车辆的驾驶员、事故现场的目击者、事故对方车辆的驾驶员，通过虚拟不同的事故场景、不同的事故责任比例、不同的车辆损失程度、不同的相关人员特点等，进行不同类型的事故现场访谈演练。

事故现场访谈演练选项题

车辆类型	事故责任比例	车辆损失程度	天气状况
A1 低档非营运轿车	B1 无责	C1 擦划	D1 晴朗的春天
A2 中档非营运轿车	B2 次责	C2 轻微	D2 烈日当头的夏日
A3 高档非营运轿车	B3 同责	C3 较重	D3 秋日的黄昏
A4 出租车	B4 主责	C4 严重	D4 飘雪的冬日
A5 普通货车	B5 全责		
A6 半挂车			
A7 客车			

备注：四项特征可以任意组合，形成一道个性化的题目（如A1+B1+C3+D4）作答。

3）学完事故现场照片的拍摄内容之后，找一张报纸，用水打湿，将其附着在车的不同部位，模拟因单方事故所造成的损失；利用学生证、学生卡等模拟驾驶证、车辆行驶证，选择不同的时间段进行事故照片的拍摄。

事故现场照片模拟拍摄

模拟车损部位	天气状况
A1 车前保险杠	B1 晴朗的白天
A2 前照灯	B2 黄昏时分
A3 左（右）前叶子板	B3 夜晚
A4 车门	
A5 后保险杠	
A6 尾灯	
A7 行李箱	

备注：两项特征可以任意组合，形成一道个性化的题目（如 A2＋B3）进行实训。

【技能训练】

【案例 6-1】 车主林某驾驶一辆富康轿车行驶到一弯路时，由于路滑，在借道超车时驶入逆行车道，与迎面驶来的拖拉机相遇，拖拉机驾驶人刘某当即向右打方向避让，致使拖拉机侧翻造成受损、一名乘客重伤、刘某轻伤，合计损失 8.2 万余元，林某的富康轿车安然无恙。交警裁定：林某在此次交通事故中负全部责任。

由于富康轿车已投保车辆损失险和第三者责任险，所以林某以“第三者责任损失”为由向保险公司索赔，遭到拒赔，双方引起纠纷。

案情分析：针对两车并未碰撞，该不该赔付第三者责任险的问题，存在两种相反的观点。主张拒赔者认为：机动车辆保险条款规定：“被保险人在使用保险车辆过程中发生意外事故，致使第三者遭受人身伤亡或财产的直接损毁，依法应由被保险人支付的赔偿金额，保险人依照保险合同的规定给予赔偿。”而本案中，保险车辆并未发生意外事故，不存在给第三者造成损失的前提条件。即使按第三者责任立案，由于两车未发生碰撞，第三者的损失属于间接损毁，而非直接损毁，应该拒赔。主张赔付者认为：第一，紧急避险是指为了使国家、公共利益，本人或者他人的人身、财产和其他权利免受正在发生的危险，不得已采取的避险行为。由于被保险人林某在道路拐弯处占了对方的路面，在即将发生碰撞危险时，刘某不得已而采取向右打方向避让林某，致使车辆侧翻，刘某的行为属于紧急避险。第二，《民法通则》规定：“紧急避险造成损害的，由引起险情发生的人承担民事责任。”刘某因紧急避险造成的损失，是引起险情的被保险人林某的行为直接导致的，理应由林某承担责任。虽然两车未发生碰撞，但第三者的损失仍可认定为直接损毁。

本案的焦点在于：两车未发生碰撞，对第三者的损失能否认定为直接损毁。根据机动车辆保险条款，是否发生直接接触并非是第三者责任险赔偿的限制条件。本案具备机动车辆第三者责任保险条款规定的成立要件：直接损毁和被保险人依法应当承担的赔偿金额。因此保险公司应依照合同规定给予赔偿。所以，林某可以在第三者责任险的保险额度内，从保险公司得到其应承担刘某紧急避险造成的全部损失 8.2 万余元的赔偿。

【训练题6-1】 驾驶人赵某驾驶货车行驶时，轮胎轧飞一卵石，卵石高速飞出击中路边行人李某左眼，将李某致重伤，被送医院治疗，共花费1.8万余元。交警认定，双方均不负责任，李某经伤残鉴定为4级伤残，他以自己无过错为由，向驾驶人赵某提出索赔。由于该车投保了20万元的第三者责任险，赵某遂向保险公司就李某的治疗费用提出索赔申请。

思考题：

1）本案中的李某致残，虽系车辆行驶所致，但车辆并未与行人接触，是否应该由第三者责任保险进行赔付？

2）假如需要赔付，是否应该就李某的损失全额赔付？

【训练题6-2】 王某非常疼爱自己的妻子，虽然家中已经有了一辆花冠牌的私家车，还是给已经有了驾照的妻子单独购买了一辆POLO轿车，并亲自为妻子的POLO轿车办完了包括购买保险在内的全部手续。为了体现对妻子的爱意以及以后交费方便，他将两辆车的车主、投保人、被保险人均写成了自己，并且购买了同一家保险公司的保险产品。周末，为了锻炼妻子的驾驶技能，两人各自驾车外出郊游。由于妻子驾驶技能不够熟练，来到一个路口时，追尾撞上了正在等绿灯的王某的车，使得花冠轿车尾部及POLO轿车前部均受损。

思考题：

1）本起事故中，责任方在谁？

2）POLO前部的受损，是否可以从其自身的车辆损失险获得赔付？

3）花冠尾部的受损，是否可以从其自身的车辆损失险获得赔付？

4）花冠尾部的受损，是否可以从POLO的第三者责任险中获得赔付？

【工作页】

事故现场查勘工作页

教师布置日期：　　年　　月　　日　　　　　　　　个人完成时间：　　（分钟）

问题： 学生分组演练，两个人一组：一人扮演报案的客户，一人扮演查勘人员。 场景模拟：车主为男性（女性），23岁，从事企业文秘工作，SPARK车（或者利用可以找到的任意一辆其他车型）投保生效刚刚3天，自称倒车时车辆的尾部撞到了电线杆，导致后保险杠破碎（用一张报纸打湿后贴在车尾，模拟损坏）请求查勘。	任务： 作为一名查勘人员，应该如何做好出现场的准备？如何展开有效查勘，还原事故真相，剔除道德风险？
查勘要点：	

（续）

工作步骤		注意事项
查勘准备	1. 携带查勘资料及工具	
	2. 抄单情况	
	3. 报案记录	
查勘技巧	1. 询问	
	2. 嗅闻	
	3. 查看	
	4. 丈量	
	5. 摄影	
	6. 收集	
	7. 绘图	
	8. 填写	
学习纪要：		

【知识习题】

1. 填空题

1）变动现场是指自然因素或人为原因，致使出险现场的原始状态发生改变的事故现场。包括正常变动现场、________现场、________现场等。

2）逃逸现场指事故当事人为逃避责任而________或________逃逸，导致事故现场原貌被改变的现场。

3）原产于德国、日本、中国的汽车，VIN 码的首位一般分别为________、________、________。

4）私家轿车使用满 8 年，一共需要检验________次？

5）一辆只维修了发动机冷却散热器风扇电机的轿车，其质量保证期为车辆行驶________千米或者________日。

6）车险事故现场的附着物可分为________、________、________3 大类。

2. 简答题

1）汽车的 VIN 码是如何编制的？

2）如何通过汽车的VIN码得知其生产年份？

3）事故现场分哪几类？

4）接受报案的主要工作内容有哪些？

5）事故现场出现变动的原因有哪些？

6）现场查勘前，应该做好哪些准备？

7）现场查勘工作包括哪八个环节？

8）现场询问时，主要应该询问哪些内容？

9）现场查看时，主要应该看什么？

10）现场丈量时，主要应该注意哪些问题？

11）现场摄影时，主要应该注意哪些事项？

12）绘制现场图时，主要应该注意哪些事项？

3. 案例题

1）一保户报案称其投保的捷达轿车行驶时不慎与路面上的石头相撞，造成发动润滑油底壳破裂，润滑油泄漏，车辆就在事故现场的路边，请求保险公司速来查勘。查勘定损人员及时赶到现场，发现道路中间有几块夜间拉石料的车辆散落的石头，其中一块被润滑油侵蚀，石头周围也有一片油污。经仔细检查，轿车的发动润滑油底壳有一孔洞，洞口向内凹，润滑油已漏尽，经与碰撞的石头比对，形状相吻合，汽车的停车位置距离所碰撞的石头不足50m。事故车辆拖到维修厂以后，维修人员将其用举升机举起，对发动机进行全面检查。搬动曲轴带轮时，曲轴运转自如，拆检之后，发现润滑油泵集滤器、润滑油泵均无损坏。分别揭下曲轴轴瓦和连杆轴瓦检查，没有发现烧蚀、磨损现象。此次事故只造成了发动润滑油底壳的变形与断裂，没有引起其他机件的损坏。

试问：

① 该起事故是否属于保险责任？

② 针对该起事故，应该如何制订维修方案？

③ 该起事故需要更换哪些零部件？

④ 路面污染怎么处理？

2）车主季某驾自己的私家车外出，在路途之中车的左前轮压了一块石头，导致发动机舱盖弹起。弹起的发动机舱盖直接打碎了前风窗玻璃。驾驶人在惊慌失措之下，将车开到了路沿之下，导致车辆倾覆。

试问：

① 发动机舱盖因弹起而导致的损坏，保险公司是否应该予以赔偿？

② 前风窗玻璃的损坏，保险公司是否应该予以赔偿？

③ 车身侧面的损坏，保险公司是否应该予以赔偿？

3）一辆凯美瑞轿车，驾驶人将其停在了路边店的门口而与同行的朋友进去吃饭。过了大约40分钟，门口的人大喊救火，驾驶人跑出观察时，发现是自己的轿车因不慎停在了干枯的麦秸草上而引发起火，火势不仅烧损了自己的汽车，而且还引燃了旁边停放的拖拉机。

试问：

① 如何应对车主索赔车辆损失的请求？

② 如何应对拖拉机主人的索赔诉求？

学习任务七

车辆损失定损实务

【任务描述】

通过“车辆损失定损实务”任务的学习，要求学生：

1. 了解事故车辆损失鉴定与正常维修的区别；
2. 熟悉机动车辆理赔定损的原则与方法；
3. 掌握汽车碰撞、火灾、水淹、盗抢等损失形式的基本定损方法。

学习单元1　车辆定损概述

导入案例

某地一辆奥迪A6轿车，因发生单方事故而致损，构成保险责任。保险公司定损之后，车主没有将车开到保险公司建议的汽车维修厂进行维修，决定自选维修厂。但是，双方对于事故造成的损失金额，产生了较大分歧。保险公司确定的维修金额为1.3万元，而车主随后请求中介机构核定的损失金额为31万元。

同属于确定车辆的损失，为什么会产生如此之大的定损分歧呢？其实，这与定损原则的把握直接相关。

要想及时、公正地理赔，查勘定损人员就要及时赶赴现场、热情服务、做好救援工作；要对事故车辆所造成的损失，做出公正、合理的鉴定；要对更换配件的价格及工时费用做出正确的报价；要要求汽车修理厂及时、保质地修好事故致损车辆。

近年来，各家保险公司内部基本都建立了便捷的报价系统，有效地控制了配件价格。为了更加有效地降低理赔成本，就要求查勘定损人员对事故车辆所造成的损失做出准确的鉴定。由于事故车辆的损失是随机的，每一辆事故车所造成的损失都有差异，所以，提高定损人员的思想品德素质、业务素质是至关重要的。

一、汽车基本结构

汽车，无论是什么类型的，通常都是由发动机、底盘、车身和电气系统四大部分组成的。

1. 发动机

汽车用发动机是将燃料的化学能，通过燃烧转变成为机械能的一个装置。大多数汽车都选用了往复活塞式汽油机（或柴油机），这种发动机一般由两大机构、五大系统组成，即曲柄连杆机构、配气机构、燃料供给系统、润滑系统、冷却系统、起动系统、点火系统

（汽油发动机所特有的），如图7-1所示。

2. 底盘

图7-1 直列6缸发动机

底盘由传动系统、行驶系统、转向系统和制动系统四部分组成。作为汽车的基体，发动机、车身、电器设备及各种附属设备都直接或间接地安装在底盘上。底盘接受发动机输出的动力，可以将发动机的旋转运动转变成汽车的水平运动，并保证汽车按照驾驶人的操纵正常行驶。

传动系统是指将汽车发动机输出的动能传递到车轮上的动力传动装置。这套传动装置不仅能够实现动力的传递，还可以实现动力的接通与切断、起步、变速、倒车等功能。传动系统一般由离合器、变速器、传动轴和驱动桥等组成。

行驶系统将汽车各总成、部件连接成为一个整体，支撑着整车的部件，将发动机旋转运动的动力转变成汽车的直线运动，并实现汽车的平顺行驶。行驶系统由车架、车桥、车轮和悬架等组成。

转向系统用来控制汽车的行驶方向，由转向盘、转向器和转向传动机构组成，受驾驶人的直接操纵。

制动系统用来使行驶中的汽车按照需要减速、停止行驶、坡道驻车等。制动系统由制动控制部分、制动传动部分、制动器等零部件组成，汽车制动系统至少需要有两套各自独立的制动装置，即行车制动装置和驻车制动装置。

3. 车身

汽车车身既是驾驶人工作的场所，也是装载乘客和货物的场所。它应为驾驶人提供方便的操作条件，并为乘客提供舒适安全的环境或保证货物完好无损。

汽车车身按用途分为轿车车身、客车车身、货车车身和专用汽车车身等几类；按所用材料分钢制车身、轻金属车身、塑料车身和混合车身；但一般按承载方式分为非承载式车身、半承载式车身和承载式车身三大类。

车身形式不同，维修方法也不同。图7-2所示为宝马5系轿车的车身。

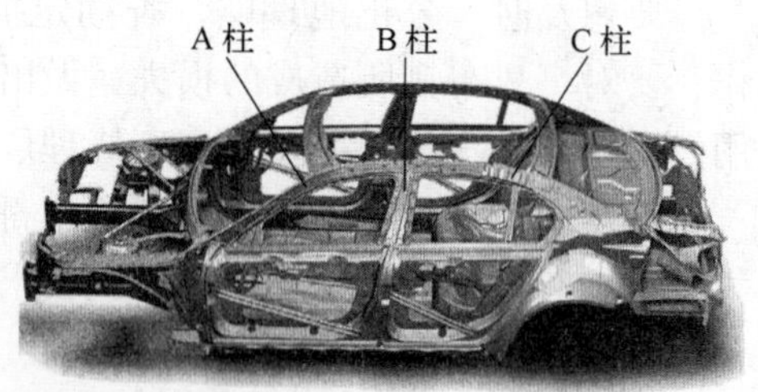

图7-2 宝马5系车身

（1）非承载式车身 非承载式车身是有车架的车身。车身与车架通过弹簧和橡胶垫柔性连接，发动机和底盘主要总成均直接装在车架上，载荷由车架承担，车身主要承受汽车自身及所载客货的重力和汽车行驶引起的惯性力、空气阻力。货车、客车、少数高级轿车采用非承载式车身。

（2）半承载式车身 车身与车架用螺钉、焊接、铆接等方式刚性连接在一起，载荷主要由车架承受，车身也分担部分车架载荷。这种形式的车身只用于大客车。

（3）承载式车身 这种汽车没有单独的车架，只有车身。发动机和底盘主要总成都装配在车身上，各种载荷均由车身承受。车身是由钢板焊接而成的箱式或蛋壳形结构，其刚性的轻型结构可将冲击能量分散到整个汽车，因此在受撞击时，远离冲击点部位的受损情

况不可忽视。这种车身需要装备有效的隔声和防振措施。承载式车身上有以下几大主要钣金件（图 7-3）。

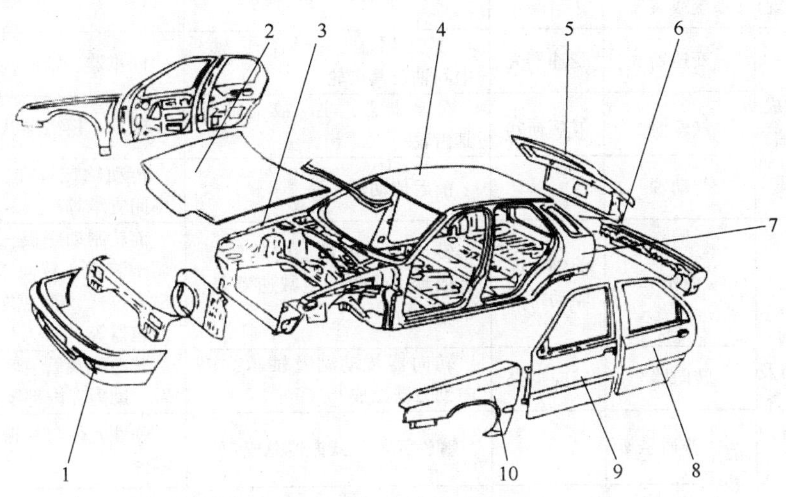

图 7-3　车身壳体及车身覆盖件

1—前保险杠　2—发动机罩　3—车身壳体　4—顶盖　5—行李箱盖
6—后保险杠　7—后翼子板　8—后车门　9—前车门　10—前翼子板

前机舱：这是由前焊接件、左右纵梁、前挡板、副车架等组成的方形框架，是车身骨架中强度最高的组件。

车身下底板：它由前、中、后三块钣金件焊接在一起，各钣金件按受力、材料厚度、几何形状等的不同冲压成各式梁槽，前端与前挡板左右纵梁焊为一体，后端与后悬支撑焊为一体。左右与 A、B、C 三柱焊接在一起，底板下面涂有防腐漆、耐热漆、防石子击打漆。

汽车后箱：由左右翼子板、内骨架、后挡板、左右悬架支撑与底板焊接在一起，形成后箱。

左、右侧边梁：由 A/B/C 三柱、上下边梁、顶篷等焊接成一体，组成左右框架。由于需要在左、右框架上安装车门，所以边框的金属件较少，门的空间较大，抗侧面撞击能力较弱。

4. 电气系统

电气系统用于实现起动发动机，以及确保点火、照明、灯光信号和仪表等监控装置的正常工作。我国汽车电气系统的电压采用 12V 或 24V，负极搭铁。电气设备包括电源组、发动机起动系统、点火系统、照明装置、信号装置、仪表和各种电器设备。

汽车总成及其零部件的划分见表 7-1。

表 7-1　汽车总成及其零部件的划分

序号	总成名称（系统或装置）	总成范围（系统或装置）	基础件	主要零部件	其他零部件
1	发动机总成（附离合器）	发动机	气缸体	气缸盖、曲轴、凸轮轴、连杆、飞轮、正时齿轮、润滑油泵、油底壳	气缸内部零件、配气机构零件、进排气歧管、供给系统（不含油箱）、冷却系统（不含散热器）
		离合器	离合器壳	离合器片及压盘	分离轴承及操纵机构等

（续）

序号	总成名称（系统或装置）	总成范围（系统或装置）		基础件	主要零部件	其他零部件
2	变速器总成（附传动轴）	变速器		变速器壳	变速器盖、一轴、二轴、中间轴及其齿轮	同步器、轴承、操纵机构等
		分动器		分动器壳	分动器盖，主、被动轴及其齿轮	轴承、换档操纵机构等
		传动轴			前后传动轴	传动轴花键套、万向节总成、中间支承等
3	前桥总成（附转向器及前悬架，含前轮制动）	前桥		前轴、前驱动桥壳	转向节、主销、前轮制动鼓或盘、前驱动主减速器壳、半轴	前轮制动底板、蹄片或块及其调整装置、转向节臂及梯形臂、横直拉杆、前主减速器锥齿轮及差速器等
		转向器		转向器壳	转向器传动副及轴承、转向助力器总成	转向柱及管、转向盘、转向垂臂、助力器内部零件等
		前悬架	普通悬架		弹性元件、减振器总成	弹性元件与减振器连接及传力零件
			空气悬架		气囊总成、气囊减振器、空气压缩机	气囊与减振器连接零件、空气阀、传感器等
4	后桥总成（附后悬架，含后轮制动）	后桥		后桥壳	后驱动主减速器壳、半轴、半轴套管、后轮制动鼓或盘	后主减速器锥齿轮、差速器、轴承、油封、后轮制动底板、蹄片或块及调整装置等
		中桥		中桥壳		
		后悬架	普通悬架		弹性元件、减振器总成	弹性元件与减振器连接及传力零件
			空气悬架		气囊总成、气囊减振器、空气压缩机	气囊与减振器连接零件、空气阀、传感器等
5	制动系统（不含前后轮制动	气压制动	空压机	空压机缸体	缸盖、油底壳、曲轴及连杆	空滤器、带轮、活塞、活塞环等
			储气筒及控制装置		储气筒、制动阀、制动气室	油水分离器、继动阀、快放阀、防冻泵、气压感载比例阀、多回路压力保护阀等
		液压制动	制动总泵	泵体	活塞、顶杆	皮碗、单向阀、弹簧等
			制动分泵	泵体	活塞	皮碗、弹簧及连接管路等
			真空（空气）增压助力器	助力器壳	控制阀、真空罐	助力器内部零件、液压感载比例阀、安全缸等
		辅助制动	发动机排气制动		排气制动阀	气压或电磁控制阀及连接传力机件等
			电涡流制动器		转子及定子总成	控制阀、离合开关、加速开关等
			液力下坡缓速器		缓速器壳及盖	转子、轴承、控制阀、密封件等
		车轮防抱死装置	车速传感器电控装置		电控单元、液控单元	液压油泵及压力调节阀、连接管路等
		驻车制动器	机械式驻车制动器		制动鼓或盘	制动蹄片或块及其连接传力零件、操纵控制机构等

（续）

序号	总成名称（系统或装置）	总成范围（系统或装置）		基础件	主要零部件	其他零部件
6	车架总成		车架	车架	纵梁、横梁	保险杠、备胎架、油箱及支架、蓄电池架、踏板架、翼子板支架、前后拖钩等
7	车身	货车	驾驶室	驾驶室骨架	内外蒙皮、车门、车窗、仪表板、翼子板、发动机罩、散热器总成	座椅、靠背、门窗玻璃及升降器、刮水器、散热器罩、百叶窗等
			车厢	纵、横梁	底板、前挡板架	边板、边柱、后板、挡泥板、篷杆、挂钩等
		轿车与客车	轿车	车身骨架	车门、车窗、内外蒙皮、仪表板、散热器总成	门窗玻璃及升降器、车门控制装置、散热器罩、发动机舱盖、翼子板、刮水器等
			客车	横梁、车身骨架	散热器总成、内外蒙皮、车门、车窗、仪表板、座椅	门窗玻璃及升降器、翼子板、仪表板、发动机舱盖、散热器罩、刮水器等
8	电器	起动电源系			起动机、蓄电池、发电机及调节器	点火开关、起动继电器、充电灯或电流表等
		电子控制装置			电控单元	传感器、执行器及开关等
		灯光信号装置			前照灯、转向灯、制动灯、喇叭	其他灯光信号装置及开关、仪表等
	空调音响	空调系统	制冷		压缩机、冷凝器、蒸发器、鼓风机	膨胀阀、各种开关、传感器、制冷剂管路等
			采暖		火焰燃烧器、鼓风机	热水开关、散热器、燃油箱及管路等
		音响电器			收放机、扬声器、音响箱	控制开关及线束等
9	车轮	车轮		轮毂	轮辋、轮盘、轮辐	挡圈、锁圈、衬块、螺栓等
		轮胎			外胎、内胎、垫带	气门嘴、气门芯等
10	牵引装置	牵引转盘			牵引盘及座、牵引销	滚轮、滚轮轴及轴承、锁止装置等
11	吊车工作装置	起重臂		起重臂座	伸缩臂、吊钩	安全装置、滑轮总成、轴承、钢丝绳等
		机械卷扬机构	取力器	壳体	传动齿轮及轴	侧盖、轴承、油封、锁止装置等
			减速器	壳体	减速传动齿轮及轴	侧盖、轴承、油封、锁止装置等
			卷扬筒	支架	卷扬筒及轴	联轴节、轴承、钢丝绳等
		操纵室		操纵室骨架	内外蒙皮、室门、室窗	操纵机构、门窗玻璃、座椅及内部装饰等
12	铲车工作装置	装载工作装置		铲斗	铲臂及翻转轴	拉杆、轴、销、斗牙、支撑杆等
		叉运工作装置			货叉及滑架、举升液压缸及链条	货叉销、链轮、轴承、滚轮、滚轮轴等

（续）

序号	总成名称（系统或装置）	总成范围（系统或装置）	基础件	主要零部件	其他零部件
13	液压系统	液压泵	泵体	液压泵、液压马达、液压油箱	泵内零件、单向阀、限压阀、连接管路等
		液压缸	缸筒	活塞、活塞杆	活塞皮圈、导向圈、油封、液压管路等
		变矩器	变矩器壳体	泵轮、涡轮、导轮	单向离合器、输出轴、轴承、油封等
		操纵装置		分配阀、操纵阀	操纵手柄、溢流阀、安全阀、液压管路等

5. 汽车的组成与价格比例

根据一般测算，各种汽车四大组成部分所占汽车的价格比例参见表7-2。

表7-2 汽车组成与价格比例参考表 （单位：%）

汽车类型 组成	货车	越野车、自卸车、牵引车	专用车	客车	轿车	半挂车
发动机	20～30	15～25	10～20	15～20	10～20	10～25
底盘	20～40	30～50	20～35	15～25	15～25	30～50
车身	5～20	5～15	10～35	20～40	15～35	10～20
电器设备	5～20	5～15	10～20	10～30	10～40	5～15

注：价格区间的差别主要取决于汽车的档次以及所用电控装置的数量和档次。

二、事故车辆损失鉴定与正常维修的区别

1. 维修起因不同

正常维修主要依据使用年限或行驶里程，也根据性能的临时表现来决定是否需要进行正常维修。而事故车辆的修理则主要依据突发事故对车辆所造成的损坏，是否达到了需要修理的程度。

2. 目的不同

汽车正常维修时，需发现和确定所存在的技术问题。依据“技术上可行、经济上合理”的原则，提出解决方案；排除已经发现的故障以及潜在的故障隐患，恢复汽车的正常性能。

事故车辆维修，是确定本次事故造成的损失，确定哪些配件或总成该换，哪些配件或总成该修及如何修理；确定该换配件或总成的价格和修理所需工时费用；计算出本次事故所造成的经济损失；事故车辆的修理是恢复到事故发生前的技术状态。事故车辆在损失鉴定和修复时，凡与本次事故无关的，即使存在问题也不必关注。例如，一辆汽车因为制动系统不灵发生了追尾碰撞，导致本车保险杠和散热器被撞坏。那么，在制定本车维修方案时，作为保险杠和散热器的损坏，所涉及的更换配件费用和工时费用，可确定为事故造成的损失，保险公司可以承担赔偿责任。但是，制动系统的故障，不是本次事故造成的损失，虽然维修时需要一并修复，但所需费用应由车主本人承担。

3. 依据标准不同

正常维修，依据的是各省交通厅颁发的汽车维修相关规定。各总成的拆装、修理及部件的修理，是根据长期实践且经测算而取得的平均工时定额。而事故车碰撞后各部位的变形千差万别，对金属结构件的修复工作量差异也很大，需要做到对事故车辆的损失估价合理而准确。因此，定损人员需要熟知汽车构造、原理，熟悉修理工艺，了解技术标准，掌握零件检验和修复的方法。

三、机动车辆理赔定损的原则与方法

出险车辆经现场查勘后，已明确属于保险责任而需要修理时，保险公司应对出险车辆的修复费用进行准确而合理的定损。当决定选用何种维修方案，特别是涉及是否需要更换零配件时，既要考虑保险公司的经济效益，也要考虑事故车辆修复后能基本恢复到事故发生前的性能。

1. 定损原则

对事故车辆的修理范围，一般仅局限于本次事故所造成的损失。对于能修理的零部件，尽量修复，不去随意更换；对于能通过局部修复恢复性能的，不扩大到整体修理（如车身喷漆）；对于能更换个别零部件恢复性能的，不去更换总成。

确定维修费用时，涉及材料费和工时费两项。可以依据所损坏零部件的原始来源，根据保险公司内部报价系统或市场价格，确定零配件的价格；根据修复的难易程度，参照当地工时费水平，确定工时费用。

2. 定损方法

（1）定损技术依据

定损技术依据

▲了解出险车辆的结构及整体性能

▲熟悉受损零部件拆装的难易程度及相关作业量

▲熟知受损零部件的市场价格

▲掌握受损零部件的检测技术

▲了解修理工艺及所需工装器具的性能

▲掌握修理过程中所需辅助材料及用量

▲掌握出险车辆修竣后的检查、鉴定技术标准

（2）修理范围的鉴别　确定保险责任事故的车辆维修方案时，既要区分车辆的事故损失与机械损失，也要区分车辆的新、旧碰撞损失。

1）区分事故损失与机械损失。对于车辆损失险，保险公司只承担条款载明的保险责任所导致事故损失的经济赔偿。凡因故意行为、机械故障、轮胎爆裂，以及零部件的锈蚀、朽旧、老化、变形、断裂等所造成的损失，不负赔偿责任。若这些原因构成碰撞、倾覆、爆炸等保险责任的，对直接的事故损失部分可予负责，但对非事故损失部分不予负责。

2）区分新、旧碰撞损失。属于本次事故碰撞的部位，一般会有脱落的漆皮和新的金属

刮痕；非本次事故的碰撞处往往会有油污和锈迹。之所以要界定新、旧碰撞损失，是因为有个别车主，将以往发生的小事故，或者已经与事故责任方“私了”了的事故车，到保险公司定损、估价、获得赔偿后，并不去修复，与本次事故一并报案求偿，这样就会造成重复定损。

（3）定损的基本步骤

1）弄清车辆事故的起源点，以确定因肇事部位的撞击、振动可能会引起哪些部位的损伤。

2）确定事故车辆的维修方案，并据此对损坏的零部件由表及里进行登记，且依据修复、更换的类别进行分类。鉴定、登记时可以按以下顺序进行：由前到后，由左到右，先登记外附件（即钣金覆盖件，外装饰件），再按车身、发动机、底盘、电器等顺序进行分类登记。

3）根据已确定的维修方案和修复难易程度确定工时费用。

4）根据所确定的更换零件以及所掌握的汽车配件价格确定材料费用。

5）定损时被保险人、第三者、修理厂、保险公司等各方均应在场。在明确修理范围及项目、确定所需费用、签订“事故车辆估损单”协议后方可让事故车进厂修理。

（4）几种典型情况的处理

1）处理好与汽车维修厂的关系。作为汽车维修厂，考虑到自身的经济效益，自然希望事故车辆的维修定价越高越好；个别保户也会希望从估价中得到一些间接损失方面的弥补。因此，他们希望高定价是一种正常的心态。定损人员应该这样应对：

① 初步拟定事故车辆修理方案，对工时费部分，实行招标包干。一般来说，大事故往往需要分解检查后，才可能拿出准确的定损价格。此时，不宜先分解、后定价，而应先与修理厂谈妥修理工时的总费用，再对事故车辆进行分解。若盲目分解，一旦在工时费用方面与修理厂无法达成一致，则会给后期的变更修理厂等工作带来很大的被动。

②在与修理厂谈判工时费时，可以采用总体包干法、分项包干法（即对机修、钣金与烤漆、拆装、辅助等四项作业内容分别进行工时费包干）、逐件核定法、维修作业量测算法、重置成本比例法、本地同类维修企业比较法等。做到逐项解释，有理有据，以理服人。

③ 在确定更换零配件时处理好与保户的关系。大多数保户在车辆出险后，对于损坏了的零部件（特别是钣金件、塑料件等），不论损坏程度轻重，能否达到更换程度，都希望给予更换。这既不符合事故车辆的维修原则，也容易助长以后定损时的无理要求，可以这样说服保户：

性能无碍——说明损坏的零部件在车辆结构上所起的作用以及修复后对汽车原有性能及外观没有影响。

避重就轻——对配件价值较大，可换可不换的，说服不换；对配件价值较小，考虑照顾保户情绪，同意更换。

原件价低——根据车辆出险前的实际情况，如果所损坏的件原本属于副厂件，不能更换正厂件，原本属于国产件，不能更换进口件。

坚持原则——对私家车及出租车须坚持原则，达不到更换标准的一概不换。

【案例 7-1】 某保险公司承保的一辆奔驰 E240 改装版轿车，发生单方事故导致保险杠右侧裂了一道大约8cm长的裂纹。拆开之后，进一步检查发现：除保险杠裂纹外，其内侧的安装爪断开，断裂物遗失；右侧前照灯的三个爪断开了两个，而且其中一个遗失，如图7-4所示。

a) 发生单方事故致损的奔驰E240

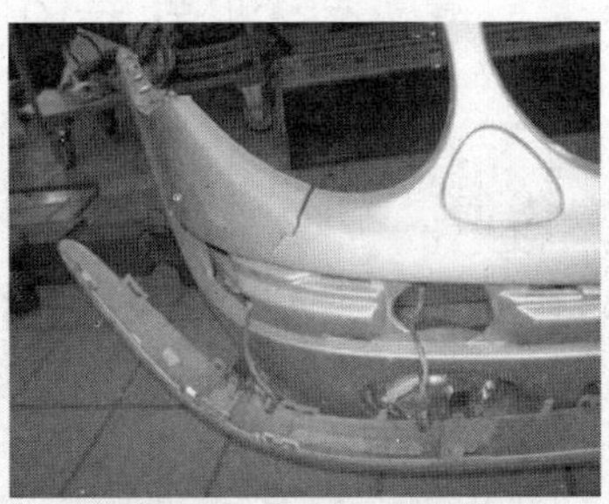
b) 奔驰E240损坏了的保险杠

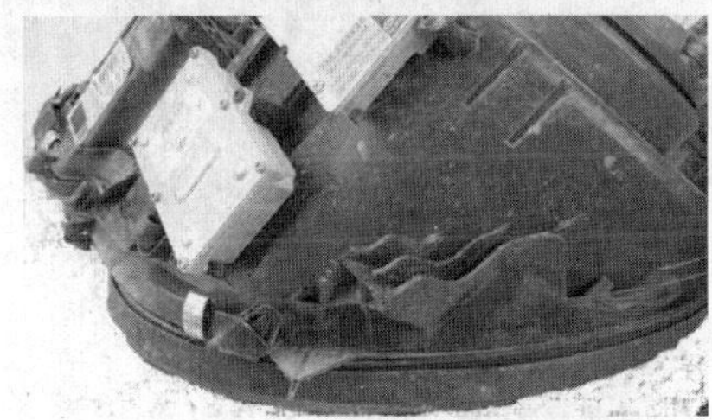
c) 奔驰E240右前照灯断掉的安装支架

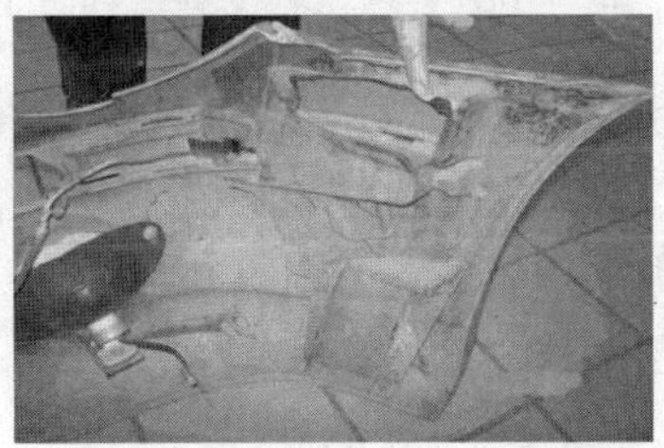
d) 奔驰E240右前照灯断掉的安装支架

图7-4　单方事故致损的奔驰 E240

定损人员征询汽车维修厂的维修方案时，得到的答复是前照灯、保险杠均无法维修，只能更换。氙气前照灯报价0.99万元；保险杠（加宽型的，没有现货，只能从德国订购）报价3万元；装饰条报价0.2万元；加之拆装工时、烤漆等费用，维修总费用大约5万元。

为降低维修费用，定损人员与车主、维修厂进行了艰苦谈判。最后，充分利用了“春节临近，车主需用车，维修厂没有现成配件，只能节后修竣”的客观现实，以及车主没有购买不计免赔损失险，个人需承担15%维修费的事实，开出了“假如同意维修，春节前一定修竣，同时免除个人负担，修竣后确保无碍”的条件，使车主愉快地接受了维修前照灯、保险杠（而非更换）的建议，最终只花费不足4000元就修复了事故车辆。

2）去外地查勘定损的技巧。赴外地查勘定损时，困难要比在本地大得多，特别是对第三者车辆（事故发生地当地车辆）无责的情况下，协商修理定价时往往会更为艰辛。

此时，估价应留有余地，为应对修理厂对外地客户哄抬维修价格的现象，估价时应留有一定余地，作为让步的条件。估价时切忌拖泥带水，能实行费用包干的，尽可能包干，一般情况下不留待查项目，对确实无法判断的，可现场分解。若无法与修理厂达成共识，可请当地保险公司协助。

3）对重大事故及特殊车型的定损。对于重大事故，为避免道德风险，应尽可能推荐车主到4S店维修。以避免在分解过程中弄虚作假以及有意扩大损坏部位、加大损坏程度现象的发生。如果车主坚持自选修理厂，则可在工时费包干的前提下，由定损人员现场监督分解，并尽快确定更换项目。

对于特殊车型、配件紧缺的车辆，可在确定更换配件项目的前提下，先安排其他项目

的维修，避免因配件价格无法确定而延迟修理时间。在车辆修复的同时，积极联系采购配件。对部分无法买到的紧缺零件，可在当地加工制作。

学习单元2　汽车碰撞定损

导入案例

一辆由刚刚拿到驾驶证不久的女驾驶人驾驶的夏利轿车，在快速路上快速行驶过程中，被一辆后方来的超车大客车所带起的风引发方向失控，冲下了公路护坡之后倾翻，造成车壳严重变形（图7-5）。

对于这样一辆外形严重受损，但发动机以及其他主要零部件基本没有遭受损失的微型轿车，应该制定怎样的维修方案呢？全部维修费用又大致需要多少呢？

图7-5　翻滚致损的夏利轿车

在机动车保险责任中，碰撞造成的损失是最为常见的，也是损失最多的一个项目。因此，查勘定损人员必须熟悉机动车辆保险的相关险种，了解汽车的基本结构，掌握碰撞造成的损失，熟悉常见的修复方法，掌握汽车零部件的修理与更换标准，掌握各部位修复所需要的工时标准等。

一、车身定损分析

1. 碰撞对不同车身结构的影响

汽车车身既要经受行驶中的振动，还要在碰撞时能给乘员提供安全。因而，现代汽车的车身被设计成在碰撞时能最大限度地吸收能量，以减少对乘员的伤害。乘用车碰撞时，前部、后部形成吸收能量的结构，使中部形成一个相对安全的区域，假如汽车以48km/h的速度碰撞坚固障碍物时，发动机室的长度会被压缩30%～40%，但乘员室的长度仅被压缩1%～2%（图7-6）。

图7-6　轿车的碰撞变形区域

非承载式车身被碰撞后，可能是车架损伤，也可能是车身损伤，或车架车身都损伤。车架车身都损伤时可通过更换车架来实现车轮定位及主要总成定位，然而，承载式车身被碰撞后通常会造成车身结构件的损伤。通常，非承载式车身的修理只需满足形状要求，而承载式车身的修理既要满足形状要求，更要满足车轮定位及主要总成定位的要求。所以碰撞对不同车身结构的汽车影响不同，从而造成修理工艺和方法的不同，最终造成修理费用的差距。

（1）碰撞造成的非承载式车身变形　对于非承载式车身来说，发生碰撞之后，会导致不同的变形，具体见表7-3。

表 7-3 碰撞造成的非承载式车身变形

变形种类	变形特点	判别方法
左右弯曲	侧面碰撞常会引起车架左右弯曲或一侧弯曲 左右弯曲通常发生在汽车前部或后部	观察钢梁内侧及对应钢梁外侧是否有皱曲来确定 通过发动机舱盖、行李箱盖及车门缝隙、错位等也能辨别出左右弯曲变形
上下弯曲	上下弯曲一般由来自前方或后方的直接碰撞引起，可能发生在汽车一侧也可能是两侧 弯曲后，车身外壳会比正常位置高或低，结构上也有前、后倾现象	查看翼子板与门之间的上下缝隙是否顶部变窄下部变宽 也可查看车门在撞击后是否下垂
皱折与断裂损伤	断裂损伤通常表现在发动机舱盖前移和侧移、行李箱盖后移和侧移。有时看上去车门与周围吻合很好，但车架却已产生了皱折或断裂	通常发生在应力集中的部位，应重点观察。而且，车架通常还会在对应的翼子板处造成向上变形
平行四边形变形	汽车一角受到前方或后方撞击，一侧车架向后或向前移动引起错位，使其成为接近平行四边形	目测可见发动机舱盖及行李箱盖错位，通常平行四边形变形还会带来许多断裂及弯曲变形的组合损伤
扭曲变形	当高速撞击到与车架高度相近的障碍时，会发生扭曲变形。另外，尾部受侧向撞击也会发生这种变形	汽车一角会比正常时高，而相反一侧会比正常时低。应力集中处时常伴有皱折或断裂损伤

（2）不同碰撞部位对承载式车身的影响　承载式车身通常被设计成能很好地吸收碰撞时产生的能量。这样一来，受到撞击时，车身由于吸收撞击能量而变形，使撞击能量大部分被车身吸收。

在受到碰撞时，车身能按照设计要求形成折曲，这样传到车身的振动波在传送时就被大大减小，即来自前方的碰撞应力被前部车身吸收了；来自后方的碰撞应力被后部车身吸收了；来自前侧方的碰撞应力被前翼子板及前部纵梁吸收；中部的碰撞应力被边梁、立柱和车门吸收；来自后侧方的碰撞应力被后翼子板和后部纵梁吸收。

1）前端碰撞。主动碰撞会导致前端致损（图 7-7），碰撞力取决于汽车重量、速度、碰撞范围和碰撞源。碰撞较轻时，保险杠会被向后推，前纵梁及内轮壳、前翼子板、前横梁及散热器框架会变形；如果碰撞加重，那么前翼子板会弯曲变形并移位触到车门，发动机舱盖铰链会向上弯曲并移位触到前围盖板，前纵梁变形加剧造成副梁变形；如果碰撞程度更剧烈，前立柱将会产生变形，车门开关困难，甚至造成车门变形；如果前面的碰撞从侧向而来，由于前横梁的作用，前纵梁就会产生相应的变形。前端碰撞常伴随着前部灯具及护栅破碎、冷凝器、散热器及发动机附件损伤、车轮移位等。

图 7-7　汽车前端碰撞损失图

2）后端碰撞。汽车因后端正面碰撞造成损伤时（图 7-8），往往是被动碰撞所致。碰撞冲击力主要取决于撞击物的重量、速度，被碰撞的部位、角度和范围。如果碰撞较轻，通常后保险杠、行李箱后围板、行李箱底板可能压缩弯曲变形；如果碰撞较重，C 柱下部

前移，C 柱上端与车顶接合处会产生折曲，后门开关困难，后风窗玻璃与 C 柱分离，甚至破碎。碰撞严重时会造成 B 柱下端前移，在车顶 B 柱处产生凹陷变形。后端碰撞常伴随着后部灯具等的破碎。

3）侧面碰撞。在确定汽车侧面碰撞时（图 7-9），分析其结构尤为重要。一般来说，对于严重的碰撞，车门 A、B、C 柱以及车身地板都会变形。当汽车遭受的侧向力较大时，惯性作用会使另一侧车身变形。当前后翼子板中部遭受严重碰撞时，还会造成前后悬架的损伤，前翼子板中后部遭受严重碰撞时，还会造成转向系统中横拉杆、转向机齿轮齿条的损伤。

图 7-8 汽车后端碰撞损失图

图 7-9 汽车侧面碰撞损失图

4）底部碰撞。底部碰撞通常为因路面凹凸不平、路面上有异物等造成车身底部与路面或异物发生碰撞，致使汽车底部零部件、车身底板损伤（图 7-10）。常见损伤部位有前横梁、发动机下护板、发动润滑油底壳、变速器油底壳、悬架下托臂、副梁及后桥、车身底板等。

5）顶部碰撞。汽车单独的顶部受损多为空中坠落物所致，以顶部面板及骨架变形为主（图 7-11）。汽车倾覆是造成顶部受损的常见现象，受损时常伴随着车身立柱、翼子板和车门变形、车窗破碎。

图 7-10 汽车底部碰撞损失图

图 7-11 汽车顶部碰撞损失图

2. 车身碰撞损伤的目测

大多数情况下，碰撞部位能显示结构变形或断裂迹象。肉眼检查时，可后退几步，对汽车进行总体观察（图 7-12）。从碰撞位置估计受撞范围大小及方向，并判断碰撞是如何扩散的。先从总体上查看汽车上是否有扭转、弯曲变形，再查看整个汽车，设法确定损伤位置及所有损伤是否都是同一事故引起的。

图 7-12　对事故汽车进行总体观察

碰撞力沿车身扩散，并使许多部位变形。碰撞力具有穿过车身坚固部位最终抵达并损坏薄弱部件，扩散并深入至车身部件内的特性。为了查找汽车损伤，必须沿碰撞力扩散的路径查找车身薄弱部位。沿碰撞力扩散方向逐处检查，确认是否有损伤和损伤程度。具体可从以下几方面进行识别。

（1）钣金件截面变形　碰撞所造成的钣金件截面变形与钣金件本身设计的结构变形不一样，钣金件本身设计的结构变形处表面油漆完好无损，而碰撞所造成的钣金件截面变形处油漆起皮、开裂。车身设计时，要使碰撞产生的能量能按既定路径传递到指定地方吸收。

（2）零部件支架断裂、脱落和遗失　发动机支架、变速器支架、发动机各附件支架是碰撞应力的吸收处，各支架在设计时均有保护重要零部件免受损伤的功能。在碰撞事故中常有各支架断裂、脱落和遗失的现象出现。

（3）检查车身各部位的间隙和配合　车门是以铰链形式装在车身立柱上的，立柱变形会造成车门与车门、车门与立柱间隙不均匀（图 7-13）。可通过简单地开关车门，查看车门锁与锁扣的配合，从锁与锁扣的配合可判断车门是否下沉，从而判断立柱是否变形，从查看铰链的灵活程度判断立柱及车门铰链处是否有变形。

图 7-13　前端事故导致后侧车门间隙变大的桑塔纳 2000 轿车

在汽车前端碰撞事故中，检查后车门与后翼子板、门槛、车顶侧板的间隙，并做左右对比是判断碰撞应力扩散范围的主要手段。

（4）检查汽车本身的惯性损伤　汽车碰撞时，一些质量较大的部件（如装配在橡胶支座上的发动机和离合器总成等）在惯性力作用下会造成固定件（橡胶垫、支架等）及其周围部件和钢板的移位、断裂等，应进行检查。对于承载式车身，还需查看车身与发动机及底盘的结合部是否有变形。

（5）检查来自乘员及行李的损伤　由于惯性力的作用，乘客和行李在碰撞中会引起车身二次损伤，损伤程度因乘员位置和碰撞力度而异，较常见的是转向盘、仪表工作台、转向柱护板和座椅等损坏。行李碰撞是造成行李箱中部分设备（如 CD 机、音频功率放大器等）损伤的主要原因。

3. 车身零部件定损分析

在保证汽车修理质量的前提下，“用最小的维修成本完成汽车受损部位的修复工作”是定损事故汽车的基本原则。

但是，中国地域广阔，各地经济发展又极不平衡，体现在汽车维修领域，就是各地的工时费标准相差很大。在工时费较低的甲地可以修复的某个具体零部件，拿到了工时费较

高的乙地可能就没有必要修复了。因此，在损失评估中，确定受损零件修与换的标准是一个难题。下面以轿车普遍采用的承载式车身为例说明常见碰撞损伤后的定损。

（1）结构钣金件的定损 面对碰撞受损的承载式车身，经常会遇到弯曲变形、折曲变形的概念。所谓弯曲变形，就是指损伤部位与非损伤部位的过渡平滑、连续；通过拉拔矫正可使其恢复到事故前的形状，而不会留下永久的塑性变形。所谓折曲变形，就是指弯曲变形剧烈，曲率半径小于3mm，通常在很短长度上弯曲可达90°以上；矫正后，零件上仍有明显的裂纹或开裂，或者出现永久变形带，不经加热处理不能恢复到事故前的形状。

一般来说，如果承载式车身结构钣金件发生的只是弯曲变形，则只需维修；假如发生了折曲变形，就需视情况维修或更换了。

当决定更换结构板件时，应完全遵照制造厂的建议，这一点非常重要。当需要切割或分割板件时，厂方的工艺要求必须遵守，一些制造厂不允许反复分割结构板件。另一些制造厂规定只有在遵循厂定工艺时，才同意分割。

不能切割或分割的钣金件

▲不要割断可能降低乘客安全性的区域

▲不要割断降低汽车性能的区域

▲不要割断影响关键尺寸的区域

然而，在我国，多数汽车修理企业没有做到完全按照制造厂工艺要求更换车身结构件。所以，应该采用“弯曲变形就修，折曲变形就可以换”的基本原则，而不是“必须更换”，以避免产生更大的车身损伤。

高强度钢在任何条件下，都不能用加热法来矫正。

凡属于不通过破坏性切割作业就无法将相关结构件从车体上取下来的，都属于结构钣金件。如发动机舱的前焊接件、左右纵梁、前挡板、副车架，车身下底板的前、中、后三块钣金件，汽车后部的底板、悬架支撑，左右侧边梁的A柱、B柱、C柱、上下边梁等。

（2）非结构钣金件的定损 非结构钣金件又称覆盖钣金件，承载式车身的覆盖钣金件通常包括可拆卸的前翼子板、车门、发动机舱盖、行李箱盖，以及不可拆卸的后翼子板、车顶等。

1）发动机舱盖及附件。轿车的发动机舱盖绝大多数采用冷轧钢板冲压而成，少数高档轿车采用铝板冲压而成。冷轧钢板在遭受撞击后常见的损伤有变形、破损，铁质发动机舱盖是否需更换主要依据变形的冷作硬化程度和基本几何形状。冷作硬化程度较少、几何形状程度较好的发动机舱盖常采用钣金修理法修复，反之则更换。铝质发动机舱盖通常产生较大的塑性变形就需更换。

发动机舱盖遭受碰撞变形、破损后应以更换为主。发动机舱盖铰链碰撞后会变形，以更换为主。发动机舱盖撑杆有铁质撑杆和液压撑杆两种，铁质撑杆基本上可校正修复，液压撑杆撞击变形后以更换为主。发动机舱盖拉索在轻度碰撞后一般不会损坏，碰撞严重会造成折断，应更换。

2）行李箱盖。它们大多用两个冲压成形的冷轧钢板经翻边制成。判断其是否碰撞损伤变形，应看是否要将两层分开修理。如不需分开，则不应考虑更换；若需分开整形修理，应首先考虑工时费与辅料费之和与其价值的关系，如果工时费加辅料费接近或超过其价值，则不应考虑修理。反之，应考虑修复。行李箱工具盒在碰撞中时常破损，评估时不要遗漏。后轮罩内饰、左侧内饰板、右侧内饰板等在碰撞中一般不会损坏。其他同车门。

3）前翼子板。前翼子板没有达到必须将其从车上拆下来才能修复的损伤程度，如整体形状还在，只是中间局部凹陷（图7-14），一般不考虑更换。损伤程度达到必须将其从车上拆下来才能修复，并且前翼子板的材料价格低廉、供应流畅，材料价格达到或接近整形修复的工时费时，应考虑更换。

图7-14　可以修复的前翼子板损伤

如果前翼子板每米长度超过3个折曲、破裂变形，或已无基准形状，应考虑更换。一般来说，当每米折曲、破裂变形超过3个时，整形和热处理后很难恢复其尺寸；如果每米长度不足3个折曲、破裂变形，且基准形状还在，则应考虑整形修复；如果修复工时费明显小于更换费用应考虑以修理为主。

前翼子板附件有饰条、砾石板等。饰条损伤后以更换为主，即使未被撞击，也常因钣金整形翼子板需拆卸饰条，拆下后就必须更换；砾石板因价格较低，撞击破损后一般更换即可。

4）车门。如果门框产生塑性变形，一般无法修复，应考虑更换。许多车的车门面板是作为单独零件供应的，损坏后可单独更换，不必更换总成。其他同前翼子板。

车门防擦饰条碰撞变形后应更换，车门变形后，需将防擦饰条拆下整形。多数防擦饰条为自干胶式，拆下后重新粘贴上不牢固，用其他胶粘贴又影响美观，应更换。门框产生塑性变形后，一般不好整修，应考虑更换。门锁及锁芯在严重撞击后会产生损坏，一般以更换为主。玻璃升降机是碰撞中经常损坏的部件，玻璃导轨、玻璃托架也是经常损坏的部件，碰撞变形后一般都要更换。

5）后搁板及饰件。碰撞后基本上都能整形修复，严重时应更换。后搁板面板用毛毡制成，一般不用更换。后墙盖板也很少破损，如果损坏以更换为主。高位制动灯的损坏按前照灯方法处理。

6）后围及铭牌。后围的处理按处理发动机罩的方法进行。铭牌损伤后以更换为主。

7）不可拆卸件。三厢车后翼子板属于不可拆卸件，由于更换它需从车身上将其切割下来，而国内绝大多数汽车维修厂在切割和焊接方面满足不了制造厂提出的工艺要求，从而造成车身新的损伤。所以，后翼子板只要有修理的可能都应修复，而不应和前翼子板一样存在值不值得修理的问题。

8）后视镜。后视镜镜体破损以更换为主，对于镜片破损，有些高档轿车的镜片可单独供应，可以通过更换镜片修复。

（3）塑料件的定损　目前，基于降低车身自重的考虑，在塑料工业日益发展的条件

下，车身各种零部件越来越多地使用了各种塑料，特别是在车身前端（包括保险杠、格栅、挡泥板、防碎石板、仪表工作台、仪表板等）。塑料在汽车上的推广和运用，产生了修理碰伤的新课题。

许多损坏的塑料件都可修复而用不着更换，特别是不必从车上拆下零件进行修复，如划痕、擦伤、撕裂、刺穿等，此外，由于某些零件不一定有现货供应，修理往往可迅速进行，从而缩短修理工期。

塑料件定损需考虑的因素

▲对于燃油箱及要求严格的安全结构件，必须考虑更换

▲整体破碎的塑料件，以更换为主

▲价值较低、更换方便的塑料零件以更换为主

▲应力集中部位破碎的塑料件，以更换为主

▲尺寸较大的基础零件，当划痕、撕裂、擦伤或穿孔时，以修理为主

▲因表面无漆面而不能用粘结法修理，且表面光洁度要求较高的塑料件，由于修理处会留下明显痕迹，一般应考虑更换

1）前、后保险杠及附件　保险杠主要起装饰和初步吸收碰撞能量的作用，大多用塑料制成。对于用热塑性塑料制成、价格昂贵、表面烤漆的保险杠，如破损不多，可焊接，如破损较重，只能更换（图7-15）。保险杠饰条破损后基本以换为主。保险杠使用内衬的多为中高档轿车，常为泡沫制成，一般可重复使用。对于铁质保险杠骨架，轻度碰撞常采用钣金修复，价值较低的中度以上的碰撞常采用更换的方法修复。铝合金的保险杠骨架修复难度较大，中度以上的碰撞多以更换为主。保险杠支架多为铁质，一般价格较低，轻度碰撞常用钣金修复，中度以上碰撞多为更换。保险杠灯多为转向信号灯和雾灯，表面破损后多更换，对于价格较高的雾灯，且只损坏少数支撑部位的，常用焊接和粘结修理的方法修复。

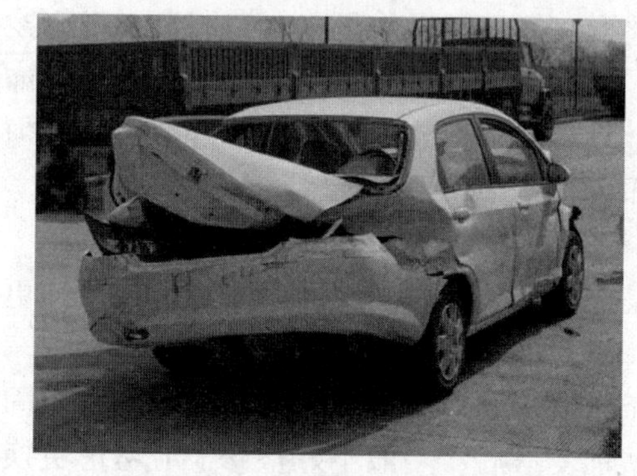

图7-15　因破损较重而没有必要修复的后保险杠

2）前护栅及附件。前护栅及附件由饰条、铭牌等组成。破损后多以更换为主。

（4）玻璃制品的定损　目前，汽车上的玻璃制品越来越多，如前后风窗、车窗、天窗、后视镜、灯具等。

1）前、后风窗玻璃及附件。风窗玻璃因撞击而损坏时基本以更换为主。前风窗玻璃胶条有密封式和粘贴式，密封式无需胶条；粘贴式必须同时更换。粘贴在前风窗玻璃上的内视镜，破损后一般以更换为主。

需注意的是，后风窗玻璃为带加热除霜的钢化玻璃，价格可能较高。有些汽车的前风窗玻璃带有自动灯光和自动刮水器功能，价格也会偏高。

2）天窗玻璃。天窗玻璃破碎时，一般需要更换。

3）前照灯及角灯。现代汽车灯具的表面多由聚碳酸酯（PC）或玻璃制成。常见损坏形式如下：

① 调节螺钉损坏，需更换，并重新校光。

② 表面用玻璃制成的，破损后如有玻璃灯片供应，可考虑更换玻璃灯片。

③ 若为整体式的结构，破碎后只能更换（图 7-16）。

④ 若只是有划痕，可以考虑通过抛光去除划痕。

⑤ 对于氙气前照灯，更换前照灯时需要注意，氙气发生器是无需更换的。

⑥ 价格昂贵的前照灯，只是支撑部位局部破损的，可采取塑料焊接法修复。

4）尾灯。尾灯的损坏按照处理前照灯的方法处理。

图 7-16　整体破碎了的前照灯

4. 车身内外装饰的检测认定

（1）仪表板及中央操纵饰件　仪表板因正面或侧面撞击常造成整体变形、皱折和固定爪破损。整体变形在弹性限度内，待骨架校正后重新装回即可。皱折影响美观，对美观要求较高的新车或高级车最好更换。因仪表板价格较贵，老旧车型更换意义不大。少数固定爪破损常以焊修为主，多数固定爪破损以更换为主。

左右出风口常在侧面撞击时破碎，右出风口也常因二次碰撞被前排乘客右手支承时压坏。

左右饰框常在侧面碰撞时破损，严重的正面碰撞也会造成支爪断裂。均以更换为主。

杂物箱常因二次碰撞被前排乘客膝盖撞破，一般以更换为主。

严重的碰撞会造成车身底板变形，车身底板变形后会造成过道罩破裂，以更换为主。

（2）前座椅及附件、安全带　座椅及附件因撞击造成的损伤常为骨架、导轨变形和棘轮、齿轮根切等。骨架、导轨变形常可以校正，棘轮、齿轮根切通常必须更换棘轮、齿轮机构，许多车型因购买不到棘轮、齿轮机构常需更换座椅总成。

大多数安全带在中度以下碰撞后还能使用，但必须严格检验。前部严重碰撞的安全带，收紧器处会变形，从安全角度考虑，建议更换。中高档轿车上安装有安全带自动收紧装置，收紧器上拉力传感器感应到严重的正面撞击后，电控自动收紧装置会点火，引爆收紧装置，从而达到快速收紧安全带的作用。但安全带自动收紧装置必须更换。

（3）A 柱及饰件、前围、暖风系统、集雨栅等　A 柱因碰撞产生的损伤多以整形修复为主。由于 A 柱为结构钢，当产生折弯变形时，以更换外片、整形整体为主要修复方式。A 柱有上下内饰板，破损后一般以更换为主。前围多为结构件，整修与更换按结构件按整修与更换原则执行，A 柱内饰板因撞击破损以更换为主。较严重的碰撞常会造成暖风机壳体、进气罩的破碎，以更换为主，暖风散热器、鼓风机一般在碰撞中不会损坏。集雨栅为塑料件，通常价格较低，因撞击常造成破损，以更换为主。

（4）侧车身、B 柱及饰件、门槛及饰件等　B 柱的整修与更换同 A 柱。车身侧面内饰

的破损以更换为主。一般碰撞造成的边梁变形以整形修复为主。边梁保护膜是评估中经常遗漏的项目，只要边梁需要整形，边梁保护膜就要更换。门槛饰条破损后一般以更换为主。

（5）车身地板　车身地板因撞击常造成变形，常以整修方式修复，对于整修无法修复的车身地板，基于现有修理能力，建议考虑更换车身总成。

（6）车顶及内外饰件　严重的碰撞和倾覆会造成车顶损伤。

车顶损坏时，只要能修复，原则上不予更换。内饰的修复同车门内饰。落水槽饰条为铝合金外表烤漆，损伤后一般应予更换。

5. 承载式轿车车身事故损坏件分类

承载式轿车车身，在遭遇碰撞事故导致损坏时，损坏件的分类是不同的，具体见表7-4。

表7-4　承载式轿车车身的碰撞致损件分类

分　类	主要损坏件
车身外覆盖件	前后保险杠骨架、散热器护罩、发动机舱盖、前后翼子板、行李箱盖、车顶盖、车门、车轮护罩、托底情况下的车底板
一级支承件	散热器框架、后围内衬板、前后翼子板内衬板、车身立柱、车顶边梁、底板边梁
二级支承件	左右前纵梁、侧身底板及横梁、行李箱底板及纵梁、前减振簧座及围板
三级支承件	驾驶室前围板（前立柱中间尾板）、车身底梁底板、后轮减振簧座及围板

二、发动机定损分析

汽车发生一般事故时，大多不会使发动机受到损伤。只有比较严重的碰撞、发动机进水、发动机托底时，才可能导致其损坏。

1. 发动机及附件碰撞损坏认定及修复

（1）发动机附件　发动机附件因撞击破损和变形时以更换为主。油底壳轻度变形一般无需修理，放油螺塞处碰伤至中度以上的变形以更换为主。发动机支架及胶垫因撞击变形、破损以更换为主。进气系统因撞击破损和变形以更换为主。排气系统中最常见的撞击损伤形式为发动机移位造成排气管变形。由于排气管长期在高温下工作，氧化严重，通常无法整修。消声器吊耳因变形超过弹性极限而破损，也是常见的损坏现象，应更换。

（2）散热器及附件　铝合金散热器修与换的掌握，与汽车的档次相关。由于中低档车的散热器价格较低，中度以上损伤一般可更换；高档车的价格较贵，中度以下损伤常可采用亚弧焊修复。但水室破损后，一般需更换，而水室在遭受撞击后最易破损。水管破损应更换。水泵带轮变形后通常以更换为主。风扇护罩轻度变形一般以整形校正为主，严重变形需更换。主动风扇与从动风扇的损坏常为叶片破碎，由于扇叶做成了不可拆卸式，破碎后需要更换总成。风扇传动带在碰撞后一般不会损坏，因正常使用也会磨损，拆下后如需更换，应确定是否为碰撞所致。

（3）散热器框架　根据“弯曲变形整修，折曲变形更换”的基本维修原则，考虑到散热器框架形状复杂，轻度变形时可以钣金修复，中度以上的变形往往不易修复，只能

更换。

（4）铸造基础件　发动机缸体大多使用球墨铸铁或铝合金铸造。受到冲击载荷时，常常会造成固定支脚的断裂，而球墨铸铁或铝合金铸件都是可以焊接的。

一般情况下，对发动机缸体的断裂是可以进行焊接的。当然，不论球墨铸铁还是铝合金铸件，焊接都会使其变形。这种变形通常用肉眼看不出来，但由于焊接部位附近对形状尺寸要求较高，如在发动机气缸壁附近产生断裂，用焊接的方法修复常常是行不通的，一般应考虑更换。

2. 发动机的托底

（1）发动机托底的形成原因　汽车发动机在以下几种情况下易“托底”：

1）通过性能较差的汽车通过坑洼路段时，可能会因颠簸而使位于较低部位的油底壳与路面相接触，从而导致发动机托底。

2）汽车在坑洼程度并不严重的路段行驶，由于速度偏高，遇到坑洼时上下颠簸厉害，也可能导致发动机托底。

3）汽车在路面状况良好的路段行驶，没有察觉前车坠落的石块，有可能导致发动机托底。

4）汽车不慎驶入路坡等处时，被石头垫起，造成托底。

（2）发动机托底后的损坏范围　发动机托底后，往往会对机件造成一些损失，这些损失可以划分为直接损失和间接损失。

1）直接损失。发动机托底后，会造成油底壳凹陷；如果程度较重，还可能使壳体破损，导致润滑油泄漏；如果程度严重，甚至会导致油底壳里面的机件变形、损坏，无法工作。

2）间接损失。发动机托底以后，如果驾驶人没有及时熄火，油底壳内的机油将会大量泄漏，导致机油泵无油可泵，使发动机的曲轴轴瓦、连杆轴瓦得不到机油的充分润滑和冷却，轴瓦很快从干磨到烧蚀，然后与曲轴、活塞抱死。另外，由于机油压力的降低，发动机的凸轮轴、活塞和气缸缸筒也会因缺油而磨损。

发动机托底之后，导致损伤，其常规赔偿范围一般只限于以下几个方面。

发动机托底赔偿范围

▲油底壳的维修或更换
▲油底壳密封垫的更换
▲发动机润滑油的补充
▲机油泵的维修或更换费用

（3）非保险责任的发动机损坏　发动机保养不当，可能会造成机油减少、油道堵塞和连杆螺栓松动等现象。这样，在运转过程中，连杆轴瓦就会烧蚀、磨损，增大了连杆瓦座间的冲击力，最后将连杆螺栓冲断或造成螺母脱落，瓦盖与连杆脱开，其固定作用消失。这样一来，当活塞下行时，连杆冲向缸体，造成捣缸。发动机的这种损坏情况不属于保险

责任，查勘定损人员必须严格掌握。如保户有异议，可以要求保存保户损坏的发动机零件及油底壳中的残留物，以供分析原因之用。

个别汽车发动机在捣缸时，连杆瓦座和瓦盖脱开的瞬间，向下的冲击作用会将瓦盖击向油底壳，将油底壳打漏造成机油泄漏，油底壳破损处向外翻起。这种损坏情况，如不仔细观察，会感觉与发动机托底的事故非常相似——区别就在于破损处内凹或外翻，凡属于托底的故障，破损处一定内凹。处理此类问题时，要通过仔细分析，找出损坏原因，来确定是否属于保险责任，同时也可以有力地说服保户。

3. 发动机进水后的损坏分析

四冲程发动机的工作循环，包括进气行程、压缩行程、做功行程、排气行程。当处于进气行程时，进气门打开，排气门关闭，活塞在外力作用下下行，缸内形成真空，燃油和空气的混合气被吸入气缸，活塞位于下止点附近时，进气行程基本结束。当处于压缩行程时，进气门、排气门均关闭，活塞在外力作用下上行，压缩进入气缸的混合气，使其压力和温度均提高，做好点火燃烧的准备，当活塞位于上止点附近时，压缩行程基本结束。当混合气被点燃（汽油发动机）或压燃（柴油发动机）以后，做功行程开始，活塞被爆炸燃烧的燃气驱动着下行，对外输出功率，此时进气门、排气门仍关闭。当做功行程结束时，排气门打开，活塞上行，排出燃烧后产生的废气，当活塞到达上止点附近时，排气行程结束，进气门打开，排气门关闭，发动机的工作进入下一个循环。

如果汽车进了水，水就有可能通过进气门进入气缸。由于发动机气缸内已经进了水，在发动机的压缩冲程，活塞在上行压缩时，所遇到的不再只是混合气，还有水。由于水是不可压缩的，那么曲轴和连杆所承受的负荷就要极大地增加，有可能造成弯曲，在随后的持续运转过程中就有可能导致进一步的弯曲、断裂，甚至捣坏气缸。

需要说明的是，同样是动态条件下的损坏，由于发动机的结构不同、转速高低不同、车速快慢不等、发动机进气管口安装位置不一、吸入水量多少不一样等，所造成的损坏程度自然也就有所不同。例如，对于柴油发动机，其压缩比大，发动机在压缩冲程结束时的气缸压力要比汽油发动机高，一旦进了水，所造成的危害也要比汽油发动机大得多。

如果发动机在较高转速条件下直接吸入了水，完全有可能导致连杆折断、活塞破碎、气门弯曲、缸体被严重捣坏等故障。有时候，发动机因进水导致自然熄火，机件经清洗后可以继续使用，但有个别的汽车经一段时间的使用后，造成连杆折断捣坏缸体，这是当时的进水导致了连杆的轻微弯曲，为日后的故障留下了隐患。

三、底盘定损分析

1. 机械零部件的定损

（1）铸造基础件　变速器、主减速和差速器的壳体往往用球墨铸铁或铝合金铸造。受到冲击载荷时，常常会造成固定支脚的断裂，而球墨铸铁或铝合金铸件都是可以焊接的。

变速器、主减速和差速器的壳体断裂可以焊接。但焊接会造成壳体的变形。这种变形虽然用肉眼看不出来，但会影响尺寸精度，若在变速器、主减速和差速器等的轴承座附近产生断裂，用焊接的方法修复常常是行不通的，一般应考虑更换。

（2）悬架系统、转向系统零件　对于非承载式车身，车轮定位正确与否的前提是正确的车架形状和尺寸。对于承载式车身，正确的车轮定位前提是正确的车身定位尺寸。车身定位尺寸的允许偏差一般为 1～3mm。

悬架系统中的任何零件都不允许用校正法修理，当车轮定位仪检测出车轮定位不合格时，用肉眼和一般量具无法判断出具体损伤和变形的零部件，因而，不要轻易做出更换某个零件的决定。

车轮外倾、主销内倾和主销后倾等都与车身定位尺寸密切相关。如果数据不对，应首先分析是否由碰撞造成的，由于碰撞不可能造成轮胎不均匀磨损，可通过检查轮胎磨损是否均匀，初步判断事故前的车轮定位情况。

检查车身定位尺寸，在消除了如摆臂橡胶套的磨损等原因校正好车身，使相关定位尺寸正确后，再做车轮定位检测。如果此时车轮定位检测仍不合格，再根据其结构、维修手册等判断具体损伤部件，逐一更换、检测，直至损伤部件得到确认。上述过程复杂而烦琐，且技术含量较高，由于悬架系统中的零件都属于价格较高的安全部件，定损时切不可轻率马虎。

转向机构中的零件也同样存在类似问题。

（3）车轮　轮辋遭撞击后以变形损伤为主，应更换。轮胎遭撞击后会出现爆胎，应更换。轮罩遭撞击后常会产生破损，应更换。图 7-17 所示为碰撞致损的汽车前轮。

图 7-17　碰撞致损的汽车前轮

（4）前悬架零件

1）前纵梁及悬架座。承载式车身的汽车前纵梁及悬架座属于结构件，按结构件方法处理。

2）前悬架系统及相关部件。制动盘、悬架臂、转向节、稳定杆、发动机托架均为安全部件，变形后均应更换。减振器主要鉴定是否在碰撞前已损坏。减振器是易损件，正常使用到一定程度后会漏油，如果外表已有油泥，说明在碰撞前已损坏；如果外表无油迹，碰撞造成了弯曲变形，应更换。

（5）转向机及制动系统　遭到撞击损伤后，从安全角度出发应该更换。安装有安全气囊的汽车，驾驶人气囊都安装在转向盘上，当气囊因碰撞引爆后，不仅要更换气囊，通常还要更换气囊传感器与控制模块等。需要注意的是，有些车型的碰撞传感器是与 SRS/ECU 装成一体的，要避免维修厂重复报价。

变速操纵系统遭撞击变形后，轻度的常以整修修复为主，中度以上的以更换为主。

（6）后桥及悬架

1）后桥及后悬架。后悬架按前悬架方法处理；后桥按副梁方法处理。

2）后部地板、后纵梁及附件。后纵梁损坏时按前纵梁方法处理，其他同车身底板处理方法相似。备胎盖在严重的追尾碰撞中会破损，以更换为主。

（7）变速器及传动轴

1）传动轴及附件。中低档轿车多为前轮驱动，碰撞常会造成外侧等角速万向节破损，需更换。有时还会造成半轴弯曲，也以更换为主。

2）变速器。变速器损坏后，内部机件基本都可独立更换，对齿轮、同步器、轴承等的鉴定，碰撞后只有断裂、断齿才属于保险责任，正常磨损不属于保险责任，在定损中要

注意界定和区分。

从保险角度来看，变速器的损失主要是托底，其他类型的损失极小。

2. 自动变速器托底后的处理

（1）报案 接到自动变速器托底碰撞的报案后，立即通知受损车辆，就地熄火停放，请现场人员观察自动变速器下面是否有红色的液压油漏出（大部分自动变速器液压油为红色）。不允许现场人员移动车辆，更不允许任何人擅自起动发动机。

（2）根据查勘结果救援 根据现场查勘结果，分别采取不同的救援处理方案：

假如自动变速器油底壳只有变形而没有漏油，可将受损车辆拖到附近修理厂。进行受损汽车的牵引时，原则上不要超出3km，变速器应置于空档，车速不得大于10km/h。

假如认定自动变速器油底壳已经漏油或虽然没有漏油但离汽车修理厂路途较远，不允许直接牵引，要采用可以将受损车辆托走的拖车，将其运到汽车修理厂。

（3）修复处理 将属于保险责任的受损车辆运到汽车修理厂修复。

自动变速器箱体损坏后，一般情况下，只需更换箱体就可以了。但有时候，汽车配件市场上可能只有自动变速器总成而没有单独的箱体。

四、电气设备定损分析

1. 蓄电池

蓄电池的损坏多以壳体四个侧面的破裂为主，应更换。

2. 发电机

发电机常见撞击损伤为带轮、散热叶轮变形，壳体破损，转子轴弯曲变形等。带轮变形应更换。散热叶轮变形可校正。壳体破损、转子轴弯曲以更换发电机总成为主。

3. 刮水器系统

刮水器片、刮水器臂、刮水器电动机等，因撞击损坏主要以更换为主。而固定支架、联动杆等，中度以下的变形损伤以整修修复为主，严重变形需更换。刮水器喷水壶只在较严重的碰撞中才会损坏，损坏后以更换为主。刮水器喷水电动机、喷水管和喷水嘴被撞坏的情况较少，若撞坏以更换为主。

4. 冷凝器及制冷系统

空调冷凝器采用铝合金制成，中低档车的冷凝器一般价格较低，中度以上损伤一般可更换；高档车的冷凝器价格较贵，中度以下损伤常可采用亚弧焊修复。储液罐因碰撞变形一般以更换为主。如果系统在碰撞中以开口状态暴露于潮湿的空气中时间较长，则应更换干燥器，否则会造成空调系统工作时的“冰堵”。压缩机因碰撞造成的损伤有壳体破裂，带轮、离合器变形等，壳体破裂一般更换，带轮变形、离合器变形一般也更换。空调管有多根，损伤的空调管一定要注明是哪一根；汽车空调管有铝管和胶管两种，铝管常见的碰撞损伤有变形、折弯和断裂等，变形后一般校正；价格较低的空调管折弯、断裂时一般更换；价格较高的空调管折弯、断裂时一般采取截去折弯、断裂处，再接一节用亚弧焊接的方法修复。胶管的破损一般更换。

空调蒸发箱大多用热塑性塑料制成，常见损伤多为箱体破损。局部破损可用塑料焊修复，严重破损一般需更换，决定更换时一定要考虑有无壳体单独更换。蒸发器换与修基本同于冷凝器。膨胀阀因碰撞损坏的可能性极小。

5. 电气设备保护装置

有些电器件在遭受碰撞后，外观虽无损伤，却显示“坏了”，其实这有可能是假象。如果电路过载或短路就会出现大电流，导致导线发热、绝缘损伤，有可能酿成火灾。因此，电路中必须设置保护装置。熔断器、熔丝链、大限流熔断器和断路器都是过电流保护装置，它们可单独使用，也可配合使用。碰撞会造成系统过载，相关保护装置会因过载而工作，出现断路，导致相关电器装置无法工作。此时只需更换相关的熔断器、熔丝链、大限流熔断器和断路器等，无需更换相连的电器件。

五、车身涂装修复

1. 汽车的喷漆

在对汽车车身进行钣金修复之后，一般都需要进行喷漆，这样才能恢复其亮丽的色彩。

（1）基础处理　涂装之前，需要先对车体进行处理，以清除被涂物表面上的所有污物，包括脱脂、除锈、磷化和钝化处理等。

（2）基层喷涂　正式喷涂前，需进行基层喷涂，包括底漆、中间涂料、面漆、抗石击涂料、密封涂料和腻子等。

（3）汽车面漆的调色　汽车车身的色彩一般要用亮度、色调和色度三个要素来确定。

汽车车身色彩三要素

▲亮度——颜色的明暗程度，也称黑白度

▲色调——肉眼能看到的颜色，如红、黄、蓝及它们之间的配比色

▲色度——颜色对比度，包括强度、浓度、饱和度、灰度等

光源和视觉会影响面漆的色彩，所以，调配面漆应充分考虑这些因素。

配色时首先要确定汽车制造厂的漆码原色，使修补的配色与原厂的配色尽量相同或接近。

调配汽车面漆时，应首先准确识别涂料颜色，其次是正确地选择色料，再次是调配色彩的小样并与标准色卡进行颜色对比，直到相同，最后添加辅助添加剂。

（4）喷涂面漆　面漆调配妥当后，利用专用的设备将其喷涂到车身，并经烘干即可。

（5）后期处理　涂装之后的车身，需要用专门的处理材料修饰喷完后出现的漆膜表面缺陷和提高防锈能力，包括增光、抛光和保护材料。辅助材料用以消除涂层表面的缺陷，提高平整度，同时也为了防止噪声、振动、热量的产生与传播，方法包括打磨、擦净、遮蔽、密封和采用防声绝热材料等。

2. 汽车漆面的修补

（1）漆面处理的范围　烤漆处理的范围包括漆面失光处理、漆面划痕处理、全车烤漆等。

(2) 漆面划痕的鉴定与处理

1) 漆面划痕的鉴定。汽车的钣金漆面在某些情况下会发生漆面破坏。例如：强氧化物与车漆相互作用，在漆面上形成氧化层，导致失光；漆面被损伤，变得凹凸不平，造成光线漫射，外观很差；因硬物刮擦，漆面产生浅划痕，未伤及底漆，仅涉及清漆和部分色漆；硬物伤及底漆的深划痕，严重时达到钣金层。

2) 漆面划痕的处理。漆面浅划痕的处理一般按下列步骤进行。

① 洗车。清除车身外壳表面的污物、泥土等。

② 开蜡。要使用专用的开蜡水，以去除漆面上的蜡质层。

③ 研磨漆面并抛光。应按漆面（如质量、厚度、硬度、耐磨性等）选择合适的抛光剂。

④ 漆面还原和增艳。抛光作业尽管已经消除漆面上的浅划痕，但还会余留一些发丝划痕、旋印等，这需要靠漆面还原作业来最后消除。

⑤ 漆面保护。在漆面上涂保护剂即可。漆面保护剂分蜡质和釉质两类。

3) 漆面的深划痕处理。漆面深划痕指深达底漆层的划痕。这种划痕不仅影响汽车外观，还容易对漆面造成腐蚀，损坏钣金。所以，漆面的深划痕必须及时处理。一般按以下程序进行。

① 表面处理。第一步，清洗和除油；第二步，除锈；第三步，去除周边旧漆；第四步，将深划痕周边砂光砂薄。

② 上底漆和加腻子。在对划痕进行表面处理后，如金属基材未外露，底漆层附着良好，可在原底漆层上直接喷涂封闭底漆或中涂漆；如金属基材已外露，就应刮腻子，再喷涂封闭底漆或中涂漆。

(3) 漆面失光的处理

1) 漆面失光成因

① 自然氧化。粗看没有明显划痕，但用放大镜可看到小的斑点。

② 浅划痕。浅划痕较多时，就会影响光泽，当光线较强或在阳光下，失光就更为明显。

③ 透镜效应。在放大镜下可看到漆面有较多斑点，这是漆面受到透镜效应的严重侵蚀，使光泽变暗。

2) 漆面失光处理方法。对于自然氧化不严重或有浅划痕而造成的漆面失光，一般使用抛光研磨的方法处理。自然氧化严重或透镜效应造成的漆面失光，一般应重新涂装翻新。

六、汽车维修工时定额标准

1. 事故车辆维修作业项目的确定

(1) 拆装项目　有些零部件或总成并没有损伤，但是，由于结构的原因，当维修人员更换、修复、检验其他部件时，需要拆下该零部件或总成，并在完成相关作业后再重新装回。

拆装项目的确定要求评估人员对被评估汽车的结构非常清楚，对汽车修理工艺了如指掌。在对被评估汽车拆装项目的确定有疑问时，可查阅相关的维修手册和零部件目录。

(2) 更换项目

事故车辆维修的更换项目

▲结构上无法修复的零部件

▲工艺上不可修复后再使用的零部件

▲安全上不允许修理的零部件

▲无修复价值的零件

1）结构上无法修复的零部件。某些结构件，由于所用原材料的因素，发生碰撞后，一旦造成破损，一般无法维修，只能更换。脆性材料的结构件，一般都具有这一特性，如汽车灯具的严重损毁和汽车玻璃的破碎等。

2）工艺上不可修复后再使用的零部件。某些结构件，由于工艺设计就存在不可修复后再使用的特点，如胶贴的风窗玻璃饰条、胶贴的门饰条、翼子板饰条等。这些零部件一旦被损坏或开启，就无法再用。对于这一点，保险公司评估人员往往会与修理厂业务人员在损失评估时产生争议。

3）安全上不允许修理的零部件。为保证使用安全，汽车上的某些零部件，一旦发生故障或造成损坏，往往不允许修复后再用。这些为保证安全、不可修复后再用的零部件主要是指那些对汽车安全起着重要作用的零部件。如行驶系统的车桥、悬架；转向系统的所有零部件，如转向横拉杆的弯曲变形等；制动系统的所有零部件；安全气囊的传感器等。这些零部件在受到明显的机械性损伤后，从安全角度出发，基本上都不允许再使用。

4）无修复价值的零件。汽车发生事故后，从经济学角度考虑，存在着一些基本没有修复价值的零部件，即修复价值接近或超过原价值的零部件。

（3）待查项目　车险定损中，经常会遇到一些事故发生后从车上拆下来的零件，用肉眼和经验一时无法判断是否受损、是否达到需更换的程度，甚至在车辆未修复前，个别单独的零件用仪器都无法检测（除制造厂外）。如转向节、悬架臂和副梁等，这些零件在定损中常被列为“待查项目”。然而，这些“待查项目”在进行完车辆修理作业后，大都变成了更换项目。其实，这里面存在着大量的道德风险。

（4）修理项目　在现行的汽车损失评估以及绝大多数机动车保险条款中，受损汽车在零部件的修理方式上仍以修复为主。所以在工艺上、安全上允许的且具有修复价值的零部件应尽量以修复为主，而非更换。

2. 汽车维修工时费的确定

事故车辆的维修费用，包括零部件价格和工时费。对于不同地区的同一款车，虽然因各地采用的维修方法不同，工时标准可能略有差异，但总体差异不大。差异较大的是各地的工时费标准。

（1）维修工时

1）更换、拆装工时。在事故车辆的修理中，通常将更换、拆装作为同类工时处理。

确定汽车碰撞损失的更换、拆装项目的工时标准时，可以先查阅生产厂家有无相应的

工时定额，如果有，再根据当地的工时单价计算相应的工时费。如果无法查到汽车生产厂家相应的工时定额，可以查阅汽车维修主管部门制定的工时定额标准。部分进口乘用车可从《MITCHELL 碰撞估价指南》中查到各项目换件和拆装所需要的工时。

2）修理零件工时费。零件修理工时的确定与更换工时的确定非常复杂，原因主要有以下几点。

① 修理工艺差异的影响。修理工艺不同，会导致汽车修理件工时的巨大差异。如汽车碰撞后导致的车门轻微凹陷，如果修理厂无拉拔设备，校正车门就必须拆下车门内饰板，而采用拉拔设备，则无需增加这部分作业工作量，这样车门的校正工时差距就会很大。

② 地域差异的影响。同样一个零件，由于工人的技术水平不等，在甲地修理可能是1~3工时，而在乙地的修理可能是2~5工时。这就造成了零件修理工时定额的制定相当困难。评估人员应当根据自己的理论知识和实践经验，结合评估基准点的实际情况与当地的《汽车维修工时定额与收费标准》，较准确地确定修理工时。

3）辅助工时费的确定。在对事故车辆的修理作业中，除了包括更换零部件工时、拆装工时、修理工时，还包括辅助作业工时（如放置、除锈、调整、检查等），虽然每项工时都不大，但对于较大的碰撞事故，各作业项累计后的工时通常是不能忽视的。

但是，需要注意的是，将各类工时累加时，若各损失项目在修理中有重叠作业，必须将劳动时间适度核减。

表7-5~表7-9是2006年修订的山东省汽车维修部分作业项目的工时标准。

表7-5 轿车整车修理分项工时

序号	工时 项目	微型		普通型		中级		中高级		高级	
		MT	AT	MT	AT	MT	AT	MT	AT	MT	AT
	整车工时合计	330	362	440	476	530	562	616	646	696	736
1	发动机附离合器	70	70	90	90	100	100	120	120	130	130
2	变速器附传动轴	18	50	28	60	38	70	44	80	50	90
3	前悬架（含前轮制动）	26	26	34	34	42	42	46	46	52	52
4	后桥、后悬架（含后轮制动）	20	20	28	28	36	36	40	40	46	46
5	制动转向	20	20	24	24	30	30	40	40	48	48
6	空调采暖	10	10	14	14	20	20	24	24	30	30
7	电器（不含发动机）	34	34	40	40	50	50	56	56	64	64
8	车身、车架	60	60	80	80	90	90	100	100	110	110
9	烤漆	60	60	90	90	110	110	130	130	150	150
10	竣工检测调试	12	12	12	12	14	14	16	16	16	16

表 7-6　承载式轿车车身变形程度定级

变形特征	变形程度	简　称	难度附加工时
车身外覆件、表层件受损（直接损坏区域）	轻微伤、刮碰伤	Q 级	1
车身外覆盖件及一级支承件受损（间接损区域）	初级变形	C1 级	10
变形超过一级支承，损坏到二级支承件（间接损坏达到主要机械构件区域）	次级变形	C2 级	20
变形超过一、二级支承，损坏到三级支承件（间接损坏达到基础构件和室内构件区域）	深度变形	S 级	30
变形程度达 S 级，变形面积占车身面积 6 成以上	报废	F 级	0

说明：1. 承载式轿车车身变形维修工时计算公式：
钣金工时 = 外覆件修复（更换）工时 + 支承件修复（更换）工时 + 难度附加工时
（其中，支承件更换工时 = 支承件修复工时 ×50 %）
2. 支承件：根据碰撞力的方向，有前后关联的两个或多个件，一般后件是前件的支承件。

表 7-7　客车整车修理分项工时

序号	项目＼工时	微　型	小型		中型		大型	
			普　通	TDI	普　通	TDI	普　通	TDI
	整车工时合计	316	466	486	660	690	812	842
1	发动机附离合器	70	90	110	120	150	150	180
2	变速器附传动轴	18	28	28	46	46	60	60
3	前悬架（含前轮制动）	20	28	28	38	38	44	44
4	后桥、后悬架(含后轮制动)	26	36	36	46	46	56	56
5	制动转向	20	30	30	40	40	50	50
6	空调采暖	10	14	14	24	24	34	34
7	电器（不含发动机）	30	46	46	60	60	70	70
8	车身、车架	60	80	80	120	120	150	150
9	烤漆	50	100	100	150	150	180	180
10	竣工检测调试	12	14	14	16	16	18	18

表 7-8　货车整车修理分项工时

序　号	项目＼工时	微　型	轻　型	中　型	重　型
	整车工时合计	296	394	502	608
1	发动机附离合器	70	90	120	150
2	变速器附传动轴	18	28	46	60
3	前悬架（含前轮制动）	20	28	38	44
4	后桥、后悬架(含后轮制动)	26	36	42	50
5	制动转向	20	30	40	50
6	空调采暖	10	12	14	16
7	电器（不含发动机）	30	36	46	50
8	车身、车架	50	70	80	100
9	烤漆	40	50	60	70
10	竣工检测调试	12	14	16	18

表7-9 车身钣金工时

序号			轿车					客车				货车			
			微型	普通型	中级	中高级	高级	微型	小型	中型	大型	微型	轻型	中型	重型
1	换车身壳体（承载）	台	56	64	72	80	88	56	80	100	120				
2	换车身壳体（非承载）	台			64	72	48	72	88	96					
3	换驾驶室（长头）	台											24	28	32
4	换驾驶室（平头、单排座）	台										19	23	27	
5	换驾驶室（平头、双排座）	台										20	24	28	
6	换驾驶室（平头、翻转）	台												24	28
7	换货箱（单车、标准）	台										8	12	16	20
8	换货箱（半挂、标准）	台												24	30
9	换货箱栏板（半挂、标准）	块										1	1.2	1.4	1.5
10	换发动机舱盖（长头）	只	1	1.2	1.3	1.4	1.5						1	1.2	1.3
11	换发动机舱盖（平头、内置或后置）	只						0.5	0.5	0.5	0.5	0.5	0.5		
12	换发动机舱盖隔热层	只	0.5	0.5	0.5	0.5	0.5								
13	换发动机舱盖密封条（长头）	台	0.3	0.4	0.4	0.5	0.5								
14	换发动机舱盖密封条（平头、内置）	台						0.2	0.3			0.2	0.3		
15	换发动机舱盖铰链	只	0.2	0.2	0.2	0.2	0.2	0.1	0.1	0.1	0.1	0.1	0.1	0.2	0.2
16	换发动机舱盖锁	只	0.5	0.5	0.5	0.5	0.5			0.4	0.4		0.4	0.4	0.4
17	换发动机舱盖锁拉索	根	0.4	0.4	0.4	0.4	0.4								
18	换发动机舱盖扣钩	只						0.1	0.1	0.1	0.1	0.1	0.1		
19	换发动机舱盖撑杆（拉带）	根	0.1	0.1	0.1			0.1	0.1	0.1	0.1	0.1	0.1	0.1	0.1
20	换发动机舱盖气簧撑杆	根	0.2	0.2	0.2	0.2	0.2								
21	换行李舱盖（后置）	只	0.8	1	1	1.2	1.2	0.7	0.8						
22	换行李舱盖（侧置）	只								0.5	0.5				
23	换后掀门	只	0.8	1	1			0.7	0.8						
24	换行李舱密封条（后置）	只	0.3	0.3	0.3	0.4	0.4		0.2						
25	换行李舱密封条（侧置）	只								0.2	0.2				
26	换后掀门密封条	只	0.3	0.3	0.3			0.3							
27	换行李舱或后掀门锁	根	0.2	0.2	0.2	0.3	0.3	0.2	0.2	0.2	0.2				
28	换行李舱或后掀门撑杆	根	0.1	0.1	0.1			0.1	0.1	0.1	0.1				
29	换行李舱或后掀门气簧撑杆	根	0.2	0.2	0.2	0.2	0.2	0.2	0.2						
30	换行李舱或后掀门铰链	只	0.2	0.2	0.2	0.2	0.2	0.2	0.2	0.1	0.1				
31	换前保险杠	只	0.6	0.8	0.8	1	1	0.6	0.8	1	1	0.5	0.6	0.7	0.8
32	换前保险杠骨架	只	0.8	1	1	1.2	1.2	0.8	1	1.2	1.2				
33	换前保险杠支架	只	0.2	0.2	0.2	0.3	0.3	0.2	0.2	0.3	0.3	0.2	0.2	0.2	0.2
34	换前保险杠饰条	只	0.2	0.2	0.2	0.3	0.3								

（续）

序号			轿车					客车				货车			
			微型	普通型	中级	中高级	高级	微型	小型	中型	大型	微型	轻型	中型	重型
35	换后保险杠	只	0.5	0.7	0.7	0.8	0.8	0.5	0.7	0.8	0.8				
36	换后保险杠骨架	只	0.7	0.8	0.8	1	1	0.7	0.8	1	1				
37	换后保险杠支架	只	0.2	0.2	0.2	0.3	0.3	0.2	0.2	0.3	0.3				
38	换后保险杠饰条	只	0.2	0.2	0.2	0.3	0.3								
39	换前翼子板	块	1	1.5	1.5	2	2	1	1	1.5	1.5		1	1.5	1.5
40	换前翼子板支架	只						0.2	0.2	0.2	0.2	0.2	0.2	0.2	0.2
41	换前翼子板饰条	只	0.2	0.2	0.2	0.2	0.2								
42	换后翼子板	块	8	10	10	12	12	1	1	1.5	1.5				
43	换后翼子板支架	只						0.2	0.2	0.2	0.2				
44	换后翼子板饰条	只	0.2	0.2	0.2	0.2	0.2								
45	换挡泥板	块	0.2	0.2	0.2	0.2	0.2	0.2	0.2	0.2	0.2	0.2	0.2	0.2	0.2
46	换挡泥板支架	根						0.1	0.1	0.1	0.1	0.1	0.1	0.1	0.1
47	换车轮罩	只	0.1	0.1	0.1	0.1	0.1	0.1	0.1	0.1	0.1				
48	换散热器面罩（前脸）	只	0.4	0.4	0.4	0.5	0.5	0.4	0.4			0.4	0.4	0.5	0.5
49	换牌照	只	0.1	0.1	0.1	0.1	0.1	0.1	0.1	0.1	0.1	0.1	0.1	0.1	0.1
50	换牌照支架	只						0.2	0.2	0.2	0.2	0.2	0.2	0.2	0.2
51	换车门（单扇）	扇	3	4	4	5	5	3	3.5	4	4	3	3.5	3.5	3.5
52	换车门（双扇）	扇							5	6	6				
53	换车门铰链	只	0.3	0.4	0.4	0.5	0.5	0.3	0.4	0.5	0.5	0.3	0.4	0.4	0.4
54	换车门限位器	只	0.5	0.5	0.5	0.5	0.5	0.5	0.5	0.5	0.5	0.5	0.5	0.5	0.5
55	换车门外把手	只	0.2	0.2	0.2	0.2	0.2	0.2	0.2	0.2	0.2	0.2	0.2	0.2	0.2
56	换车门外把手饰框	只	0.3	0.3	0.3	0.4	0.4	0.3	0.3	0.3	0.3				
57	换车门内拉手	只	0.1	0.1	0.1	0.2	0.2	0.1	0.1	0.1	0.1	0.1	0.1	0.1	0.1
58	换车门锁	只	0.5	0.5	0.5	0.6	0.6	0.5	0.5	0.5	0.5	0.5	0.5	0.5	0.5
59	换车门锁内扳手	只	0.2	0.2	0.2	0.3	0.3	0.2	0.2	0.2	0.2	0.2	0.2	0.2	0.2
60	换车门锁内扳手饰框	只	0.3	0.3	0.3	0.4	0.4	0.3	0.3	0.3	0.3				
61	换车门锁内拉钮	只	0.1	0.1	0.1	0.1	0.1	0.1	0.1	0.1	0.1	0.1	0.1	0.1	0.1
62	换车门密封条（车身）	扇	0.2	0.2	0.2	0.2	0.2	0.2	0.2	0.2	0.2	0.2	0.2	0.2	0.2
63	换车门密封条（车门）	扇	0.3	0.3	0.3	0.3	0.3	0.3	0.3	0.3	0.3	0.3	0.3	0.3	0.3
64	换车门内饰板	扇	0.7	0.8	0.8	1	1	0.7	0.8	1	1	0.7	0.8	0.8	0.8
65	换车门踏步饰板	扇	0.3	0.3	0.3	0.3	0.3	0.3	0.3	0.3	0.3				
66	换车门外饰板	扇	0.1	0.1	0.1	0.2	0.2								
67	换车窗升降机（手动）	扇	0.8	1	1	1.2	1.2	0.8	1	1	1	0.8	1	1	1
68	换车窗升降机（电动）	扇	1	1.2	1.2	1.5	1.5								

（续）

序号			轿车					客车				货车			
			微型	普通型	中级	中高级	高级	微型	小型	中型	大型	微型	轻型	中型	重型
69	换车窗升降机摇板	扇	0.1	0.1	0.1	0.1	0.1	0.1	0.1	0	0.1	0.1	0.1	0.1	0.1
70	换车窗玻璃导向槽	扇	0.5	0.6	0.6	0.8	0.8	0.5	0.6	0.8	0.8	0.5	0.6	0.6	0.6
71	换车窗上下框密封槽	扇	0.5	0.6	0.6	0.8	0.8	0.5	0.6	0.8	0.8	0.5	0.6	0.6	0.6
72	换车窗上下框密封条	扇	0	0.6	0.6	0.8	0.8	0.5	0.6	0.8	0.8	0.5	0.6	0.6	0.6
73	换前风窗玻璃密封条	块	1	1.5	1.5	2	2								
74	换后风窗玻璃密封条	块	1	1	1	1.5	1.5								
75	换侧三角窗玻璃密封条	块	0.8	1	1	1	1								
76	换前风窗内饰板	块	0.4	0.5	0.5	0.7	0.7	0.4	0.5	0.8	1	0.4	0.5	0.8	0.8
77	换后风窗内饰板	块	0.4	0.5	0.5	0.7	0.7	0.4	0.5	0.8	1	0.2	0.2	0.3	0.3
78	换侧三角窗内饰板	块	0.3	0.3	0.3	0.3	0.3								
79	换变速杆座	台	1	1.5	1.5	2	2	0.8	1	1.2	1.2	0.8	1	1	1
80	换杂物箱	只	0.5	0.5	0.5	0.6	0.6	0.5	0.5	0.5	0.5	0.5	0.5	0.5	0.5
81	换杂物箱锁（扣钩）	只	0.1	0.1	0.1	0.2	0.2	0.1	0.1	0.1	0.1	0.1	0.1	0.1	0.1
82	换烟灰缸	只	0.1	0.1	0.1	0.1	0.1	0.1	0.1	0.1	0.1	0.1	0.1	0.1	0.1
83	换普通后视镜	只	0.3	0.3	0.3	0.4	0.4	0.3	0.3	0.5	0.5	0.3	0.3	0.3	0.3
84	换车内后视镜	只	0.1	0.1	0.1	0.1	0.1	0.1	0.1	0.1	0.1	0.1	0.1	0.1	0.1
85	换车内遮阳板	只	0.1	0.1	0.1	0.1	0.1	0.1	0.1	0.1	0.1	0.1	0.1	0.1	0.1
86	换驾驶人座椅	只	1	1.2	1.2	1.5	1.5	1	1.2	1.2	1.2	1	1.2	1.2	1.2
87	换前排乘客座椅	只	0.8	1	1	1.2	1.2	0.8	1	1	1	0.8	1	1	1
88	换后排座椅（单人）	只	0.7	0.8	0.8	1	1	0.7	0.8	0.8	0.8	0.7	0.8	0.8	0.8
89	换后排座椅（双人）	只	0.8	0.9	0.9	1.1	1.1	0.8	0.9	0.9	0.9				
90	换后排座椅（三人）	只	0.9	1	1	1.2	1.2	0.9	1	1	1	0.9	1	1	1
91	换座椅旋钮	只	0.1	0.1	0.1	0.1	0.1	0.1	0.1	0.1	0.1	0.1	0.1	0.1	0.1
92	换安全带（普通）	条	0.5	0.5	0.5	0.5	0.5	0.5	0.5	0.5	0.5	0.5	0.5	0.5	0.5
93	换安全带（爆炸）	只	0.7	0.7	0.7	0.7	0.7	0.7	0.7	0.7	0.7	0.7	0.7	0.7	0.7
94	换车厢地毯	台	2.5	3	3	3.5	3.5	2.5	3.5	5	6	1	1.2	0.5	0.5
95	换车顶（驾驶室）内饰	台	2.5	3	3	3.5	3.5	2.5	3.5	5	6	1	1.2	0.5	0.5
96	换全车内饰（车门除外）	台	3	3.5	3.5	4	4	3	4	6	7	2	2.5	3	3
97	换全车内衬板（车门除外）	台	4.5	5	5	6	6	4.5	6	8	10	3.5	4	5	5
98	换全车密封条（玻璃除外）	台	9	10	10	12	12	9	12	15	18	5	6	7	7
99	换天窗玻璃密封条	只	3	4	4	5	5	3	4	5	5	2	2.5	3	3
100	换天窗玻璃导轨	只	0.3	0.4	0.4	0.5	0.5								
101	换中门导轨	扇	3.5	4	4	4.5	4.5								
102	换蓄电池箱	只			4	4	4	3	4						

（续）

序号			轿车					客车				货车			
			微型	普通型	中级	中高级	高级	微型	小型	中型	大型	微型	轻型	中型	重型
103	换蓄电池箱支架	只	0.6	0.7	0.7	0.8	0.8	0.7	0.7	0.6	0.6	0.5	0.5	0.5	0.5
104	换散热器框架（可拆）	只	0.8	0.9	0.9	1	1	0.8	0.8	0.9	0.9	0.7	0.7	0.8	0.8
105	换散热器框架（不可拆）	只	3.5	4	4	4.5	4.5	3.5	4						
106	换前围纵梁（焊接）	根	7	8	8	9	9	7	8						
107	换后围纵梁（焊接）	根	10	11	11	12	12	10	11						
108	换后围板	块	8	9	9	10	10	8	9						
109	换车顶（驾驶室顶）	台	3.5	4	4	4.5	4.5	3.5	4						
110	换或修补车身蒙皮	m^2	7	8	8	9	9	7	10	16	24	4	5	6	6
111	换车架（标准）	台			100	110	120	60	80	120	140	48	56	72	88
112	换副车架（元宝梁）	根	2	2.5	2.5	3	3	2	2.5						

（2）单位工时费　各地规定的单位工时费不尽相同，有的地区统一规定了单位工时费标准，有的地区则采用“企业自报，主管部门批准，公示收费标准，允许实际下浮”的方法。但是，无论采用什么方法，汽车维修企业面对保险公司时，一般都可以进行价格谈判。

3. 烤漆费用

汽车烤漆费用取决于烤漆面积和漆种单价。

（1）烤漆面积计算方法　烤漆面积的计算，并非利用数学方法简单计算其实际面积，而是采用实践经验法。比较常用的计算方法如下：

烤漆面积不足 $0.5m^2$，按 $0.5m^2$ 计；大于 $0.5m^2$ 不足 $1m^2$，按 $1m^2$ 计；大于 $1m^2$ 小于 $3m^2$，按实际面积计；大于 $3m^2$ 小于 $12m^2$，按实际面积的 80% 计；大于 $12m^2$，按实际面积的 70% 计。

（2）漆种单价　汽车面漆有烤漆或瓷漆。烤漆与瓷漆的不同点在于其干燥和固化的方式。烤漆通过溶剂的挥发而干燥，瓷漆和聚氨酯类漆则通过溶剂的挥发与油漆中分子的交互作用来实现干燥。简单地说，烤漆的固化过程为物理变化，而瓷漆的固化过程是物理和化学变化的过程。

用醮有香蕉水的白布摩擦漆膜可以判断漆种。观察漆膜溶解程度，如漆膜溶解，并在白布上留下印迹，则是烤漆，反之为瓷漆。如果是瓷漆再用砂纸在损伤部位轻轻打磨几下，鉴别是否漆了透明漆层，如果砂纸磨出白灰，就是透明漆层，如果砂纸磨出颜色，就是单级有色漆层，最后借光线的变化，用肉眼看一看颜色有无变化，如果有变化为变色漆，通过上述方法，可将汽车面漆分为四类：硝基烤漆、单涂层烤漆（常为色漆）、双涂层烤漆（常为银粉漆或珠光漆）和变色烤漆。

市场上所能购买的面漆大多为进口和合资品牌，世界主要汽车面漆的生产厂家，如美国的杜邦和 PPG、英国的 ICI、荷兰的新劲等，单价都不一样，估价时常采用公众都能够接受的市场价格。

七、事故车辆的修复价值

对于事故车辆，如果损失严重，就要考虑是否具有修复价值。如果修复费用明显小于重置费用，完全有必要修复；修复费用接近重置费用甚至大于重置费用，一般来说，就没有修复必要了。

1. 确立更换零配件的材料价格

由于目前的汽配市场存在着同一配件多种价格的现象，品质、资质完全相同的一个零部件，在不同地区可能价格不等；相同作用、不同资质的一个零部件，在同一地区可能有多种价格。因此，如何确定零部件价格，是困扰机动车辆定损的一大难题。根据一般原理，评估的基准时点应“以出险时间为评估基准时，以出险地点为评估基准地，以重置成本法为评估基本法”，这样就可得到一种基本的评估价格。财产保险公司一般都有自己的报价系统，可以根据报价系统来确定零部件的价格。

2. 确定维修工时费

根据实际发生或谈判而得的工时额和单位工时费标准确定维修工时费（含烤漆费用）。

3. 汽车的修复价值

理论上讲，任何一辆损坏的汽车都是可以通过修理恢复到事故前状态的。但是，这样往往是不经济的或没有意义的。

（1）汽车现值　汽车在事故发生前的价值，称为汽车现值或实际价值。虽然事故发生前的状况已不复存在，一般还是可以根据现场状况比较准确地评估出被评估汽车的现值的。

汽车现值不能等同于汽车的使用年限折旧后的价值，应该根据车型的不同、新车销售价格的变化、目前该款车型在汽车市场上被推崇的程度、该具体车辆是否发生过重大损坏事故等因素来确定，汽车的现值有可能高于或低于汽车的年限折旧后的价值。

（2）推定全损　虽然具体被评估的事故汽车肯定还有一定的价值，但当其修复价值已达到或超过现值的80%时，可以推定为全损。

（3）修复价值　当被评估汽车达到全损或推定为全损时，被评估汽车已无修复价值。

当碰撞造成的损失较大时，必须对被评估汽车的修复价值进行评定。否则，评估报告很容易引起保险索赔时的纠纷，因为它违反了财产保险的损失补偿原则。

4. 确定损失车辆的残值

保险条款一般规定汽车的残值按协商价归被保险人所有，当保险公司与被保险人或修理厂协商残值价格时，保险公司为了提高效率和减少赔付，常常会做出一些让步。在实际操作中，残值大多数折归汽车修理厂所有，在评估实务中，汽车残值的实际价值通常会高于评估单上的残值价值。

当事故造成的损失较大，更换件也较多时，通常会要求确定残值，残值的确定通常有以下几步。

残值确定的步骤

▲列出更换项目的清单并分类

▲估定各类旧件的重量

▲根据旧材料价格行情确定残值

学习单元3　汽车火灾的定损

导入案例

出租车驾驶人慕某于五年半之前购置了一辆桑塔纳轿车用于城市出租。某日夜间，所投保的保险公司接到其报案电话，称汽车在行驶过程中，因躲避对面来车，撞到了树上，导致位于汽车前端的发动机处起火，因无专业消防设备，烧损情况严重。查勘人员经过认真查勘后，发现路面没有制动痕迹，树木被撞程度较轻，汽车前端几乎没有碰撞痕迹。结合该车只是购买了车辆损失险，没有购买自燃损失险的客观事实，认为该车属于自燃，不属于因碰撞导致的起火，不予赔付。

同样属于起火燃烧，自燃和碰撞导致的起火有什么区别吗？

一、汽车起火的分类

汽车起火尽管原因复杂，但就其实质而言，主要有火源（着火点）、可燃物、氧气（或空气）这三大因素。围绕这几点，结合汽车结构，基本可以分析出汽车起火的真实原因。

汽车起火的分类

▲自燃
▲引燃
▲碰撞起火
▲机械故障导致起火
▲经停不当导致起火
▲爆炸
▲雷击导致起火

1. 自燃

根据保险条款的解释，所谓自燃，是指机动车在没有外界火源的情况下，由于本车电器、线路、供油系统等车辆自身原因发生故障或所载货物自身原因起火燃烧的现象。

2. 引燃

引燃是指机动车在停放或者行驶过程中，因为外部物体起火燃烧，使车体乃至全车被火引着，导致部分或全面燃烧。

3. 碰撞起火

碰撞起火是指机动车在行驶过程中，因为发生意外事故而与固定物体或者移动物体相碰撞，假如机动车采用汽油发动机，碰撞程度又较为严重，引起部分机件的位移，挤裂了汽油管，喷射而出的汽油，遇到了运转着的发动机所发出的电火花，就会导致起火燃烧；或者位移的机件导致线束的短路，也有可能引发线束燃烧起火，从而引燃整个汽车（图7-18）。

4. 机械故障导致起火

由于汽车上有许多高速运转的机件（如轴承），还有会在工作过程中不断产生摩擦热

量的机件（如制动蹄片、轮胎），假如这些机件发生故障导致无法分离或者损坏，那么就会产生大量的摩擦热量，从而导致起火。

5. 经停不当导致起火

如果汽车正常行驶或停车，不可能引起外界物体的起火。但假如停在了干草之上，或者在行驶时传动轴上缠绕进去了易燃物品，那么炽热的排气管就完全有可能引燃易燃物，从而导致整个汽车起火。

图 7-18 碰撞起火的轿车

6. 爆炸

爆炸起火就是因为车内、车外的爆炸物起爆所引发的机动车起火燃烧。包括车内安置的爆炸物爆炸引爆，车外爆炸物爆炸引爆，车内放置的打火机、香水、摩丝等被晒爆引爆，车载易爆物爆炸引爆等多种形式。

7. 雷击导致起火

雷击导致起火就是机动车在雷雨天气被雷击中而起火燃烧的现象。

二、汽车自燃的原因

在汽车起火原因的分析中，碰撞、引燃、爆炸、雷击等不难识别，理赔处理也基本包含在了车损险的范围之内。但是，自燃的理赔属于单独列出，其识别也存在着一定的难度。

据消防部门和车险理赔专家统计分析，汽车自燃（图 7-19）存在着“五多”现象：小轿车多，私家车多，行驶状态发生火灾者多（约占 70%），使用五年（或 100 000km）以上者多（约占 70%），火灾原因以漏油和导线短路居多（占 60%以上）。汽车自燃的主要原因如下：

图 7-19 汽车自燃图

1. 漏油

油箱中泄漏出来的汽油是汽车上最可怕的助燃物。漏油点大多集中在管件接头处。无论是行进还是停驶，汽车上都可能存在火源，如点火系统产生的高压电火花、蓄电池外部短路时产生的高温电弧、排气管排出的高温废气或喷出的积炭火星等，当泄漏的燃油遇到火花时，就会造成起火。

在化油器式汽车上，汽油滤清器多安装于发动机舱内，距缸体和分电器很近，当因燃油泄漏而使混合气达到一定浓度时，只要有明火出现，自燃事故将不可避免。

例如，长途大客车发生的自燃事故居高不下。这是因为在运行了 10 多万千米后，汽车很容易出现高压线漏电现象，瞬间电压可达 10 000V 以上，足以引燃一定浓度的汽油蒸气。而长途大客车一直都是在高速运转，检修时间很少甚至没有。

2. 漏电

发动机工作时，点火线圈自身温度很高，有可能使高压线绝缘层软化、老化、龟裂，导致高压漏电。另外，高压线脱落引起跳火也是高压漏电的一种表现形式。由于高压漏电是对准某一特定部位持续进行的，必然引发漏电处温度升高，引燃泄漏的汽油。

低压线路搭铁是引发汽车自燃事故的另一主要原因。由于搭铁处会产生大量热能，如果与易燃物接触，会导致自燃。

造成低压线搭铁的原因：导线老化；导线断路直接搭铁；触电式控制开关因触点烧结而发生熔焊，使导线长时间通电而过载。某些私家车用户对刚刚购置的车疼爱有加，会添加防盗器、换装高档音响、增加通信设备、开设电动天窗、添加空调等，如果因为价格等原因未在专业化的汽车维修店改装，未对整车线路布置进行分析和功率复核，难免导致个别线路用电负荷加大；在对整车进行线路维修或加接控制元件时，如果在导线易松动处未进行有效固定，有可能使导线绝缘层磨损。

3. 接触电阻过大

线路接点不牢或触电式控制开关触点接触电阻过大等，会使局部电阻过大，长时间通电时发热引燃可燃物。

4. 车载易燃物引发火灾

当车上装载的易燃物因泄漏、松动摩擦而起火时，导致汽车起火。

5. 超载

汽车超载，会导致三种可能：①发动机处于过度疲劳和过热状态，一旦超过疲劳极限，就有可能发生自燃；②车载货物较多，相互间的摩擦作用较大，货物间若捆扎不牢，有可能摩擦起火；③弯曲的钢板弹簧有可能与货箱相接触，导致摩擦起火（图7-20）。

图7-20　超载起火的载货车

三、汽车火险的查勘与定损

1. 火险查勘的基本要求

在查勘汽车火险现场，分析起火原因时，需掌握构成燃烧的三大基本要素：

1）导致汽车起火的火源（火花或电火花）。

2）周围是否存在易燃物品（如汽油、柴油、润滑油、易燃物等）。

3）火源与易燃物品的接触渠道中是否有足够的空气可供燃烧。

只要牢牢把握以上三点，再通过查勘车身不同位置的烧损程度，首先找出起火点位置，再分析起火原因，判断出汽车起火的自燃、引燃属性，就可以为下一步的准确理赔奠定基础。

2. 与汽车自燃相关的几个问题

（1）发动机熄火后的自燃　发动机熄火以后，有时汽车反而会自行起火燃烧，这种现象有些令人费解。其实，当发动机熄火以后，由于失去了风冷条件，车体温度反而会有所上升，有可能导致临近燃点的汽车上的某些物品起火燃烧。

（2）汽车上的主要易燃物　汽车上的主要易燃物品有燃料、润滑油、导线、车身漆面、内饰、塑料制品和轮胎等，这些物品一旦遇火，就会起到明显的助燃作用。一旦火势不可控制，就有可能将全车烧毁。

（3）晒爆的打火机与自燃　有的时候，驾驶人会将一次性的气体打火机放置在仪表板处。如果汽车在烈日下暴晒，很有可能会晒爆气体打火机。爆炸的打火机完全有可能毁坏

仪表板，如果恰巧将仪表板上的火线炸断了，所产生的电火花就有可能将弥漫在驾驶室内的可燃气体引燃。

（4）车厢内部自行起火 车厢内部自行起火这种现象在理论上是存在的。但在实际当中，几乎不可能发生。车内没有明显的火源，车的内饰品大多带有一定的阻燃功能，因此，一般不会自车内起火燃烧。

（5）防盗报警器与自燃 在汽车上擅自安装的防盗报警器，一方面可能未对线路进行功率复核；另一方面防盗报警器是始终通电的。如果导线偶然断开或因电流过大而烧焦，就容易成为汽车上的一个自燃火源点。

（6）拆卸油管可能引起自燃 对于装有电喷式发动机的汽车，当发动机熄火以后，油管中仍然会有一定的残余汽油压力。如果维修人员在此时马上动手拆卸相关油管，则会导致汽油喷射而出，引发火灾。

（7）自燃后的轮胎 汽车起火以后，由于风向的缘故，车身两侧以及车的前后安装的轮胎燃烧程度并不一致，一般来说，顺风向的轮胎会烧得严重，逆风向的轮胎则一般不会燃烧。另外，由于地面的散热条件较好，而且地面与轮胎之间没有空气流通，所以，轮胎的接地点也不会燃烧。

（8）自燃与油箱爆炸 在影视作品中，汽车燃烧往往会伴随油箱爆炸。这种场景是导演为了追求艺术方面的视觉冲击效果而设计出来的。在实际的汽车火灾现场，极少发生油箱爆炸。伴随着汽车的燃烧，油箱中的汽油往往只会被烧光。这是因为在汽车起火燃烧的过程中，油箱内并无空气，燃烧着的火焰无法引入油箱内部。但是，车体燃烧所产生的高温会对油箱及其内部的汽油产生强烈的烘烤，导致油箱中的汽油挥发，从而产生较高的气压，将油箱盖顶开，汽油挥发而出，快速燃烧，直至烧光（图7-21）。

图7-21 自燃烧毁的出租车

3. 保险责任

根据保险条款的解释，当发生“在时间或空间上失去控制的燃烧所造成的灾害，主要是指外界火源以及其他保险事故造成的火灾导致保险车辆的损失”时，保险公司可以在车辆损失险范围内承担保险责任。

因本车电器、线路、供油系统等发生问题产生自身起火，造成保险车辆损失，以及违反车辆安全操作原则，用有火焰的火，如喷灯、火把烘烤车辆造成保险车辆损失，均属车辆损失险的除外责任。在对因火灾造成保险车辆损失的查勘定损处理中，应严格掌握保险责任与除外责任的区分，研究、分析着火原因。

4. 火损汽车的定损

（1）火灾对车辆损坏情况的分析

1）整体燃烧。整体燃烧是指机舱内线路、电器、发动机附件、仪表板、内装饰件、座椅烧损，机械件壳体烧融变形，车体金属（钣金件）件脱炭（材质内部结构发生变化），表面漆层大面积烧损等现象。

2）局部烧毁

① 发动机机舱着火，造成发动机前部线路、发动机附件、部分电器、塑料件烧损。

② 轿车的外壳或客车、货车驾驶室着火，造成仪表板、部分电器、装饰件烧损。

③ 货运车辆货箱内着火，造成货箱、运载货物烧损。

（2）火灾车辆的定损处理方法

1）对明显烧损的零部件进行分类登记。

2）对机械类零部件进行测试、分解检查。特别注意转向、制动、传动部分的密封橡胶件是否有损坏。

3）对金属件（特别是车架，前、后桥，壳体类等）考虑是否因燃烧而退火、变形。

4）对于因火灾使保险车辆遭受损害的，分解检查工作量很大，且检查、维修工期较长，一般很难在短时期内拿出准确估价单，只能边检查、边定损，反复进行。

（3）火灾汽车的定损　汽车起火燃烧以后，其损失评估的难度相对大些。

如果汽车的自燃没有蔓延，只是涉及线路、管路被烧坏，根据条款，无需理赔。

如果汽车的起火燃烧被及时扑灭了，可能只会导致一些局部的损失，损失范围仅限于过火部分的车体油漆、相关导线及非金属管路、过火部分的汽车内饰。只要参照相关部件的市场价格，并考虑相应工时费，即可确定出损失金额。

如果燃烧持续了一段时间之后才被扑灭，虽然没有对整车造成毁灭性破坏，但也可能造成比较严重的损失。凡被火“光顾”过的车身外壳、汽车轮胎、导线线束、相关管路、汽车内饰、仪器仪表、塑料制品、外露件的美化装饰等可能都会报废，定损时需考虑相关更换件的市场价格、工时费用等。

如果燃烧程度严重，轿车外壳、客货车驾驶室、轮胎、线束、相关管路、汽车内饰、仪器仪表、塑料制品、外露件的美化装饰等肯定会被完全烧毁。部分零部件，如控制计算机、传感器、铝合金铸造件等，可能会被烧化，失去使用价值。一些看似“坚固”的基础件，如发动机、变速器、离合器、车架、悬架、车轮轮毂、前桥、后桥等，在长时间的高温烘烤下，也会因“退火”而失去应有精度，无法继续使用，此时，汽车完全报废了。

学习单元4　汽车水灾的定损

导入案例

夏日，南方某地的蔡某开着自己的帕萨特轿车外出。路遇大雨，路面积水，他因不熟悉路况，将车开进了低洼地带而熄火。由于他有急事，连续几次尝试重新起动发动机，均未果，最后听得一声闷响，发动机干脆没有任何声响了。报案、施救、定损之后，定损人员告诉他：对于因进水造成的数千元的电器、内饰、生锈等损失，保险公司予以赔付，但对于所造成的数万元的发动机捣缸损失，保险公司不予赔付。蔡某闻听大为不满，起诉到了法院。法院审理认为：保险公司的理赔结论符合条款规定，没有问题。

为什么同样是水造成的损失，有的项目可以赔付，而有的项目就不能赔付呢？

对于因水损坏汽车的理赔，现在实行的保险条款，基本都将发动机内部的损失列为免责范围。因此，对于没有购买发动机进水损失险的标的车，处理进水损失时，相对简单。但是，对于已经购买了发动机进水损失险的标的车，界定因水灾造成的发动机损坏时，需要准确区分哪些属于进水造成的损失，哪些属于机械故障造成的损失，这一点十分重要。如果判定为非保险责任而证据又不够充足，则常常会造成保险索赔时的纠纷。

对于仓储式的停车被淹，由于所造成的损失通常是众多标的同时受损，在短时间内要对众多车型、不同受损程度的车进行较科学的损失评估，往往会使车险评估人员感觉非常棘手。

对于海水造成的损失，则要考虑海水的强腐蚀性对汽车有可能造成毁灭性的损失。

从大量的水灾案例实践中分析得出，做好汽车水灾理赔工作必须从以下几个方面入手：①迅速、快捷到达出险现场，认真、细致地进行现场查勘；②详细了解汽车在水中浸泡时间的长短；③区分车型，对不同受损程度的标的车进行抽样，评定损失；④对同一地区、同一车型、相似受损程度的标的车制定相对一致的损失评定标准。

一、水灾损失的施救与保养

在遇到暴雨或洪水时，一些经验不够丰富的驾驶人，一些处理水灾受损汽车经验不多的查勘人员、维修人员，往往不知所措或措施不当，扩大了汽车损失。

例如，在发动机被水淹熄火以后，绝大多数驾驶人会条件反射般地进行重新起动发动机的尝试，期望尽快脱离被困险境，结果加重了汽车损坏；个别救援人员因所采用的施救措施不当，扩大了汽车的损坏；个别查勘定损人员无法界定水淹损失与人为扩大损失的区别；个别维修人员采取的处置措施不当，扩大了损失。

如果查勘人员到达现场时，汽车仍在水中，则必须对其进行施救。施救时一定要遵循“及时、科学”的原则，既要保证进水汽车能够得到及时的救援，又要避免汽车损失进一步扩大。施救进水汽车时，应该注意以下事项。

1. 严禁水中起动汽车

汽车进水熄火后，驾驶人绝对不能抱着侥幸心理贸然起动，否则会造成发动机进水，导致损坏。汽车被水淹的程度较重时，驾驶人最好马上熄火，及时拨打保险公司的报案电话，或者同时拨打救援电话，等待施救。

实践证明，暴雨中受损的汽车，大多数是因为汽车在水中熄火后，驾驶人再次起动而造成发动机损坏的。据统计，大约有90%的驾驶人，当发现自己的汽车在水中熄火后，会再次起动，这是导致发动机损失扩大的主要原因。

2. 科学拖车

施救水淹车时，一般应采用硬牵引方式拖车，或将汽车前轮托起后牵引（图7-22），不要采用软牵引方式。如果采用软牵引方式拖车，一旦前车减速，被拖汽车只有选择挂档、利用发动机内部的阻力来牵阻减速。这就会导致被拖汽车发动机的转动，最终导致发动机损坏。如果能将前轮托起后牵引，则可避免因误挂档而引起的发动机损坏。另外，拖车时一定要将变速器置于空档，以

图7-22 利用摩托车拖车

免车轮转动时反拖发动机运转，导致活塞、连杆、气缸等的损坏。对于采用自动变速器的汽车，不能长距离拖拽（通常不宜超过20～30km），以免损伤变速器。

在将整车拖出水域后，尽快把蓄电池负极线拆下，以免各种电器因进水而短路。

3. 及时告知车主和承修厂商

在将受淹汽车拖出水域后，应及时告知车主和承修厂商，下列措施是被保险人应尽的施救义务（最好印制格式化的告知书），交被保险人或当事人签收，以最大限度地防止损失扩大。

容易受损的电器（如各类电脑模块、音响、仪表、继电器、电动机、开关、电器设备等）应尽快从车上卸下，进行排水清洁，电子元件用无水酒精清洗（不要长时间用无水酒精清洗以免腐蚀电子元件）晾干，避免因进水引起电器短路。某些价值昂贵的电器设备，如果清洗晾干及时，完全可以避免损失；如果清洗晾干不及时，就有可能导致报废。

4. 及时检修电气元器件

汽车电脑最严重的是芯片损坏。前风窗处通常设有流水槽和排水孔，可及时排掉积水，汽车被水泡过以后，流水槽下往往沉积了许多泥沙和树叶，极易堵住排水孔，应及时疏通，以免排水不畅造成积水。当积水过多时，水会进入车内，可能危及汽车电脑，导致电控系统发生故障，甚至损坏。一些线路因为沾水，其表皮会过早老化，出现裂纹，导致金属外露，最终使电路产生故障。装有电喷发动机的汽车，其控制电脑更怕受潮。车主应随时注意电脑的密封情况，避免因电脑进水，使控制紊乱而导致全车瘫痪。

安全气囊的保护传感器有时与电脑做成一体，如果电脑装于车的中部，一般为此种结构，维修时只要更换了安全气囊电脑，就无需再换保护传感器。部分高档车（3.0L以上）的安全气囊传感器一般用硅胶密封，其插头为镀银，水淹后一般无需更换，低档车插头为镀铜，水浸入后发绿，可用无水酒精擦洗，并用刷子刷，再用高压空气吹干。

一般而言，如果电脑仅仅是不导电，还可进行修理；如果是芯片出现问题，就需更换了。根据车型不同，电脑价格在1000～8000元。

各类电机进水以后，对于可拆解的，可采用“拆解—清洗—烘干—润滑—装配”的流程处理，如起动机、发电机、天线电动机、步进电动机、风扇电动机、座位调节电动机、门锁电动机、ABS电动机、油泵电动机等；对于无法拆卸的，如刮水器电动机、喷水电动机、玻璃升降电动机、后视镜电动机、鼓风机电动机、隐藏式前照灯电动机等，一般应考虑一定的损失补偿率，为20%～40%。

5. 及时检查相关机械零部件

(1) 检查发动机　汽车从水中施救出来后，要对发动机进行检查。

先检查气缸有没有进水。气缸进水会导致连杆被顶弯，损坏发动机。

检查机油里面是否进水，机油进水会导致其变质，失去润滑作用，使发动机过度磨损。检查时，将机油尺抽出，查看机油尺上机油的颜色。如果机油尺上的油呈乳白色或有水珠，就要将机油全部放掉，清洗发动机后，更换新油。

将火花塞全部拆下，用手转动曲轴，如果气缸进水，则从火花塞螺孔处会有水流出。如感觉有阻力，说明发动机内可能有损坏，不要借助工具强行转动，要查明原因，排除故障，以免引起扩大损坏。

如果通过检查未发现机油异常，可从火花塞螺孔处加入少许机油，用手转动曲轴数

次，使整个气缸壁都涂上一层油膜，以防锈、密封，同时也有利于发动机起动。

(2) 检查变速器、主减速器和差速器　如果上述部件进了水，会使其内的齿轮油变质，造成齿轮磨损加剧。对于采用自动变速器的汽车，还要检查控制电脑是否进水。

(3) 检查制动系统　对于水位超过制动油泵的被淹汽车，应更换全车制动液。因为当制动液里混入水时，会使制动液变质，致使制动效能下降，甚至失灵。

(4) 检查排气管　如果排气管进了水，要尽快排除，以免水中杂质堵塞三元催化转化器和损坏氧传感器。

6. 清洗、脱水、晾晒、消毒和美容内饰

如果车内因潮湿而有霉味，除了在阴凉处打开车门，让车内水气充分散发，消除车内潮气和异味外，还需对车内进行大扫除，更换新的或晾晒后的地毯及座套。查看车门铰链部分、行李箱地毯之下、座位下的钢铁部分以及备用胎固定锁部位有没有生锈痕迹。

车内清洁不能只使用一种清洁剂和保护品。应根据各部位的材质选用不同的清洁剂。多数美容装饰店会选用碱性较大的清洁剂，这种清洁剂虽然有增白、去污功效，但也有一定后患，碱性过强的清洁剂会浸透绒布、皮椅、顶篷，最终出现板结、龟裂等。应选择pH值不超过10的清洗液，配合专用抽洗机，在清洁的同时用循环水将脏东西和清洗剂带走，并将此部位内的水气抽出。还有一种方法是采用高温蒸汽对车内真皮座椅、车门内饰、仪表板、空调风口和地毯等进行消毒，同时清除车内烟味、油味、霉味等各种异味。

7. 保养汽车

如果汽车整体被水浸泡，除按以上方法排水外，还要及时擦洗外表，防止酸性雨水腐蚀车体。最好对全车进行一次二级维护。全面检查、清理进水部位，通过清洁、除水、除锈、润滑等，恢复汽车性能。

8. 谨慎起动

在未对汽车进行排水处理前，严禁采用起动机、人工推车或拖车方式起动被淹汽车。只有进行了彻底的排水处理，并进行了相应润滑后，才能进行起动的尝试。

二、水淹基本情况

1. 水的种类

评估汽车水淹损失时，通常将水分为淡水和海水。本书只对淡水造成的损失进行评估。

在对淡水水淹汽车的损失评估中，应充分注意淡水的混浊情况。多数水淹损失中的水为雨水和山洪形成的泥水，但也有下水道倒灌形成的浊水，这种城市下水道溢出的浊水中含有油、酸性物质和各种有机物质。油、酸性物质和其他有机物质对汽车的损伤各不相同，现场查勘时需充分注意，并进行明确记录。

2. 汽车的配置

定损汽车的水淹损失时，要对被淹汽车的配置进行认真详细的记录，特别注意电子器件，如ABS、ASR、SRS、AT、CVT、CCS、CD、GPS和TEMS等。对水灾可能造成的受损部件，一定要做到心中有数。另外，要对真皮座椅、高档音响、车载DVD和影视设备等配置是否为原车配置进行确认，如果不是原车配置，应核实车主是否投保“新增设备险”。区分受损配置是否属于“保险标的”，对于理赔结果差别悬殊。

3. 水淹高度

水对汽车的淹没高度是确定水损程度非常重要的一个参数。一般来说，针对不同的车型，“水淹高度”通常不以具体的高度值作为计量单位，而以汽车上某个重要的位置作为参数，轿车的水淹高度可分为 6 级，如图 7-23 所示，每一级的损失程度各不相同，相互之间差异较大。具体内容将在后面损失评估时再进行定性和定量分析。

图 7-23 轿车高度示意图

说明：1 为制动盘和制动毂下沿以上，车身地板以下，乘员舱未进水；2 为车身地板以上，乘员舱进水，而水面在驾驶人座椅垫以下；3 为乘员舱进水，水面在驾驶人座椅垫面以上，仪表工作台以下；4 为乘员舱进水，仪表工作台中部；5 为乘员舱进水，仪表工作台面以上，顶篷以下；6 为水面超过车顶，汽车被淹没顶部。

4. 水淹时间

汽车被水淹时间的长短，是评价水淹损失程度的另外一个重要参数。水淹时间长短对汽车所造成的损伤差异很大。现场查勘时，在第一时间通过询问来确定水淹时间是一项重要的工作。水淹时间的计量单位一般以小时（h）为单位，通常分为 6 级，见表 7-10。

表 7-10 水淹时间与水淹级别对应表

水淹级别	水淹时间/h	水淹级别	水淹时间/h
1	$t \leqslant 1$	4	$12 < t \leqslant 24$
2	$1 < t \leqslant 4$	5	$24 < t \leqslant 48$
3	$4 < t \leqslant 12$	6	$t > 48$

每一级所对应的损失程度差异较大，在后面损失评估时将进行定性和定量分析。

三、水灾损失评估

汽车种类繁多，各类别之间略有差异。本书以社会保有量较大的乘用车为例，阐述汽车的水灾损失评估。

1. 水淹汽车的损坏形式

（1）静态进水损坏

汽车在停放过程中被暴雨或洪水侵入甚至淹没，属于静态进水，图 7-24 所示为停车场被淹图，属于典型的静态进水。

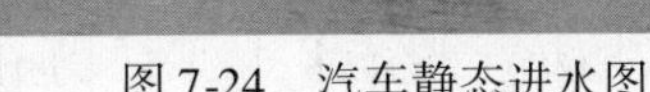
图 7-24 汽车静态进水图

汽车在静态条件下进水，会造成内饰、电路、空气滤清器、排气管等部位受损，有时气缸也会进水。在这种情况下，即使发动机不起动，也可能造成内饰浸水、电路短路、电脑芯片损坏、空气滤清器、排气管和发动机泡水生锈等；对于采用电喷发动机的汽车，一旦电路遇水，极有可能导致线路短路，造成无法着火；如果强行起动发动机，极有可能导致严重损坏。就机械部分而言，汽车被水泡过之后，进入发动机的水分在高温作用下，会使内部运动机件锈蚀加剧，当进气行程吸水过多时，容易造成连杆变形，严重时导致发动机报废。

汽车进水后，内饰容易发霉、变质。如果不及时清理，当天气炎热时，会出现各种异味。

（2）动态进水损坏

汽车行驶过程中，发动机气缸因吸入水而熄火，或在强行涉水未果、发动机熄火后被

水淹没（图7-25）。动态条件下，由于发动机仍在运转，气缸内因吸入了水会迫使发动机熄火。在这种情况下，除了静态条件下可能造成的全部损失，还有可能导致发动机直接损坏。

2. 汽车水险的理赔分类

从保险公司的业务划分看，因暴雨造成的汽车损失，主要分5种：

1）由于暴雨淹及车身而进水，导致金属零部件生锈、电子电器件和内饰损坏。

2）发动机进水后，驾驶人未经排水处理，甚至直接就在水中起动发动机，导致内部机件损坏。

图7-25 开进了冰窟窿的轿车（动态进水）

3）水中漂游物或其他原因对车身、玻璃等发生擦撞、碰伤等损失，或因其他相关原因造成汽车损失。

4）落水后，为抢救汽车，或者为了将受损汽车拖到修理厂而支付的施救、拖车等费用。

5）汽车被水冲失所造成的全车损失。

3. 水淹后的损失评估

汽车不同水淹高度对应的损失见表7-11。

表7-11 汽车不同水淹高度对应的损失

水淹高度	特 征	可能造成的损失	损 失 率
1	水淹高度在制动盘和制动毂下沿以上，车身地板以下，乘员舱未进水	制动盘和制动毂。损坏形式主要是生锈，生锈的程度主要取决于水淹时间的长短以及水质。通常情况下，无论制动盘和制动毂的生锈程度如何，所采取的补救措施主要是四轮的保养	约为0.1%
2	水淹高度在车身地板以上，乘员舱进水，而水面在驾驶人座椅垫以下	四轮轴承进水；全车悬架下部连接处因进水而生锈；配有ABS的汽车轮速传感器磁通量传感失准；地板进水后，如果车身地板防腐层和油漆层本身有损伤就会造成锈蚀	0.5%~2.5%
3	乘员舱进水，水淹高度在驾驶人座椅垫面以上，仪表工作台以下	座椅、部分内饰潮湿和污染；真皮座椅、真皮内饰损伤严重，若水淹时间超过24h，还会造成：桃木内饰板分层开裂；车门电动机进水；变速器、主减速器及差速器可能进水；部分控制模块、起动机、中高档车行李舱中CD换片机、音响被水淹	1.0%~5.0%
4	乘员舱进水，水淹高度在仪表工作台中部	发动机进水；仪表板中部音响控制设备、CD机、空调控制面板受损；蓄电池放电、进水；大部分座椅及内饰被水淹；音响的喇叭全损；各种继电器、熔丝盒可能进水；所有控制模块被水淹	3.0%~15.0%
5	乘员舱进水，水淹高度在仪表工作台面以上，顶篷以下	全部电器装置被水泡；发动机严重进水；离合器、变速器、后桥也可能进水；绝大部分内饰被泡；车架大部分被泡	10.0%~30.0%
6	水淹高度超过车顶，汽车被淹没顶部	汽车所有零部件都受到损失	25.0%~60.0%

4. 水灾损失现场查勘报告

事先准备格式化的现场查勘报告，是查勘定损人员实施快捷、准确查勘的前提。表7-12为汽车水灾损失的现场查勘报告单。

表7-12　汽车水灾损失现场查勘报告单

<table>
<tr><td rowspan="10">标的车辆情况</td><td colspan="3">车牌号码：</td><td colspan="3">车架号码（VIN）：</td></tr>
<tr><td colspan="3">车辆类型：</td><td colspan="2">厂牌型号：</td><td>初次登记年月：</td></tr>
<tr><td colspan="3">行驶证车主：</td><td colspan="2">驱动形式：□前驱 □后驱 □四驱</td><td>行驶里程：</td></tr>
<tr><td colspan="6">出险时车辆状态：□静止 □运动 □其他（　　　　　　　　　　）</td></tr>
<tr><td rowspan="2">发动机种类</td><td>□汽油</td><td colspan="3">□化油器 □电喷 □单点喷射 □多点喷射</td><td rowspan="2">变速器类型：□手动 □自动 □手自一体 □CVT</td></tr>
<tr><td>□柴油</td><td colspan="3">□非增压 □增压</td></tr>
<tr><td colspan="3">电控动力转向（EPS）：□有 □无</td><td colspan="2">防抱死装置（ABS）：□有 □无</td><td>驱动防滑（ASR）：□有 □无</td></tr>
<tr><td colspan="3">电控悬架（TEMS）：□有 □无</td><td colspan="3">安全气囊（SRS）：□无 □有　□单气囊 □双气囊 □多气囊</td></tr>
<tr><td colspan="3">倒车镜种类：□电动 □手动</td><td colspan="3">电动座椅：□是 □否　真皮座椅：□是 □否</td></tr>
<tr><td colspan="4">内饰：□真皮 □桃木 □CD □DVD □GPS □车载电话</td><td colspan="2">油漆种类：　　　　是否受损：□是□否</td></tr>
<tr><td colspan="7">水质情况：□海水 □淡水 □泥水 □污水 □油水</td></tr>
<tr><td rowspan="7">水浸高度</td><td colspan="6">1级□制动盘和制动毂下沿以上，车身地板以下，乘员舱未进水</td></tr>
<tr><td colspan="6">2级□车身地板以上，乘员舱进水，而水面在驾驶人座椅垫以下</td></tr>
<tr><td colspan="6">3级□乘员舱进水，而水面在驾驶人座椅垫面以上，仪表工作台以下</td></tr>
<tr><td colspan="6">4级□乘员舱进水，仪表工作台中部</td></tr>
<tr><td colspan="6">5级□乘员舱进水，仪表工作台面以上，顶篷以下</td></tr>
<tr><td colspan="6">6级□ 水面超过车顶</td></tr>
<tr><td colspan="6">其他（　　　　　　　　　　　　　　　　　　　　）</td></tr>
<tr><td colspan="7">水淹时间：□$t≤1$ □$1\text{h}<t≤4$ □$4\text{h}<t≤12\text{h}$ □$12\text{h}<t≤24\text{h}$ □$24\text{h}<t≤48\text{h}$ □$t>48\text{h}$</td></tr>
<tr><td>查勘时间</td><td colspan="2">（1）
是否第一现场：</td><td colspan="2">（2）</td><td colspan="2">（3）</td></tr>
<tr><td>查勘地点</td><td colspan="2">（1）</td><td colspan="2">（2）</td><td colspan="2">（3）</td></tr>
<tr><td colspan="2">出险时间：</td><td colspan="3">保险期限：</td><td colspan="2">出险地点：</td></tr>
<tr><td colspan="7">出险原因：□暴雨　　□洪水　　□其他（　　　　　　　　　　）</td></tr>
<tr><td colspan="7">事故涉及险种：□车辆损失险 □第三者责任险 □附加险（　　　　　　　　　　）</td></tr>
<tr><td colspan="7">事故经过：</td></tr>
<tr><td colspan="7">施救情况：</td></tr>
<tr><td colspan="7">备注说明：</td></tr>
</table>

被保险人签字：　　　　　　　　　　　　　　　　　　　　查勘人签字：

年　月　日　　　　　　　　　　　　　　　　　　　　　　年　月　日

学习单元5 汽车盗抢的定损

导入案例

国庆黄金周期间，刘某在男朋友的恳求下，将自己的爱车借给了男朋友的朋友，七天时间过去了，她本认为对方应该还车了。哪知连续等了三天，不见对方来还。打电话联系，对方关机。向亲朋打探，无人知道其下落。刘某赶紧向保险公司报案，哪知保险公司的查勘人员却告知：在借车人找到之前，保险公司是不会理赔刘某的保险车辆的。

为什么已经投保了车辆盗抢险，保险公司还要拒绝刘某的索赔请求呢？

盗抢汽车是一种全球性的犯罪行为。汽车被盗会给保险公司和车主造成巨大的经济损失和心理创伤。以一辆售价20万元，投保了全车盗抢险的轿车为例，如果失窃，保险公司会给车主赔付车价款的80%，即16万元，其余20%的车价款、车辆购置税、上牌费、装饰费、剩余时间的保费等费用则由车主自己来承担，需要6万~8万元。

一、汽车盗抢险条款解读

1. 保险责任

汽车盗抢险保险责任

▲全车被盗窃、被抢劫、被抢夺，经县级以上公安刑侦部门立案证实，满60天未查明下落

▲全车被抢劫、被抢夺过程中发生事故造成保险车辆损失需要修复的合理费用

▲在被盗窃、抢劫、抢夺后受到损坏或车上零部件、附属设备丢失需要修复的合理费用

2. 责任免除

1）非全车遭盗抢，仅车上零部件或附属设备被盗窃、被抢劫、被抢夺。

2）保险车辆被盗窃未遂，造成保险车辆的损失。

3）保险车辆被诈骗、罚没、扣押造成的全车或部分损失。

4）全车被盗窃、被抢劫、被抢夺后，保险车辆肇事导致第三者人员伤亡或财产损失。

5）保险车辆与驾驶人同时失踪。

6）被保险人因民事、经济纠纷而导致保险车辆被抢劫、抢夺。

7）被保险人及其家庭成员、被保险人允许的驾驶人员的故意行为或违法行为造成的损失。

8）被保险人未能向保险人提供出险地县级以上公安刑侦部门出具的盗抢案件证明、车辆已报停手续和机动车辆登记证书。

3. 保险金额

保险金额一般由投保人与保险人在保险车辆的实际价值内协商确定。当保险车辆的实际价值高于购车发票金额时，大多以购车发票金额确定保险金额。

在汽车盗抢案高发地区，针对容易失窃的车型，部分保险公司在核定盗抢险基准费率基础上，可根据车辆的风险高低在50%～300%间浮动，承保高风险汽车时，会增加保费。但还要根据该车使用人情况、车辆自身防盗装置、停放情况等条件而定。如果一辆装有电子防盗装置并有固定停车位的富康轿车，其盗抢险费率能下浮30%左右；而一辆无防盗装置，又经常停放在马路边的桑塔纳轿车，其盗抢险费率则可能上浮100%。

4. 赔偿处理

(1) 赔付的基本前提　除另有约定外，投保机动车盗抢险的机动车必须拥有国家规定的车辆管理部门核发的正式号牌。

(2) 出险通知　被保险人得知或应当得知车辆被盗窃、被抢劫或被抢夺后，应在24h内(不可抗力因素除外)向公安部门报案，同时通知保险人，并在保险人指定报纸登报声明。

(3) 提供单证　被保险人索赔时，须提供保险单、机动车行驶证、购车原始发票、车辆购置税凭证、原车钥匙，以及出险地县级以上公安刑侦部门出具的盗抢案件证明、车辆已报停手续和机动车辆登记证书。

(4) 全车损失　在保险金额内计算赔偿，并实行20%的绝对免赔率。但若被保险人索赔时未能提供机动车行驶证、机动车辆登记证书、购车原始发票、车辆购置税凭证，每缺少一项，增加1%的免赔率；缺少原车钥匙（任何一把）增加3%的免赔率，未能提供车辆停驶手续或出险当地县级以上公安刑侦部门出具的盗抢立案证明的，保险人不承担赔偿责任。

(5) 部分损失　当全车被盗窃、被抢劫、被抢夺过程中及其以后发生事故造成保险车辆、附属设备丢失或损失需要修复的合理费用，在保险金额内按实际修复费用计算赔偿。

(6) 失窃车找回　如保险车辆全车被盗窃、抢劫、抢夺后被找回的，若在60天之内尚未支付赔款的，归还车辆；若超过了60天，已支付赔款的，应将该车辆归还被保险人，同时收回相应赔款。如果被保险人不愿意收回原车，则保险人在实际赔偿金额内取得保险车辆的权益，车主协助保险公司办理有关手续。

二、汽车被盗抢后的理赔

汽车被盗后，如果投保了盗抢险，可以在经济方面获得保险公司的部分赔付。无论是作为车主还是保险公司的查勘理赔人员，都需要在熟知盗抢险条款的基础上，了解保险公司关于盗抢险的理赔流程，以便有的放矢地索赔、查勘、赔付。

1. 车主的索赔流程

保险车辆被盗、被抢或被劫后，车主应如实向公安部门和保险公司告知丢车日期、时间、地点、车内财物、行驶里程，保险公司还会了解你是在汽车丢失多久后向公安部门报的案。

如果被盗汽车在60天内未追回，保户即可向保险公司索赔。索赔时须提供保险单、公安部门出具的案件证明、机动车行驶证、购车原始发票、购置税凭证、机动车辆停驶凭证收据等必要单证。

保户获得赔偿后，若被盗抢的车找回，保险公司可将车辆归还给保户，并收回相应赔款。若保户不愿收回原车，则车辆所有权归保险公司所有。

如果保户自公安部门出具被盗抢证明之日起，60天内不提交上述单证，则视为自愿放弃。

2. 索赔时必带材料

汽车被盗后，车主索赔时需携带规定的材料。其中，机动车丢失证明、机动车停驶证明两

项必须提供，否则保险公司不予赔偿；机动车行驶证、购置税缴费凭证、购车发票、车钥匙，每少一项保险公司可能会增加1%~3%的免赔率；如果车主是贷款买的车，还得“光顾”银行。

汽车被盗索赔时必带材料

▲出险通知书：由保险公司提供，保户填写（公车需要盖章，私车需要签字）

▲保险单原件

▲机动车行驶证原件

▲购车发票原件

▲购置费缴费凭证和收据原件

▲权益转让书：由保险公司提供（公车需要盖章，私车需要签字）

▲机动车丢失证明原件：由公安局提供

▲汽车钥匙（全部）

▲机动车停驶证明原件：交通局提供

▲车主证件：车主是单位的需要营业执照或介绍信，是个人的需要身份证

▲赔款结算单：由保险公司提供（公车需要盖章，私车需要签字）

【本章小结】

1）汽车通常是由发动机、底盘、车身、电气系统四大部分组成的。

2）事故车辆维修的原则：维修作业仅局限于本次事故所造成的损失；对于能修理的零部件尽量修复，不随意更换；对于能通过局部修复恢复性能的，不扩大到整体修理；对于能更换个别零部件恢复性能的，不去更换总成。

3）一般来说，承载式车身结构钣金件发生的只是弯曲变形，只需维修；假如发生了折曲变形，则需视情维修或更换。

4）非结构钣金件损坏时，视情决定采取就车修理还是拆解修理或者更换。

5）塑料件损坏时一般需要更换，但若保险杠的损坏程度不是很严重，可以焊修。

6）发动机拖底后，所造成的直接损失一般有油底壳凹陷、壳体破损、润滑油泄漏、机油泵损坏等；而间接损失可能有发动机曲轴轴瓦、连杆轴瓦烧蚀甚至与曲轴、活塞抱死，凸轮轴、活塞和汽缸缸筒因缺油而磨损。

7）发动机进水后，有可能导致连杆弯曲，在随后的持续运转过程中就有可能导致进一步的弯曲、断裂，甚至捣坏汽缸。

8）电气设备在汽车碰撞之后，有可能造成“损坏”的假象，需要区分是否为保护装置断开所致。

9）事故车辆维修作业项目分为拆装项目、更换项目、待查项目、修理项目四种。

10）事故车辆的维修费用包括材料费、管理费、工时费。

11）汽车起火分为自燃、引燃、碰撞起火、机械故障导致起火、经停不当导致汽车起火、爆炸、雷击起火。

12）造成汽车自燃的原因主只要有漏油、漏电、接触电阻过大、车载易燃物引发火灾、超载等。

13）汽车进水之后，一定要按照严格的过程进行施救及拖车，以免造成损失扩大。

14）投保了机动车盗抢险的汽车，被盗超过60天没有找到，可以向保险公司索赔，但有一定的的免赔项目。

【重要概念】

发动机　底盘　车身　电气设备　结构钣金件　非结构钣金件　塑料件　拆装项目　更换项目　待查项目　修理项目　汽车起火　汽车进水　盗抢

【技能训练】

【案例7-2】　山东济南的一辆富康出租车，在市区道路路口等信号时，被同方向行驶的一辆速度过快的车追尾撞击，造成尾部损坏，后车负全责。富康轿车行李箱盖后挡板、后下底板、右后翼子板、右后车门发生变形，后保险杠、右后尾灯被撞击破损如图7-26所示。

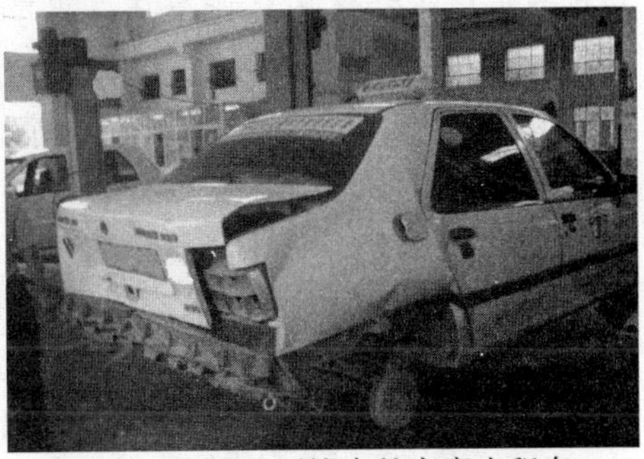

图7-26　被追尾撞击的富康出租车

维修方案：由于行李箱盖后挡板、后下底板、右后翼子板、右后车门变形不大，可通过整形、涂装法维修。但后保险杠外皮、内骨架和右后尾灯总成已经破损，必须更换。

由于行李箱盖属于双层结构，整形前需要先分开，整形后再组装在一起，工时量较大，定损价格为300元。后挡板的整形比较容易，定损100元。后下底板、右后翼子板的整形各定损200元，右后车门整形定损100元。

整形件均需要涂装，但保险杠外皮已经更换，无需涂装。按照喷漆价格200元/m^2，大约定损600元。定损工时费总价格：1500元（不含所更换零部件的材料费）。

案例评析：对于损失不算明显的车，应该尽量贯彻“能修不换，能局部维修不整体维修”的基本原则，只要能使事故车辆的性能和外观恢复到事故发生前的状态，就算履行了保险责任。

【案例7-3】　一辆桑塔纳2000型轿车在高速公路行驶时，因车速过快，驾驶人观察不到位，追尾撞击了一辆同方向行驶的货车后部（图7-27）。造成轿车的左侧严重变形，车身、发动机、变速器、仪表板、转向机、座椅、部分内饰均被损坏，而且大部分零部件需更换。

图7-27　追尾致损的桑塔纳2000型轿车

维修方案：初步估损价已达到新车购置价的80%，说明该车已无修复价值，按全损处理。

案例评析：作为机动车的保险定损，一般来说，假如事故车辆的修复价格超过了汽车现值的80%，就可以推定为全损。有时候，虽然汽车的损失金额未必很高，但因汽车发生事故落入了深水、山谷等处，施救费用很高，初步估计施救费、保管费和维修费之和已经达到了汽车的现值，也可以推定为全损。

【案例7-4】　一辆宇通牌大客车，行驶至京沪高速公路泰安段时，驾驶人超车时因判断失误，追尾撞在了同方向行驶的一辆大货车所装载的货物上，造成大客车前风窗与前部

破碎，车身顶篷部分后移（图7-28）。

维修方案：由于大客车的车身为非承载式，车身骨架采用矩形金属材料焊接成形。维修时必须将弯曲的框架剥离，更换矩形金属管材进行修复。前风窗框架、车门、其他配件均可采购，采用更换新件、焊接方式修复。

图7-28 追尾撞击致损的宇通大客车

由于这类事故没有经验可供借鉴，定损人员在与维修厂商定维修工时费时产生了分歧。后来，谈判人员按照“完成该项工作总共需要5个人，累计工作10天，每个工时的工时费30元，共需12 000元，涂装、辅料、税金等合计5000元”的思路，总共定损17 000元（不包括维修所需的零部件材料费）。

案例评析：对于一些没有现成经验可供借鉴的定损案例，可以采用分析用工量的方式，推算出所需工时，再结合当地的工时费标准及其他因素，最终确定损失金额。

【案例7-5】 一辆福田欧曼牵引货车于2月11日16时左右在公路行驶时发生火灾。查勘表明：车辆驾驶室、发动机、轮胎烧损严重；室内座椅、内饰、仪表板等全部烧毁，发动机进气歧管烧毁熔化，车窗玻璃和电器设备全部烧毁，空调管路部分熔化。驾驶室大部分过火，前部右侧及保险杠、右前照灯处有四处不同程度的轻微碰撞痕迹。刮水臂因过火而熔断，驾驶室翻转轴右支撑座过火较轻，其涂漆层及附属橡胶垫未完全过火（图7-29）。燃油箱内有大约2cm深的燃油。

图7-29 起火燃烧的福田欧曼大型牵引货车

发动机进气歧管部分严重烧毁熔化，车辆驾驶室及轮胎左侧较右侧严重，说明该部位的燃烧温度较高；车辆碰撞之处较轻，特别是右前照灯附近驾驶室翻转轴右支撑座过火较轻，保险杠与车架之间有一定的间隙。由于起火时间为下午16时左右，着火点不可能在前照灯处。交警部门的事故认定书上无双方当事人签字且其描述追尾内容与报案记录撞树不相吻合。综合分析认定：该车火灾是发动机自身原因引起的，不是碰撞造成的。

案例评析：尽管汽车碰撞也有可能引起起火，但可能性较小，尤其是采用柴油发动机的汽车。一旦汽车因自燃而烧损，车主在没有投保自燃险的前提下，很容易联想到伪装汽车碰撞起火，通过车辆损失险获得赔付。查勘此类报案时，假如标的没有投保自燃损失险而车主报案称起火是碰撞所致，只需证明起火不是碰撞所致即可。本案中，明显存在以下破绽：发动机进气歧管部分严重烧毁熔化，车辆驾驶室及轮胎左侧较右侧严重，车辆碰撞之处较轻，特别是右前照灯附近驾驶室翻转轴右支撑座过火较轻，这些都是汽车自燃的基本特征。另外，交警部门的事故认定书载明火灾是追尾所致，而报案则称为撞树起火，说明驾驶人在故意掩盖某种事实，以此推翻了车主的碰撞起火主张。

【案例7-6】 一辆起亚牌V6型轿车，行驶中因爆胎撞到了路边隔离墩而致损，遂开到附近一小型汽车专项修理厂进行修理。修理厂不会修复该车，又不愿放弃到手的买卖，

于是，拆卸时逐处拍照留存，以利装配。汽车修好后，发现怠速不稳，再次修理亦未修好。三天以后，车主来提车。结果，尚未将汽车开出院门，发动机室就起火燃烧了。因尚未出院，众人迅速灭火，烧损极轻。

车主向保险公司报案，称车辆自燃。经查勘人员初步勘查，确认起火点在发动机室内。由于时值六月中旬，天气炎热，查勘人员建议将车移动至院内树下详细查勘。没想到，蓄电池接通后，刚起动起动机，又发生了起火。经仔细观察，发现油管的一处包有胶布，在发动机工作时，自此处向外喷油，喷油点恰好对准分电器。

查勘人员初步分析认定该案例是修理不当所致。修理厂起初并不承认，并拿出照片为证。但照片反映油管（材质为耐油橡胶）原来并无胶布包扎，经该厂修理后变成了用胶布包扎。行车途中供油管包扎处出现喷油，而喷油位置恰巧对准分电器，结果喷射出的汽油被分电器泄露出的电火花点燃，导致汽车起火。

案例评析：汽车发生故障后，总要经过修理。由于种种原因，修理厂或者无法解决原来的故障，或者解决了原来的故障而引发了新的故障，或者原来的故障没有解决但却引发了新的故障。根据责任划分，汽车修理厂应该负责修好汽车，保险公司应该支付为修复本次故障所发生的费用。假如在维修过程中引发了新的故障，应该由汽车修理厂负责。本次火灾，是修理厂维修不当引发的新故障，保险公司不应该承担赔偿责任，车主应该找修理厂解决。

【案例 7-7】 一辆韩国产的现代轿车，使用大约有两年时间，行驶中因发动机故障而无法行驶。拆解后发现，发动机第二缸连杆折断，机油泵缸体损坏。由于该车曾在一个多月前维修过发动机，于是，案情扑朔迷离。对此故障，三方各执一词：

保险公司认为是机械故障，机油泵损坏导致无法供油，使连杆因缺油而折断，不属于理赔范畴，但却无法说明为什么在缺油状态还能保持曲轴轴瓦完好无损；修理厂认为是保险责任或车主责任，与自己无关，因为上次的维修行为根本没有涉及连杆与活塞部分；车主认为无论机械故障，还是保险责任，自己均无责任，不应该承担任何费用。三方难以达成一致。

后经仔细询问车主，了解到该车三个月前曾经进过水，但当时未予关注。据此分析，有可能是那次进水导致了连杆的轻微弯曲。经查勘拆解的发动机，发现第二缸所对应的活塞上止点位置，明显低于其他汽缸。这说明，在一段时间内，该缸连杆是处于弯曲状态工作的，再结合该缸火花塞电极间隙明显发黑（该缸因连杆弯曲使燃烧室容积变大，压缩比变小），而其他缸火花塞较清洁的事实，可以肯定该缸连杆处于弯曲状态时工作过一段时间。

案例评析：数月前的进水，导致了连杆弯曲，但当时未发现。经过一段时间的使用，连杆因疲劳而折断，并且折断的连杆打碎了位于其下部的机油泵外壳。

在这起事故中，应该说车主、维修站、保险公司都负有一定的责任，均应承担损失。最后，经协商，保险公司、维修站各自承担40%的修理费用，车主承担20%的修理费用。

【案例 7-8】 一辆克莱斯勒汽车公司生产的“君王”牌轿车，车主驾车涉水时，因发动机进水而熄火。车主非常爱惜自己的车辆，未进行任何企图起动车辆的操作，并立即向保险公司报案。勘查人员来到现场后，调动拖车将其拖至修理厂。修理工在转动曲轴清理发动机内的积水时，感觉到阻力太大，于是用电动机强行转动曲轴，转完不久，发现车底有泄漏的机油。一直跟车在旁边观察的车主马上指出责任不在自己，要求保险公司赔付。

保险公司无法举出自己无过错的证据，只好赔付。

其实，车主驾车涉水时，气缸通过进气门进水，已经导致了正处于压缩行程活塞连杆的弯曲，这就是修理工转动曲轴时感到阻力过大的原因。后来修理工用电动机带动发动机曲轴运转，弯曲的连杆捣坏了气缸体，引起了发动机的漏油。属于典型的修理不当引起故障扩大。

案例评析：汽车发动机在运转状态下进了水，很容易导致处于压缩行程的连杆弯曲，必须进行及时的排水处理才能起动。本案中的汽车修理工没有进行必要的排水处理就用起动机起动发动机，导致发动机捣缸，这是车底漏油的原因。由于该车已经由保险公司拖进了自己定点的汽车维修厂，又无法举证属于车主的过错造成的损坏，只好先由自己全额赔付。

【案例7-9】 刘某买了一辆POLO轿车。每天都把车停在小区停车场里，每月交给物业200元停车费。某日，刘某发现自己的车夜间在小区停放时丢失。于是，她向保险公司报案并要求理赔，但保险公司的答复是，凡在收费停车场中丢车，保险公司不赔！

案例评析：按照保险条款，凡是车辆在收费停车场或营业性修理厂中被盗，保险公司一概不负责赔偿。因为上述场所对车辆负有保管责任，在保管期间，因保管人保管不善造成车辆损毁、丢失的，保管人应承担责任。保险公司不负责赔偿。因此，无论是车丢了，还是被划了，保险公司一概不管。

那么，一旦车辆在上述场所丢失，应该怎么办呢？答案是，找停车场索赔！因此，驾驶人一定要注意每次停车时收好停车费收据。虽然很多收费停车场的相关规定中写着“丢失不管”，但根据我国合同法中关于格式合同的规定，这属于单方面推卸自己应负的责任，如无法协商解决，只好诉诸法律，目前已经有人打赢了这样的官司。

【案例7-10】 渔农王某（车主）驾驶自己的“长安”牌面包车去广州办事。在加油站加完油准备开车回家走，两个男人凑上前说：“老哥，我们有些货，想麻烦您给顺道拉到东莞去，我们给你付运费，保证不会让你吃亏”。还没等老实厚道的王某反应过来是怎么回事，两人就自作主张地上了车。王某说不清楚是在什么心态的驱使下，就开车拉着两人上了路。当车行驶到市郊时，其中一男子从腰间拔出尖刀，顶在王某腰间，说“我们是抢车的，你下车吧”。另外一人抡拳将王某打出了车外。幸运的是，王某被随后赶到的巡警救起，没有受到进一步伤害，但汽车却被歹徒抢走了。王某赶紧报案、报险。

保险公司负责查勘的人员听完“案情陈述”后，如实做了记录，并请王某签字确认。理赔人员审核后，答复：“按照《保险条款》的规定，我们不予赔付”。

案例评析：保险公司承保不同使用性质的同类车辆时，所设定的保费费率是不相同的。营运车辆由于风险较大，所以费率较高；自用车辆则费率较低。如果车主擅自将低风险用途的车辆用做了高风险的运营，一旦发生事故，保险公司会拒绝赔付的。本案中，车主擅自将“车主自用”性质的车变成了“拉货牟利”的车，因而被保险公司拒赔。

【案例7-11】 王某参加工作后，为了代步，买了一辆奇瑞轿车。购车次日即向保险公司投保了车辆损失险、第三者责任险和盗抢险等险种。在办理申请牌照期间，将车停在了小区内（没有专门的停车场）自家楼下，第四天晚上车被偷走了。他立即到公安部门报案，并依据保险合同要求保险公司赔偿。经保险公司理赔人员核实，虽然王某购买的车险合同已经于两天前生效，但由于他还没有取得车辆管理部门核发的行驶证和牌照，依据保险合同的规定应该予以拒赔。理由是，车还没上牌，所投汽车盗抢险合同还没生效。

案例评析：《机动车辆保险条款》中，对于这种情况规定了责任免除处理。第五条的责任免除中明确规定了“除本保险合同另有书面约定外，发生保险事故时保险车辆没有公安交通管理部门核发的行驶证和号牌，或未按规定检验或检验不合格”为责任免除事项。因此，除另有书面约定外，保险人不承担赔偿责任。

虽然按照保险合同的规定，保险人在上述情形下不承担赔偿责任，但经常会出现由于保险人在承保时未向投保人明确说明不领取号牌的后果或向投保人作出虚假承诺，而导致在车辆发生事故后引起纠纷甚至诉讼的情况，人民法院也经常以保险人违背诚实信用原则等理由判决保险人承担赔偿责任。因此，保险人在承保未经检验合格或没有核发行驶证和号牌的车辆时，应当慎重处理。即在承保前应当仔细验车、拓印并记载发动机号或 VIN 号，并与投保人书面作出与责任免除条款内容相反的约定（主要针对车损险和第三者责任险）。对于盗抢险，在取得行驶证和号牌前，应当不予承保。

【训练题 7-1】　一辆解放牌大货车，在行驶过程中与对面来车擦碰，造成驾驶室右侧撕裂（图 7-30）。

图 7-30　擦碰致损的解放牌大货车

思考题：

1）如何制订该车的维修方案？

2）该车的更换件有哪些？

3）该车的拆装项目有哪些？

4）该车的涂装项目有哪些？

【训练题 7-2】　一保户报案称其投保的捷达轿车行驶时不慎与路面上的石头相撞，造成发动机油底壳破裂，机油泄漏，车辆就在事故现场的路边，请求保险公司速来查勘。

查勘定损人员及时赶到现场，发现道路中间有几块夜间拉石料的车辆散落的石头，其中一块被机油侵蚀，石头周围也有一片油污。经仔细检查，轿车的发动机油底壳有一孔洞，洞口向内凹，机油已漏尽，经与碰撞的石头比对，形状相吻合，汽车的停车位置距离所碰撞的石头不足 50m。

事故车辆拖到维修厂以后，维修人员将其用举升机举起，对发动机进行全面检查。搬动曲轴带轮时，曲轴运转自如，拆检之后，发现机油泵集滤器、机油泵均无损坏。分别揭下曲轴轴瓦和连杆轴瓦检查，没有发现烧蚀、磨损现象。此次事故只造成了发动机油底壳的变形与断裂，没有引起其他机件的损坏。

思考题：

1）该起事故是否属于保险责任？

2）针对该起事故，应该如何制定维修方案？

3）该起事故涉及哪些拆装、检查工时？

4）该起事故需要更换哪些零部件？

【工作页】

车辆损失定损实务工作页

教师布置日期： 年 月 日 个人完成时间： min

<table>
<tr><td colspan="2">问题：
学生分组演练，三个人一组：分别扮演报案的客户、定损人员、修理厂维修人员。
场景模拟：车主为男性（女性），33岁（38岁），自己经营一家超市（或其他工作），其夏利轿车（或中档车、高档车）的后保险杠（或前保险杠、车门、翼子板、发动机罩）因故损坏（可以利用报纸湿润后贴在相应部位模拟损坏），构成保险责任，请求定损。</td><td>任务：
作为一名定损人员，应该如何依据车主的年龄、职业、性别、车型以及损坏情况，充分利用自己的专业知识及谈判技巧，通过自己的分析以及与客户、维修人员的沟通与谈判，准确、合理地对出险车辆进行定损？</td></tr>
<tr><td colspan="2">定损要点：</td><td></td></tr>
<tr><td colspan="2">工 作 步 骤</td><td>注 意 事 项</td></tr>
<tr><td rowspan="2">定损准备</td><td>1. 需要准备的定损资料及工具</td><td></td></tr>
<tr><td>2. 查勘记录单</td><td></td></tr>
<tr><td rowspan="5">定损步骤</td><td>1. 事故起源点及撞击、振动所引起的损伤部位</td><td></td></tr>
<tr><td>2. 事故车辆维修方案
（1）按照规定顺序登记损坏零部件
（2）需维修的零部件
（3）需更换的零部件</td><td></td></tr>
<tr><td>3. 确定工时费用
（1）拆装工时费
（2）维修工时费
（3）钣喷工时费
（4）辅助工时费</td><td></td></tr>
<tr><td>4. 确定材料费用
（通过走访4S店或汽配商城获得更换零部件的即时价格）</td><td></td></tr>
<tr><td>5. 签订“事故车辆估损单”</td><td></td></tr>
<tr><td colspan="3">学习纪要：</td></tr>
</table>

【知识习题】

1. 填空题

1）汽车通常是由发动机、________、________、________四大部分组成的。

2）往复活塞式汽油机由两大机构、五大系统组成，即曲柄连杆机构、配气机构、燃料供给系统、________、________、________、________。

3）传动系统一般由________、________、________、驱动桥等组成。

4）按照承载方式划分，轿车车身可以划分为________、________、________三大类。

5）电气设备包括电源组、_______、_______、_______、信号装置、仪表和各种电器设备。

6）高强度钢在任何条件下，都不能用________矫正。

7）汽车起火分为自燃、________、________、机械故障导致起火、经停不当导致汽车起火、爆炸、雷击起火。

8）汽车进水后，一般应该采取________牵引的方式进行施救？

2. 简答题

1）车身结构件弯曲变形、折曲变形各有什么特点？

2）机动车的保险责任事故维修与正常维修有何区别？

3）机动车定损应该遵循什么原则？

4）如何区分机动车的损失是否属于保险责任？

5）什么情况下需要更换汽车的零部件？

6）发动机、变速器托底以后，容易造成哪些损失？

7）确定汽车维修工时费时，更换项目涉及哪些？

8）为什么修理工时费会存在差异？

9）如何判断事故车辆是否具有修复价值？

10）碰撞对非承载式车身有何影响？

11）碰撞对承载式车身有何影响？

12）如何把握发动机罩的修与换？

13）确定修理件的工时费时，主要应该考虑哪些因素？

14）如何确定车身的烤漆费用？

15）不同类型的汽车火灾各有什么特点？

16）擅自加装的汽车用电设备，为什么有可能引起汽车的自燃？

17）举例分析几种常见自燃现象的产生原因及查勘注意事项。

18）哪些现象需要查勘人员密切注意是否存在汽车火灾的道德风险？

19）如何定损汽车火灾所造成的损失？

20）为什么要严禁在水中起动汽车？

21）为什么在公路上拖动水淹汽车时，不允许采用软牵引的方式？

22）为什么发动机进水会导致连杆弯曲，甚至捣坏气缸壁？

23）为什么保险公司大多将发动机进水后造成的内部损失列为除外责任？

24）什么样的天气中因水造成的汽车损坏可以作为保险责任？

25）汽车被水浸泡后，容易造成哪些损失？

26）因水造成的汽车损失包括哪几项？

27）为什么汽车长时间被水浸泡损失会更大？

28）车辆盗抢险的保险责任有哪些？

29）车辆的哪些被盗抢现象属于保险责任免除？

30）为什么在营业性的修理厂、停车场发生的汽车被盗，保险公司不予赔付？

3. 案例题

1）一驾驶人驾驶宝来轿车行驶于高速公路上，因观察不够仔细而追尾撞了一辆正常行驶的大货车，导致保险杠撞断、发动机舱盖折起、前风窗玻璃破碎、驾驶人受轻伤。事故发生后，前车停车查看案情，轿车驾驶人试图打开车门出来。但是，就在此时，后方高速驶来另外一辆大货车，推动宝来轿车“塞”入了前车下面，导致轿车受损程度明显加剧，驾驶人当场死亡（图7-31）。

图7-31 三车追尾碰撞图

思考题：

① 在该起事故中，被追尾撞击的大货车是否负有相关责任？

② 宝来轿车应该承担什么责任？

③ 后方驶来的大货车，应该承担什么责任？

2）一辆装用柴油发动机的东风牌自卸汽车，在行驶途中发现发动机冒烟，停车查看时起火，将整个驾驶室、变速器、转向机等铝合金制成的部件全部烧毁。车主拨打119火警电话求救，大火被消防警察扑灭。

查勘得知，该车有九成新，白天起火，驾驶人首先拨打119求救。由于是新车，电路老化问题可以基本排除，排查重点放在油路方面。询问车主在行车途中有无发动机动力不足的现象，得到了“不存在”的明确答案。据此，排除了供油管漏油的可能，重点在回油管查找。进一步检查发现，回油管有一处不明原因折痕，且位置恰好对准发动机的排气管，估计是该处发生的漏油漏在了排气管上，引起车辆自燃（柴油自燃温度为335℃，而排气管温度高达700~800℃），该处起火后，引燃了电缆，将火引入了驾驶室，烧掉了整个驾驶室。

思考题：

① 该车是否符合自燃特征？

② 为什么变速器、转向机等铝合金制成的部件会被烧毁？

3）某车主报案称：红旗轿车于3月31日零时30分左右在一县乡公路行驶时自行起火燃烧。查勘发现：驾驶室过火严重，仪表板总成、座椅、内饰等全部烧损，全车玻璃因过火而全部烧光，蓄电池烧损，但奇怪的是驾驶室内没有发现转向盘骨架残留物（不可能烧得无影无踪）。发动机室内过火较轻，仅相关电缆线、塑料等烧损，发动机机油未参加燃烧，但机油量约为1.5L，冷却水（并非冷却液）约有2L。消声器有约30mm×30mm陈旧性孔洞，消声芯已脱离。左半轴球笼没有防尘罩，左前制动片报警线脱落且拧在一起。燃烧后的红旗轿车如图7-32所示。

思考题：

① 为什么该车的消声器会有约30mm×30mm陈旧性孔洞？为什么制动蹄片报警线路脱

落且拧在一起？为什么车上没有发现过火后的转向盘钢骨架？

② 该车是否具备正常的行驶条件？

③ 该车火灾会不会是车辆自身引起的？

4）车辆在水中强行起动，导致发动机损坏，是否应赔偿？

图 7-32　燃烧之后的红旗轿车

2007 年 7 月，济南地区急降大暴雨。某公司的业务员急于赶飞机，由驾驶人王某驾车送其去机场。在行至一立交桥底时，前方因发生交通事故导致道路堵塞。此时暴雨刚下过不久，雨水汇集在桥的底部，没过了王某汽车的底盘。为及时赶上班机，并尽快脱离困境，王某起动发动机想将车开到地势稍高的路段。岂料此时积水已漫过汽车排气管。发动机起动后，活塞的巨大吸力将雨水从排气管倒吸进汽缸，导致曲轴连杆折断。由于该车已投保了车辆损失险，于是被保险人向保险公司就发动机的损坏提出了索赔申请。

思考题：

① 在《机动车辆保险条款》中，因“暴雨”而构成的保险责任包括哪些？

② 本次事故造成的发动机连杆折断，是否属于保险责任？

5）一辆轿车在行驶过程中，因发生轻度的正面碰撞而向保险公司报案，要求查勘。将车拖至修理厂，拆解发动机后发现，第三缸的活塞连杆折断、缸体损坏。

根据损坏机理的分析，汽车正面的轻度碰撞，不应该导致连杆折断，更不会导致缸体损坏，原因何在呢？经对车主详细了解得知，该车曾在三天前强行涉水，导致当场熄火，车主在将积水进行简单清理并更换空气滤清器后，继续使用。

思考题：

① 为什么该车的正面碰撞会引起连杆的折断？

② 车主涉水、更换空气滤清器后继续使用，是否影响进水损失赔付？

③ 本案例是否应该赔付损失？赔付哪些损失？

6）石家庄的刘某，晚上将自己的私家轿车福特嘉年华停在楼下时，右侧两车轮被盗。发现后，即与所投保的保险公司联系，询问索赔程序。保险公司的答复是“车轮丢了属汽车零部件被盗，不在理赔范围内”。无奈，他只好去派出所报了案，并自费购买了新车轮。手持合同，他多次找保险公司索赔，无果。

思考题：

① 汽车盗抢险的赔付条件是什么？

② 为什么一定要规定“全车被盗窃”才可以理赔？

7）赵某开车去九寨沟旅行，晚上将自己的别克轿车停于一无人值班的旅馆停车场，第二天起程时发现被撬开了车门，一台价值 7800 余元的照相机和旅行袋被偷走，赵某马上向保险公司打了报案电话，要求索赔照相机和旅行袋。

思考题：

① 赵某的索赔申请能否得到保险公司的支持？为什么？

② 假如赵某的索赔申请被拒绝，他应该怎么办？

学习任务八

财产损失与人伤定损实务

【任务描述】

通过“财产损失与人伤定损实务”任务的学习，要求学生：

1. 了解人伤的赔偿项目；
2. 掌握车上货物损失以及第三者财产损失的定损方法；
3. 掌握人伤赔偿费用的确定方法。

学习单元1　财产损失定损

导入案例

标的车为某轿车，客户在小区楼下停车时，错将加速踏板当成了制动踏板，与第三者——车库卷帘门相撞，造成标的车受损，卷帘门损坏（图8-1）。

a) 事故全景

b) 受损卷帘门

图8-1　标的车撞卷帘门事故

查勘意见：本次事故发生在小区内，标的车客户停车时错将加速踏板当成了制动踏板，导致标的车与车库卷帘门相撞，造成标的车和卷帘门受损。

定损分析：损失分两部分，分别为标的车和第三者财产。标的车的损失由车辆损失险负责赔偿，定损金额为2150元。第三者财产的损失由交强险负责赔偿，假如还有不足的部分，则由商业第三者责任险负责赔偿，第三者财产定损结果如下：卷帘门规格为2.2 m×2.4 m，计730元，拆卸安装工时费用为80元，扣除残值80元，最终定损金额为730元。

保险事故除了能导致车辆的损失外，还有可能导致第三者的财产损失和车上承运货物的损失，从而构成第三者责任险、车上货物责任险的赔偿责任。

第三者财产损失包括第三者车辆所载货物、道路、道路安全设施、房屋建筑、电力和水利设施、道旁树木花卉、道旁农田庄稼等。无论是第三者车上货物，还是被保险车辆的车上货物，种类繁多，不胜枚举。可见，车辆事故中造成的非车辆财产损失涉及范围较大，所以对其定损的标准、技术和掌握尺度比机动车辆要难得多。但总体来说，保险人应按事故现场直接造成的现有财产的实际损毁，依据保险合同的规定予以赔偿。确定时可与被害人协商，协商不成可申请仲裁或诉讼。但间接损失、第三者无理索要及处罚性质的赔偿不予负责，因此，保险人的实际定损费用与被保险人实际赔付第三者的费用或车上货物的实际损失额度往往有差距，这就需要定损人员做好被保险人的解释说服工作。

一、定损原则

第三者财产和车上货物的评估应坚持损失修复原则，即以修复为主。

根据损失项目、数量、维修项目、维修工时和工程造价，确定维修方案。对于损失较大或定损技术要求较高的事故，可委托专业人员确定维修方案。

无法修复和无修复价值的财产可采取更换法处理。更换时应注意品名、数量、制造日期、主要功能等。对于能更换零配件的，不更换部件；能更换部件的，不更换总成件。

二、定损方法

1. 确定物损数量

交通事故中常见的财产损失有普通公路路产（图 8-2）、高速公路路产、供电通信设施、城市与道路绿化等。

图 8-2　导致路产损失的车祸现场

相关财产的品名和数量可参照当地物价部门列明的常见品名和配套数量。受损财物的数量确定还必须注意其计算方法的科学性、合理性。

2. 损失金额的确定

1）简单财产损失应与被保险人一起根据财产价值和损失程度确定损失金额，必要时请生产厂家进行鉴定。

2）当受损财产技术性强、定损价格较高，较难掌握赔偿标准时，可聘请技术监督部门或专业维修部门鉴定，严禁盲目定价。

3）对于出险时市场已不销售的财产，可按客户原始购置发票数额为依据，客户不能提供发票的，可根据原产品的主要功能和特性，按照当前市场上同类型产品推算确定。

4）根据车险条款规定，损失残值应协商折价归被保险人，并由被保险人进行处理。

5）定损金额以出险时保险财产的实际价值为限。

3. 常见第三者财产损失的定损方法

1）市政和道路交通设施：如广告牌、电灯杆、防护栏、隔离桩、绿化树等，在定损中按损坏物产的制作费用及当地市政、路政、交管部门的赔偿标准核定；但应注意该类财产损失的特点，即市政部门和道路维护部门对肇事者索要的赔偿往往有处罚性质和间接损失的赔偿。因此，在定损核损过程中，理赔人员应区分第三者索赔中哪些属于直接损失，

哪些属于间接费用，哪些属于罚款性质。

2）房屋建筑：首先了解房屋结构、材料、损失状况，然后确定维修方案，最后请当地多家建筑施工单位对损坏部分和维修方案进行预算招标，确定最低修复费用。

3）道旁农田庄稼：在青苗期按青苗费用加上一定的补贴即可，成熟期的庄稼可按当地同类农作物平均产量测算定损。

4）家禽、牲畜：家禽、牲畜受伤以治疗为主，受伤后失去使用价值或死亡的，凭畜牧部门证明或协商折价赔偿。

4. 车上货物损失的定损方法

车上货物的损失应根据不同的物品分别定损，对一些精密仪器、家电、高档物品等应核实具体的数量、规格、生产厂，可向市场或生产厂了解物品价格；对易变质、易腐烂的（如食品、水果类等）物品在征得保险公司有关领导同意后，应尽快现场变价处理；另外，对于车上货物还应取得运单、装箱单、发票，核对装载货物情况，防止虚报损失。同时应注意，根据机动车辆保险条款，定损人员只需对损坏的货物进行数量清点，并分类确定其受损程度，而对诈骗、盗窃、丢失、走失、哄抢等造成的货物损失不负责赔偿。

【案例8-1】 大蒜的理赔。

季某购置了一辆大货车，并在某保险公司投保了公路货物运输保险（责任限额2万元）等一系列保险。

7月5日，季某为某物流公司运输大蒜时，货车因线路老化起火，一车大蒜化为灰烬，造成损失3.8万余元。事后，季某向保险公司索赔2万元，却遭到拒绝。保险公司拒赔的理由是在《公路货物运输保险条款》中规定，蔬菜、水果、活牲畜、禽鱼类和其他动物不在保险标的范围以内。保险公司认为，大蒜属于蔬菜，所以不能赔偿。

而季某则认为，大蒜和花椒、大料一样只是调味品，不是蔬菜。8月20日，季某将保险公司告上法庭，要求其支付保险赔偿款2万元。

法院审理查明，原、被告之间签订的保险合同为有效合同。原告在被告方投保后，履行了各项投保人的义务，被告应当对其在保险期限内所发生的保险事故承担保险责任。被告辩称大蒜是蔬菜，但未提供证明材料予以证明，保险条款中也没有对蔬菜的范围做出界定。

《现代汉语词典》中对大蒜的解释：多年生草本植物，花白色带紫，叶子和花轴嫩时可以做菜。地下鳞茎味道辣，有刺激性气味，可以做调味品，也可入药。而原告拉载的蒜头即大蒜的地下鳞茎，所以不是蔬菜，而是调味品。

12月7日，人民法院依法判决申军胜诉。被告未在上诉期限内提起上诉。

注：《公路货物运输保险条款》规定的保险标的范围如下。

第一条 凡在国内经公路运输的货物均可为本保险之标的。

第二条 下列货物非经投保人与保险人特别约定，并在保险单（凭证）上载明，不在保险标的范围以内：金银、珠宝、钻石、玉器、首饰、古币、古玩、古书、古画、邮票、艺术品、稀有金属等珍贵财物。

第三条 下列货物不在保险标的范围以内：蔬菜、水果、活牲畜、禽鱼类和其他动物。

5. 施救费用的确定

施救费用是指当保险标的遭遇保险责任范围内的灾害事故时，被保险人或其代理人、雇佣人员等为防止损失的扩大，采取措施抢救保险标的而支出的必要、合理的费用。必要、合理的费用是指施救行为支出的费用是直接的、必要的，并符合国家有关政策规定。

财产需要施救的，应记录被施救财产的名称、数量、重量、价值、施救方式、施救路程。被施救财产已经施救的，应在查勘记录中记录已发生的施救费用。保险标的与其他财产一同施救的，应向被保险人说明施救费的分摊原则并在查勘记录中注明。

6. 损余物资的残值处理

损余物资是指非车辆财产的全部或部分遭受损失且经保险公司按合同规定予以赔偿，赔偿后仍有一定价值的物资。常见损余物资有承保的本车车上货物及第三者的财产等。

残值处理是指保险公司根据保险合同履行了赔偿并取得对受损标的所有权后，对尚存一部分经济价值的受损标的进行的处理。

按照保险合同规定，损余物资的处理需经双方协商，合理确定其剩余价值（残值）。残值确定后，一般采取折归被保险人并冲减损失金额的方式。当残值折归被保险人并扣减损失金额的处理方式与被保险人协商不成时，需将残值物品全部收回。

学习单元2　人伤费用赔偿

导入案例

2011年07月23日，驾驶人陈某驾驶的标的车在深圳市某地点行驶时，与行人程某发生碰撞，导致程某受伤，标的车驾驶人见状立即报警及120，120救护车将伤者送到武警医院治疗。其相关费用清单见表8-1。标的车购买险种为交强险、商业第三者责任险（责任限额30万元）及第三者不计免赔率。

表8-1　第三者人伤相关费用清单　（单位：元）

赔偿项目	客户上报金额	保险公司核定金额（交强险项下）	保险公司核定金额（商业第三者责任险项下）
医疗费	31 239.9	10 000.0	21 004.9
住院伙食补助费	1700.0	0.0	1700.0
后续治疗费	5000.0	0.0	5000.0
交通费	38.2	38.2	0.0
误工费	11 561.8	4000.0	0.0
护理费	1700.0	1700.0	0.0
合计	51 239.9	15 738.2	27 704.9

该案涉及交强险和商业第三者责任险，保险公司认可的费用如下：

1）医疗费：凭票计算31 239.9元，其中235元属于不合理费用。

2）伙食补助费：住院34天，标准50元/天，即50元/天×34天=1700元。

3）后续治疗费：结合伤者为重型颅脑损伤，酌情认可后续治疗费5000元。

4）交通费：伤者住院34天，凭票认可38.2元。

5）误工费：伤者住院34天，酌情认可误工天数120天。因为没有提供收入减少证

明，按2008年度深圳市最低工资标准1000元/30天计算，即1000元/30天×120天=4000元。

6）护理费：伤者住院期间1人护理合理，因没有提供收入减少证明，按深圳从事同等级护工工资水平50元/天计算（深圳市法院判案惯例），即50元/天×34天=1700元。

减损金额：7561.8（误工费部分费用）+235（医疗费部分不合理费用）=7796.8元。

保险公司从交强险项下赔偿第三者人伤费用=10000+38.2+4000+1700元=15 738.2元。

保险公司从三者险项下赔偿第三者人伤费用=21 004.9+1700+5000元=27 704.9元。

在车险理赔案件中，除车辆损失、其他财产损失赔偿外，大量的是人员伤亡赔偿。保险公司理赔人员在核定理赔案件中的人员伤亡费用时，与被保险人很容易产生矛盾和纠纷，这也是保险理赔中比较复杂、难度较大的一项工作内容。

交强险、第三者责任险、车上人员责任险等险种涉及的人员伤亡费用，理赔人员应按照有关道路交通事故处理的法律、法规规定，以及保险合同的约定赔偿，赔偿项目包括：医疗费、误工费、护理费、交通费、住宿费、住院伙食补助费、必要的营养费、残疾赔偿金、残疾辅助器具费、被扶养人生活费、后续治疗费、丧葬费、死亡赔偿金、精神损害抚慰金等。

法律规定

《最高人民法院关于审理人身损害赔偿案件适用法律若干问题的解释》第十七条　受害人遭受人身损害，因就医治疗支出的各项费用以及因误工减少的收入，包括医疗费、误工费、护理费、交通费、住宿费、住院伙食补助费、必要的营养费，赔偿义务人应当予以赔偿。

受害人因伤致残的，其因增加生活上需要所支出的必要费用以及因丧失劳动能力导致的收入损失，包括残疾赔偿金、残疾辅助器具费、被扶养人生活费，以及因康复护理、继续治疗实际发生的必要的康复费、护理费、后续治疗费，赔偿义务人也应当予以赔偿。

受害人死亡的，赔偿义务人除应当根据抢救治疗情况赔偿本条第一款规定的相关费用外，还应当赔偿丧葬费、被扶养人生活费、死亡补偿费，以及受害人亲属办理丧葬事宜支出的交通费、住宿费和误工损失等其他合理费用。

第十八条　受害人或者死者近亲属遭受精神损害，赔偿权利人向人民法院请求赔偿精神损害抚慰金的，适用《最高人民法院关于确定民事侵权精神损害赔偿责任若干问题的解释》予以确定。

精神损害抚慰金的请求权，不得让与或者继承。但赔偿义务人已以书面方式承诺给予金钱赔偿，或者赔偿权利人已向人民法院起诉的除外。

一、因就医治疗支出的各项费用以及因误工减少的收入

1. 医疗费

医疗费根据医疗机构出具的医药费、住院费等收款凭证，结合病历和诊断证明等相关证据确定。赔偿义务人对治疗的必要性和合理性有异议的，应当承担相应的举证责任。

医疗费的赔偿数额，按照一审法庭辩论终结前实际发生的数额确定。器官功能恢复训练所必要的康复费、适当的整容费以及其他后续治疗费，以待实际发生后另行确定。但根据医疗证明或鉴定结论确定必然发生的费用，可与已发生的医疗费一并赔偿。

【案例 8-2】 非医保和非外伤治疗费用的审核。

大客车驾驶人张某驾驶某市客运车队所有的一辆客车，于 2011 年 10 月 23 日 11 时在市区道路上倒车撞到行人，造成行人邹某受重伤。经交警部门认定，客车负全责。

伤者邹某 71 岁，经医院治疗，出院回家。但从出院记录上可以看到：伤者除因本起事故造成股骨粗隆粉碎性骨折外，原就患有 COPD（慢性阻塞性肺病）等疾病，并在本次住院时因 COPD 发生了相当的治疗费用。在就全部医疗费用要求赔付未果的情况下，伤者起诉至法院，要求侵权人及保险公司全额赔偿其治疗费用 67 890. 55 元和其他各项损失。

为了应诉，保险公司首先委托司法鉴定部门对伤者的全部用药情况进行了司法鉴定，经审核有 15 243. 87 元“属于治疗非损伤自费药品及自费项目”。为了更好地说明此鉴定结果的合理合法性，同时又委托该司法鉴定部门对伤者的非事故损伤疾病与车祸事故的因果关系进行了鉴定，形成了“被鉴定人邹某所患慢性支气管炎、肺气肿、肺大泡等疾病与车祸损伤无因果关系”的司法鉴定意见。

最终，法院判决时，从伤者要求全部赔偿的金额中剔除了非损伤自费药品、自费项目的药品，核减了 17 980. 65 元。

案情分析：在目前的交通事故赔付实践中，法院大多不会直接认可保险公司对医疗费用的核损意见，许多保险公司不得不全额承担非事故引起的治疗费用和不符合条款约定的非医保类治疗费用。这家保险公司通过合法取证的方式，事先获得了事故损伤与既往疾病没有因果关系的鉴定意见，就在诉讼答辩时提供了充分的证据材料，为最终得到法院的支持，奠定了坚实的基础。

2. 误工费

误工费根据受害人的误工时间和收入状况确定。误工时间根据受害人接受治疗的医疗机构出具的证明确定。受害人因伤致残持续误工的，误工时间可以计算至定残日前一天。受害人有固定收入的，误工费按照实际减少的收入计算。受害人无固定收入的，按照其最近三年的平均收入计算；受害人不能举证证明其最近三年的平均收入状况的，可以参照受诉法院所在地相同或者相近行业上一年度职工的平均工资计算。

3. 护理费

护理费根据护理人员（图 8-3）的收入状况和护理人数、护理期限确定。

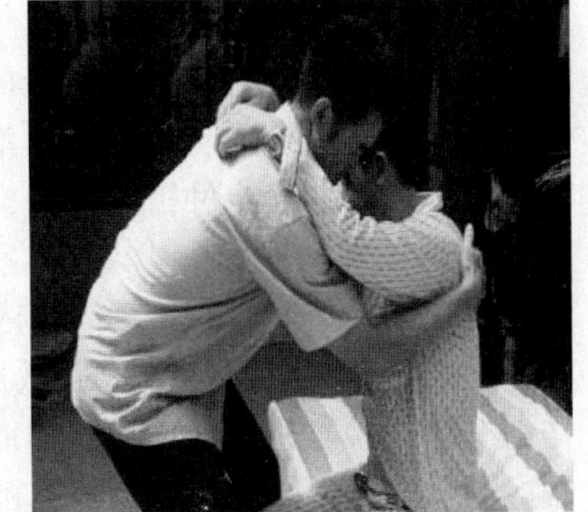

图 8-3 护理受伤人员

护理人员有收入的，参照误工费的规定计算；护理人

员没有收入或者雇佣护工的，参照当地护工从事同等级别护理的劳务报酬标准计算。护理人员原则上为一人，但医疗机构或者鉴定机构有明确意见的，可以参照确定护理人员人数。

护理期限应计算至受害人恢复生活自理能力时。受害人因残疾不能恢复生活自理能力的，可以根据其年龄、健康状况等因素确定合理的护理期限，但最长不超过20年。受害人定残后的护理，应根据其护理依赖程度并结合配制残疾辅助器具的情况确定护理级别。

超过确定护理期限，赔偿权利人向人民法院起诉请求继续给付护理费的，法院应予受理。赔偿权利人确需继续护理的，人民法院应当判令赔偿义务人继续给付相关费用5~10年。

4. 交通费

交通费根据受害人及其必要的陪护人员因就医或者转院治疗实际发生的费用计算。交通费应当以正式票据为凭；有关凭据应当与就医地点、时间、人数、次数相符合。

5. 住宿费

住宿费指受害人确有必要到外地治疗，因客观原因不能住院，受害人本人及其陪护人员实际发生的住宿费用，其合理部分应予赔偿。住宿费凭住宿发票计算赔款。

6. 住院伙食补助费

住院伙食补助费可参照当地国家机关一般工作人员的出差伙食补助标准确定。

7. 营养费

营养费根据受害人伤残情况参照医疗机构的意见确定。

二、受害人因伤致残的相关费用

1. 残疾赔偿金

残疾赔偿金根据受害人丧失劳动能力程度或者伤残等级，按照受诉法院所在地上一年度城镇居民人均可支配收入或者农村居民人均纯收入标准，自定残之日起按20年计算。但60周岁以上的，年龄每增加一岁减少一年；75周岁以上的，按5年计算。

受害人因伤致残但实际收入没有减少，或者伤残等级较轻但造成职业妨害严重影响其劳动就业的，可对残疾赔偿金作相应调整。

赔偿权利人举证证明其住所地或者经常居住地城镇居民人均可支配收入或者农村居民人均纯收入高于受诉法院所在地标准的，残疾赔偿金可以按照其住所地或者经常居住地的相关标准计算。

超过确定的残疾赔偿金给付年限，赔偿权利人向人民法院起诉请求继续给付残疾赔偿金的，人民法院应予受理。赔偿权利人确实没有劳动能力和生活来源的，人民法院应当判令赔偿义务人继续给付相关费用5~10年。

2. 残疾辅助器具费

当受伤者治疗后的生活需要依靠残疾辅助器具（图8-4）时，残疾辅助器具费需按普通适用器具合理费用标准计算。伤情有特殊需要的，可以参照辅助器具配制机构的意见确定相应的合理费用标准。辅助器具的更换周期和赔偿期限参照配制机构的意见确定。

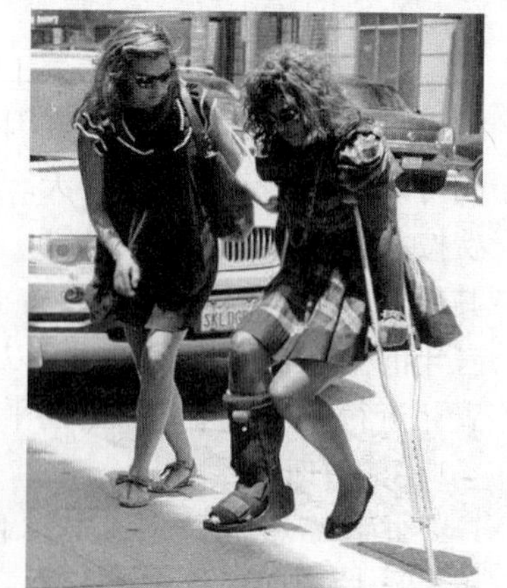

图8-4 拄双拐行走的受伤者

超过确定的辅助器具费给付年限，赔偿权利人向人民法院起诉请求继续给付辅助器具费的，人民法院应予受理。赔偿权利人确需继续配制辅助器具的，人民法院应当判令赔偿义务人继续给付相关费用5~10年。

3. 被扶养人生活费

被扶养人生活费根据扶养人丧失劳动能力程度，按照受诉法院所在地上一年度城镇居民人均消费性支出和农村居民人均年生活消费支出标准计算。

被扶养人是指受害人依法应当承担扶养义务的未成年人或者丧失劳动能力又无其他生活来源的成年近亲属。被扶养人还有其他扶养人的，赔偿义务人只赔偿受害人依法应当负担的部分。被扶养人有数人的，年赔偿总额累计不超过上一年度城镇居民人均消费性支出额或者农村居民人均年生活消费支出额。

被扶养人生活费的计算

▲未成年人的，计算至18周岁

▲无劳动能力又无其他生活来源的，计算20年

▲60周岁以上的，年龄每增加一岁减少一年

▲75周岁以上的，按五年计算

赔偿权利人举证证明其住所地或者经常居住地城镇居民人均可支配收入或者农村居民人均纯收入高于受诉法院所在地标准的，被扶养人生活费可以按照其住所地或者经常居住地的相关标准计算。

4. 后续治疗费

后续治疗费可待实际发生后予以赔偿。但根据医疗证明或鉴定结论确定必然发生的费用，可与已经发生的医疗费一并赔偿。

三、受害人死亡的相关费用

1. 丧葬费

丧葬费按受诉法院所在地上一年度职工月平均工资标准，以六个月总额计算。

2. 死亡赔偿金

死亡赔偿金按受诉法院所在地上年度城镇居民人均可支配收入或者农村居民人均纯收入标准，按20年计算。但60周岁以上的，年龄每增加一岁减少一年；75周岁以上的，按五年计算。

赔偿权利人举证证明其住所地或者经常居住地城镇居民人均可支配收入或者农村居民人均纯收入高于受诉法院所在地标准的，死亡赔偿金可以按照其住所地或者经常居住地的相关标准计算。

四、精神损害抚慰金

受害人或者死者近亲属遭受精神损害，赔偿权利人向人民法院请求赔偿精神损害抚慰金的，适用《最高人民法院关于确定民事侵权精神损害赔偿责任若干问题的解释》予以确定，原则上应当一次性给付。

机动车交通事故责任强制保险在死亡伤残责任限额内，最后赔付精神损害抚慰金。商业第三者责任险不负责赔偿精神损害抚慰金。

五、人身损害赔偿费用计算标准

各地因交通事故导致的人身损害赔偿，均有相关的赔偿标准，而且这个标准每年还要修订一次。2006～2011年山东省交通事故人身损害赔偿有关费用计算标准见表8-2。

表8-2 山东省交通事故人身损害赔偿费用计算标准 （单位：元）

项 目	2006年	2007年	2008年	2009年	2010年	2011年
城镇居民人均可支配收入	10 745	12 192	14 265	16 305	17 811	19 946
城镇居民人均消费性支出	7457	8468	9667	11 007	12 013	13 118
农村居民人均纯收入	5358	4368	4985	5641	6119	6990
农村人均生活消费支出	2736	3144	3622	4077	4417	4807
城镇在岗职工年平均工资	19 823	18 856	22 711	26 407	29 678	33 961

六、道路交通事故受伤人员伤残评定

1. 施行时间

《道路交通事故受伤人员伤残评定》于2002年3月11日由国家质量监督检验检疫总局发布，为强制性国家标准。

2. 《道路交通事故受伤人员伤残评定》的伤残等级划分

（1）伤残 伤残是指因道路交通事故损伤所致的人体残疾，包括精神的、生理功能的和解剖结构的异常及其导致的生活、工作和社会活动能力不同程度的丧失。

（2）伤残等级划分 根据道路交通事故受伤人员的伤残状况，将受伤人员伤残程度划分为十级，从第Ⅰ级（100%）到第Ⅹ级（10%），每级相差10%。每级对伤残状况都做了详细规定。伤残等级划分的依据见表8-3。

表8-3 伤残等级划分依据

等 级	划分依据	等 级	划分依据
Ⅰ	（a）日常生活完全不能自理 （b）意识消失 （c）各种活动均受到限制而卧床 （d）社会交往完全丧失	Ⅵ	（a）日常生活能力部分受限，但能部分代偿，部分日常生活需要帮助 （b）各种活动降低 （c）不能胜任原工作 （d）社会交往狭窄
Ⅱ	（a）日常生活需要随时有人帮助 （b）仅限于床上或椅上的活动 （c）不能工作 （d）社会交往极度困难	Ⅶ	（a）日常生活有关的活动能力严重受限 （b）短暂活动不受限，长时间活动受限 （c）不能从事复杂工作 （d）社会交往能力降低
Ⅲ	（a）不能完全独立生活，需经常有人监护 （b）仅限于室内的活动 （c）明显职业受限 （d）社会交往困难	Ⅷ	（a）日常生活有关的活动能力部分受限 （b）远距离活动受限 （c）能从事复杂工作，但效率明显降低 （d）社会交往受约束
Ⅳ	（a）日常生活能力严重受限，间或需要帮助 （b）仅限于居住范围内的活动 （c）职业种类受限 （d）社会交往严重受限	Ⅸ	（a）日常活动能力大部分受限 （b）工作和学习能力下降 （c）社会交往能力部分受限
Ⅴ	（a）日常生活能力部分受限，需要指导 （b）仅限于就近的活动 （c）需要明显减轻工作 （d）社会交往贫乏	Ⅹ	（a）日常活动能力轻度受限 （b）工作和学习能力有所下降 （c）社会交往能力轻度受限

七、道路交通事故受伤人员临床诊疗指南

为了规范道路交通事故受伤人员医疗救治诊疗行为，提高救治成功率，降低道路交通事故伤害死亡率和伤残率，提高有限医疗资源和保险资源利用率，根据《机动车交通事故责任强制保险条例》第 32 条规定，卫生部委托中国医师协会、中国保险行业协会、中华医学会组织制定了《道路交通事故受伤人员临床诊疗指南》。

《道路交通事故受伤人员临床诊疗指南》明确了道路交通事故中受伤人员的诊疗原则、方法和内容；规范了医疗机构对道路交通事故受伤人员进行诊疗的行为；适用于评价对道路交通事故受伤人员以及其他原因造成的受伤人员实施的诊疗内容的必要性和合理性。

《道路交通事故受伤人员临床诊疗指南》从颅脑创伤、眼部创伤、耳鼻喉及颌面口腔创伤、胸部创伤、腹部及泌尿生殖系统创伤、四肢骨与关节创伤、脊柱与脊髓创伤、其他特殊类型创伤、早期并发症等九个方面对伤情指明了主要诊断依据、基本治疗原则、相关提示，并对部分伤情的常见并发症与后遗症给予指明。

《道路交通事故受伤人员临床诊疗指南》规定在对道路交通事故受伤人员进行临床诊疗的过程中，各项临床检查、治疗包括用药和使用医用材料，以及病房和病床等标准在当地基本医疗保险规定的范围内选择。这对调解人伤理赔的纠纷提供了有效依据。

【本章小结】

1）第三者财产和车上货物的评估应坚持损失修复原则。根据损失项目、数量、维修项目和维修工时及工程造价，确定维修方案。对于损失较大或定损技求要求较高的事故，可委托专业人员确定维修方案。无法修复和无修复价值的财产可采取更换法处理。

2）受害人遭受人身损害，赔偿义务人应当赔偿因就医治疗支出的各项费用以及因误工减少的收入，包括医疗费、误工费、护理费、交通费、住宿费、住院伙食补助费、必要的营养费。

3）受害人因伤致残的，赔偿义务人应当赔偿其因增加生活上需要所支出的必要费用以及因丧失劳动能力导致的收入损失，包括残疾赔偿金、残疾辅助器具费、被扶养人生活费，以及因康复护理、继续治疗实际发生的必要的康复费、护理费、后续治疗费。

4）受害人死亡的，赔偿义务人除应当根据抢救治疗情况赔偿相关费用外，还应当赔偿丧葬费、被扶养人生活费、死亡补偿费，以及受害人亲属办理丧葬事宜支出的交通费、住宿费和误工损失等其他合理费用。

5）根据道路交通事故受伤人员的伤残状况，将受伤人员伤残程度划分为十级，从第Ⅰ级（100%）到第Ⅹ级（10%），每级相差 10%。

【重要概念】

财产损失　施救费 定损原则　定损方法　损余物资　残值处理　医疗费　误工费　护理费　残疾赔偿金　被扶养人生活费　丧葬费　死亡赔偿金

【技能训练】

【训练题 8-1】 2010 年 9 月 5 日 23 时蔡某驾车行至山东某市时，由于对方来车灯光炫目，不慎将行人刘某轧死。受害人家属状告蔡某，要求赔偿人身损害等相关费用。其中：受害人死亡时 40 周岁，系城镇居民户口，共有兄弟二人；受害人之妻 1969 年 8 月 6 日出

生，城镇居民户口；受害人之子2003年11月8日出生，城镇居民户口；受害人之父1942年11月11日出生，城镇居民户口；受害人之母1944年12月9日出生，城镇居民户口。

要求赔偿数额如下。

赔偿死亡赔偿金：9437.80元/年×20年=188 756元

丧葬费：16 031元/年×(6/12)年=8015.50元

被扶养人生活费：受害人之父6673.75元/年×13年÷2=43 379.38元

受害人之母6673.75元/年×15年÷2=50 053.13元

受害人之子6673.75元/年×2年÷2=6673.75元

共计：296 877.76元

要求被告承担100%的赔偿责任，即赔偿受害人费用296 877.76元。

思考题：

1）本案中，受害人家属要求的人身损害赔偿费用的计算方法是否正确？

2）被扶养人生活费应如何计算？

【训练题8-2】 一辆运送生猪的货车，购买了车上货物责任险。某日，由于驾驶人疲劳驾驶，发生车祸，导致倾覆，驾驶人轻伤。车上共拉有50头猪，每头猪都在120kg左右，价值1800~2000元。查勘定损员在半小时内赶到了车祸现场，及时进行了清点。发现所拉的猪有死亡的，有受伤的，有走失或被哄抢的，也有被路政人员帮忙找回的。驾驶人称，当时他急于查勘事故情况，刚开始没有注意到，后来看到有人趁乱哄抢生猪时，急忙阻拦，但他一个人也管不住，就眼睁睁地看着一些人把猪拉走了。

最后，查勘定损员确认生猪情况如下：通过运货单及询问，确认本车共拉有50头生猪。事故发生后，死亡13头，受伤15头，走失及哄抢9头，无恙13头。最后保险查勘定损员对王某说，通过对本事故的查勘，认定车辆倾覆事故属实，属于保险责任。

思考题：保险公司的查勘定损员应如何确定此次事故的车上货物损失？

【工作页】

财产损失与人伤定损工作页

教师布置日期：　年　月　日　　个人完成时间：　min

<table>
<tr><td>问题：
王某开车时，由于疏忽，将一行人撞伤，经治疗两个月后，定残第Ⅴ级。事故中，王某在避让时还将路边的路灯杆撞坏。对此事故，保险公司如何理赔？</td><td>任务：
作为一名汽车保险理赔人员，应对该事故中的财产损失与人员伤残分别定损。</td></tr>
<tr><td>财产损失定损知识要点：</td><td rowspan="2"></td></tr>
<tr><td>人员伤亡定损知识要点：</td></tr>
</table>

（续）

	工作步骤	注意事项
财产损失	1. 路灯杆是修还是换，根据什么原则确定？	
	2. 路灯杆损失金额根据什么确定？	
	3. 残值如何处理？	
人员伤残	1. 对行人伤残的赔偿，涉及标的车哪几个险种？	
	2. 对行人伤残的赔偿，涉及哪些项目？	
	3. 确定各赔偿项目的费用时，应考虑哪些事项？	
	4. 若赔偿期满后，该伤残人员因没有劳动能力和生活来源，又起诉王某，法院一般如何处理？	
学习纪要：		

【知识习题】

1. 填空题

1）保险事故除了能导致车辆的损失外，还有可能导致第三者的财产损失和车上承运货物的损失，从而构成________、________等险种的赔偿责任。

2）成熟期的庄稼可按________测算定损。

3）牲畜受伤以治疗为主，受伤后失去使用价值或死亡的，凭________部门证明或协

商折价赔偿。

4）根据受害人的________和________确定。

5）护理期限应计算至________时止。受害人因残疾不能恢复生活自理能力的，可以根据其年龄、健康状况等因素确定合理的护理期限，但最长不超过________年。

6）赔偿权利人举证证明其住所地或者经常居住地城镇居民人均可支配收入或者农村居民人均纯收入高于受诉法院所在地标准的，残疾赔偿金可以按照________标准计算。

7）被扶养人有数人的，年赔偿总额累计不超过________。

8）丧葬费按受诉法院所在地上一年度职工月平均工资标准，以________个月总额计算。

2. 简答题

1）常见的第三者财产损失有哪些？如何定损？

2）在对车上货物损失定损时，应注意掌握哪些原则？

3）损余物资通常如何处理？

4）根据我国的法规规定，人身伤亡赔偿项目有哪些？分别如何计算赔偿费用？

5）同一道路交通事故中死亡的农村居民和城镇居民的赔偿费用相同吗？为什么？

6）死亡赔偿金如何计算？

7）被扶养人生活费如何计算？

8）丧葬费如何计算？

9）道路交通事故受伤人员伤残评定分为多少级？各级的依据是什么？

10）道路交通事故受伤人员临床诊疗指南对创伤分几个方面？

3. 案例题

1）频繁往来于山东青岛和日照两地之间的车主陈某向保险公司报案称：1 月 21 日凌晨 5 时 10 分，自己开车前往青岛进货，行至某路段时，突然一名男子横穿公路。由于当时下着大雪，来不及踩制动踏板，一下把他撞倒了，该男子已当场死亡。交警大队做出了《交通事故认定书》，认定车辆驾驶人陈某在事故中与死者负有同等责任。

为弄清这名男子的身份，当地公安局查询了当地的户籍档案，没有查到死者的身份。随后，公安局又在当地媒体发布“认尸启事”，但两个月过后，仍然没人前来认领。公安机关因此推断，这名男子有可能是一名流浪人员，并非当地居民。

试问：对流浪人员无法确定其赔偿标准，如何进行赔偿死亡赔偿金等费用？请查阅有关资料确定对流浪人员死亡的赔偿的规定。

2）报案称，一辆威乐轿车，于 4 月 26 日 17 时由刘某驾驶在一处瓷器经销店附近的路上躲避摩托车时，打方向来不及踩刹车，撞到了旁边的瓷器（图 8-5）。

查勘员在查勘现场时，发现现场路况较好，视野开阔，不太容易出现紧急避险情况。汽车前端损失轻微，而被撞瓷器损坏较多，且没有被汽车头部撞的地方也出现了众多破碎的瓷器，破碎的瓷器个别有旧碴口。感觉案件存在疑点。

由于怀疑客户造假，查勘员次日再次查勘现场，做了询问笔录。在与客户沟通中，客户表现得很紧张，回答问题前后不衔接。最后，客户无法解释现场疑点，放弃了索赔，免赔金额 5500 元。

试问：如何识别利用交通事故虚拟物损的作案现场？

图 8-5　汽车撞瓷器现场

3）标的车在正常行驶时，碰撞了一条狗，如何应对被保险人与狗主人的共同索赔？

事故及狗的主人特征

狗 的 属 性	狗被撞程度	被保险人职业	狗主人年龄
A1 农村土狗	B1 撞死	C1 工人	D1—65 岁男性
A2 城市普通小型犬	B2 撞伤	C2 教师	D2—65 岁女性
A3 城市普通大型犬		C3 公务员	D3—40 岁男性
A4 农村珍稀犬		C4 出租车司机	D4—40 岁女性
A5 城市小型宠物犬		C5 农民	D5—30 岁男性
A6 城市珍稀大型犬		C6 城市小商贩	D6—30 岁女性
A7 流浪狗			

备注：四项特征可以任意组合，形成一道个性化的题目（如 A1 + B1 + C3 + D4）作答。

学习任务九

汽车保险风险管控

【任务描述】

通过“汽车保险经营管理”任务的学习，要求学生：

1. 了解车险产品简单的营销策划、理赔监管和未决赔案的存在原因、承保管理的内容；

2. 掌握保险营销的原则、防灾防损的内容和方法；

3. 熟练掌握车险理赔质量考核指标。

学习单元　风险管控

导入案例

1999 年至 2004 年间，车险保费收入占财险总保费收入的比例在 60% ~67%，并有继续增长的趋势。然而机动车辆保险目前在经营管理方面仍有不少的问题，还存在着诸多制约该险种经营效益提高的因素。就总体而言，车险的赔付率不断攀升、费用率居高不下，甚至在 2003 年全国出现了大范围的亏损。2004 年全国财险公司车险保费收入为 750 亿元，总费用率却超过 100%，车险遭遇全线亏损。（资料来源：《提高机动车辆保险经营效益之浅见》，张甲标，《广西金融研究》，2006 年第 2 期。）

保险企业要想改变车险业亏损局面并取得良好经营效益，就必须狠抓机动车辆保险的经营管理。那么，车险的经营管理包括哪几个方面？应如何做好？本单元将阐述这一内容。

汽车保险经营虽然以特定风险为对象，以集合尽可能多的风险单位为条件，以大数法则为基础，以经济补偿为基本职能，但其本质仍是一种商品经营，经营目标依然是追求效益。所以，要想实现汽车保险经营目标，应管理好其各环节工作。保险营销是保险经营的第一个环节，应注重保险经营的持续发展和长期利益的实现；保险承保是承揽业务、获取保险费的重要环节，应注重承保业务的风险审核和控制；防灾防损是保险人对所承保的机动车辆可能发生的各种风险进行识别、分析和处理，以防止事故的发生和减少损失的行为，它是车险经营的核心环节之一，应注重防灾防损手段的运用；保险理赔是保险商品的售后服务环节，是支出赔款的环节，应注重理赔的合理性和准确性。

一、营销风险管控

汽车保险营销是指以汽车保险为商品，以市场为中心，以满足被保险人需要为目的，实现保险企业目标的一系列整体活动。

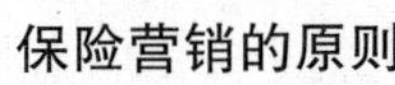

保险营销的原则

▲坚持服务至上
▲遵守职业道德
▲及时获取信息
▲积极开拓市场
▲坚持“6P”原则

1. 保险营销的原则

（1）坚持服务至上　保险是一种无形商品，客户购买后，并不能立即享受保险的功能，只是获得了一纸承诺，因此，保险必须通过持续的优质服务使客户产生信任，才能长期吸引客户，保持客户对保险的信心，并不断发展新客户。与其他职业相比，保险服务质量的好坏尤为重要，关系到保险企业的生存与长远发展。

（2）遵守职业道德　在保险商品的销售过程中，应遵守职业道德，杜绝不良做法，如不对保费暗打折扣、不换约招揽、不对条款错误陈述等。

（3）及时获取信息　信息是保险产品开发、保险营销策略决定的前提，只有对潜在市场、销售形势、竞争形势等信息及时掌握，才能处于主动地位，灵活出击。

（4）积极开拓市场　利用获取的市场需求信息，分析客户的心理和偏好，不断开拓新的服务领域，不断推出新险种，不断挖掘新客户，从而提高市场占有率。

（5）坚持“6P”原则　所谓“6P”是指产品（Product）、价格（Price）、销售地点（Place）、促销（Promotion）、权力（Power）、公共关系（Public Relation）。

1）保险产品是第一位的，只有保险产品适合市场需求并不断创新，才能获得营销的成功。

2）保险价格的制定要合理考虑公司利润、降低经营成本，并对不同的投保人根据风险大小拉开档次，如汽车保险费率的“从车、从人、从地域”厘定模式。

3）销售地点必须形成网络化。保险的销售一般坚持两种渠道，一是保险公司的营销人员直接销售保险产品，二是保险公司利用代理人和经纪人建立密集的销售网络，其中第二种渠道是保险销售的主要渠道。

4）促销包括广告促销、营业推广促销、技术服务促销等多种方式。

5）权力是政府对保险的认可和允许，比如，政府方面的保险招标有时会直接选定几个保险品牌，如果政府方面不认可，保险企业则会直接失去参与竞标的机会。

6）公共关系是公众对保险企业和产品的评价。公众是保险产品销售的对象，也是保险企业良好形象能够树立的基础，所以保险企业对营销环境（政府和公众）不能单纯地适应，而是要采取各种措施影响政府的行为和公众的态度，以保证营销活动的成功。

2. 营销管理程序

（1）分析营销机会　分析市场环境，寻找营销机会，是保险营销活动的立足点。随着我国经济的发展、百姓收入的提高、投保意识的增强，到处充满了保险的营销机会。

（2）保险市场调查预测　在分析营销机会的基础上，保险企业要对保险市场进行调查和预测，弄清各种保险需求及其发展趋势，预测保险市场尤其是目标市场的容量，以便不失时机地作出相应决策。

（3）保险市场细分与目标市场选择　任何保险公司不可能占领全部市场领域，所以每个保险公司应根据自己的产品特点、保险购买者对保险商品的需求偏好及其购买行为的差异，将整个市场划分为多个子市场，然后保险企业根据自身的营销优势并考虑目标市场的

规模和潜力选择合适的目标市场。

(4) 制定保险营销策略　保险营销策略有很多，如险种策略、费率策略、销售渠道策略、促销策略等，应多种策略组合使用，以使保险企业尽可能地利用自身资源来满足保险市场的需求。

(5) 组织实施和控制营销计划　保险企业应设立一个能够执行市场营销计划的组织，让他合理地安排营销力量，协调各有关部门的工作，同时利用年度计划、月份或季度计划、年度利润、营销策略等多种控制手段来保证营销计划的实现。

3. 保险营销风险管理

保险营销风险表现在两个方面：

一是由于我国保险市场还不十分完善，市场竞争尚不完全规范，各家保险公司为了抢占市场份额，盲目追求“高速度”“快发展”，以保费收入作为公司业绩考核的重要指标，忽视业务质量和合理的业务结构而导致的风险。这种风险需要保险行业和保险公司较长时期的双重努力才能解决。保险行业需要进一步完善监管、规范秩序，而保险公司则需要正确确定经营思路，坚持业务数量和质量并重的政策。

二是一些保险代理人、保险经纪人受个人经济利益和短期行为的驱使，在展业宣传时擅自修改、变更、删除和扩大保险条款内容误导客户投保，或者私自向客户允诺，变更保险费率，或者片面追求业务数量而不注意风险选择，对一些不符合保险公司承保条件的标的也招揽进来，从而给保险公司带来风险。保险代理人和经纪人风险是保险营销的最主要风险。这种风险的解决需要保险监管部门对保险中介行业加强监管，中介行业自身应加强自律，而保险公司则应加强对代理人和经纪人的管理和控制，对他们的违约行为要坚决追究其责任。

二、承保风险管控

承保是保险经营的一个重要环节。承保质量关系到保险企业经营的稳定性和经济效益，同时也是反映保险企业经营管理水平的一个重要标志。

1. 选择风险

根据大数法则，保险经营需要承揽尽可能多的业务。但更应注重业务的质量，否则，承保了大量高风险业务将导致保险公司经营的亏损。业务质量的保证需要对投保风险进行选择，尽量承保同质风险的标的，淘汰那些超出可保风险条件或范围的保险标的。

保险人选择风险的方式有事先选择和事后选择两种。事先选择是指保险人在承保前决定是否接受投保。此种选择包括对“人”和“物”的选择，“人”是指投保人和被保险人，“物”是指保险标的。对不符合可保风险条件的，保险人应实行有条件的承保或拒保。事后选择是指保险人承接业务后发觉保险标的的风险超出核保标准而对保险合同做出淘汰的选择。淘汰的方式有两种：一是等待保险合同期满后不再续保；二是按照保险合同约定或法律规定解除合同。

2. 控制保险责任

承接业务后，为避免道德风险或心理风险发生，同时为增强投保人和被保险人的责任心，应对保险责任进行适当控制，常见方法有附加特别约定条款承保、设定免赔率或免赔额、避免超额承保、实行不足额承保等。

【案例】 由于上一年理赔次数达到五次，宝来车主赵某在近日向保险公司要求续保

时，被告知保费需要上浮30%左右。赵某想换一家保险公司，没想到得到的答复也是保费要上浮30%，并且反映出不太愿意受理这个业务的态度，这让他十分郁闷。

赵某的宝来是去年刚上牌的新车，因为投保的险种比较齐全，保费高达5000多元。由于平时大大咧咧，加上驾驶技术一般，去年有几次车身被刮擦索赔，致使原来投保的那家保险公司要求将今年的保费增加30%。有些懊恼的赵某说，早知如此，之前的几次小刮擦还不如自己掏钱处理了。老赵又问了几个朋友，发觉出事故次数多的朋友直接被保险公司拒保。

案情分析：赵某的保费上涨，是因为续保的保费金额与出险记录进行了挂钩。部分公司目前执行的是出险三次，下一年度按1.1系数计保费；出险四次，下年度按1.2系数计保费；出险五次，下年度按1.3系数计保费。

另外，某些省份已经对商业车险理赔信息进行联网，也就是说车辆在一家保险公司的理赔记录，其他保险公司也了如指掌，这也就是赵某咨询了多家保险公司结果都一样的原因。

出现以上情况，也是与车险连年亏损有关，因此各家保险公司都对承保入口控制极为严格。保险公司内部有时会依据上年度的出险次数将车主划分为“优质客户”和“亏损客户”，只选择盈利较好的“优质客户”进行承保，对于“亏损客户”则上调保费甚至直接拒保。

在商业车险条款中，并没有对保险公司做拒保的约束，拒保是各家商业保险公司根据自己内部的核保政策所做出的决定，并不是行业统一的政策。只有交强险是不允许保险公司拒保的。从公司经营层面上说，保险公司拒绝“亏损客户”有一定的合理性。商业车险作为非强制性保险，按市场化运作，个人与保险公司签订的是商业合同，作为合同方之一的保险公司有权不签约。

但是作者认为，保险公司通过简单的拒保手段将出险次数较多车主的用车风险推向社会，如果车主没有赔偿能力，就有可能导致受害者的利益得不到保障，这是一种社会责任的缺失，不值得提倡。保险公司应该对高风险客户，采取适当的限制措施，如适度提高保费、增加免赔额度和降低保险金额等来控制风险。同时也建议车主，对于一般的小刮擦和几百元的理赔小事故，最好不走保险公司的理赔渠道，自己出钱修车反而更实惠、更便捷。报案理赔次数多不仅会使下一年度的保费上调，还有可能被保险公司拒保。

三、车险防灾防损

防灾防损是指保险人与被保险人对所承保的保险标的采取措施，减少或消除风险发生的因素，防止或减少灾害事故所造成的损失，从而降低保险成本，增加经济效益的一种经营活动。实施防灾防损，维护人民生命和财产安全，减少社会财富损失，既是提高保险企业经济效益和社会效益的重要途径，也是强化社会风险管理和安全体系的必要措施。

1. 防灾防损工作的内容

1）保险行业应加强同社会防灾部门的联系，积极派人参加专业防灾部门的活动，同时利用保险企业的信息和技术优势，向社会提供各项防灾防损服务。

2）积极进行防灾防损基本常识、相关法律规定的宣传，同时对承保单位和个人经常进行风险防范的检查，尤其是对一些重点防灾企业。当发现不安全因素和事故隐患时，保险人要及时向被保险人提出整改意见，并在技术上予以指导和帮助，将事故隐患消灭在萌

芽状态。

3）保险人在接到重大保险事故报案时，应立即赶赴事故现场，利用自身掌握的防损知识和工作经验，积极开展抢险救灾，以防止灾害蔓延，同时要妥善处理损余物资。

4）保险人每年应从保险费收入中提取一定比例的费用，建立防灾防损专项基金，用于增强社会防灾设施和应付保险公司日后可能面临的突发性重大灾害。

5）保险人应经常对各种灾情进行调查研究并积累灾情资料，以掌握灾害发生的规律性，提高防灾工作的效果。同时，应加强研究减少灾害损失的有效措施。

2. 防灾防损的方法

防灾防损的方法

▲法律方法

▲经济方法

▲条款制订

▲技术方法

（1）法律方法　法律是保险防灾防损管理的重要方法之一。它是指通过国家颁布有关法律来实施保险防灾防损管理。例如，我国《保险法》第36条规定："被保险人应当遵守国家有关消防、安全、生产操作、劳动保护等方面的规定，维护保险标的的安全。根据合同的约定，保险人可以对保险标的的安全状况进行检查，及时向投保人、被保险人提出消除不安全因素和隐患的书面建议。投保人、被保险人未按照约定履行其对保险标的安全应尽的责任的，保险人有权要求增加保险费或者解除合同。保险人为维护保险标的的安全，经被保险人同意，可以采取安全预防措施。"

（2）经济方法　这是当今世界普遍运用的一种保险防灾防损方法。它根据投保人采取的防灾措施情况决定购买保险时所适用费率的高低，即对防灾设施完备的投保人给予费率优惠，而对懈怠于防灾，缺少必要防灾设施的投保人则提高费率。

（3）条款制订　保险条款是保险合同的组成部分，在制订条款时，保险人已充分考虑调动被保险人的责任心进行防灾防损，如条款规定："发生保险事故时，被保险人应当及时采取合理的、必要的施救和保护措施，防止或者减少损失，并在保险事故发生后48h内通知保险人。否则，造成损失无法确定或扩大的部分，保险人不承担赔偿责任。""发生保险事故时，被保险人为防止或者减少被保险机动车的损失所支付的必要的、合理的施救费用，由保险人承担，最高不超过保险金额的数额"等。

（4）技术方法　技术方法是指利用科学技术成果从事保险的防灾防损活动，即保险企业专门设立从事防灾防损技术研究的部门，以利用专业的技术方法提高防灾防损效果。例如，德国安联保险公司下属的机动车辆技术研究所就是保险公司专门从事车险防灾防损研究的部门，其技术在有些方面甚至领先于社会防灾技术水平。目前汽车上广为使用的安全带就是德国安联保险公司的杰作。

3. 车辆的防灾防损

（1）碰撞事故预防　在"人—车—路—环境"这一系统中，任何一环节出现问题，都可以导致汽车发生碰撞事故。所以要想预防碰撞事故，必须从这4个方面入手。

1）人的因素。人包括车辆驾驶人和行人。驾驶人是车辆的操控者，其身体素质、心理素质和遵规守纪的意识是影响碰撞事故发生的最主要因素。另外，非机动车骑乘人员和行人缺乏交通安全意识，自我防范意识差，无视交通规则，也是引发碰撞事故的重要因素。

2）车的因素。车辆的安全技术状况不良，如制动不良、机件失灵、灯光失效、轮胎磨损严重、后视镜损坏、刮水器损坏、除霜除雾装置损坏等，是引发碰撞的重要因素，为此，车辆使用者必须定期对车辆进行维护，以保持车况完好，使车辆不带故障上路。

3）路的因素。道路本身的技术等级、设施条件和交通环境作为构成道路交通的基本要素，对交通安全的影响是不容忽视的。应加强公路建设和管理，保证道路施工质量，避免出现设计缺陷，避免道路视距不足，避免路面有突出物或暗坑等。

4）环境的因素。交通环境主要是指天气状况、道路安全设施、噪声污染以及道路交通参与者之间的相互影响等。驾驶人行车的工作状况，不仅受道路条件影响，还受道路交通环境的影响。

（2）碰撞事故控制　碰撞事故控制是当碰撞事故的发生不可避免时，从减少事故的损失以及避免因不合理做法导致损失扩大这一角度考虑而采取的措施，这是一种事后行为。

1）减少碰撞事故人员受伤的控制措施。例如，当发生正面碰撞时，极易造成驾驶室变形，转向盘后移，所以驾驶人在碰撞发生前的一刻应迅速判断可能撞击的方位和力量。若撞击部位在驾驶人一侧，驾驶人应迅速避离转向盘，同时两腿抬起，侧身向前排乘客位倒卧，减少身体受到挤压伤害。同时，发生事故后应尽快抢救受伤人员，当车内人员由于受变形车辆的限制而不能获救时，应通过撑开、切割等手段解除限制，抢救伤员。

2）减少碰撞事故财产损失的控制措施。事故发生后，驾驶人对车辆及货物等应采取施救和保护措施。比如，车辆发生碰撞事故后，掉入路边的沟中或水中，应考虑雇佣吊车等对车辆及货物进行快速施救。同时避免出现不合理的施救，以免导致损失扩大。

（3）汽车火灾预防　用车过程中，要维护、保养好车辆；经常检查并及时排除“漏电”“漏油”故障。按照安全规程操作汽车；停车时远离“火源”或“自燃环境”，排除所有的着火可能性。同时，随车携带灭火工具，且驾驶人要掌握其使用方法，以保证在最佳时机灭火。

（4）汽车火灾施救　当发生自燃征兆时，应熄火停车，避免产生更大损失。驾乘人员应头脑清醒，将车停靠路边后，取出灭火器，确认起火部位，实施扑灭作业。如果火势很大，或初步施救仍无法将火扑灭，则应报警求救。此时，不要急着抢救车内财物，防止烧伤。

（5）汽车水灾预防　预防水灾的有效措施有高处停放、停车避雨、行车避水，如果事情紧急，必须涉水行驶，则驾驶人应事先了解所驾汽车的允许涉水深度，并采取一系列的防水措施，然后安全涉水。成功涉水的关键是正确选择涉水路线、防止发动机进水、防止电器设备受潮。

（6）汽车水灾施救　如果汽车发生水灾事故，必须对其进行施救。注意事项：严禁水中起动汽车；科学拖车；及时检修电气元器件；及时检查相关机械零部件；清洗、脱水、晾晒、消毒及美容内饰。如果汽车整体被水浸泡，除按以上方法排水、擦洗消毒外，最好对全车进行一次二级维护。

如果汽车落入水中，驾驶人和乘客应在最短时间内自救。正确的逃生方法：及时提醒；及时跳水；及时开窗；硬物砸窗；相互帮助；憋气潜水。

（7）汽车盗抢事故预防　首先，保管好车辆的钥匙，如尽量少将车交他人代泊、洗车时把钥匙拿下来等。其次，停放汽车应选择地势开阔、路线单一、行人众多的场地，驾车时，上车后按下车门锁，防止不法分子趁人不备拉开车门抢夺财物。第三，利用先进技术

防盗。比如，发动机防盗技术，特殊车门和高级车锁防盗技术，警报器防盗技术，GPS防盗技术等。最后，还需投保防盗险种，以防万一。

四、理赔风险管控

在保险经营中，理赔是保险补偿损失职能的具体体现，也是保险人控制经营风险的一个重要环节，严格地按照保险合同进行理赔是防止滥赔和骗赔、确保公平的前提条件。

1. 理赔监督管理

理赔的监督方式包括外部监督和内部监督两种。外部监督是指保险企业以外的部门对保险理赔工作进行的监督，其优点是对保险企业能真正形成压力，检查结果能使消费者相信。内部监督是指保险企业内部通过业务、财务和审计，定期和不定期地检查和监督，从而建立起来的内部监控和管理体系，其优点是检查频度比较大、针对性比较强，是保险企业能够保质保量地开展理赔工作必不可少的监督。

理赔管理内容

▲理赔监督管理
▲赔案周期管理
▲未决赔案管理
▲车险理赔质量管理

2. 赔案周期管理

赔案周期是指保险事故从发生到保险公司向被保险人支付赔款的期间。影响赔案周期的因素可分为外部因素和内部因素两类。外部因素通常指非保险公司的因素，主要是交通事故处理部门对事故的处理周期，对此，保险人一般不好控制。内部因素是指保险公司在接到被保险人提供的索赔资料后进行内部理赔、核赔和给付赔款的过程。这与保险公司的管理水平、理赔人员的工作态度和效率有很大关系。因此，保险公司内部应建立有效机制，如建立内部各环节工作时限制度、监督和责任追究制度等。同时，应加强对理赔人员职业道德的培养和业务水平的提高，以增强员工的服务意识，使他们高效地完成理赔工作。

3. 未决赔案管理

未决赔案是指保险公司对所发生的属于保险责任范围而因各种原因尚未赔付结案的案件。未决赔案的数量直接决定未决赔款的金额。未决赔款是保险公司将来的支出，是其主要负债之一。如果对未决赔案管理不够，导致未决赔款估计不准，将直接影响未决准备金的提取、利润核算和产品定价的准确性，甚至会影响保险公司的偿付能力。

未决赔案存在原因分为正常原因和非正常原因两类。对正常原因的未决赔案应通过简化理赔流程、提高各环节工作效率来减少未决赔案的数量。非正常原因的未决赔案应通过解决保险公司内容管理、技术和服务质量等方面的问题，降低其存在比例。

4. 车险理赔质量管理

车险理赔质量可通过考核赔付率、立案率、结案率、车险估损是否准确、赔案是否超赔、现场查勘质量好坏、赔案缮制质量好坏等指标来进行管理。

赔付率指一定时期内保险赔款支出与保费收入的比例。

立案率指当年立案件数与当年有效报案数的比例。

结案率指当年已结案件数占已结案件数与未决赔案件数总量的比例。

车险估损是否准确指从业务处理系统随机抽取当年报案且当年立案并结案的车损险赔案，看所抽取案件的初始估损金额与理算前定损金额的差异额是否在正常范围。

赔案是否超赔、现场查勘质量好坏、赔案缮制质量好坏等指标需要多个方面综合评

定，各公司可根据自身情况制订它们各自的详细考核指标。当考核赔案是否超赔时，可考核：保险责任及范围认定是否准确；保险标的损失项目（包括修、换件项目）确定是否准确；损失项目的损失程度及单价、金额确定是否准确；人身伤亡案件给付及医疗费、误工费、护理费等核定是否准确；免赔率适用是否准确；施救费用核定是否准确；残值确定是否准确；比例赔付是否准确等指标。当考核现场查勘质量好坏时，可考核：车险现场查勘是否符合公司规定；现场照片是否清楚反映事故全貌和损失情况；查勘报告、索赔须知、索赔申请、出险通知书等填写是否规范；聘请公估及其技术鉴定人员是否符合规定等指标。考核赔案缮制质量好坏时，可考核：赔案单证及要素是否完整；灾害事故证明是否齐全真实；是否严格按权限进行审批；赔款手续是否完备等指标。

【本章小结】

1）汽车保险经营虽然以特定风险为对象，以集合尽可能多的风险单位为条件，以大数法则为基础，以经济补偿为基本职能。

2）汽车保险营销是指以汽车保险为商品，以市场为中心，以满足被保险人需要为目的，实现保险企业目标的一系列整体活动。

3）营销的“6P”原则是指：产品（Product）、价格（Price）、销售地点（Place）、促销（Promotion）、权力（Power）、公共关系（Public Relation）。

4）保险人选择风险的方式有事先选择和事后选择两种。事先选择是指保险人在承保前考虑是否接受投保。事后选择是指保险人承接业务后发觉保险标的的风险超出核保标准而对保险合同做出淘汰的选择。

5）保险防灾防损的方法有法律方法、经济方法、条款制订、技术方法。

6）车辆的防灾防损措施有预防碰撞事故、碰撞事故后的控制、预防汽车火灾、汽车火灾施救、预防汽车水灾、汽车水灾施救、预防汽车盗抢事故等。

7）赔案周期是指保险事故从发生到保险公司向被保险人支付赔款的期间。影响赔案周期的因素可分为外部因素和内部因素两类。

8）未决赔案存在原因分为正常原因和非正常原因两类。对正常原因的未决赔案应通过简化理赔流程、提高各环节工作效率来减少未决赔案的数量。非正常原因的未决赔案应通过解决保险公司内容管理、技术和服务质量等方面的问题，降低其存在比例。

【重要概念】

保险营销赔案周期　未决赔案　赔付率　立案率　结案率

【技能训练】

【训练题9-1】 某日，李某在渡口边倒车时，由于观察不到位，将轿车倒入水库。李某联系相关吊车施救，同时向保险公司报案。保险公司查勘人员经现场查勘后，认定属于保险责任，对汽车的落水损失给予赔偿，并对施救费用给予赔偿。

思考题：

1）保险公司为什么会赔偿施救费用？

2）保险公司对施救费用的赔偿是如何规定的？

【训练题9-2】 电话车险（网络车险）是新兴的投保模式，由保险公司通过互联网、电话和客户直接交易，可以理解为保险公司的车险直销。价格更低是电话车险（网络车

险）的最大优势。电话车险专属产品省去了中间环节，把保险公司支付给中间人或中间机构的佣金直接让利给车主，使车主在体验便捷投保的同时更享受到比其他渠道更低的价格。电话车险可以自主选择，组合方便，购买便捷。电话车险还结合了互联网的优势特点，电话车险与网络车险正渐渐成为一种趋势。图 9-1 所示是三家财产保险公司的电话车险宣传图片。

a) 人保电话车险宣传图片

b) 平安电话车险宣传图片

c) 太平洋电话车险宣传图片

图 9-1 电话车险宣传图片

思考题：

1）请用保险的营销原则分析上述案例。

2）车险营销还有哪些比较有效的方式？

【训练题 9-3】 张某为私家车购买交强险、车损险、三者险，花费 5000 元。某日驾车在路上行驶时，由于一时疏忽，车辆偏离了行驶车道，撞倒了路边的路灯杆上，导致车辆损毁，路灯杆撞断，路灯支架、灯罩、灯泡等损坏。交通事故处理部门认定张某全责。保险公司查勘人员接报案中心调度后，20min 赶到事故现场，经查勘后认定情况属实，为保险责任。并由市道路交通事故车（物）损失价格评估部门给出损失评估结论书（表 9-1）。事故发生十天后，车主张某将保险公司赔款拿到手中，甚感欣慰。

表 9-1 某市道路交通事故车（物）损失价格评估结论书

序 号	名 称	数 量	单 位	规格型号	单价/元	金额/元	备 注
1	路灯杆	1	支	28cm×0.8cm×11m	3800	3800	11m 为杆高
2	路灯支架	2	支	1.2m×0.4cm×0.4m	240	480	长×宽×高
3	水银灯罩	2	个	30cm×20cm	385	770	
4	水银灯泡	2	个	200～260V	120	240	
5	防水光缆	18	m	3 线×4m²	40	720	
	施救费						
6	吊运费	7	h	2t	200	1400	杆吊出、吊入
7	人工费	5	天		80	400	雇工
8	灯架、灯		次	安装费	100	100	
	合计					8000	

思考题：

1）本次事故的赔案周期多长？

2）评价本次事故的理赔质量，可采用哪些指标？如何评价？

【工作页】

汽车保险经营管理工作页

教师布置日期：　　年　　月　　日　　　　　　　　个人完成时间：　　min

问题： 王某是今年刚进入保险公司的汽车保险专业的毕业生，公司赵总正为扭转本公司汽车保险的经营状况着急，看到王某是“专业人才”，同时也想锻炼一下新人，赵总安排王某通过一周对公司全方位的调查，写一份提升车险经营效益的报告。	任务： 作为一名汽车保险行业经营人员，应从产品营销、业务承保、防灾防损和保险理赔四个方面进行调查分析，然后提交经营管理报告。
汽车保险经营管理的知识要点：	
工 作 步 骤	注 意 事 项
1. 产品营销是第一步，如何坚持“6P”原则做好产品营销，同时应防范哪些风险？	
2. 业务承保的关键是控制风险，应如何做？	
3. 在合同期内，提升效益的方法是做好防灾防损，对汽车保险业如何开展防灾防损工作？	
4. 理赔工作是保险的出口，如何提升理赔质量？	
学习纪要：	

【知识习题】

1. 填空题

1）营销的“6P”原则是指________、________、________、________、________和________。（要求：填写英文单词。）

2）保险防灾防损的常用方法有________、________、________和________。

3）理赔的监督方式包括________和________两种。

4）影响赔案周期的因素可分为________和________两类。

5）未决赔案存在原因分为________和________两类。

6）事先选择包括对________和________的选择。

2. 简答题

1）保险营销的原则有哪些？

2）保险营销的风险有哪些？

3）如何控制承保风险？

4）防灾防损工作的内容和方法有哪些？

5）车险理赔的监督方式有哪些？

6）如何缩短赔案周期？

7）如何理解未决赔案的存在？

8）车险理赔质量如何考核？

3. 案例题

李某在保险公司为自己的爱车购买了保险。某日，天气阴沉，似有大雨。突然，手机来了一条短信，一看是保险公司发的：尊敬的客户您好，感谢您选择我公司投保；近日本市将连降暴雨，雨天行车请注意安全；如发现前方水位漫过车轮一半，请择路行驶；水中熄火严禁起动车辆。××保险公司祝您出行愉快。李某看后顿感温馨。想到前段时间也收到类似短信，比如，小心路滑，请谨慎驾驶；高温天气，注意车辆保养；高温天气要多喝水、不要疲劳驾驶；请按时审验您的驾驶证、行驶证，等等。

请根据本章所学，试对保险公司的做法进行分析。

学习任务十

汽车保险欺诈的识别与预防

【任务描述】

通过“汽车保险欺诈的识别与预防”任务的学习，要求学生：

1. 了解汽车保险欺诈的成因和预防方案；
2. 熟悉汽车保险欺诈的常见表现形式和特征；
3. 掌握汽车保险欺诈的识别。

学习单元1　汽车保险欺诈的成因与特征

导入案例

某保户报案称，他所驾驶的一辆出租车，因观察不周，行驶中撞了停放在路边的轿车。标的车的前保险杠、右前照灯、右前转向灯、右前叶子板、前盖受损，第三者车被撞翻到了沟里，车辆严重受损，幸无人员受伤。报案时车辆已被拖到了修理厂。经核实，该案件为修理厂代为报案。

现场查勘及分析认为：现场偏远，该位置不适合停车；出险时间在夜间，出险后没通知保险公司查勘现场，碰撞现场痕迹与本案损失程度不相符，另外第三者车与标的车均无人受伤。

第三者车为老旧车型（图10-1b），碰撞较为严重，并且碰撞部位有生锈痕迹，第三者车驾驶室内有很多尘土，应该是很长时间没有开动过，甚至可能无法正常行驶。第三者车基本全损，并且所有受损配件，都有明显摆放的迹象。

标的车发动机舱盖与叶子板新旧程度有明显差异、有明显的人为操作嫌疑（图10-1a），在拆解过程中，明显发现有很多配件损伤不是本次事故造成的。

后来，通过核实交警现场查勘情况、复勘事故现场、调查周围目击者、分析现场残留物是否吻合、向被保险人核实事故情况、到修理厂调查了解等手段，成功识破了这起诈骗案件，挽回损失5万余元。

近年来，随着国民经济高速发展和汽车保有量增加，汽车保险得到了大的发展。但在快速发展的过程中，也存在一些问题，如赔付率过高、保险欺诈较多等。据统计，汽车保险欺诈金额占理赔总额的20%～30%。过高的欺诈金额会直接导致赔付率过高，间接导致汽车保费的提高。因此，汽车保险欺诈对保险公司的经营效益和广大投保人购买保险的支

a) 标的车

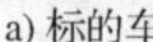

b) 破旧的三者车

图 10-1 事故双方破旧车辆

出都会造成较大影响。因此，保险欺诈已成为财产保险业一个巨大的“黑洞”。

汽车保险从业人员应充分了解汽车保险欺诈的成因、形式和预防措施，以期有效识别。

所谓欺诈，是指以使人发生错误认识为目的的故意行为。当事人由于他人故意的错误陈述，发生认识上的错误而为的意思表示，即构成因受欺诈而为的民事行为。为了保护受欺诈当事人的合法利益，使其不受因欺诈而为的意思表示的约束，法律允许受欺诈的一方当事人撤销该项民事行为。

汽车保险欺诈

▲投保人、被保险人不遵守诚信原则，故意隐瞒有关保险车辆的真实情况，或歪曲、掩盖真实情况，夸大损失程度，或故意制造、捏造保险事故造成保险标的损害，以谋取保险赔偿金的行为

与其他保险诈骗类型相比，车险欺诈具有“金额小、次数多、发现难”的特征。

一、汽车保险欺诈的成因分析

汽车保险欺诈往往具有很大的隐蔽性，其形成原因也相当复杂，有社会的、个人道德方面的，也有保险条款、公司运作与监管方面的。

1. 社会原因

个别投保人对保险了解不是太多，法制观念淡漠，根本不认为保险欺诈是一种犯罪行为，甚至认为是一种正常取回所交保费的手段，即使被保险公司识破，也是一种可以原谅的过错，对其社会声誉基本没有什么损害。因此，当同事、朋友和亲属请求他们帮忙欺骗保险公司时，他们往往会自愿提供帮助，为欺诈行为提供伪证。

这种社会评价，对保险欺诈起到了推波助澜的作用。由于失去了公众监督和道德谴责，欺诈者在实施欺诈时往往有恃无恐。不少恶意骗保者得逞后，保险公司很难再找到他。而在一个信用社会，骗保事实一经确认，当事人的信用就会有不良记录，从而遏制了保险欺诈的发生。

2. 投保人原因

汽车保险之所以吸引欺诈分子的目光，是因为合同规定：在不发生保险事故时，保险

公司只管收取保险费而没有赔偿义务；当发生保险事故时，保险人须偿付比保险费高得多的费用给投保人。这样，在高额赔偿的诱惑下，就导致了某些缺乏道德以及因种种原因需要解脱困境的人把欺诈转移到了汽车保险行业，通过铤而走险获取额外利益。

1）有些投保人企图通过参加汽车保险，以支付保险费的较小代价，获取高额赔偿，实现发财目的。这类投保人投保动机和欺诈动机相一致，即从投保时起，就蓄意欺诈，保险合同成立后，就积极谋划欺诈行为。

2）有些投保人原来并没有利用汽车保险进行欺诈的念头，只是某种偶然因素的诱发，如他人提醒，使其产生了欺诈念头，所以这类投保人若无偶然因素干扰，保险欺诈行为不会产生。

3）有些投保人对车险缺乏正确认识，认为交付保费后，如果没有发生保险事故，就等于白丢钱。必须想方设法从保险公司把保险金要回来，于是，欺诈就成了他们最好的选择。

3. 保险公司原因

1）对有效防止保险欺诈的重视不够，目前还没有几个公司专门成立反欺诈组织。

2）承保程序不科学。承保时，多数保险公司的“验车承保”环节做得不到位，使得一些存在明显缺陷的汽车能够顺利实现高额投保。

3）理赔程序不科学。如发生事故后，保险公司不派人去现场查勘，而是等车辆修好后，凭发票记载的金额予以赔付。再如确定赔付金额时，保险公司往往以有关单位的证明作为唯一依据，而有些证明可能与事实不符。所以，不科学的理赔程序客观上为保险欺诈开了方便之门。

4）保险公司对某些识破了的欺诈行为处理太宽松，大多仅满足于追回被骗保险金或不承担赔偿责任，而不愿追究他们相关的法律责任，从而进一步助长了保险欺诈行为的发生。

5）理赔人员素质偏低，把握不住理赔关，给欺诈者以可乘之机，甚至有些理赔人员经不住金钱诱惑，同欺诈者内外勾结，共同骗取保险金。

6）保险业信息交流不畅。很多保险公司视对方为竞争对手，很少互通骗保骗赔情况，这就使居心不良的欺诈行为可以屡屡得逞。

一些保险公司被诈骗后，为顾及自己信誉和影响，采取不张扬的做法，使保险欺诈者更有恃无恐。

二、汽车保险欺诈的常见表现形式及特征

1. 先出事故，后买保险

这是指汽车出险时尚未投保，出险后才投保，然后伪装成合同期内出险，达到获取汽车保险赔款的目的。

实施先险后保策略时，一般采用伪造出险日期或保险日期的手法。伪造出险日期时，一般通过关系，由有关单位出具假证明，或伪造、编造事故证明，待投保后方按正常程序向保险人报案索赔。这类案件保险人即使去现场复勘，若不深入调查了解也很难察觉。伪造保险日期时，一般是串通保险签单人员，内外勾结，利用“倒签单”手法，将起保日期提前，瞒天过海，浑水摸鱼。有的车辆在到期脱保后要求保险人按上年保单终止日续保也属此类。无论采取何种手段，先险后保案件都有一个明显特点，即投保时间与报案时间很

接近，因此，对两个时间比较接近的案件务必严查。

2. 无中生有，谎报出险

这是指本来没有出现事故，投保人或被保险人却无中生有，谎称发生了险情，向保险公司提出索赔的行为。

例如，被保险人通过“制造”虚假事故、更换车辆报废零部件、单方事故后再伪造双方事故、本不属保险范围而事后制造事故骗取修理费等。在这种情况下，投保人往往采取唆使、收买他人提供虚假证明、资料或其他证据，伪造或变造修理发票、伪造证明、私刻公章、篡改事故责任认定书等手段。

3. 一次出险，多次索赔

这是汽车保险理赔中最常见、最普遍的现象。常见的一险多赔诈骗案有以下三种类型：

1）一次事故向多个保险人索赔，这是指投保人就同一保险标的、同一保险利益、同一保险责任分别向两个或两个以上保险公司订立保险合同的一种行为。投保人向多家公司购买保险，但并不将该情况通知各保险公司。发生事故后，持各公司的保险单分别索赔，以获取多重保险赔款。由于重复保险多是蓄谋已久，且隐蔽性极高，再加上各保险公司之间信息不交流，所以欺诈成功率较高。

2）一次事故多险索赔。如车辆造成货损后，投保人可在车上货物责任险和货物运输险项下同时索赔。因保险公司内部横向信息沟通不畅，投保人往往会轻而易举地索赔成功。

3）在一次事故中，先由事故责任者给予赔偿然后再向保险公司索赔。这种骗案，数额一般不大，但在日常生活中却最常见。出险原因都是被别人追尾或被别人撞后，认定为第三方负事故责任，在第三方已给予赔偿的情况下，再到保险公司谎称自己倒车所撞进行骗赔。所以对单方事故，尤其对车辆尾部损坏的单方事故进行现场查勘时要特别注意。

4. 移花接木、混淆视听

通过“移花接木”方式造假的行为，主要包括“换人、换车、换件、换货”四种方式。

车险“移花接木”索赔的方式

▲无证或酒后驾车，事故发生后，找人顶替驾驶人

▲正常维修的车辆，被换上损坏了的旧件，假冒原车件索赔

▲已经定损、索赔了的车，被换上另外的牌照后，再次索赔

▲在事故现场，原本没有损坏的车载或地面物品，被更换成了损坏的物品

【案例10-1】 一辆奔驰S600，于8月20日20时05分，在城区道路交岔口处，与对方车追尾，本车负全责。

接到报案后，查勘员电话联系客户，得知标的车已在修理厂，立即赶赴进行查勘。

查勘发现：标的车左右前照灯、发动机舱盖、散热器罩、前保险杠等损坏（图10-2a），车损约为4万元。修理厂出示了交警部门提供的责任认定书，经审核，责任认定书真实。

因车损严重，查勘员觉得有必要对事故真实性作进一步核实，随即拨打了事故证明上第三者车的电话，但始终接不通。

由于存在疑问，查勘员赶赴交警队调查，得知该案真实存在，并获得了由交警拍摄的事故现场照片。仔细观察现场照片可以发现事发时标的车右侧并未与第三者车碰撞（图10-2b、c），但实际上标的车右侧也有损坏。

为进一步核实标的车的损失情况，查勘人员再一次赶到修理厂勘验标的车。该车为2004款奔驰S600，凭借查勘员对奔驰车的了解，判断标的车上的发动机舱盖非本车所有（图10-2d）。2004款的奔驰S600发动机舱盖下方没有中网下边框。

据此，查勘员当即与修理人员交涉，告知其如此大额的骗赔案件所需承担的法律后果。经耐心规劝，修理厂人员终于承认更换配件制造事故企图牟利的事实。

本次事故是一起典型的套用旧件骗赔案件。查勘人员凭借娴熟的专业技术、丰富的实践经验，成功识破了该案，避免了公司的损失。

这类案件高发于老旧高档车型，碰撞真实存在，交警手续齐全，所用旧件来自同型号车辆，识破难度很大。作为查勘人员，应该在日常工作中加强专业知识的积累，了解各类车辆的更新发展，同时注意收集常见车型的详细配置，逐步提高甄别能力。

a) 碰撞致损的奔驰S600前端

b) 事故现场的左侧照片

c) 事故现场的右侧照片

d) 非本车所有的损坏了的发动机舱盖

图10-2　碰撞致损的奔驰S600

5. 夸大损失，高额索赔

这是指出险汽车损失很小，被保险人却故意夸大损失程度或损失项目，以小抵大，

骗取赔款。例如，被保险人将事故车上未损坏零部件用损坏零部件进行替换后再向保险公司报案。目前的一些汽车修理企业，为拉拢客户，有时会帮着客户进行欺诈骗赔。修理企业中与事故车同类型车辆的损坏零配件比较多，再加上专业人员的“参与帮忙”，所以此类案件识别较难，这就要求车辆定损人员具有较强的专业知识和丰富的理赔经验。

6. 二次撞击，扩大损失

这是指保险事故发生后，汽车修理厂或个别保户为获高额赔偿，故意扩大损失程度。

(1) 保户扩大损失的原因

1) 碰撞程度偏轻，不值得索赔，车主自行决定或修理厂建议二次碰撞。

2) 以前出现过不属于索赔范围的损伤，但与本次事故损失无法连成一体，车主自主或修理厂建议通过再撞加大损失，使其连成一体。

3) 发生事故后，双方已私了，无责方拿到对方赔款后不想再拿出来修车，通过再碰撞制造假现场，一同修好已经获赔的损失。

(2) 修理厂骗保主要手法

1) 通过将客户前来维修的车辆再次撞击，扩大损失，以便多估车辆损失。

2) 拆下没有受损的零部件，更换上损坏了的零部件，要求定损。

3) 保养或修小的事故，不法经营业户设法留下车主的身份证、行驶证、保险单等，等车主走后，将车再次碰撞，扩大损失。

4) 车主与汽车修理厂联手，共同扩大事故损失，双方得益。

7. 故意造案，骗取赔款

这是指故意出险，造成损失，骗取赔款的行为。常见的有以下三种类型：

1) 汽车趋于报废，价值较低而车辆损失保险的保额又较高。在被保险人期望获取高额赔款的欲望驱动下，故意造成汽车出险。如价值3万元的旧车以10万元投保，然后在偏僻地区将车推下山坡等。这类案件往往具有精心选择出险时间、地点的特点，所以查处难度较大，有时尽管会怀疑它可能是骗案，但却很难找到证据。

2) 由于保险条款将一些特定损坏规定为责任免除，被保险人为获取赔款故意造成保险责任范围内的事故，把不应赔偿的变成应赔偿的。如停放家属院中的汽车左侧前照灯罩出现不明原因损坏，保险公司是不予赔偿的，于是驾驶人故意撞墙，导致保险杠左侧、前照灯、角灯等一起损坏，报案者谎称自己不小心撞上的，保险公司如不能识别其诈骗企图，则很容易从车损险中给予赔偿。

3) 汽车修理厂利用客户前来维修的汽车，故意制造保险“责任”事故，造成标的车的损失，谋求保险公司的赔款。

8. 编造理由，冒名索赔

指事故发生后，或者属于保险合同的免责范围，或者需要自己承担较高免赔比例，于是，被保险人就想方设法编造事故原因、隐瞒事故真相，以此来欺骗交警和查勘人员，以便改换成有资格的理由骗取保险公司赔款。图10-3所示即谎报碰撞石柱，要求索赔保险

图10-3 索赔保险杠前端、侧面损坏的欺诈案例

杠前端、侧面损坏的欺诈案例。

为达此目的，往往采用骗取警方事故证明，或篡改事故责任认定书，或伪造事故责任认定书等，从而达到不可告人的目的。

学习单元2　汽车保险欺诈的识别

导入案例

7月24日18时57分，某保险公司的一家支公司接到报案，一辆红旗牌轿车在行驶途中因避让前方来车倒车时掉下了100米高的悬崖。

接报案后，查勘员立即赶到事故现场查勘取证。经查，事故现场确有报案车辆掉入河中，车身翻转，损毁严重。测量出事道路，路面宽6m，路旁无堆积物等障碍。测量红旗车身宽1.5m、农用车身宽2m。事故当天天气晴朗，无雨，视线良好。驾驶人事发时左手肘部有明显擦伤，但称能自行到医院处理。交警到现场对事故进行了查勘和处理。

现场查勘过后，理赔人员到医院看望受伤驾驶人，并向驾驶人了解事故经过。据驾驶人自述，驾驶人见前方有车就主动避让，因道路狭窄，倒车退让时车辆掉入悬崖，意识到有生命危险，便跳车致伤。还说当时有大雨，路面湿滑。驾驶人在对事故的陈述中，有不能自圆其说的地方，明显感觉到该驾驶人有意回避查勘员需要了解的问题。

为了解事实真相，保险公司配合交警对事故现场回勘，向周边村民了解事故发生的情景。经过调查，了解到事故当天并未下雨，有村民亲眼见有两青年将该车开到事发现场后，下来推车，将车反向推下悬崖，整个作案过程将近10min。而且该路段并非如驾驶人所述两车交会一定要停车避让，路面宽度完全可以满足两车双向安全行驶。经对知情人了解，肇事红旗车是被淘汰的出租车，价值不足3万元，该驾驶人买来后以价值7.5万元投保，投保时间为当年6月19日至次年6月18日，发生车祸距投保日只有35天。

据此，保险公司判定该案是明显的骗保行为，给予了拒赔。

保险诈骗是行为人故意实施的违法犯罪行为，此类案件大都有预谋和策划，隐蔽性较强，查处这类案件的管辖权属于公安机关，不属于保险公司。

为了有效打击保险诈骗活动，保险人应该配合公安机关做好相关工作。

一、及时查勘现场，掌握第一手资料

1. 及时查勘现场

在事故发生的现场，往往遗留有各种痕迹，记载着大量能够真实反映事故发生、发展过程的信息，但这些痕迹和物证极易受到自然或人为的破坏，必须及时取证。

接到客户的报案后，查勘人员应该及时赶赴事故现场，掌握一切记录现场原始情况的资料，包括现场痕迹物证、访问笔录、影视资料、损失清单、财务账本等，这些资料将对

揭露诈骗起到证明作用。

2. 认真调查事故经过

一方面，查勘人员应围绕出险事故，向投保人、被保险人、受益人和目击者调查，对事故发生经过、原因、损失情况，以及保户经营状况、个人品行、近期异常表现、保险标的状况等与事故有关情况详细询问，并做好调查记录。

另一方面，还应与负责事故处理或鉴定的有关部门密切配合，及时了解事故处理情况，提出涉嫌诈骗的疑点，争取公安部门的支持，以揭露诈骗行为为目的进行调查取证。

二、综合分析，寻找揭露诈骗的突破口

1. 分析投保动机

对于超额投保案件，认真核实标的的实际价值，凡采用纵火、盗车等手段造成标的全损的案件，绝大多数都进行了超额投保。其投保的动机就是以损失价值较小的标的换取高额的保险赔款。

对于多次拒绝投保而后又主动上门投保的案件，应重点分析其投保动机。这类案件，大多是先出险后投保，或风险即将发生，临危投保，转嫁损失。

2. 将有关时间联系起来分析

分析投保时间、出险时间、报案时间这三个时间之间的内在联系。

凡有预谋的诈骗案件，在几个关键时间上总有一些特殊联系。一般来说，投保时间与出险时间相隔越短、出险时间与保单责任终止时间相隔越近、出险时间与报案时间间隔越长的案件，应特别警惕，仔细分析原因，发现疑点，迅速查证。

3. 将现场痕迹物证及有关证据结合起来分析

查勘人员到达事故现场后，可以将现场痕迹物证（图 10-4）与保单、原始记账凭证对比，分析现场标的物及损失数目与书证记载是否相符；将现场痕迹物证与有关证据对比。

通过分析证据与事实、证据与证据之间的相互关系，识破诈骗者惯用的伪造、变造有关证明材料的伎俩。

【案例 10-2】 一辆帕萨特轿车的车主，报案称于晚上 8 时左右发生单方事故，导致汽车受损（图 10-5）。

图 10-4 车门与消防水龙头擦划的现场

图 10-5 气囊释放的帕萨特

现场查勘得知：汽车的主、副气囊均已释放，但副气囊袋面有陈旧性污物，其连接线有熔着现象；汽车的前保险杠及保险杠骨架碰撞损坏且骨架左支撑受力较大，右侧较轻；发动机舱盖、散热器变形；前中网等处破损；发动机及变速器后移，其连接支承座（架）受损；发动机曲轴带轮轮缘上有明显旋转摩擦的痕迹。

情况分析：第一，根据前保险杠内骨架碰撞受损情况以及碰撞时车辆停放的状态，说明保险杠骨架碰撞痕迹是一次性形成的。第二，根据查勘情况，结合气囊释放后的状态、清洁度及其连接线状况，说明副气囊为陈旧性释放。第三，根据该款帕萨特汽车安全气囊系统的结构特点，只要满足气囊释放条件，主、副气囊会同时释放。因此，该车保险杠内骨架的碰撞为一次性碰撞形成，但气囊释放非本次事故造成。

案例评析：估计该车因故导致气囊释放，但当时的事故无法构成索赔条件。于是，当事人自作聪明制造了故意碰撞事件，造成汽车因碰撞而释放气囊的假象。这种通过故意制造的再次碰撞，获得与前次事故一同构成损失的现象，在碰撞事故中经常遇到。

三、部分容易造假的出险现场现象及询问方法

部分容易造假的出险现场现象及询问方法见表10-1。

表10-1　部分容易造假的出险现场现象及询问方法

内　容	现场常见现象	现场询问要点
无证或年审过期后驾车出险现场	驾驶人情绪紧张 驾驶人谎称没带驾驶证 事故现场比较异常 驾驶证上没有当年年审记录	你有无驾驶证 你驾驶证的准驾车型是什么 你何时考的驾驶证？在哪里考的证 驾驶证有无年审 为何没有年审
酒后驾车出险现场的询问	车辆经常占道、逆向行驶或在道路上不规则行驶等 事故现象以追尾碰撞居多，碰撞护栏和路边固定物体的单方事故也时有发生 道路现场留下的制动拖印较短或根本没有制动拖印 车辆损害程度一般较重 驾驶人呈现出饮酒后的特征 驾驶人及前排乘员常见伤亡	请你陈述一下事故发生的详细经过 你认为是什么造成了本次事故的发生 发生事故时这辆车在执行什么样的具体任务 这辆车是何时、从何地出发 这辆车要到哪里去 发生事故前你们是否用过餐 你们是在哪里用的餐？用餐时，一共有几个人 你们吃了什么饭菜？是否饮酒？哪几个人喝酒了 你认识被保险人×××吗 你与被保险人是什么关系（如属借车，则要了解清楚借车的详细经过）
不是被保险人允许的驾驶人驾车出险的现场	驾驶人对车主及被保险人的情况不太了解，可能刻意隐瞒车的来历 驾驶人可能隐瞒驾车执行的任务 驾驶人可能隐瞒发生事故以及造成损失的现场	该车车主是谁？被保险人是谁 该车今天为何由你驾驶 你与车主是何关系？他住哪里？房子布局？妻子、孩子什么名字 你与被保险人是何关系？他住哪里？房子布局？妻子、孩子什么名字 被保险人知不知道你驾驶该车？他现在在哪里 你驾驶该车是否经过了车主的同意？他是在哪里同意的？他是何时同意的？他是以什么方式同意的 你驾驶该车发生事故时在执行什么任务

（续）

内 容	现场常见现象	现场询问要点
顶替肇事驾驶人承担责任的现场	事故多为酒后驾车或无证驾驶所引发的 事故现场与酒后、无证驾驶所引发的事故特点极其相似 驾驶人不能清楚说明汽车的启程、经过路线。不能清楚描述事故经过 驾驶人对车主、被保险人情况、车内物体存放、车上乘客乘坐位置不太清楚	事故发生时，你驾车执行什么任务 该车是一辆什么具体型号的车辆？车况如何 该车最近是否进行过维修？该车最近是否办理过年检 该车是何时购买的保险？都买了哪些险种 该车车主是谁？被保险人是谁？你与车主是何种关系 你认识被保险人吗？你与他是何种关系？该车今天为何由你驾驶 你驾驶该车多长时间了？平时该车由谁驾驶 请你说一下发生事故的详细经过（何时从何地到哪里？干何事？车上坐了几个人？车上坐的都是什么人？他们分别坐在哪个位置？车速及车辆损失情况等）
未经检验合格的车辆出险现场	出险车多为残旧老款车型 外地车较多 行驶证上没有当年年检记录，或年检记录为私自刻章盖制的	你驾驶这辆车多久了？这辆车最近维修保养过吗 这辆车每年都是何时进行年检的 该车今年是否到车辆检测部门进行过例行检测？哪天去的 该车今年是否到车管所进行过年检？哪天去的 发生事故前，你感觉这辆车的车况如何
违反装载规定车辆出险现场	标的车多为大型拖车、长途货运车及面包车、小型客运车等，在客运高峰期大型客车也常见超载现象 现场留下的制动拖印明显，长而且宽 事故车车身下沉，轮毂发热，转向系统及制动系统可能出现故障 货车运载着质量较重或体积宽大的货物 客运车辆出险现场常见伤亡现象，在现场的乘客会较多	a. 对驾货车超载驾驶人的询问 发生事故时，标的车在执行什么任务 谁派你去执行这次任务的？车上装载的是什么货物？货主是谁 车上装载的货物，用什么包装的？是谁装的货？装货时你在场吗 这辆车是何时、何地装货启运的？目的地是哪里 货物总共有多少件？每件多重（便于计算总重） 你驾驶的汽车，车上除所运货物外，还载运了几个人（如果是货车运客，则要问清楚乘车人的姓名、身份、地址等；如果有人货混装现象，则要问明货物及乘车的人员数量、姓名等） 请将该批货物的清单和运货凭证提供给我们（假如对方拒绝，则要强调这对理赔非常重要，必须提供的） 你认识被保险人×××吗？你与他是什么关系 b. 对驾客车超载驾驶人的询问 发生事故时标的车在执行什么任务 该车何时、何地出发？到哪里去？是谁派你去执行这次任务的 车上坐的什么人（如超员，要问清楚乘车人姓名、身份、地址等） 他们与你分别是什么关系？他们都是在哪里上的车 车上有多少乘客？分别坐哪个位置？请在图上标示出他们的座位 你认识被保险人×××吗？你与他是什么关系
改变使用性质的车辆出险现场	标的车多为货车、面包车等小型民用车 客车载货的，通常座位已被拆除 驾驶人多为个体运载人员或外地人员 驾驶人对乘客的基本情况、姓名等不太了解	a. 载货汽车 发生事故时，你驾车在执行什么任务？是谁派你执行该项任务的 汽车运载的是什么货物？货主是谁？你和货主是什么关系 这批货是何时、何地装车？目的地是哪里 运输这批货物，可以收取多少运费？通过什么方式来收取运费 b. 载人汽车 发生事故时，你驾车执行什么任务？是谁派你执行该项任务的 车上坐的什么人？公有几个人？车上乘客与你分别是什么关系 车上的乘客是何时何地上的车？目的地是哪里 他们坐车，需交纳多少车费？已经交费了吗 你认识被保险人×××吗？你与他是什么关系

（续）

内　容	现场常见现象	现场询问要点
人为故意制造假事故的现场	多为老款残旧或损坏严重车型、进口车型、高档车型；多为深夜和凌晨发生事故；多为在偏僻少人处发生事故，事故现场附近停有无关车辆 驾驶人有多年驾龄；驾驶人故意表现出急躁情绪，对事故经过很难描述清楚或虚构情节 事故中很少有人员受伤；事故双方相互揽责或推责；事故道路上很少有制动拖印，地上车身残片往往不能拼凑成形，离碰撞部位较远处也有损伤，车身上往往有旧痕迹和锈迹，或有现场不存在的漆印 车损部位和痕迹不吻合，气囊爆但无异味，接头异常 关键零部件有缺失现象； 一般有不只一处的碰撞损伤，损伤无法在机理上解释与本次事故的关系 如果是火灾事故，存在不符合燃烧规律的现象	驾驶人的身份（驾驶证、身份证、行驶证） 车主及被保险人的姓名等情况 你与车主×××是什么关系 你与被保险人×××是什么关系 该车是何时买的？多少钱买的 该车是何时买的保险？买的什么险种 该车今天为何由你驾驶 你是何时、自何地启程的 你要驾车去哪里 你这次驾车执行什么任务 事故发生时，车上坐了几个人？分别是谁 事故发生前，车速是多少 是什么导致了这次事故的发生 发生事故前，你采取了何种措施 请你说明一下事故发生时造成的车辆损坏部位 你是如何发现汽车起火的 汽车起火时，方向是怎么样的 汽车起火时，你采取了什么措施 汽车起火时，你最先拨打的是什么电话
标的车进厂修理期间出险现场	驾驶人多为修理厂工作人员 除了现场碰撞痕迹外，还有其他修理期间出险的特征或者二次碰撞发生的痕迹 驾驶人刻意隐瞒修车事实	该车车主是谁？被保险人是谁 你与车主是什么关系？他住哪里？房子布局什么样？妻子、孩子什么名字 你与被保险人是什么关系？他住哪里？房子布局什么样？妻子、孩子什么名字 该车为何由你驾驶？车主允许你驾驶该车出厂吗 该车是什么原因送厂维修的？该车是何时进厂维修的 该次事故发生前，该车修理情况怎么样？维修费是多少

学习单元3　汽车保险欺诈的预防

导入案例

2010年7月的一天，某保险公司昆明分公司的一名查勘员奉命去协助验车，他发现打算承保的车辆是一辆于去年五月挂牌，但却在今年六月出售了的二手宝马7系车，而且在本公司没有前期承保的记录。这一点，引起了他的怀疑，认为这么高档的车，假如没有出现重大变故，不太可能只使用了一年就出售。在向车主询问打算投保的险种时，更是感觉不可思议，因为车主打算投保交强险、车损险、自燃险、不计免赔等共四个险

种，而对于几乎高档车一般都会投保的三者险、盗抢险、车上人员责任险，以及与车辆损坏相关的划痕险、玻璃单独破碎险等，即使经过提醒，车主也表示不想投保。经过仔细观察，发现车窗玻璃上贴的上个年度的交强险标志，是广州的。于是，查勘员回想起了一则新闻：

2010年五月，广州暴雨倾城，在一周之内，三场暴雨接踵而至，一周降雨量高达440mm，相当于广州年降雨量的四分之一。据广东省气象台召开的新闻发布会表示，在一周内同时受到三次暴雨过程的影响，是自1908年广州有气象记录以来从未出现过的，破了百多年来的历史纪录。强烈的降雨量，给广州市包括众多车辆在内的财产造成了巨大的损失（图10-6）。

图10-6 广州暴雨浸泡的众多车辆

想起了这一点，查勘员进行了有针对性的了解，终于得知这是一辆在广州暴雨中被完全淹没而且持续了很久的车辆，由于原车主担心日后可能引发火灾，所以廉价售出了这辆被水长时间浸泡了的宝马7系车。新车主担心该车自燃，所以打算投保与自燃相关的所有险种。

基于这一事实，保险公司拒绝了这次投保申请。

面对汽车保险欺诈日益增多的客观现实，保险公司应该认真分析其产生原因，根据各类骗保案的不同特点，采取一系列的综合预防治理方式，遏制汽车保险欺诈现象的蔓延。

追究保险欺诈者的法律责任，只是一种对保险违法行为的事后处理手段，而开展针对保险欺诈的对策研究，则是一种事前的防范，两者相辅相成。

对保险诈骗犯罪的预防是一项系统工程，需要社会的有关方面提高认识，密切配合，切实采取有力措施，堵塞漏洞，消除各种诱发犯罪因素，抑制诈骗案件的发生，把发案率降到最低点。

一、加强保险宣传，争取全社会理解

保险欺诈之所以能频繁发生，主要还是因为公众对保险的认识不足，许多人认为自己的保险到期之后没有获得赔付，吃亏了，想方设法获得额外利益。

对此，保险公司应加大保险知识和相关法律、法规的宣传，增强全社会的保险意识和法制意识，正确认识保险的作用。让全社会的公民都能充分认识到保险是一种保障，而不是福利事业，减少对保险认识的误区，并自觉与违法行为做斗争，在社会上形成一个良好的经营环境。

另外，无论汽车保险欺诈行为多么隐蔽，都不可能躲过社会的监督。假如能发动全社会的力量，全面收集相关信息，也许就会识破大多数的欺诈行为。为此，应调动公众的积极性，建立相关制度，如建立汽车保险欺诈举报制度，对揭发、检举欺诈行为的单位和个人，按挽回保险损失数额的一定比例给予奖励，这样，在公众的广泛监督下，保险欺诈行为就会成为众矢之的。

二、保险公司内部解决好自己的问题

1. 加大汽车保险反欺诈工作的投入

保险公司要提高对反保险欺诈工作的认识，适当加大对反保险欺诈工作的投入，为反保险欺诈工作配备必要的人力和物力。同时注意对反保险欺诈的一些专门人才的培养。从国外保险业的经验看，起初的反欺诈投入最终可得到3~6倍的回报。

2. 加强风险评估，提高承保质量

风险防范需从承保抓起，提高承保质量可从几个方面展开：在验标与核保工作方面，当投保人提出投保申请后，保险公司应严格审查申请书中所填写的各项内容和与汽车有关的各种证明材料。必要时，应对标的进行详细调查，以避免保险欺诈的发生；在实务操作方面，应严格按照承保业务操作规程，对投保车辆进行风险评估。

3. 建立高水平理赔队伍

高素质的从业人员，是做好理赔工作、识别保险欺诈的基本条件。要求理赔人员必须及时了解和掌握新的技术、信息、修理工艺和方法，不能靠吃老本工作。对此，保险公司可以招聘一些车辆保险与理赔专业的高校毕业生从事车险理赔工作，同时，对公司老员工应经常进行新知识培训，从而保证拥有一支高水平的理赔队伍。

4. 加强查勘定损工作

主要是加强第一现场查勘率，加快对索赔案件的反应速度。许多汽车保险欺诈案件，被保险人事先并未进行充分准备，理赔人员的迅速反应，可以揭穿一些欺诈案件。

5. 完善内部监控机制

1）保险公司要对所有员工加强思想教育，增强风险意识，把防范和化解风险作为公司生存和发展的根本所在。

2）保险公司内部要建立承保核审制度，对所要承揽的业务要按程序对风险进行多次识别、评估和筛选，以便有效控制责任，确保承保质量。

3）保险公司还要建立规范的理赔制度，实行接案人、定损人、理算人、审核人、审批人分离制度和现场查勘双人制，人人把关、各司其职，互相监督，严格防范，以确保理赔质量。同时在理赔工作中，若发生以赔谋私或内外勾结欺诈，必须严肃处理。

6. 对查勘定损人员实施“拒赔奖励”制度

绝大多数的汽车保险欺诈，是由查勘定损人员识别的。除了对这部分人员进行思想教育外，还可推行“拒赔奖励”制度。每当他们拒赔一起案件时，可以按照“从案”“从值”和“从案从值”三种模式进行奖励，其中，“从案从值”模式是指在每件拒赔案例给予定额奖励的基础上，再根据拒赔额的高低给予比例奖励。

三、保险公司加强与相关部门的合作

1. 加强与政法部门的合作

对汽车保险的欺诈骗赔案件一旦发现，保险公司应依托行政、政法部门，依法追究其责任，绝不姑息迁就。要充分发挥法律法规的作用，违反法律法规应负行政责任的，配合有关行政部门给予处理；构成犯罪的，绳之以法。

2. 加强与司法鉴定部门的合作

发挥各自特长，从科学证据上充分揭露汽车保险欺诈犯罪。

3. 加强与警方的合作

一些可疑的索赔案件可借助警方刑事侦查优势，有效识别。

4. 加强行业合作

各保险公司应在不泄漏商业秘密的前提下，进行反欺诈合作。也可实现信息共享，以便查看在投保阶段是否存在重复保险；在理赔阶段是否存在多次索赔。

四、规避来自汽车修理厂的保险欺诈

汽车发生事故后，总是要通过汽车修理厂去“恢复至事故发生前的状态”。但是，个别汽车修理厂在利益驱动下，会想方设法谋取不当得利。例如，扩大、夸大汽车损失程度，将一些本应该修复的零部件故意说成无法修复，夸大修理作业量等。

为了有效规避来自汽车修理厂的道德风险，可以采取以下措施。

1. 车主自行索赔

目前，许多规模较大的汽车4S店、汽车修理厂都在代办汽车保险，同时也代车主办理向保险公司索赔的事宜。有个别汽车修理厂，等车主将微小损坏的汽车交给他们代为索赔以后，却故意再碰撞汽车，扩大损坏程度，并以扩大了损坏程度的汽车向保险公司索赔。如果实行车主自行索赔制度，可以有效避免这一现象的发生。

2. 定损人员掌握汽车维修工艺并了解当地维修情况

一些塑料保险杠的局部破损、前照灯的划磨、铝合金发动机舱盖的变形、风窗玻璃裂纹等，许多汽车修理厂明明拥有维修的能力，也故意说是无法修复，只能更换。这就需要定损人员了解当地的汽车维修情况，知道在哪个修理厂可以进行相关维修。

3. 尽量减少维修换件时的道德风险

(1) 尽量减少“待查项目” 一些从事故车上拆下来的零件，用肉眼和经验一时无法判断其是否受损、是否达到需要更换的程度，如转向节、悬架臂、副梁等，在这种情况下，定损人员一般将其作为“待查项目”。

为了抵御道德风险，应该认真检验车辆上可能受损的零部件，尽量减少“待查项目”。例如，发电机在受碰撞后经常会造成散热叶轮、带轮变形，它们变形后旋转时，很容易产生发电机轴弯的错觉。实际上，轴到底弯没弯、径向圆跳动量是多少，只要做一个小小的试验即可；用一根细金属丝，一端固定在发电机机身上，另一端弯曲后指向发电机前端轴心，旋转发电机，观察金属丝一端与轴心的间隙变化，即发电机轴的径向圆跳动量，弯曲程度一目了然。用这种方法，可解决空调压缩机、转向助力泵、水泵等类似问题。

(2) 拍照备查 对于暂时无法确定损坏程度，确实需要待查的零件，查勘定损人员要在其上做记号，并拍照备查，同时告知被保险人和承修的汽车修理厂。一旦对方在维修时进行了更换，应拿出做了记号的零件照片作证。

(3) 参与验收 车辆初步修理后，保险公司的理赔定损人员，必须参与对“待查项目”的检验、调试、确认等全过程。例如，转向节待查，汽车经过初步的车身修理，安装上悬架等零部件后做四轮定位检验，假如四轮定位检验不合格，并超过调整极限，修理厂会提出要求更换转向节，于是保险公司的理赔定损人员一般也会同意更换转向节。至于更换转向节后四轮定位检验是否合格，是否是汽车车身校正不到位等其他原因，保险公司的理赔定损人员往往不再深究。实际上，四轮定位不合格完全可能是车身校正不到位等引起的，无需更换转向节。

（4）取走损坏件　如果“待查项目”确实损坏需要更换，保险公司的理赔人员必须将做有记号的“待查项目”零件从汽车修理厂带回，以免汽车修理厂将原本完好的“待查项目”零件留待下一次修理时更换使用。

用上述方法解决“待查项目”的问题，汽车修理厂将无法获得额外利益，遵循了财产保险的补偿原则，最大限度地杜绝了“待查项目”中的道德风险。

【本章小结】

1）本章分析了汽车保险欺诈形成的社会方面、投保人方面和保险人方面等多个方面的原因。

2）汽车保险欺诈的常见表现形式：先出事故，后买保险；无中生有，谎报出险；一次出险，多次索赔；移花接木、混淆视听；夸大损失，高额索赔；二次撞击、扩大损失；故意造案，骗取赔款；编造理由，冒名索赔。

3）汽车保险欺诈的主要识别方法：及时查勘现场，掌握第一手资料，认真调查事故经过；综合分析，寻找揭露诈骗的突破口，如分析投保动机，将有关时间联系起来，将现场痕迹物证及有关证据结合起来分析。

4）预防汽车保险欺诈，主要需从以下几个方面做好工作：加强保险宣传，争取全社会理解；保险公司内部解决好自己的问题；保险公司加强与相关部门的合作；规避来自汽车修理厂的保险欺诈。

【重要概念】

汽车保险欺诈　成因　特征　表现形式　造假现场　现象　询问方法

【技能训练】

【训练题】　2011 年 8 月 23 日，深圳的唐某急于去世界之窗景区观看第 26 届世界大学生夏季运动会的闭幕式，虽然他知道自己的驾驶证在本扣分周期已经扣满了 12 分，还是冒险驾自己的私家车前往转车点赶赴赛场。没想到，因急于赶路，车在路途发生交通事故，并撞坏了道路旁边的公交候车亭。交警认定唐某承担全责，他为此赔偿了路政部门 9000 余元，自己修车也花费了 3500 多元。事后，他去保险公司索赔，并未提及自己驾驶证已扣满 12 分的事实，顺利获得了相关赔款。

思考题：

1）唐某的驾驶证已在本扣分周期内扣满了 12 分，他是否还具有驾驶资质？

2）唐某在本次事故中造成的损失，是否应该由保险公司赔偿？

【工作页】

汽车保险欺诈的识别与预防工作页

教师布置日期：　　年　　月　　日　　　　个人完成时间：　　min

问题：	任务：
查勘员周某于下午 3 时 45 分接到调度电话，让他去市区某路段查勘一个车险的出险现场。 到达报案现场，周某发现出险的车辆是一辆丰田 RAV4，受损部位为车的前保险杠左侧，受损程度为保险杠变形且碎裂、左前照灯玻璃裂纹。报案人称自己的汽车是在原地停放时，不知被何人所撞造成了损失。但在事故现场，却没有发现前照灯玻璃碎片以及脱落的油漆碎片，于是，周某对该车是否在此地被撞产生了怀疑。	作为一名查勘定损人员，在工作过程中需要认真负责，按照合同的约定，从车辆的损失形态、地形与天气、现场的痕迹、报案人的描述、交警的事故责任认定、目击者的证词等方面，认真分析事故发生的可能性，剔除欺诈成分，还原事故真相。

（续）

谎称停车被撞案件的调查要点：	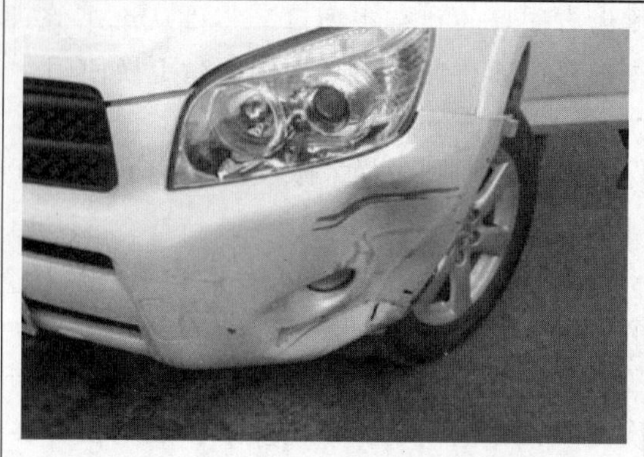
工 作 步 骤	注 意 事 项
1. 如何通过证件、车架号等验证现场停放的车辆确属标的车？	
2. 如何验证在现场的报案人是被保险人允许的且没有违规行为的合格驾驶人？ （1）驾驶人所持有的驾驶证是否与实际驾驶的车型相符且驾驶证在有效期之内？ （2）如何排除驾驶人无饮酒、吸毒、被药物麻醉的现象？ （3）驾驶人对被保险人的情况是否了解？ （4）驾驶人是否属于汽车修理厂的工作人员？	
3. 如何验证标的车是在报案现场被撞？ （1）轮胎与地面之间是否有被碰撞后位移形成的拖印？ （2）地面是否有与车体脱落的物体相吻合的脱落物？ （3）地面是否脱落有翼子板内侧附着的干枯的泥巴？ （4）如何询问驾驶人停车时间以及停车前后的相关情况？	

（续）

工作步骤	注意事项
4. 验证标的在此地被撞的其他佐证。 （1）如何利用案发地周围的摄像头等验证标的停放时间及是否被撞过？ （2）如何询问现场人员，验证标的停放时间及是否被撞过？ （3）检验汽车发动机的余温，判断驾驶人所称停车时间是否基本吻合？	
5. 如何通过谈判说服被保险人放弃索赔？	
学习纪要：	

【知识习题】

1. 填空题

1）所谓欺诈，是指以使人发生________为目的的故意行为。

2）车险“移花接木”索赔的方式主要包括：无证或酒后驾车，事故发生后，找人顶替________；正常维修的车辆，被换上损坏了的旧件，假冒________索赔；已经定损、索赔了的车，被换上另外的________后，再次索赔；在事故现场，原本没有损坏的车载或地面________，被更换成了损坏的________。

3）凡采用________、________等手段造成标的全损的案件，绝大多数都进行了超额投保。

4）一般来说，投保时间与出险时间相隔________，出险时间与保单责任终止时间相隔________，出险时间与报案时间间隔________的案件，应特别警惕，仔细分析原因，发现疑点，迅速查证。

2. 简答题

1）什么是汽车的保险欺诈？

2）汽车保险欺诈的成因是什么？

3）汽车保险欺诈的常见表现形式有哪些？

4）如何预防汽车保险欺诈的发生？

5）如何规避来自汽车修理厂的保险欺诈？

6）在酒后驾车的出险现场，应该如何询问？

7）在违反装载规定的车辆出险现场，应该如何询问？

8）在改变使用性质的车辆出险现场，应该如何询问？

9）在未经检验合格的车辆出险现场，应该如何询问？

10）在虚构驾车肇事经历，顶替肇事驾驶人承担责任的出险现场，应该如何询问？

11）在不是被保险人允许的驾驶人驾车的出险现场，应该如何询问？

12）在人为故意制造假事故的出险现场，应该如何询问？

13）在标的车进厂修理期间的出险现场，应该如何询问？

14）在被保险人失去保险利益后的标的车出险现场，应该如何询问？

15）在无证或年审过期后驾车出险现场，应该如何询问？

3. 案例题

一辆标的车，在出险后1h报案，标的车停留在事故现场（图10-7a）。接到报案后，查勘人员立即赶往现场，当时交警尚未到达事故现场。

查勘发现标的车左前门门槛处有血迹（图10-7b），但当询问驾驶人是否受伤时，事故现场的“驾驶人”却表示没有受伤，对事故发生的经过描述也含糊不清，这引起了查勘人员的警觉，感觉本案有驾驶人调包的嫌疑。

当交警到达事故现场后，查勘员将案件中的疑点向交警一一做了说明，并随交警到交警队协助处理。在交警的审讯下，该“驾驶人”交代是本车真正的驾驶人因酒后驾车发生事故后，叫其来顶替。至此，一起出险顶包的案件被识破。

判断顶替出险驾驶人的常用方法有哪些？

a) 事故现场

b) 左前门门槛处的血迹

图10-7 事故现场及车内的血迹

学习任务十一

汽车保险法律法规

【任务描述】

通过“汽车保险法律法规”任务的学习，要求学生：

1. 熟悉《保险法》对保险合同与保险监管的规定、《机动车交通事故责任强制保险条例》对交强险赔偿与垫付的规定、《道路交通安全法》及其实施条例对车辆登记和通行规定等的要求、《道路交通事故处理程序》对交通事故简易处理和交通事故认定书内容及事故损害赔偿调解等的规定、《最高人民法院关于审理人身损害赔偿案件适用法律若干问题的解释》对赔偿项目和赔偿标准的规定。

2. 了解《机动车驾驶证申领和使用规定》《拖拉机驾驶证申领和使用规定》《机动车维修管理规定》《汽车报废规定》《道路交通事故受伤人员伤残评定》分别对驾驶证、汽车维修质量、汽车报废年限及检测次数、人员伤残等级分类等内容的规定。

学习单元1　保险法律法规

导入案例

2013年10月22日，山西某保险公司接到客户报案电话，称其一辆斯太尔车在山东省德州某县出险。保险公司委托德州公司代理查勘。德州公司与被保险人联系，了解了基本情况，并核对了基本信息。客户称：该车在县化肥厂内翻车，要求保险公司查勘员立即赶到，否则将用吊车吊起翻倒的车辆并赶回山西。德州公司查勘员明确告诉客户，必须保留现场，等候查勘现场，否则将对索赔不利。同时，查勘员立即驱车赶往事故发生地。

查勘发现，该车货箱加长、加高，同时怀疑其超载。但是，对于其超载，如果没有确凿证据，保户肯定不会承认。向其索要载货发票，保户称没有。考虑到该车是为县化肥厂送煤炭，进厂时应该有登记，于是查勘员立即到该厂过磅登记处查找资料，并同时用数码相机记录下该车进厂时微机登记的数据：毛重71.9t。核对其行驶证，主车重7t，挂车总质量为51t，主挂车总质量应为58t。该车超载13.9t。在有力证据面前，驾驶人不得不承认超载。与其共同分析翻车原因：在车辆打开车箱左板卸煤时，大量的煤炭落到左车轮下，车箱左侧变轻；驾驶人移动车辆时，左轮下有煤炭导致左侧升高，又由于车右侧较重，造成重心右移，车体向右侧倾翻。因此，超载与翻车有直接关系，超载造成了标的车

的危险程度增加。经过有理有据的分析，保户认可了查勘员的分析结论。回到公司后，立即将该车超载、改装情况与原承保公司联系，说明情况，并填写查勘意见，承保公司对委托公司的工作表示肯定，这使其在与保户的索赔事宜交涉中占据了主动。

本案中标的车辆在合同有效期限内发生意外事故造成的损失，保险人是否应承担赔偿责任，取决于被保险人是否按照机动车辆合同履行了相关的义务。

《保险法》第36条规定："被保险人应当遵守国家有关消防、安全、生产操作、劳动保护等方面的规定，维护保险标的的安全。投保人、被保险人未按照约定履行其对保险标的安全应尽的责任的，保险人有权要求增加保险费或者解除合同。"第37条规定："在合同有效期内，保险标的危险程度增加的，被保险人按照合同约定应当及时通知保险人，保险人有权要求增加保险费或者解除合同。被保险人未履行前款规定的通知义务的，因保险标的危险程度增加而发生的保险事故，保险人不承担赔偿责任。"保险公司的保险条款也有相似的规定。

就本案来看，标的车的行驶证明确载明了车辆的核定载重量，而被保险人却故意违反，私自改装后严重超载，并引发翻车，且此为意外事故发生的唯一原因。显然，该案中被保险车辆的私自改装、严重超载且未告知保险公司的情况严重违反了保险合同双方所签订的义务，属于被保险人不履行保险合同义务的违约行为。所以，保险人不应承担赔偿责任。

保险行为是一种法律行为。保险行为自身的"射幸性"以及保险事故发生的偶然性决定了保险运作过程充满利益纠葛和道德风险，世界各国都纷纷出台法律法规予以监管。汽车保险已成为我国财产保险的第一大险种。同时，汽车保险标的价值的重要性以及保险事故的多发性也决定了汽车保险立法定规的重要性。近年来，国家相继出台了《中华人民共和国保险法》《中华人民共和国道路交通安全法》《中华人民共和国道路交通安全法实施条例》《机动车交通事故责任强制保险条例》等法律法规，汽车保险法律法规体系已初步形成。

一、保险法

1. 修订与施行

《保险法》于1995年10月1日起施行，第一次修订版于2003年1月1日起施行，第二次修订版于2009年10月1日起施行。

2. 主要内容

《保险法》分8章187条。8章分别为总则、保险合同、保险公司、保险经营规则、保险代理人和保险经纪人、保险业的监督管理、法律责任、附则。《保险法》是规范保险法律关系的根本法律，也是汽车保险法律体系的核心内容。

(1) 总则　本部分规定了商业保险含义、法律适用地域、经营单位、监管机构等内容。

《保险法》约束的是商业保险。商业保险是指投保人根据合同约定，向保险人支付保费，保险人对于合同约定的可能发生的事故因其发生所造成的财产损失承担赔偿保险金责任，或者当被保险人死亡、伤残、疾病或者达到合同约定的年龄、期限时承担给付保险金责任的保险行为。

法律适用地域为中华人民共和国境内。经营商业保险业务的单位必须是依照《保险法》设立的保险公司以及法律、行政法规规定的其他保险组织。对保险业实施监督管理的监管机构为国务院保险监督管理机构，即保险监督管理委员会及其设在各地的派出机构。

(2) 保险合同　本部分规定了保险合同的一般规定及人身保险和财产保险的分别规定。

1）一般规定。规定了保险合同含义、合同成立与生效、合同内容、合同解除、合同解释原则、保险人与投保人违反如实告知义务的后果、保险人与投保人各自的义务、再保险等内容。

保险合同是投保人与保险人约定保险权利义务关系的协议。

合同成立的条件：投保人提出保险要求，经保险人同意承保，并就合同条款达成协议。

合同生效的条件：依法成立的保险合同，自成立时生效；另外，投保人和保险人可以对合同的效力约定附加条件或者附加期限。

合同内容应当包括：保险人名称和住所；投保人、被保险人名称和住所，以及人身保险的受益人的名称和住所；保险标的；保险责任和责任免除；保险期间和保险责任开始时间；保险金额；保险费以及支付办法；保险金赔偿或者给付办法；违约责任和争议处理；订立合同的年、月、日；投保人和保险人就与保险有关的其他事项做出的约定。

合同解除规定为除本法另有规定或者保险合同另有约定外，保险合同成立后，投保人可以解除保险合同，保险人不得解除保险合同。

合同解释原则为对保险人与投保人、被保险人或者受益人有争议的保险合同条款，应当按照通常理解予以解释；对合同条款有两种以上解释的，人民法院或者仲裁机构应当做出有利于被保险人和受益人的解释。

保险人违反如实告知义务的后果是未作提示或者明确说明的责任免除条款不产生效力。投保人违反如实告知义务的后果是保险人有权解除保险合同，并对合同解除前发生的保险事故，不承担赔偿或者给付保险金的责任。如果投保人故意未如实告知，不退还保险费，而因重大过失未如实告知的，可退还保险费。

保险人的义务是收到被保险人或者受益人的赔偿或者给付保险金的请求后，应当及时作出核定；情形复杂的，应当在30日内作出核定，但合同另有约定的除外。保险人应当将核定结果通知被保险人或者受益人；对属于保险责任的，在与被保险人或者受益人达成赔偿或者给付保险金的协议后十日内，履行赔偿或者给付保险金义务。保险合同对赔偿或者给付保险金的期限有约定的，保险人应当按照约定履行赔偿或者给付保险金义务。保险人未及时履行前款规定义务的，除支付保险金外，应当赔偿被保险人或者受益人因此而受到的损失。

投保人的义务是当保险事故发生时及时通知保险人；向保险人提供与确认保险事故的性质、原因、损失程度等有关证明和资料。

再保险是指保险人将其承担的保险业务，以分保形式，部分转移给其他保险人。再保险接收人不得向原保险的投保人要求支付保险费。原保险的被保险人或者受益人，不得向再保险接收人提出赔偿或者给付保险金的请求。再保险分出人不得以再保险接收人未履行再保险责任为由，拒绝履行或者迟延履行其原保险责任。

2）人身保险合同。规定了人身保险合同含义、受益人权利、自杀条款等内容。

人身保险合同是以人的寿命和身体为保险标的的保险合同。

人身保险的受益人由被保险人或者投保人指定。投保人指定受益人时须经被保险人同意。可以指定一人或者数人为受益人。受益人为数人的，被保险人或者投保人可以确定受益顺序和受益份额；未确定受益份额的，受益人按照相等份额享有受益权。

以死亡为给付保险金条件的合同，自成立之日起两年内被保险人自杀的，保险人不承

担给付保险金的责任；超过两年的，保险人可以按照合同给付保险金。

3）财产保险合同。规定了财产保险合同含义、被保险人义务、超额保险与不足额保险、重复保险、代位原则等内容。

财产保险合同是以财产及其有关利益为保险标的的合同。

被保险人义务：应当遵守国家有关消防、安全、生产操作、劳动保护等方面的规定，维护保险标的的安全；在合同有效期内，保险标的危险程度增加的，被保险人应当及时通知保险人；保险事故发生时，被保险人有责任尽力采取必要的措施，防止或者减少损失。

对超额保险规定：超过保险价值的部分无效。对不足额保险规定：除合同另有约定外，保险人按照保险金额与保险价值的比例承担赔偿责任。

重复保险的投保人应当将重复保险的有关情况通知各保险人。除合同另有约定外，各保险人按照其保险金额与保险金额总和的比例承担赔偿责任。

物上代位的规定：保险人已支付了全部保险赔偿金额，并且保险赔偿金额相等于保险价值的，受损保险标的的全部权利归于保险人；保险赔偿金额低于保险价值的，保险人按照保险金额与保险价值的比例取得受损保险标的的部分权利。权利代位的规定：因第三者对保险标的的损害而造成保险事故的，保险人自向被保险人赔偿保险金之日起，在赔偿金额范围内代位行使被保险人对第三者请求赔偿的权利。

（3）保险公司 本部分规定了保险公司设立条件、营业执照领取等内容。

设立保险公司，应当具备的条件包括：

1）主要股东具有持续盈利能力，信誉良好，最近三年内无重大违法违规记录，净资产不低于人民币二亿元。

2）有符合本法和《中华人民共和国公司法》规定的章程。

3）有符合本法规定的注册资本。

4）有具备任职专业知识和业务工作经验的董事、监事和高级管理人员。

5）有健全的组织机构和管理制度。

6）有符合要求的营业场所和与经营业务有关的其他设施。

7）法律、行政法规和国务院保险监督管理机构规定的其他条件。

经批准设立的保险公司及其分支机构，凭经营保险业务许可证向工商行政管理机关办理登记，领取营业执照。

（4）保险经营规则 本部分规定了保险公司业务范围、资金运用、保险公司员工行为规范等内容。

同一保险人不得同时兼营财产保险业务和人身保险业务。财产保险业务包括财产损失保险、责任保险、信用保险等保险业务；人身保险业务包括人寿保险、健康保险、意外伤害保险等保险业务。但是，经营财产保险业务的保险公司经保险监督管理机构核定，可以经营短期健康保险业务和意外伤害保险业务。

保险公司的资金运用必须稳健，遵循安全性原则。保险公司的资金运用限于下列形式：银行存款；买卖债券、股票、证券投资基金份额等有价证券；投资不动产；国务院规定的其他资金运用形式。

保险公司及其工作人员在保险业务活动中不得有下列行为：欺骗投保人、被保险人或者受益人；对投保人隐瞒与保险合同有关的重要情况；阻碍投保人履行本法规定的如实告

知义务，或者诱导其不履行本法规定的如实告知义务；给予或者承诺给予投保人、被保险人、受益人保险合同约定以外的保险费回扣或者其他利益；拒不依法履行保险合同约定的赔偿或者给付保险金义务；故意编造未曾发生的保险事故、虚构保险合同或者故意夸大已经发生的保险事故的损失程度进行虚假理赔，骗取保险金或者牟取其他不正当利益；挪用、截留、侵占保险费；委托未取得合法资格的机构或者个人从事保险销售活动；利用开展保险业务为其他机构或者个人牟取不正当利益；利用保险代理人、保险经纪人或者保险评估机构，从事以虚构保险中介业务或者编造退保等方式套取费用等违法活动；以捏造、散布虚假事实等方式损害竞争对手的商业信誉，或者以其他不正当竞争行为扰乱保险市场秩序；泄露在业务活动中知悉的投保人、被保险人的商业秘密；违反法律、行政法规和国务院保险监督管理机构规定的其他行为。

（5）保险代理人和保险经纪人　本部分规定了保险代理人和保险经纪人的相关内容。

保险代理人是根据保险人的委托，向保险人收取佣金，并在保险人授权的范围内代为办理保险业务的机构或者个人。保险代理机构包括专门从事保险代理业务的保险专业代理机构和兼营保险代理业务的保险兼业代理机构。保险代理人根据保险人的授权代办保险业务的行为，由保险人承担责任。保险代理人为保险人代为办理保险业务，有超越代理权限行为，投保人有理由相信其有代理权，并已订立保险合同的，保险人应当承担保险责任；但是保险人可以依法追究越权的保险代理人的责任。

保险经纪人是基于投保人的利益，为投保人与保险人订立保险合同提供中介服务，并依法收取佣金的机构。因保险经纪人在办理保险业务中的过错，给投保人、被保险人造成损失的，由保险经纪人承担赔偿责任。

（6）保险业的监督管理　规定了条款与费率的监管及对保险公司监管的方法等内容。

有关保险条款与费率的监管规定：关系社会公众利益的保险险种、依法实行强制保险的险种和新开发的人寿保险险种等的保险条款和保险费率，应当报保险监督管理机构审批；其他保险险种的保险条款和保险费率，应当报保险监督管理机构备案。

对保险公司监管的方法如下。

1）保险公司未依照本法规定提取或者结转各项责任准备金，或者未依照本法规定办理再保险，或者严重违反本法关于资金运用的规定的，由保险监督管理机构责令限期改正，并可以责令调整负责人和有关管理人员。

2）保险监督管理机构依照本法规定作出限期改正的决定后，保险公司逾期未改正的，国务院保险监督管理机构可以决定选派保险专业人员和指定该保险公司的有关人员组成整顿组，对公司进行整顿。

3）保险公司偿付能力严重不足的，或违反本法规定，损害社会公共利益，可能严重危及或者已经严重危及公司的偿付能力的情形的，国务院保险监督管理机构可以对其实行接管。

4）被整顿、被接管的保险公司有《中华人民共和国企业破产法》第2条规定情形的，国务院保险监督管理机构可以依法向人民法院申请对该保险公司进行重整或者破产清算。

（7）法律责任　本部分规定了对保险公司、保险中介等存在违法行为的具体处理规定。

（8）附则　本部分规定了保险公司应加入保险行业协会及海上保险、农业保险的适用法律等内容。

保险行业协会是保险业的自律性组织，是社会团体法人。保险公司应当加入保险行业

协会。保险代理人、保险经纪人、保险公估机构可以加入保险行业协会。

海上保险适用海商法的有关规定；海商法未作规定的，适用本法的有关规定。

农业保险由法律、行政法规另行规定。

二、交强险条例

1. 施行时间

《机动车交通事故责任强制保险条例》（简称《条例》）自2006年7月1日起在全国范围内施行。国务院分别于2012年3月30日、2012年12月17日对《条例》进行了两次修订，修订版自2013年3月1日起施行。

2. 主要内容

《条例》分五章47条。五章分别为总则、投保、赔偿、罚则、附则。

（1）总则　规定了投保对象、交强险含义、监管机构等内容。

在中华人民共和国境内道路上行驶的机动车的所有人或者管理人，应当依照《道路交通安全法》的规定投保机动车交通事故责任强制保险。

交强险是指由保险公司对被保险机动车发生道路交通事故造成本车人员、被保险人以外的受害人的人身伤亡、财产损失，在责任限额内予以赔偿的强制性责任保险。

国务院保险监督管理机构依法对保险公司的机动车交通事故责任强制保险业务实施监督管理。公安机关交通管理部门、农业（农业机械）主管部门应当依法对机动车参加机动车交通事故责任强制保险的情况实施监督检查。对未参加机动车交通事故责任强制保险的机动车，机动车管理部门不得予以登记，机动车安全技术检验机构不得予以检验。

（2）投保　规定了交强险费率浮动、投保公司、投保告知、投保交费、保险标志、合同解除、合同变更、短期投保等内容。

交强险实行统一的保险条款和基础保险费率。被保险机动车没有发生道路交通安全违法行为和道路交通事故的，保险公司应当在下一年度降低其保险费率。在此后的年度内，被保险机动车仍然没有发生道路交通安全违法行为和道路交通事故的，保险公司应当继续降低其保险费率，直至最低标准。被保险机动车发生道路交通安全违法行为或者道路交通事故的，保险公司应当在下一年度提高其保险费率。多次发生道路交通安全违法行为、道路交通事故，或者发生重大道路交通事故的，保险公司应当加大提高其保险费率的幅度。在道路交通事故中被保险人没有过错的，不提高其保险费率。降低或者提高保险费率的标准，由保监会与国务院公安部门制定。

投保人在投保时应当选择具备从事机动车交通事故责任强制保险业务资格的保险公司，被选择的保险公司不得拒绝或者拖延承保。

投保人投保时，应当向保险公司如实告知重要事项。重要事项包括机动车的种类、厂牌型号、识别代码、牌照号码、使用性质和机动车所有人或者管理人的姓名（名称）、性别、年龄、住所、身份证或者驾驶证号码（组织机构代码）、续保前该机动车发生事故的情况以及保监会规定的其他事项。

签订机动车交通事故责任强制保险合同时，投保人应当一次支付全部保险费。

保险标志式样全国统一。被保险人应当在被保险机动车上放置保险标志。

保险公司不得解除机动车交通事故责任强制保险合同；但是，投保人对重要事项未履行如实告知义务的除外。投保人对重要事项未履行如实告知义务，保险公司解除合同前，

应当书面通知投保人，投保人应当自收到通知之日起5日内履行如实告知义务；投保人在上述期限内履行如实告知义务的，保险公司不得解除合同。

投保人不得解除机动车交通事故责任强制保险合同，但有下列情形之一的除外：①被保险机动车被依法注销登记的；②被保险机动车办理停驶的；③被保险机动车经公安机关证实丢失的。

合同解除时，保险公司可以收取自保险责任开始之日起至合同解除之日止的保险费，剩余部分的保险费退还投保人。

被保险机动车所有权转移的，应当办理机动车交通事故责任强制保险合同变更手续。

有下列情形之一的，投保人可以投保短期机动车交通事故责任强制保险：①境外机动车临时入境的；②机动车临时上道路行驶的；③机动车距规定的报废期限不足1年的；④保监会规定的其他情形。

（3）赔偿　规定了赔偿范围、垫付抢救费用情形、责任限额种类、赔偿时效等内容。

被保险机动车发生道路交通事故造成本车人员、被保险人以外的受害人人身伤亡、财产损失的，由保险公司依法在机动车交通事故责任强制保险责任限额范围内予以赔偿。

有下列情形之一的，保险公司在机动车交通事故责任强制保险责任限额范围内垫付抢救费用，并有权向致害人追偿：①驾驶人未取得驾驶资格或者醉酒的；②被保险机动车被盗抢期间肇事的；③被保险人故意制造道路交通事故的。

机动车交通事故责任强制保险在全国范围内实行统一的责任限额。责任限额分为死亡伤残赔偿限额、医疗费用赔偿限额、财产损失赔偿限额以及被保险人在道路交通事故中无责任的赔偿限额。

被保险机动车发生道路交通事故，被保险人或者受害人通知保险公司的，保险公司应当立即给予答复，告知被保险人或者受害人具体的赔偿程序等有关事项。被保险机动车发生道路交通事故的，由被保险人向保险公司申请赔偿保险金。保险公司应当自收到赔偿申请之日起一日内，书面告知被保险人需要向保险公司提供的与赔偿有关的证明和资料。保险公司应当自收到被保险人提供的证明和资料之日起五日内，对是否属于保险责任作出核定，并将结果通知被保险人；对不属于保险责任的，应当书面说明理由；对属于保险责任的，在与被保险人达成赔偿保险金的协议后十日内，赔偿保险金。

（4）罚则　规定了保险公司违规、车辆所有人或管理人违规、保险标志使用违规的罚则等内容。

保险公司违反本条例规定，有下列行为之一的，由保监会责令改正，处5万元以上30万元以下罚款；情节严重的，可以限制业务范围、责令停止接受新业务或者吊销经营保险业务许可证。①拒绝或者拖延承保机动车交通事故责任强制保险的；②未按照统一的保险条款和基础保险费率从事机动车交通事故责任强制保险业务的；③未将机动车交通事故责任强制保险业务和其他保险业务分开管理，单独核算的；④强制投保人订立商业保险合同的；⑤违反规定解除机动车交通事故责任强制保险合同的；⑥拒不履行约定的赔偿保险金义务的；⑦未按照规定及时支付或者垫付抢救费用的。

机动车所有人、管理人未按照规定投保机动车交通事故责任强制保险的，由公安机关交通管理部门扣留机动车，通知机动车所有人、管理人依照规定投保，处依照规定投保最低责任限额应缴纳的保险费的2倍罚款。

上道路行驶的机动车未放置保险标志的，公安机关交通管理部门应当扣留机动车，通知当事人提供保险标志或者补办相应手续，可以处警告或者20元以上200元以下罚款。当事人提供保险标志或者补办相应手续的，应当及时退还机动车。伪造、变造或者使用伪造、变造的保险标志，或者使用其他机动车的保险标志，由公安机关交通管理部门予以收缴，扣留该机动车，处200元以上2000元以下罚款；构成犯罪的，依法追究刑事责任。

（5）附则　规定了挂车不投保交强险问题、非道路交通事故的处理、特殊车辆交强险事项等内容。

挂车不投保机动车交通事故责任强制保险。发生道路交通事故造成人身伤亡、财产损失的，由牵引车投保的保险公司在机动车交通事故责任强制保险责任限额范围内予以赔偿；不足的部分，由牵引车方和挂车方依照法律规定承担赔偿责任。

机动车在道路以外的地方通行时发生事故，造成人身伤亡、财产损失的赔偿，比照适用本条例。

中国人民解放军和中国人民武装警察部队在编机动车参加机动车交通事故责任强制保险的办法，由中国人民解放军和中国人民武装警察部队另行规定。

学习单元2　车辆管理法律法规

导入案例

2013年1月11日，王某报案称自己驾驶载货汽车在菏泽市某镇出险，将跨路通信电缆挂断，左侧线杆被拉断三根等，请求查勘。查勘人员到达出险地点后，看到出险车辆仍停在事故现场。经现场查勘，确认出险车辆为标的车，且事故经过属实。据驾驶人王某描述：该车空载，由南向北正常行驶中将跨路通信电缆挂断，左侧线杆被拉断三根，通信公司索赔1.5万元，案件已由派出所调解处理。

查勘员处理完相关手续后，再次询问客户王某车辆是否空载和移动，王某确认标的车确实空载且出险后未曾离开现场。随后，查勘员用尺子现场测量车身高度，测得车身高3.68m。询问得知：标的车行驶路线为原国道（现为省道）。据此，查勘人员向客户说明：标的车属于大型货运车，装载高度从地面起没有超过4m，完全符合《交通安全法实施条例》第54条的有关规定，不应承担本次事故的责任，当然也不负任何赔偿责任。出现本次事故完全是由于跨路线缆过低造成的，通信公司应负全部责任，所以，保险公司也不能承担本次事故的赔偿责任。

一、道路交通安全法

1. 修订与施行时间

《中华人民共和国道路交通安全法》自2004年5月1日起施行，于2007年12月29日、2011年4月22日经全国人民代表大会常务委员会二次修订，修订版自2011年5月1日起施行。

2. 主要内容

《道路交通安全法》共八章124条。八章分别为总则、车辆和驾驶人（包括两节：机

动车、非机动车；机动车驾驶人）、道路通行条件、道路通行规定（包括五节：一般规定、机动车通行规定、非机动车通行规定、行人和乘车人通行规定、高速公路的特别规定）、交通事故处理、执法监督、法律责任、附则。

（1）总则　本部分规定了法律适用对象、交通安全管理部门等内容。

法律适用对象为中华人民共和国境内的车辆驾驶人、行人、乘车人以及与道路交通活动有关的单位和个人。

国务院公安部门负责全国道路交通安全管理工作。县级以上地方各级人民政府公安机关交通管理部门负责本行政区域内的道路交通安全管理工作。

（2）车辆和驾驶人　本部分规定了对车辆管理和对驾驶人管理的内容。

1）机动车、非机动车。规定了机动车上道路行驶条件、需要办理登记的特殊情形、定期进行安全技术检验、报废情况、典型禁止行为、强制保险制度、非机动车的登记规定等内容。

机动车上道路行驶的条件：首先，经公安机关交通管理部门登记后，机动车方可上道路行驶。尚未登记的机动车，需要临时上道路行驶的，应当取得临时通行牌证。其次，驾驶机动车上道路行驶，应当悬挂机动车号牌，放置检验合格标志、保险标志，并随车携带机动车行驶证。机动车号牌应当按照规定悬挂并保持清晰、完整，不得故意遮挡、污损。

机动车需要办理登记的特殊情形有四类：①机动车所有权发生转移的；②机动车登记内容变更的；③机动车用作抵押的；④机动车报废的。

对登记后上道路行驶的机动车，应当依照法律、行政法规的规定，根据车辆用途、载客载货数量、使用年限等不同情况，定期进行安全技术检验。对提供机动车行驶证和机动车第三者责任强制保险单的，机动车安全技术检验机构应当予以检验，任何单位不得附加其他条件。对符合机动车国家安全技术标准的，公安机关交通管理部门应当发给检验合格标志。机动车的安全技术检验实行社会化，任何单位不得要求机动车到指定的场所进行检验。

国家实行机动车强制报废制度，根据机动车的安全技术状况和不同用途，规定不同的报废标准。应当报废的机动车必须及时办理注销登记。达到报废标准的机动车不得上道路行驶。报废的大型客、货车及其他营运车辆应当在公安机关交通管理部门的监督下解体。

任何单位或者个人不得有下列行为：拼装机动车或者擅自改变机动车已登记的结构、构造或者特征；改变机动车型号、发动机号、车架号或者车辆识别代号；伪造、变造或者使用伪造、变造的机动车登记证书、号牌、行驶证、检验合格标志、保险标志；使用其他机动车的登记证书、号牌、行驶证、检验合格标志、保险标志。

国家实行机动车第三者责任强制保险制度，设立道路交通事故社会救助基金。

非机动车登记规定：依法应当登记的非机动车，经公安机关交通管理部门登记后，方可上道路行驶。依法应当登记的非机动车种类，由省、自治区、直辖市人民政府根据当地实际情况规定。非机动车的外形尺寸、质量、制动器、车铃和夜间反光装置，应当符合非机动车安全技术标准。

2）机动车驾驶人。规定了驾驶机动车的资格、驾驶人义务、违规处罚等内容。

驾驶机动车应当依法取得机动车驾驶证。驾驶人应当按照驾驶证载明的准驾车型驾驶机动车；驾驶机动车时，应当随身携带机动车驾驶证。驾驶证必须依照法律、行政法规的规定进行定期审验。

驾驶人驾驶机动车上道路行驶前，应当对机动车的安全技术性能进行认真检查；不得驾驶安全设施不全或者机件不符合技术标准等具有安全隐患的机动车。机动车驾驶人应当安全驾驶、文明驾驶，饮酒、服用国家管制的精神药品或者麻醉药品，或者患有妨碍安全驾驶机动车的疾病，或者过度疲劳影响安全驾驶的，不得驾驶机动车。

对机动车驾驶人违反道路交通安全法律、法规的行为，除依法给予行政处罚外，实行累积记分制度。公安机关交通管理部门对累积记分达到规定分值的机动车驾驶人，扣留机动车驾驶证，对其进行道路交通安全法律、法规教育，重新考试；考试合格的，发还其机动车驾驶证。

(3) 道路通行条件　本部分规定了道路交通信号、特殊情况下的通行等内容。

全国实行统一的道路交通信号。交通信号包括交通信号灯、交通标志、交通标线和交通警察的指挥。

特殊情况下的通行包括：铁路与道路平面交叉的道口，应当设置警示灯、警示标志或者安全防护设施。道路出现坍塌、坑漕、水毁、隆起等损毁或者交通信号灯、交通标志、交通标线等交通设施损毁、灭失的，道路、交通设施的养护部门或者管理部门应当设置警示标志并及时修复。学校、幼儿园、医院、养老院门前的道路没有行人过街设施的，应当施划人行横道线，设置提示标志。

(4) 道路通行规定　本部分对道路通行及机动车、非机动车、行人和乘车人、高速公路通行等分别作出了规定。

1) 一般规定。规定了道路划分等内容。根据道路条件和通行需要，道路划分为机动车道、非机动车道和人行道的，机动车、非机动车、行人实行分道通行。没有划分机动车道、非机动车道和人行道的，机动车在道路中间通行，非机动车和行人在道路两侧通行。

2) 机动车通行规定。规定了车辆行驶速度、安全距离、载物与载客等内容。

机动车上道路行驶，不得超过限速标志标明的最高时速。

在没有限速标志的路段，应当保持安全车速。同车道行驶的机动车，后车应当与前车保持足以采取紧急制动措施的安全距离。

机动车载物应当符合核定的载质量，严禁超载；载物的长、宽、高不得违反装载要求，不得遗洒、飘散载运物。机动车运载超限的不可解体的物品，影响交通安全的，应当按照公安机关交通管理部门指定的时间、路线、速度行驶，悬挂明显标志。在公路上运载超限的不可解体的物品，并应当依照公路法的规定执行。机动车载运爆炸物品、易燃易爆化学物品以及剧毒、放射性等危险物品，应当经公安机关批准后，按指定的时间、路线、速度行驶，悬挂警示标志并采取必要的安全措施。

机动车载人不得超过核定的人数，客运机动车不得违反规定载货。禁止货运机动车载客。在允许拖拉机通行的道路上，拖拉机可以从事货运，但是不得用于载人。

3) 非机动车通行规定。规定了电动自行车的行驶时速等内容。非机动车应当在非机动车道内行驶；在没有非机动车道的道路上，应当靠车行道的右侧行驶。残疾人机动轮椅车、电动自行车在非机动车道内行驶时，最高车速不得超过15km/h。

4) 行人和乘车人通行规定。规定了行人的允许与禁止行为、乘车人的禁止行为等内容。行人应当在人行道内行走，没有人行道的靠路边行走。行人不得跨越、倚坐道路隔离设施，不得扒车、强行拦车或者实施妨碍道路交通安全的其他行为。

乘车人不得携带易燃易爆等危险物品，不得向车外抛洒物品，不得有影响驾驶人安全驾驶的行为。

5）高速公路的特别规定。规定了车辆的行驶速度等内容。行人、非机动车、拖拉机、轮式专用机械车、铰接式客车、全挂拖斗车以及其他设计最高车速低于70km/h的机动车，不得进入高速公路。高速公路限速标志标明的最高车速不得超过120km/h。

（5）交通事故处理　本部分规定了事故后驾驶人义务、事故的自行协商处理、事故的认定、事故损害赔偿的争议处理、抢救费用的支付与垫付、责任的确定等内容。

发生交通事故后，车辆驾驶人应当立即停车，保护现场；造成人身伤亡的，车辆驾驶人应当立即抢救受伤人员，并迅速报告执勤的交通警察或者公安机关交通管理部门。因抢救受伤人员变动现场的，应当标明位置。乘车人、过往车辆驾驶人、过往行人应当予以协助。

在道路上发生交通事故，未造成人身伤亡，当事人对事实和成因无争议的，可以即行撤离现场，恢复交通，自行协商处理损害赔偿事宜；不即行撤离现场的，应当迅速报告执勤的交通警察或者公安机关交通管理部门。在道路上发生交通事故，仅造成轻微财产损失，并且基本事实清楚的，当事人应当先撤离现场再进行协商处理。

公安机关交通管理部门应当对交通事故现场进行勘验、检查，收集证据；并根据交通事故现场勘验、检查、调查情况和有关的检验、鉴定结论，及时制作交通事故认定书，作为处理交通事故的证据。交通事故认定书应当载明交通事故的基本事实、成因和当事人的责任。

对交通事故损害赔偿的争议，当事人可以请求公安机关交通管理部门调解，也可以直接向人民法院提起民事诉讼。经公安机关交通管理部门调解，当事人未达成协议或者调解书生效后不履行的，当事人可以向人民法院提起民事诉讼。

对交通事故中受伤人员的抢救费用，如果肇事车辆参加机动车第三者责任强制保险，则由保险公司在责任限额范围内支付抢救费用；抢救费用超过责任限额的、未参加机动车第三者责任强制保险或者肇事后逃逸的，由道路交通事故社会救助基金先行垫付部分或者全部抢救费用，道路交通事故社会救助基金管理机构有权向交通事故责任人追偿。

机动车发生交通事故造成人身伤亡、财产损失的，由保险公司在机动车第三者责任强制保险责任限额范围内予以赔偿；不足的部分，按照下列规定承担赔偿责任：机动车之间发生交通事故的，由有过错一方承担赔偿责任；双方都有过错的，按照各自过错的比例分担责任。机动车与非机动车驾驶人、行人之间发生交通事故，非机动车驾驶人、行人没有过错的，由机动车一方承担赔偿责任；有证据证明非机动车驾驶人、行人有过错的，根据过错程度适当减轻机动车一方的赔偿责任；机动车一方没有过错的，承担不超过10%的赔偿责任。交通事故的损失是非机动车驾驶人、行人故意碰撞机动车造成的，机动车一方不承担赔偿责任。

（6）其他部分　执法监督部分规定了公安机关交通管理部门的执法行为和具体监督等内容。

法律责任部分规定了驾驶人违规的处罚、车辆违规处理等内容。驾驶人有饮酒行为的处罚规定：饮酒后驾驶机动车的，处暂扣六个月机动车驾驶证，并处1000元以上2000元以下罚款。因饮酒后驾驶机动车被处罚，再次饮酒后驾驶机动车的，处10日以下拘留，并处1000元以上2000元以下罚款，吊销机动车驾驶证。醉酒驾驶机动车的，由公安机关交通管理部门约束至酒醒，吊销机动车驾驶证，依法追究刑事责任；五年内不得重新取得

机动车驾驶证。饮酒后驾驶营运机动车的，处15日拘留，并处5000元罚款，吊销机动车驾驶证，五年内不得重新取得机动车驾驶证。醉酒驾驶营运机动车的，由公安机关交通管理部门约束至酒醒，吊销机动车驾驶证，依法追究刑事责任；十年内不得重新取得机动车驾驶证，重新取得机动车驾驶证后，不得驾驶营运机动车。饮酒后或者醉酒驾驶机动车发生重大交通事故，构成犯罪的，依法追究刑事责任，并由公安机关交通管理部门吊销机动车驾驶证，终生不得重新取得机动车驾驶证。

附则部分规定了术语的含义、军队车辆、武警车辆、拖拉机的管理等内容。"道路"是指公路、城市道路和虽在单位管辖范围但允许社会机动车通行的地方，包括广场、公共停车场等用于公众通行的场所；"车辆"是指机动车和非机动车；"机动车"是指以动力装置驱动或者牵引，上道路行驶的供人员乘用或者用于运送物品以及进行工程专项作业的轮式车辆；"非机动车"是指以人力或者畜力驱动，上道路行驶的交通工具，以及虽有动力装置驱动但设计最高时速、空车质量、外形尺寸符合有关国家标准的残疾人机动轮椅车、电动自行车等交通工具；"交通事故"是指车辆在道路上因过错或者意外造成的人身伤亡或者财产损失的事件；中国人民解放军和中国人民武装警察部队在编机动车牌证、在编机动车检验以及机动车驾驶人考核工作，由中国人民解放军、中国人民武装警察部队有关部门负责。对上道路行驶的拖拉机，由农业（农业机械）主管部门行使管理职权。

二、道路交通安全法实施条例

1. 施行时间

《中华人民共和国道路交通安全法实施条例》于2004年5月1日起施行。

2. 主要内容

《实施条例》是根据《中华人民共和国道路交通安全法》的规定制定的。分八章115条。八章分别为总则、车辆和驾驶人（包括两节：机动车、非机动车；机动车驾驶人）、道路通行条件、道路通行规定（包括五节：一般规定、机动车通行规定、非机动车通行规定、行人和乘车人通行规定、高速公路的特别规定）、交通事故处理、执法监督、法律责任、附则。此处只对条例比《道路交通安全法》规定细化的内容分析。

（1）机动车　本部分规定了机动车登记种类及相关事项、汽车强制报废制度、行驶记录仪配备、车辆安全技术检验等内容。

国家对机动车实行登记制度。机动车的登记，分为注册登记、变更登记、转移登记、抵押登记和注销登记。

已注册登记的机动车有下列情形之一的，机动车所有人应当向登记该机动车的公安机关交通管理部门申请变更登记：改变机动车车身颜色的；更换发动机的；更换车身或者车架的；因质量有问题，制造厂更换整车的；营运机动车改为非营运机动车或者非营运机动车改为营运机动车的；机动车所有人的住所迁出或者迁入公安机关交通管理部门管辖区域的。

已注册登记的机动车达到国家规定的强制报废标准的，公安机关交通管理部门应当在报废期满的两个月前通知机动车所有人办理注销登记。机动车所有人应当在报废期满前将机动车交售给机动车回收企业，由机动车回收企业将报废的机动车登记证书、号牌、行驶证交公安机关交通管理部门注销。机动车所有人逾期不办理注销登记的，公安机关交通管理部门应当公告该机动车登记证书、号牌、行驶证作废。因机动车灭失申请注销登记的，机动车所有人应当向公安机关交通管理部门提交本人身份证明，交回机动车登记证书。

用于公路营运的载客汽车、重型载货汽车、半挂牵引车应当安装、使用符合国家标准的行驶记录仪。交通警察可以对机动车行驶速度、连续驾驶时间以及其他行驶状态信息进行检查。安装行驶记录仪可以分步实施，实施步骤由国务院机动车产品主管部门与有关部门规定。

机动车应当从注册登记之日起，按照下列期限进行安全技术检验：营运载客汽车5年以内每年检验一次；超过五年的，每六个月检验一次；载货汽车和大型、中型非营运载客汽车十年以内每年检验一次；超过十年的，每六个月检验一次；小型、微型非营运载客汽车六年以内每两年检验一次；超过六年的，每年检验一次；超过十五年的，每六个月检验一次；摩托车四年以内每两年检验一次；超过四年的，每年检验一次；拖拉机和其他机动车每年检验一次。

（2）机动车驾驶人　本部分规定了机动车驾驶证有效期、实习期、不能驾车的情形等内容。

机动车驾驶证的有效期为6年。机动车驾驶人在机动车驾驶证的六年有效期内，每个记分周期均未达到12分的，换发十年有效期的机动车驾驶证；在机动车驾驶证的十年有效期内，每个记分周期均未达到12分的，换发长期有效的机动车驾驶证。换发机动车驾驶证时，公安机关交通管理部门应当对机动车驾驶证进行审验。

机动车驾驶人初次申领机动车驾驶证后的12个月为实习期。在实习期内驾驶机动车的，应当在车身后部粘贴或者悬挂统一式样的实习标志。机动车驾驶人在实习期内不得驾驶公共汽车、营运客车或者执行任务的警车、消防车、救护车、工程救险车，以及载有爆炸物品、易燃易爆化学物品、剧毒或者放射性等危险物品的机动车；驾驶的机动车不得牵引挂车。

机动车驾驶人在机动车驾驶证丢失、损毁、超过有效期或者被依法扣留、暂扣期间以及记分达到12分的，不得驾驶机动车。

（3）机动车通行规定　本部分规定了机动车载物、载人、牵引挂车、牵引故障机动车以及漫水路段安全行驶等内容。

1）机动车载物不得超过机动车行驶证上核定的载质量，装载长度、宽度不得超出车厢，并应当遵守下列规定：重型、中型载货汽车，半挂车载物，高度从地面起不得超过4m，载运集装箱的车辆不得超过4.2m；其他载货的机动车载物，高度从地面起不得超过2.5m；摩托车载物，高度从地面起不得超过1.5m，长度不得超出车身0.2m。两轮摩托车载物宽度左右各不得超出车把0.15m。三轮摩托车载物宽度不得超过车身；载客汽车除车身外部的行李架和内置的行李舱外，不得载货。载客汽车行李架载货，从车顶起高度不得超过0.5m，从地面起高度不得超过4m。

2）机动车载人应当遵守下列规定：公路载客汽车不得超过核定的载客人数，但按照规定免票的儿童除外，在载客人数已满的情况下，按照规定免票的儿童不得超过核定载客人数的10%；载货汽车车厢不得载客。在城市道路上，货运机动车在留有安全位置的情况下，车厢内可以附载临时作业人员1～5人；载物高度超过车厢栏板时，货物上不得载人；摩托车后座不得乘坐未满12周岁的未成年人，轻便摩托车不得载人。

3）机动车牵引挂车应当符合下列规定：载货汽车、半挂牵引车、拖拉机只允许牵引一辆挂车；挂车的灯光信号、制动、连接、安全防护等装置应当符合国家标准；小型载客汽车只允许牵引旅居挂车或者总质量700kg以下的挂车；挂车不得载人；载货汽车所牵引

挂车的载质量不得超过载货汽车本身的载质量；大型、中型载客汽车，低速载货汽车，三轮汽车以及其他机动车不得牵引挂车。

4）牵引故障机动车应当遵守下列规定：被牵引的机动车除驾驶人外不得载人，不得拖带挂车；被牵引的机动车宽度不得大于牵引机动车的宽度；当使用软连接牵引装置时，牵引车与被牵引车之间的距离应大于4m 小于10m；对制动失效的被牵引车，应使用硬连接牵引装置牵引；牵引车和被牵引车均应开启危险报警闪光灯；汽车吊车和轮式专用机械车不得牵引车辆；摩托车不得牵引车辆或者被其他车辆牵引；转向或者照明、信号装置失效的故障机动车，应使用专用清障车拖曳。

机动车行经漫水路或者漫水桥时，应停车察明水情，确认安全后，低速通过。

（4）附则　本部分规定了拖拉机的管理等内容。

农业（农业机械）主管部门应当定期向公安机关交通管理部门提供拖拉机登记、安全技术检验以及拖拉机驾驶证发放的资料、数据。公安机关交通管理部门对拖拉机驾驶人作出暂扣、吊销驾驶证处罚或者记分处理的，应定期将处罚决定书和记分情况通报有关的农业（农业机械）主管部门。吊销驾驶证的，还应将驾驶证送交有关的农业（农业机械）主管部门。

三、道路交通事故处理程序规定

1. 施行时间

《道路交通事故处理程序规定》自2009年1月1日起施行。

2. 主要内容

《道路交通事故处理程序规定》共11章，分别为总则、管辖、报警和受理、自行协商和简易程序、调查（包括4节：一般规定、现场处置和现场调查、交通肇事逃逸查缉、检验鉴定）、认定与复核（包括两节：道路交通事故认定、复核）、处罚执行、损害赔偿调解、涉外道路交通事故处理、执法监督、附则。

（1）总则　本部分介绍了法规制定目的和处理道路交通事故的交警应具备的资格等内容。

为了规范道路交通事故处理程序，保障公安机关交通管理部门依法履行职责，保护道路交通事故当事人的合法权益，根据《道路交通安全法》及其实施条例等有关法律、法规，制定《道路交通事故处理程序规定》。

交通警察处理道路交通事故，应当取得相应等级的处理道路交通事故资格。

（2）报警和受理　本部分规定了道路交通事故当事人应当报警的情形和现场未报警而事后又报警处理等内容。

道路交通事故有下列情形之一的，当事人应当保护现场并立即报警：

1）造成人员死亡、受伤的。

2）发生财产损失事故，当事人对事实或者成因有争议的，以及虽然对事实或者成因无争议，但协商损害赔偿未达成协议的。

3）机动车无号牌、无检验合格标志、无保险标志的。

4）载运爆炸物品、易燃易爆化学物品，以及毒害性、放射性、腐蚀性、传染病病源体等危险物品车辆的。

5）碰撞建筑物、公共设施或者其他设施的。

6）驾驶人无有效机动车驾驶证的。

7）驾驶人有饮酒、服用国家管制的精神药品或者麻醉药品嫌疑的。

8）当事人不能自行移动车辆的。

发生财产损失事故，并具有前款2）~5）情形之一，车辆可以移动的，当事人可以在报警后，在确保安全的原则下对现场拍照或者标划停车位置，将车辆移至不妨碍交通的地点等候处理。

当事人未在道路交通事故现场报警，事后请求公安机关交通管理部门处理的，公安机关交通管理部门应当按照规定予以记录，并在三日内作出是否受理的决定。经核查道路交通事故事实存在的，公安机关交通管理部门应当受理，并告知当事人；经核查无法证明道路交通事故事实存在，或不属于公安机关交通管理部门管辖的，应当书面告知当事人，并说明理由。

(3) 自行协商和简易程序　本部分规定了自行协商的情形、简易程序的适用等内容。

机动车与机动车、机动车与非机动车发生财产损失事故，当事人对事实及成因无争议的，可以自行协商处理损害赔偿事宜。车辆可以移动的，当事人应当在确保安全的原则下对现场拍照或者标划事故车辆现场位置后，立即撤离现场，将车辆移至不妨碍交通的地点，再进行协商。当事人自行协商达成协议的，填写道路交通事故损害赔偿协议书，并共同签名。损害赔偿协议书包括事故发生的时间、地点、天气、当事人姓名、机动车驾驶证号、联系方式、机动车种类和号牌、保险凭证号、事故形态、碰撞部位、赔偿责任等内容。

对仅造成人员轻微伤或者上述应当报警情形的2）~8）之一的财产损失事故，公安机关交通管理部门可以适用简易程序处理。适用简易程序的，可以由一名交通警察处理。交通警察适用简易程序处理道路交通事故时，应在固定现场证据后，责令当事人撤离现场，恢复交通。撤离现场后，交通警察应当根据现场固定的证据和当事人、证人叙述等，认定并记录道路交通事故发生的时间、地点、天气、当事人姓名、机动车驾驶证号、联系方式、机动车种类和号牌、保险凭证号、交通事故形态、碰撞部位等，并根据当事人的行为对发生道路交通事故所起的作用和过错的严重程度，确定当事人的责任，制作道路交通事故认定书，由当事人签名。

(4) 调查　本部分规定了道路交通事故调查的交警数量、非道路交通事故的处理、抢救费用垫付、人身伤害程度认定依据等内容。

除简易程序外，公安机关交通管理部门对道路交通事故进行调查时，交通警察不得少于两人。

公安机关交通管理部门经过现场调查认为不属于道路交通事故的，应当书面通知当事人，并将案件移送有关部门或者告知当事人处理途径。

投保机动车交通事故责任强制保险的车辆发生道路交通事故，因抢救受伤人员需要保险公司支付抢救费用的，公安机关交通管理部门书面通知保险公司。抢救受伤人员需要道路交通事故社会救助基金垫付费用的，公安机关交通管理部门书面通知道路交通事故社会救助基金管理机构。

公安机关交通管理部门可以把卫生行政主管部门许可的医疗机构具有执业资格的医生为道路交通事故受伤人员出具的诊断证明，作为认定人身伤害程度的依据。

(5) 认定与复核　本部分规定了道路交通事故责任判定依据和道路交通事故认定书等内容。

公安机关交通管理部门应当根据当事人的行为对发生道路交通事故所起的作用和过错的严重程度，确定当事人的责任。

1）一方当事人的过错导致道路交通事故的，承担全部责任。

2）两方或者两方以上当事人的过错导致道路交通事故的，根据其行为对事故发生的作用和过错的严重程度，分别承担主要责任、同等责任和次要责任。

3）各方均无导致道路交通事故的过错，属于交通意外事故的，各方均无责任。

4）一方当事人故意造成道路交通事故的，他方无责任。

公安机关交通管理部门应当制作道路交通事故认定书。道路交通事故认定书应当载明以下内容：道路交通事故当事人、车辆、道路和交通环境等基本情况；道路交通事故发生经过；道路交通事故证据及事故形成原因的分析；当事人导致道路交通事故的过错及责任或者意外原因；作出道路交通事故认定的公安机关交通管理部门名称和日期。道路交通事故认定书应当由办案民警签名或者盖章，加盖公安机关交通管理部门道路交通事故处理专用章，分别送达当事人，并告知当事人向公安机关交通管理部门申请复核、调解，以及直接向人民法院提起民事诉讼的权利、期限。

（6）损害赔偿调解　本部分规定了损害赔偿调解日期和程序等内容。

公安机关交通管理部门应当按照下列规定日期开始调解，并于10日内制作道路交通事故损害赔偿调解书或者道路交通事故损害赔偿调解终结书：

1）造成人员死亡的，从规定的办理丧葬事宜时间结束之日起。

2）造成人员受伤的，从治疗终结之日起。

3）因伤致残的，从定残之日起。

4）造成财产损失的，从确定损失之日起。

交通警察调解道路交通事故损害赔偿，按照下列程序实施：告知道路交通事故各方当事人的权利、义务——听取当事人各方的请求——根据道路交通事故认定书认定的事实及《中华人民共和国道路交通安全法》第76条规定，确定当事人承担的损害赔偿责任——计算损害赔偿的数额，确定各方当事人各自承担的比例，人身损害赔偿的标准按照《最高人民法院关于审理人身损害赔偿案件适用法律若干问题的解释》规定执行，财产损失的修复费用、折价赔偿费用按照实际价值或者评估机构的评估结论计算——确定赔偿履行方式及期限。

（7）附则　本部分规定了道路交通事故处理资格等级管理规定、车辆发生非道路交通事故处理、法律文书式样等内容。

道路交通事故处理资格等级管理规定由公安部另行制定，资格证书式样全国统一。

车辆在道路以外通行时发生的事故，公安机关交通管理部门接到报案的，参照本规定处理。

执行本规定所需要的法律文书式样，由公安部制定。公安部没有制定式样，执法工作中需要的其他法律文书，省级公安机关可以制定式样。当事人自行协商处理损害赔偿事宜的，可以自行制作协议书，但应当符合本规定中关于协议书内容的规定。

四、机动车驾驶证申领和使用规定

1. 施行时间

修订后的《机动车驾驶证申领和使用规定》已于2012年8月21日在公安部部长办公

会议通过，自2013年1月1日起施行，第五章第四节（即校车驾驶人管理）自发布之日（2012年9月12日）起施行。

2. 主要内容

《机动车驾驶证申领和使用规定》分七章89条。7章分别为总则；机动车驾驶证申请（包括两节：机动车驾驶证；申请）；机动车驾驶人考试（包括三节：考试内容和合格标准；考试要求；考试监督管理）；发证、换证、补证；机动车驾驶人管理（包括4节：记分；审验；监督管理；校车驾驶人管理）；法律责任；附则。

（1）总则　本部分规定了实施部门、驾驶证业务管理等内容。

本规定由公安机关交通管理部门负责实施。

车辆管理所办理机动车驾驶证业务。公安机关交通管理部门应当在互联网上建立主页，发布信息，便于群众查阅办理机动车驾驶证的有关规定，查询驾驶证使用状态、交通违法及记分等情况，下载、使用有关表格。车辆管理所应当使用机动车驾驶证计算机管理系统核发、打印机动车驾驶证，不使用计算机管理系统核发、打印的机动车驾驶证无效。机动车驾驶证计算机管理系统的数据库标准和软件全国统一。

（2）机动车驾驶证申请　本部分规定了驾驶证相关事项及其申请的内容。

1）机动车驾驶证。机动车驾驶人准予驾驶的车型顺序依次分为大型客车、牵引车、城市公交车、中型客车、大型货车、小型汽车、小型自动变速器汽车、低速载货汽车、三轮汽车、残疾人专用小型自动变速器载客汽车、普通三轮摩托车、普通二轮摩托车、轻便摩托车、轮式自行机械车、无轨电车和有轨电车（表11-1）。

机动车驾驶证内容：①机动车驾驶人信息：姓名、性别、出生日期、国籍、住址、身份证明号码（机动车驾驶证号码）、照片；②车辆管理所签注内容：初次领证日期、准驾车型代号、有效期限、核发机关印章、档案编号。

机动车驾驶证有效期分为六年、十年和长期。

表11-1　准驾车型及代号

<table>
<tr><th>准驾车型</th><th>代号</th><th>准驾的车辆</th><th>准予驾驶的其他准驾车型</th></tr>
<tr><td>大型客车</td><td>A1</td><td>大型载客汽车</td><td>A3、B1、B2、C1、C2、C3、C4、M</td></tr>
<tr><td>牵引车</td><td>A2</td><td>重型、中型全挂、半挂汽车列车</td><td>B1、B2、C1、C2、C3、C4、M</td></tr>
<tr><td>城市公交车</td><td>A3</td><td>核载10人以上的城市公共汽车</td><td>C1、C2、C3、C4</td></tr>
<tr><td>中型客车</td><td>B1</td><td>中型载客汽车（含核载10人以上、19人以下的城市公共汽车）</td><td rowspan="2">C1、C2、C3、C4、M</td></tr>
<tr><td>大型货车</td><td>B2</td><td>重型、中型载货汽车；大、重、中型专项作业车</td></tr>
<tr><td>小型汽车</td><td>C1</td><td>小型、微型载客汽车；轻型、微型载货汽车；轻、小、微型专项作业车</td><td>C2、C3、C4</td></tr>
<tr><td>小型自动变速器汽车</td><td>C2</td><td>小型、微型自动变速器载客汽车；轻型、微型自动变速器载货汽车</td><td></td></tr>
<tr><td>低速载货汽车</td><td>C3</td><td>低速载货汽车（原四轮农用运输车）</td><td>C4</td></tr>
<tr><td>三轮汽车</td><td>C4</td><td>三轮汽车（原三轮农用运输车）</td><td></td></tr>
</table>

（续）

准驾车型	代号	准驾的车辆	准予驾驶的其他准驾车型
残疾人专用小型自动变速器载客汽车	C5	残疾人专用小型、微型自动变速器载客汽车（只允许右下肢或者双下肢残疾人驾驶）	
普通三轮摩托车	D	发动机排量大于50ml或者最大设计车速大于50km/h的三轮摩托车	E、F
普通二轮摩托车	E	发动机排量大于50ml或者最大设计车速大于50km/h的二轮摩托车	F
轻便摩托车	F	发动机排量小于等于50ml，最大设计车速小于等于50km/h的摩托车	
轮式自行机械车	M	轮式自行机械车	
无轨电车	N	无轨电车	
有轨电车	P	有轨电车	

2）申请。申请机动车驾驶证的人，应当符合规定的年龄条件和身体条件。

初次申领机动车驾驶证的，可以申请准驾车型为城市公交车、大型货车、小型汽车、小型自动变速器汽车、低速载货汽车、三轮汽车、残疾人专用小型自动变速器载客汽车、普通三轮摩托车、普通二轮摩托车、轻便摩托车、轮式自行机械车、无轨电车、有轨电车的机动车驾驶证。

（3）机动车驾驶人考试　规定了考试内容和合格标准、考试要求、考试监督管理等内容。

1）考试内容和合格标准。机动车驾驶人考试内容分为道路交通安全法律、法规和相关知识考试科目（简称“科目一”）、场地驾驶技能考试科目（简称“科目二”）、道路驾驶技能和安全文明驾驶常识考试科目（简称“科目三”）。

各科目考试的合格标准：①科目一考试满分为100分，成绩达到90分的为合格；②科目二考试满分为100分，考试大型客车、牵引车、城市公交车、中型客车、大型货车准驾车型的，成绩达到90分的为合格，其他准驾车型的成绩达到80分的为合格；③科目三道路驾驶技能和安全文明驾驶常识考试满分分别为100分，成绩分别达到90分的为合格。

2）考试要求。考试顺序按照科目一、科目二、科目三依次进行，前一科目考试合格后，方准参加后一科目的考试。科目三道路驾驶技能考试合格后，方准参加安全文明驾驶常识考试。每个科目考试一次，考试不合格的，可以补考一次。不参加补考或者补考仍不合格的，本次考试终止，申请人应当重新预约考试，但科目二、科目三考试应当在十日后预约。科目三安全文明驾驶常识考试不合格的，已通过的道路驾驶技能考试成绩有效。在驾驶技能准考证明有效期内，科目二和科目三道路驾驶技能考试预约考试的次数不得超过五次。第五次预约考试仍不合格的，已考试合格的其他科目成绩作废。

3）考试监督管理。车辆管理所应对考试过程进行全程录音、录像。

车辆管理所应当每周通过计算机系统对机动车驾驶人考试和机动车驾驶证业务办理情况进行监控、分析。

车辆管理所应当对驾驶培训机构教练员、教练车、训练场地等情况进行备案，并确定受理考试人数，向社会公布。

(4) 发证、换证、补证　本部分规定了驾驶证发证、换证、补证的相关事项。

申请人考试合格后，应接受不少于半小时的交通安全文明驾驶常识和交通事故案例警示教育，并参加领证宣誓仪式。车辆管理所应当在领证宣誓仪式的当日核发机动车驾驶证。

驾驶人在驾驶证的六年有效期内，每个记分周期均未记满12分的，换发十年有效期的驾驶证；在驾驶证的十年有效期内，每个记分周期均未记满12分的，换发长期有效的驾驶证。换证时，驾驶人应当于驾驶证有效期满前90日内，向驾驶证核发地车辆管理所申请，并提交以下证明、凭证：①驾驶人的身份证明；②驾驶证；③县级或者部队团级以上医疗机构出具的有关身体条件的证明。

年龄在60周岁以上的，不得驾驶大型客车、牵引车、城市公交车、中型客车、大型货车、无轨电车和有轨电车；持有大型客车、牵引车、城市公交车、中型客车、大型货车驾驶证的，应当到机动车驾驶证核发地车辆管理所换领准驾车型为小型汽车或者小型自动变速器汽车的机动车驾驶证。

年龄在70周岁以上的，不得驾驶低速载货汽车、三轮汽车、普通三轮摩托车、普通二轮摩托车和轮式自行机械车；持有普通三轮摩托车、普通二轮摩托车驾驶证的，应当到机动车驾驶证核发地车辆管理所换领准驾车型为轻便摩托车的机动车驾驶证。

机动车驾驶人身体条件发生变化，不符合所持机动车驾驶证准驾车型的条件，但符合准予驾驶的其他准驾车型条件的，应当在30日内到机动车驾驶证核发地车辆管理所申请降低准驾车型。

驾驶人身体条件发生变化，不适合驾驶机动车的，应当在30日内到驾驶证核发地车辆管理所申请注销。驾驶人身体条件不适合驾驶机动车的，不得驾驶机动车。

(5) 机动车驾驶人管理　包括4节：记分；审验；监督管理；校车驾驶人管理。

1) 记分。道路交通安全违法行为累积记分周期（即记分周期）为12个月，满分为12分，从机动车驾驶证初次领取之日起计算。依据道路交通安全违法行为的严重程度，一次记分的分值为12分、6分、3分、2分、1分5种。机动车驾驶人在一个记分周期内累积记分达到12分的，公安机关交通管理部门应当扣留其机动车驾驶证。

2) 审验。驾驶证审验内容包括：①道路交通安全违法行为、交通事故处理情况；②身体条件情况；③道路交通安全违法行为记分及记满12分后参加学习和考试情况。

持有大型客车、牵引车、城市公交车、中型客车、大型货车驾驶证的驾驶人，应当在每个记分周期结束后30日内到公安机关交通管理部门接受审验。但在一个记分周期内没有记分记录的，免予本记分周期审验。

年龄在60周岁以上的机动车驾驶人，应当每年进行一次身体检查，在记分周期结束后30日内，提交县级或者部队团级以上医疗机构出具的有关身体条件的证明。

持有残疾人专用小型自动变速器载客汽车驾驶证的机动车驾驶人，应当每三年进行一次身体检查，在记分周期结束后30日内，提交经省级卫生主管部门指定的专门医疗机构出具的有关身体条件的证明。

3) 监督管理。驾驶人初次申请机动车驾驶证和增加准驾车型后的12个月为实习期。在实习期内驾驶机动车的，应当在车身后部粘贴或者悬挂统一式样的实习标志。

机动车驾驶人在实习期内不得驾驶公共汽车、营运客车或者执行任务的警车、消防

车、救护车、工程救险车，以及载有爆炸物品、易燃易爆化学物品、剧毒或者放射性等危险物品的机动车；驾驶的机动车不得牵引挂车。

驾驶人在实习期内驾驶机动车上高速公路行驶，应当由持相应或者更高准驾车型驾驶证三年以上的驾驶人陪同。其中，驾驶残疾人专用小型自动挡载客汽车的，可以由持有小型自动挡载客汽车以上准驾车型驾驶证的驾驶人陪同。

在增加准驾车型后的实习期内，驾驶原准驾车型的机动车时不受上述限制。

持有准驾车型为残疾人专用小型自动挡载客汽车的机动车驾驶人驾驶机动车时，应当按规定在车身设置残疾人机动车专用标志。

机动车驾驶人具有下列情形之一的，车辆管理所应当注销其机动车驾驶证：①死亡的；②提出注销申请的；③丧失民事行为能力，监护人提出注销申请的；④身体条件不适合驾驶机动车的；⑤有器质性心脏病、癫痫病、美尼尔氏症、眩晕症、癔病、震颤麻痹、精神病、痴呆以及影响肢体活动的神经系统疾病等妨碍安全驾驶疾病的；⑥被查获有吸食、注射毒品后驾驶机动车行为，正在执行社区戒毒、强制隔离戒毒、社区康复措施，或者长期服用依赖性精神药品成瘾尚未戒除的；⑦超过机动车驾驶证有效期一年以上未换证的；⑧年龄在60周岁以上，在一个记分周期结束后一年内未提交身体条件证明的；或者持有残疾人专用小型自动挡载客汽车准驾车型，在三个记分周期结束后一年内未提交身体条件证明的；⑨年龄在60周岁以上，所持机动车驾驶证只具有无轨电车或者有轨电车准驾车型，或者年龄在70周岁以上，所持机动车驾驶证只具有低速载货汽车、三轮汽车、轮式自行机械车准驾车型的；⑩机动车驾驶证依法被吊销或者驾驶许可依法被撤销的。有④~⑩情形之一，未收回机动车驾驶证的，应当公告机动车驾驶证作废。有⑦~⑧情形之一被注销机动车驾驶证未超过两年的，机动车驾驶人参加道路交通安全法律、法规和相关知识考试合格后，可以恢复驾驶资格。

4）校车驾驶人管理。取得校车驾驶资格应当符合下列条件：①取得相应准驾车型驾驶证并具有三年以上驾驶经历，年龄在25周岁以上、不超过60周岁；②最近连续三个记分周期内没有被记满12分记录；③无致人死亡或者重伤的交通事故责任记录；④无酒后驾驶或者醉酒驾驶机动车记录，最近一年内无驾驶客运车辆超员、超速等严重交通违法行为记录；⑤无犯罪记录；⑥身心健康，无传染性疾病，无癫痫病、精神病等可能危及行车安全的疾病病史，无酗酒、吸毒行为记录。

（6）法律责任　本部分规定了驾驶人违规、交通管理人员违规的处罚等内容。

（7）附则　本部分规定了驾驶证换证、驾驶证式样等内容。

机动车驾驶证的式样、规格按照中华人民共和国公共安全行业标准《中华人民共和国机动车驾驶证》执行。

拖拉机驾驶证的申领和使用另行规定。拖拉机驾驶证式样、规格应当符合公共安全行业标准《中华人民共和国机动车驾驶证》的规定。

五、拖拉机驾驶证申领和使用规定

1. 施行时间

《拖拉机驾驶证申领和使用规定》自2004年10月1日起施行。

2. 主要内容

《拖拉机驾驶证申领和使用规定》分五章37条。五章分别为总则；机动车驾驶证的申

领（包括3节：拖拉机驾驶证；申请条件；申请、考试和发证）；换证、补证和注销；审验；附则。此处只把拖拉机驾驶证与机动车驾驶证规定不同的内容给出。

（1）总则　本部分规定了拖拉机驾驶证的管理部门等内容。

直辖市农业（农业机械）主管部门农机安全监理机构、设区的市或者相当于同级的农业（农业机械）主管部门农机安全监理机构负责办理本行政辖区内拖拉机驾驶证业务。县级农业（农业机械）主管部门农机安全监理机构在上级农业（农业机械）主管部门农机安全监理机构的指导下，承办拖拉机驾驶证申请的受理、审查和考试等具体工作。

（2）拖拉机驾驶证　本部分规定了拖拉机驾驶证内容、准驾机型等内容。

1）拖拉机驾驶证记载和签注以下内容。拖拉机驾驶人信息：姓名、性别、出生日期、住址、身份证明号码（拖拉机驾驶证号码）、照片；农机监理机构签注内容：初次领证日期、准驾机型代号、有效期起始日期、有效期限、核发机关印章、档案编号。

2）拖拉机驾驶人准予驾驶的机型：大中型拖拉机（发动机功率在14.7kW以上），驾驶证准驾机型代号为“G”；小型转向盘式拖拉机（发动机功率不足14.7kW），驾驶证准驾机型代号为“H”；手扶式拖拉机，驾驶证准驾机型代号为“K”。

3）持有准驾大中型拖拉机驾驶证的，准许驾驶大中型拖拉机、小型转向盘式拖拉机；持有准驾小型转向盘式拖拉机驾驶证的，只准许驾驶小型转向盘式拖拉机；持有准驾手扶式拖拉机驾驶证的，只准许驾驶手扶式拖拉机。

（3）审验　本部分规定了拖拉机驾驶证审验周期和体检等内容。

拖拉机驾驶证有效期分为六年、十年和长期。拖拉机驾驶人初次获得拖拉机驾驶证后的12个月为实习期。拖拉机驾驶人在拖拉机驾驶证的六年有效期内，每个记分周期均未达到12分的，换发十年有效期的拖拉机驾驶证；在拖拉机驾驶证的十年有效期内，每个记分周期均未达到12分的，换发长期有效的拖拉机驾驶证。

换发拖拉机驾驶证时，农机监理机构应当对拖拉机驾驶证进行审验。拖拉机驾驶人年龄在60周岁以上的，应当每年进行一次身体检查，按拖拉机驾驶证初次领取月的日期，30日内提交县级或者部队团级以上医疗机构出具的有关身体条件的证明。身体条件合格的，农机监理机构应当签注驾驶证。

六、机动车维修管理规定

1. 施行时间

《机动车维修管理规定》自2005年8月1日起施行。

2. 主要内容

《机动车维修管理规定》分七章57条。七章分别为总则；经营许可；维修经营；质量管理；监督检查；法律责任；附则。

（1）经营许可　本部分规定了汽车维修经营业务分类等内容。

汽车维修经营业务根据经营项目和服务能力分为一类维修经营业务、二类维修经营业务和三类维修经营业务。

获得一类汽车维修经营业务许可的，可以从事相应车型的整车修理、总成修理、整车维护、小修、维修救援、专项修理和维修竣工检验工作。

获得二类汽车维修经营业务许可的，可以从事相应车型的整车修理、总成修理、整车维护、小修、维修救援和专项修理工作。

获得三类汽车维修经营业务许可的，可以分别从事发动机、车身、电气系统、自动变速器维修，以及车身清洁维护、涂漆、轮胎动平衡和修补、四轮定位检测调整、供油系统维护和油品更换、喷油泵和喷油器维修、曲轴修磨、气缸镗磨、散热器（水箱）、空调维修、车辆装潢（蓬布、座垫和内装饰）、车辆玻璃安装等专项工作。

（2）维修经营　本部分规定了更换发动机、车身和车架的规定、维修工时定额和收费的规定等内容。

机动车维修经营者不得擅自改装机动车，不得承修已报废的机动车，不得利用配件拼装机动车。托修方要改变机动车车身颜色，更换发动机、车身和车架的，应当按照有关法律、法规的规定办理相关手续，机动车维修经营者在查看相关手续后方可承修。

机动车维修经营者应当公布机动车维修工时定额和收费标准，合理收取费用。机动车维修工时定额可按各省机动车维修协会等行业中介组织统一制定的标准执行，也可按机动车维修经营者报所在地道路运输管理机构备案后的标准执行，也可按机动车生产厂家公布的标准执行。当上述标准不一致时，优先适用机动车维修经营者备案的标准。机动车维修经营者应当将其执行的机动车维修工时单价标准报所在地道路运输管理机构备案。机动车生产厂家在新车型投放市场后一个月内，有义务向社会公布其维修技术资料和工时定额。

（3）质量管理　本部分规定了维修质量保证期制度等内容。

机动车维修实行竣工出厂质量保证期制度。汽车和危险货物运输车辆整车修理或总成修理质量保证期为车辆行驶 20 000km 或者 100 日；二级维护质量保证期为车辆行驶 5000km 或者 30 日；一级维护、小修及专项修理质量保证期为车辆行驶 2000km 或者 10 日。摩托车整车修理或者总成修理质量保证期为摩托车行驶 7000km 或者 80 日；维护、小修及专项修理质量保证期为摩托车行驶 800km 或者 10 日。其他机动车整车修理或者总成修理质量保证期为机动车行驶 6000km 或者 60 日；维护、小修及专项修理质量保证期为机动车行驶 700km 或者 7 日。质量保证期中行驶里程和日期指标，以先达到者为准。机动车维修质量保证期，从维修竣工出厂之日起计算。

对机动车维修质量的责任认定需要进行技术分析和鉴定，且承修方和托修方共同要求道路运输管理机构出面协调的，道路运输管理机构应当组织专家组或委托具有法定检测资格的检测机构作出技术分析和鉴定。鉴定费用由责任方承担。

七、机动车强制报废标准规定

1. 施行时间

《机动车强制报废标准规定》已于 2012 年 8 月 24 日在商务部第 68 次部务会议审议通过，并经发展与改革委员会、公安部、环境保护部同意，自 2013 年 5 月 1 日起施行。

2. 主要内容

（1）强制报废制度　根据机动车使用和安全技术、排放检验状况，国家对达到报废标准的机动车实施强制报废，其所有人应当将机动车交售给报废机动车回收拆解企业，由报废机动车回收拆解企业按规定进行登记、拆解、销毁等处理，并将报废机动车登记证书、号牌、行驶证交公安机关交通管理部门注销。

（2）报废年限规定　各类机动车使用年限见表 11-2。机动车使用年限起始日期按照注册登记日期计算，但自出厂之日起超过两年未办理注册登记手续的，按照出厂日期计算。

表 11-2　机动车使用年限及行驶里程参考值汇总表

车辆类型与用途					使用年限/年	行驶里程参考值/万 km
汽车	载客	营运	出租客运	小、微型	8	60
				中型	10	50
				大型	12	60
			租赁		15	60
			教练	小型	10	50
				中型	12	50
				大型	15	60
			公交客运		13	40
			其他	小、微型	10	60
				中型	15	50
				大型	15	80
		专用校车			15	40
		非营运	小、微型客车、大型轿车*		无	60
			中型客车		20	50
			大型客车		20	60
	载货	微型			12	50
		中、轻型			15	60
		重型			15	70
		危险品运输			10	40
		三轮汽车、装用单缸发动机的低速货车			9	无
		装用多缸发动机的低速货车			12	30
	专项作业	有载货功能			15	50
		无载货功能			30	50
挂车	半挂车	集装箱			20	无
		危险品运输			10	无
		其他			15	无
	全挂车				10	无
摩托车	正三轮				12	10
	其他				13	12
轮式专用机械车					无	50

注：1. 表中机动车主要依据《机动车类型 术语和定义》（GA 802—2008）进行分类；标注＊车辆为乘用车。

2. 对小、微型出租客运汽车（纯电动汽车除外）和摩托车，省、自治区、直辖市人民政府有关部门可结合本地实际情况，制定严于表中使用年限的规定，但小、微型出租客运汽车不得低于 6 年，正三轮摩托车不得低于 10 年，其他摩托车不得低于 11 年。

（3）变更使用性质或者转移登记的机动车　应当按照下列有关要求确定使用年限和报废：①营运载客汽车与非营运载客汽车相互转换的，按照营运载客汽车的规定报废，但小、微型非营运载客汽车和大型非营运轿车转为营运载客汽车的，应按照公式（11-1）核算累计使用年限，且不得超过 15 年；②不同类型的营运载客汽车相互转换，按照使用年限较严的规定报废；③小、微型出租客运汽车和摩托车需要转出登记所属地省、自治区、

直辖市范围的，按照使用年限较严的规定报废；④危险品运输载货汽车、半挂车与其他载货汽车、半挂车相互转换的，按照危险品运输载货车、半挂车的规定报废。距本规定要求使用年限一年以内（含一年）的机动车，不得变更使用性质、转移所有权或者转出登记地所属地市级行政区域。

$$\text{累计使用年限}=\text{原状态已使用年}+\left(1-\frac{\text{原状态已使用年}}{\text{原状态使用年限}}\right)\times\text{状态改变后年限} \tag{11-1}$$

（4）机动车引导报废里程规定　国家对达到表11-2所列行驶里程的机动车，其所有人可以将机动车交售给报废机动车回收拆解企业，由报废机动车回收拆解企业按规定进行登记、拆解、销毁等处理，并将报废的机动车登记证书、号牌、行驶证交公安机关交通管理部门注销。

（5）拖拉机报废标准规定　上道路行驶拖拉机的报废标准规定另行制定。

学习单元3　人身损害赔偿法律法规

导入案例

2012年4月14日，李某驾驶解放牌货车沿平安路由南向北行驶，当向东右转弯时，将推自行车由南向北行走的赵某撞倒，赵某受伤后送入医院抢救治疗。经交警认定，李某因违反《道路交通安全法》的规定，应负此事故的全部责任。

李某所驾车辆已投保交强险和第三者责任保险（20万元限额），经查勘情况属实，构成保险责任。案发第二天，保险公司派员到医院进行人伤调查，结果如下：伤者赵某，男，20岁，于2012年4月14日被李某驾驶的货车撞伤住院；诊断为骨盆骨折和左足骨折，足部骨折需要进行内固定手术，骨盆骨折需要进行外固定治疗；可能致残，约为9级；伤者是山东省某大学学生，家住济南市中区某地；目前由其父亲护理，其父亲是济南某公司技工；预计人伤费用70 000元。

一周后到医院复勘，伤者已完成足部内固定手术，但骨盆骨折伤及尿道，可能导致尿道狭窄而再行尿道扩张术。

一年后的2013年4月20日，客户向保险公司提交索赔资料要求赔偿。其提交的资料主要有道路交通事故认定书、道路交通事故损害赔偿调解书、伤者两次住院的病历复印件及医疗发票、残疾评定证明、伤者和护理人收入证明等。

在审核索赔资料时，有两点引起了保险公司的注意：第一，根据伤者赵某的收入证明，他的身份由出险时某大学的学生变成了某公司的员工，由此交警调解误工费为10 943.50元；第二，赵某因骨盆骨折导致尿道狭窄而第二次住院，行尿道扩张术，但因输尿管结石又做了气压弹道碎石术，第二次住院的费用为13 073.27元。

保险公司当即与客户沟通，就以上两点向客户进行了说明。第一，关于误工费：产生误工费的前提条件是出险时当事人有工作，有收入来源。在出险后的第二天，保险公司医疗核损员及时到医院做了人伤调查，并将调查结果电话告知了客户，说明伤者赵某是山东某大学的学生。翻阅目前客户提供的伤者的病历，也是记录赵某是某大学的学生，故出险时赵某是学生。也许他现在已经有了工作，但交通事故的损害赔偿，是以事故发生时为准

的。赵某出险时是学生，没有工作，无收入来源，所以也就不存在误工费的问题，交警根据伤者收入证明调解出的误工费显然是不合理的，误工费一项保险公司将不予赔偿。第二，关于医疗费：根据交通法规，此项费用只负责赔偿交通事故创伤所产生的医疗费，故伤者本人过去所患疾病而产生的医疗费不予承担。根据客户提供的病历记录，伤者赵某第二次入院时，在治疗创伤所造成的并发症的同时也治疗了原本所患的输尿管结石，故治疗输尿管结石的费用，约占第二次住院医疗费的50%，即6536. 64元，保险公司将不予赔偿。

对于上述第二点，客户表示认可。本案核减赔款17 480. 14元。

一、最高人民法院关于审理人身损害赔偿案件适用法律若干问题的解释

1. 施行时间

《最高人民法院关于审理人身损害赔偿案件适用法律若干问题的解释》（简称《解释》）于2004年5月1日起施行。

2. 主要内容

《解释》规定了受害人遭受人身损害后可获得的赔偿项目及其计算标准等内容。受害人遭受人身损害后可获得的赔偿项目包括四个方面：一是因就医治疗支出的各项费用以及因误工减少的收入；二是因伤致残的，其因增加生活上需要所支出的必要费用以及因丧失劳动能力导致的收入损失；三是受害人死亡的；四是精神损害抚慰金。

（1）因就医治疗支出的各项费用以及因误工减少的收入　受害人因就医治疗支出的各项费用以及因误工减少的收入，包括医疗费、误工费、护理费、交通费、住宿费、住院伙食补助费、必要的营养费。

（2）受害人因伤致残的　受害人因伤致残的，其因增加生活上需要所支出的必要费用以及因丧失劳动能力导致的收入损失，包括残疾赔偿金、残疾辅助器具费、被扶养人生活费，以及因康复护理、继续治疗实际发生的必要的康复费、护理费、后续治疗费。

（3）受害人死亡的　受害人死亡的，赔偿义务人除应当根据抢救治疗情况赔偿医疗费、误工费、护理费、交通费、住宿费、住院伙食补助费、必要的营养费等相关费用外，还应当赔偿丧葬费、被扶养人生活费、死亡补偿费，以及受害人亲属办理丧葬事宜支出的交通费、住宿费和误工损失等其他合理费用。

（4）精神损害抚慰金　受害人或者死者近亲属遭受精神损害，赔偿权利人向人民法院请求赔偿精神损害抚慰金的，适用《最高人民法院关于确定民事侵权精神损害赔偿责任若干问题的解释》予以确定。

二、道路交通事故受伤人员伤残评定

1. 施行时间

《道路交通事故受伤人员伤残评定》于2002年3月11日由国家质量监督检验检疫总局发布，为强制性国家标准。

2. 主要内容

伤残是指因道路交通事故损伤所致的人体残废。包括精神的、生理功能的和解剖结构的异常及其导致的生活、工作和社会活动能力不同程度丧失。

根据道路交通事故受伤人员的伤残状况，《道路交通事故受伤人员伤残评定》将受伤人员伤残程度划分为10级，从第Ⅰ级（100%）到第Ⅹ级（10%），每级相差10%。每级

对伤残状况都做了详细规定。

【本章小结】

1）《保险法》于1995年10月1日起施行，第一次修订版于2003年1月1日起施行，第二次修订版于2009年10月1日起施行。

2）《机动车交通事故责任强制保险条例》自2006年7月1日起在全国范围内施行。国务院分别于2012年3月30日、2012年12月17日进行了2次修订，修订版于自2013年3月1日起施行。

3）《道路交通安全法》自2004年5月1日起施行，于2007年12月29日、2011年4月22日经全国人民代表大会常务委员会2次修订，修订版自2011年5月1日起施行。

4）《道路交通安全法实施条例》自2004年5月1日起施行。

5）《道路交通事故处理程序规定》自2009年1月1日起施行。

6）《机动车驾驶证申领和使用规定》于2012年8月21日公安部部长办公会议通过，自2013年1月1日起施行。

7）《拖拉机驾驶证申领和使用规定》于2004年9月6日农业部第27次常务会议审议通过，自2004年10月1日起施行。

8）《机动车维修管理规定》于2005年6月3日经交通部（现交通运输部）第11次部务会议通过，自2005年8月1日起施行。

9）《机动车强制报废标准规定》于2012年8月24日商务部第68次部务会议审议通过，并经发展与改革委员会、公安部、环境保护部同意，自2013年5月1日起施行。

10）《最高人民法院关于审理人身损害赔偿案件适用法律若干问题的解释》自2004年5月1日起施行。

11）《道路交通事故受伤人员伤残评定》2002年3月11日发布并实施。

【重要概念】

再保险　保险代理人　保险经纪人交强险　强制报废制度　伤残

【技能训练】

【训练题11-1】 交强险是否可以垫付抢救费用？

2013年7月11日晚6时许，原告张某驾驶两轮摩托车在济南市某公路由西往东行驶时，与由王某驾驶的往西行驶的大型货车相撞，张某倒地受重伤，即被送医院急救，由于张某昏迷不醒，一直在重症监护室救治，并随时有生命危险。大型货车驾驶人王某在肇事后逃逸。伤者张某的家人为挽回张某的生命，先后用去了抢救费10多万元，但毕竟由于家境贫寒，还是欠下医院5万元的医疗费，医院多次向张某家人催交未果，想停止抢救。于是，家人便想让王某车辆所投保交强险的保险公司给予赔付。

思考题：

1）王某车辆的交强险能否为张某垫付抢救费用？

2）《道路交通安全法》对此是如何规定的？

3）如果王某的车辆根本没有买保险，那么张某的抢救费用应如何处理？

【训练题11-2】 超载大型载货车致人死亡，如何理赔？

某保险公司承保的一大型载货车在行驶途中超载，导致车辆制动性能减弱，以致不能及时制动，将横穿马路的女青年李某轧死。交通事故认定书认定，载货车负完全责任。

思考题：

1）大型载货车因超载导致交通事故，被保险人有无违反《保险法》规定的投保人和被保险人义务？

2）假设法院判决此案由保险人对第三者进行人身损害赔偿，那么保险人应赔偿受害人哪些费用？

【工作页】

汽车保险法律法规工作页

教师布置日期：　　年　　月　　日　　　　个人完成时间：　　min

问题： 某天韩某在宝马车主及朋友陪同下试驾标的车。于17 时 25 分左右行至一路口由南向西左转弯时，由于路面空旷、车辆稀少、车速过快，加之操作不熟练，撞到了右边绿化带路基及树上，造成宝马受损，路基破坏，树木撞断。车辆损失与三者损失合计约 5 万元。	任务： 作为一名汽车保险行业理赔人员，应掌握汽车保险法律法规的知识，以便为从事理赔工作打下坚实基础。
车险法律法规知识要点：	
工作步骤	注意事项
1. 此次事故的车辆驾驶人是否为合格驾驶人，如何确定？	
2. 肇事车辆有无按时审验，如何确定？	

（续）

工作步骤	注意事项
3. 排除了上述疑问后，如果保险公司赔偿，涉及哪些险种？	
4. 对路基破坏、树木撞断的赔偿额度确定依据是什么？	
学习纪要：	

【知识习题】

1. 填空题

1）《保险法》规定设立保险公司，其注册资本的最低限额为________。

2）《保险法》规定________险种、________险种和________险种等的保险条款和保险费率，应当报国务院保险监督管理机构批准，其他的应当备案。

3）《道路交通安全法实施条例》规定：在载客人数已满的情况下，按照规定免票的儿童不得超过核定载客人数的________。

4）《机动车维修管理规定》规定：汽车总成修理质量保证期为________；二级维护质量保证期为________；一级维护、小修及专项修理质量保证期为________。

5）根据道路交通事故受伤人员的伤残状况，《道路交通事故受伤人员伤残评定》将受伤人员伤残程度划分为________级，每级相差________。

6）《机动车驾驶证申领和使用规定》规定：道路交通安全违法行为累积记分周期（即记分周期）为________个月，满分为________分，从机动车驾驶证初次领取之日起计算。

7）《道路交通事故处理程序规定》是事故处理的依据，于2008年7月11日公安部部长办公会议通过，自________起施行。

8）《拖拉机驾驶证申领和使用规定》规定：大中型拖拉机驾驶证准驾机型代号为________；小型转向盘式拖拉机驾驶证准驾机型代号为________。

2. 简答题

1）《保险法》规定投保人和被保险人应具有哪些义务？

2）《道路交通安全法实施条例》对车辆载物高度、宽度、长度的限定是如何规定的？

3）《道路交通安全法实施条例》对车辆检验周期是如何规定的？

4）《道路交通事故处理程序规定》对事故的自行协商是如何规定的？

5）机动车驾驶证包含哪些内容？各类驾驶证的准驾车型是如何规定的？

6）对各类汽车维修作业，其质量保证期分别为多少？

7）汽车报废标准对各类机动车的报废年限是如何规定的？

8）道路交通事故中人身损害赔偿项目有哪些？

9）道路交通事故受伤人员伤残等级评定不准确，对人身损害赔偿费用有哪些影响？

10）道路交通事故受伤人员伤残等级划分多少级？等级划分依据是什么？

3. 案例题

一轿车2013年5月4日上午10时左右在京沪高速上行驶时，散热器的出水管突然爆裂造成发动机的气缸损坏。该车发动机于2013年4月27日在奔腾汽车修理厂更换散热器出水管、散热器风扇电动机总成等部件。经对损坏的出水管检查距接散热器端头约20cm位置处有一道空调传动带旋转造成的划痕，长约为10mm，最大宽约为5mm，深为出水管壁厚。自划痕至接散热器端头已爆裂长度约为170mm。发动机散热器的出水管正常装配的状况下：距空调皮带距离为20～30mm。更换出水管时装配不当，造成与空调传动带接触拉伤，在循环水压的作用下，造成水管自拉伤处至散热器接口处产生爆裂。对此次事故的损失谁应负责任？依据是什么？

学习任务十二

汽车保险从业人员职业道德

【任务描述】

通过“汽车保险从业人员职业道德”任务的学习，要求学生：

1. 了解职业的分类、特点，以及职业道德教育的基本方法；
2. 熟悉道德的定义、特征与作用；
3. 掌握职业道德的定义、特征与职业内容；
4. 重点掌握保险职业道德的基本要求和特殊要求。

学习单元　汽车保险从业人员职业道德

导入案例

刘某本为某市一家保险公司的查勘定损员。今年年初，他以女友的身份证购买了一台二手福特汽车，并在本公司的异地分支机构购买了商业保险。之后，刘某纠集本公司的另一名查勘定损员王某、一家汽车修理厂业务员章某、另一家汽车修理厂的保险专员隆某和一家汽车配件公司的员工李某等，合谋用旧部件更换宝马、奔驰的完好部件，数次故意撞击刘某的福特汽车，伪造成交通事故现场，骗取保险公司的理赔金，共计82 000余元。

事后，保险公司与维修发票上的维修公司核对时，发现对方并未维修过奔驰车，该案由此露出破绽。

“被捕的5名犯罪嫌疑人都是80后青年人，又有一技之长，为挣‘快钱’动歪脑筋，结果身陷囹圄，令人惋惜。”办案检察官这样说。

一、职业的分类与特点

1. 职业的定义

人的社会生活分为三个领域：家庭、职业、社会。

人们在社会生活中，为了自身生存和社会发展，一般都要终身或较长时间地从事某种专门社会工作和承担一定的社会职责，并以此作为自己获取生活资料的主要手段，这种社会工作就是职业。

人们对自己理想工作的期盼内容以工作兴趣、工作报酬、与领导的关系这三项最为重要，其他的关注内容分别为工作时间、工作地点、与同事的关系、晋升机会、劳动保护、退休保障、工作紧张程度、技术培训等。

职业是什么

▲职业是从业者谋生的手段

▲职业是个人获得社会承认的方式

▲职业是个体服务于社会的渠道

2. 职业的分类

劳动和社会保障部于1999年公布的《中华人民共和国职业分类大典》，将我国职业归为八个大类，66个中类，413个小类，1838个细类（职业），之后又陆续增加了若干新职业，到目前为止，我国共有职业1989个。具体分布见表12-1。

表12-1　中华人民共和国职业分类表（1999年公布）

大　类	岗　位	中　类	小　类	细　类
第一大类	国家机关、党群组织、企业、事业单位负责人	5	16	25
第二大类	专业技术人员、室内装饰设计师、企业人力资源管理人员	14	115	379
第三大类	办事人员、有关人员	4	12	45
第四大类	商业、服务业人员	8	43	147
第五大类	农、林、牧、渔、水利业生产人员	6	30	121
第六大类	生产、运输设备操作人员及有关人员	27	195	1119
第七大类	军人	1	1	1
第八大类	不便分类的其他从业人员	1	1	1
新增行业	略			
合计		66	413	1838

汽车保险理赔服务（图12-1）归属于专业技术人员大类，是汽车后市场领域的一个重要组成部分。做好该项工作，不但可以给从业者自身提供一个工作岗位，而且对于提升保险公司的服务水平，满足汽车保户的理赔需求，都具有十分重要的作用。

3. 职业的特点

人们所从事的职业是多种多样的，人类在不同的历史时期也有着不同的职业，有些职业会衰落甚至消失，如磨刀修剪、锔锅补碗、无线寻呼员、铅字排版工等，而有些职业又会被催生，如形象设计师、景观设计师、会展策划师、婚姻家庭咨询师。但是，作为伴随人类的生存而存在的职业，始终具有其鲜明的特点，见表12-2。

图12-1　汽车保险查勘人员

表12-2 职业的特点

特 点	特点说明
复杂多样性	每一个行业都是必要的和重要的，没有哪个行业可以被取消
历史性	生产力的性质和水平决定着社会的行业和职业，生产力越发达，社会化程度越高，社会分工越精细，社会职业就越多
社会性	职业是人获得社会承认的正式身份，它既是一个人谋生的手段，又是实现人生价值的主要途径

二、道德的定义

道德是指人们的行为应遵循的原则和标准。

道德是一定社会、一定阶级向人们提出的处理个人与个人、个人与社会之间各种关系的一种特殊的行为规范。

道德属于意识形态领域的内容，它对个人与个人、个人与社会之间的各种关系具有一定的调整作用，它是靠社会舆论、内心信念、传统习惯来调整这些关系的。

三、道德的特征与作用

1. 道德的特征

（1）特殊的规范性　道德比法律宽泛，它靠社会舆论和个人信念、习惯、传统和教育的力量来维护。

（2）更大的稳固性　在社会变革中，当旧的经济基础被打破以后，与之相适应的新的上层建筑未能及时建立起来，这时就需要依靠变化速度较慢的道德因素来约束。

（3）特殊的层次性　不同的社会领域，有着不同的道德体系，如职业道德、家庭道德和社会公共生活规范等。

（4）广泛的社会性　各行各业都有着带有行业行为特征的道德约束。

2. 道德的作用

道德对社会的发展可以产生积极的促进作用或消极的阻滞作用，具体体现如下。

（1）认识作用　道德可使你正确认识自身和他人、集体、国家之间的关系，以及自己应该承担的社会责任和义务，而且还能帮助人们提高觉悟，正确选择行为方式和人生道路。

（2）调节作用　道德要求个人做出必要的节制和牺牲，以维护社会生活的正常进行。

（3）教育作用　道德通过舆论、习惯、良心等教育人，培养人们良好的个人道德意识、品质和行为。

四、职业道德

1. 职业道德的定义

人们在从事正当职业并履行其职责过程中所应该遵循的行为规范的准则，称为职业道德。职业道德是一般社会道德在职业生活中的具体体现。

2. 职业道德的特征

（1）阶级性和全民性　人人都要从业，人人需要遵守职业道德，但不同的阶级有着不同的职业道德。

（2）历史继承性和相对稳定性　如尊老爱幼、尊重妇女、社会公德等。

（3）鲜明性和确定性　可以鲜明地表达本职业的义务和责任，以及职业行为上的道德准则，它着重反映本职业特殊的利益和要求。

（4）灵活性和多样性　在行为准则的表达方式方面，比较具体、灵活、多样，是具体的约束性规范条文，一般采用可以体现各职业特点的“术语”，言简意赅地表达本行业职业道德的特殊要求。如教师的职业要求是“学高为师，身正为范”；商人的职业道德是“买卖公平、童叟无欺”。

3. 职业内容

职业内容包括职业态度、职业义务和职业良心三个方面，其相关组成见表 12-3。

表 12-3　职业内容的相关组成

职业内容	具体描述
职业态度	从业者对社会、对其他职业和社会成员履行义务的基础
职业义务	从业者在自己的职业活动中，对社会、他人所履行的职业责任义务，每个人都应该做自己应做之事，并尽最大可能做好本职工作
职业良心	对职业责任自我评价的能力，它是从业者思想和情操的主要精神支柱

4. 树立良好职业道德的重要性

（1）良好的职业道德有利于社会进步　职业活动是人们主要的社会活动，用于调节职业活动中各种关系的职业道德，是反映社会道德的一个显著标志。从事各种职业的人都在各自的岗位上爱岗敬业、遵纪守法、不谋私利、多作贡献，必然会使社会风气和社会面貌发生显著变化，推动社会进步，构建和谐社会。

（2）良好的职业道德有利于促进企业发展　具有良好职业道德的员工群体所表现出的道德修养和工作热忱，集中体现了企业的良好形象。在全体员工的共同努力下，更多客户得到了满意服务，信赖了这家企业，从而使企业赢得了信誉，提升了形象，获得了效益，促进了发展。

（3）良好的职业道德有利于个人发展　由于职业道德具有鲜明的职业特点和具体的道德要求，凡具有良好职业道德意识的员工，都能够自觉提高职业意识，提高爱岗敬业的主人翁精神，激励自己自觉自愿、积极主动、创造性地完成本职工作，从而培养了一种良好的职业意识，必将使自己受用终生。

五、保险职业道德

1. 保险职业道德定义

保险职业道德

▲保险职业道德，是指保险从业者在其职业活动中形成的并为大家共同遵守的道德原则和道德规范

这种规范主要依靠社会舆论、传统习惯和内心信念来维持，这是调整保险从业人员职业活动中各种关系的基本原则。

2. 保险职业道德功能

（1）调节作用　保险职业道德是调整保险从业人员与社会之间关系的行为规范的总和。它通过各种形式的职业教育和社会舆论的力量，是保险从业人员逐渐形成一定的信念和传统，进而成为共同遵守的行为规范。

（2）认识功能　良好的保险职业道德，有助于保险从业人员增强是非观念，认识事物、行为的性质，指导自身的言行。

（3）激励功能　通过保险职业道德是规定与实施、影响人们的思想，培养和提高人们的保险职业道德意识，引导人们行为的功用和效能。

3. 保险职业道德的基本要求

（1）诚实信用　诚信是保险行业的“立业之本”，这不仅是保险法的强行规定，还是市场经济的要求和保险行业从业的基本要求。在承保过程中，必须规范自己的经营行为。具体体现在以下方面。

告知：订立合同时主动说明保险合同条款以及责任免除条款；发生事故后按合同约定赔偿。

弃权与禁止反言：弃权是指保险人放弃其在保险合同中可以主张的某种权利；禁止反言是指保险人已放弃某种权利，日后不得再向被保险人主张这种权利。

（2）服务至上　如果保险从业人员对客户的服务态度好，就能提高该行业的信誉，增强保险业的生命力，反之，就会影响保险业的职业声誉。不能让客户感觉“投保容易理赔难”。在提高服务质量方面，具体可以做到以下三个方面：

1）强化服务意识。言语要文明，沟通讲策略、用语讲准确、建议看场合；大事讲原则、小事讲风格；平等对待对方。

2）提高服务质量。在坚持原则、坚持行规的前提下尽量满足客户的个性化需求；衣着大方、亲切接待、耐心解答、热诚帮助、言出必行。

3）设身处地地替客户着想，认真帮助客户设计投保方案，理解客户的索赔要求。

【案例】　名车被撞 理赔有猫腻

福州史某开车不小心追尾撞了一辆沃尔沃，导致对方后车厢变形，交警判定史某负全责。

保险公司表示只能理赔700元，而被撞的车主认为700元在4S店根本无法维修，保险公司告诉他只能到普通修理店。由于争执不下，史某坚持不在定损单上签字。对方车主则直接把车开到4S店维修，4S店给出的报价是2600多元，打完最低折扣后还需2200多元。车辆维修后，史某拿着维修单据找保险公司理赔，却遭到拒绝。

保险公司的理由是，他们能够承担的维修费是700元，实际维修费2200多元超过定损太多。史某无奈之下向保险监管部门投诉，保险公司最后才同意理赔了2200多元。

案例评析：从目前市场来看，汽车维修点的选择成为保险公司和投保人之间的矛盾。理赔员希望客户到普通修理店的根本原因，是4S店和普通修理店维修费用相差较大。部分品牌尤其是知名品牌的汽车4S店，在一座城市往往只有一家，缺乏竞争对手的4S店维修报价明显高于市场价，保险公司认为不合理。

（3）爱岗敬业　所谓爱岗，就是要热爱工作岗位，热爱保险工作；所谓敬业，就是要基于对保险的热爱而产生的神圣感、使命感、责任感和勤勉的行为倾向。

敬业是爱岗的升华，是爱岗情感的表达。

（4）精通业务　汽车保险有众多的工作岗位，如承保、核保、查勘、定损、核赔、理算等，而每个工作岗位又有其自身的特殊业务要求，每个岗位的从业人员，都应该根据自身岗位的业务要求，熟悉乃至最终达到精通业务。

（5）乐于奉献　在从事保险工作的过程中，乐于奉献主要体现在以下几个方面：

1）要以积极心态面对工作。

2）要培养“归属意识”，与同事同甘共苦，勿“疏、畏、厌”。新从业的员工需要首先摒弃过去的经验，将自我呈现在“空杯”的状态，学会从企业主客观的眼光来看自己所扮演的工作角色。

3）要尽量缩短自己的“工作蜜月期”，结束新人的角色，能够独立承担工作任务，适时展现自己的才干。

4）艰苦奋斗创业精神。

5）要经得起挫折的打击。

（6）甘当公仆　作为一名保险行业的从事人员，需要甘当保户的公仆，甘当同事的公仆，甘当领导的公仆。

（7）团结协作　汽车属于流动性极强的保险标的，车辆在异地出险时，代为查勘、定损的人员，应该视同自己公司所承保的车辆，认真查勘，合理定损，给予客户必要的关怀。

（8）风纪严整　保险从业人员的风纪严整包括以下几个方面：

1）遵章守纪。包括政治纪律、组织纪律、廉政纪律、各项工作纪律。

2）作风严谨。在思想作风方面，要实事求是、密切联系群众、批评与自我批评；在工作作风方面，要认真负责、讲究效率、严守秘密、规范语言行为。

3）平等待人。要尊重他人人格、讲究民主意识、谦虚自律、努力提高个人的各种修养。

4）举止文明。着装整洁规范，仪表举止庄重，语言准确文明。

5）廉洁奉公。有法可依、有法必依、执法必严、违法必究。

6）清正廉明。自重、自省、自警、自励；勤政廉洁、严格自律；为人清白、立场坚定；作风正派、品行端正；廉洁从政、不谋私利。

清正廉明的修养方法：慎独——无人监督时不违道德；守一——不越雷池半步；四自——自重、自省、自警、自励。

（9）公平竞争　公平竞争需要遵循自愿、平等、公平、诚实、守信的原则，互相尊重，遵守公认的商业道德。

公平竞争的基本要求

▲尊重并研究学习竞争对手，不在客户中贬低对手

▲遵纪守法，不采取不正当竞争手段与同行争揽业务

（10）保守商业秘密　商业秘密的泄露途径主要包括：对外来人员缺乏防范；外出人员对所带资料保管不善；谈话被窃听；内部人员泄露秘密；人才流动；学术交流泄密；废旧载体泄露秘密。

商业秘密的保护，可以通过法律手段、经济手段、管理手段三个方面，法律手段包括民法通则、民事诉讼法、反不正当竞争法、刑法、合同法、劳动法；经济手段包括与职员签订长期劳动合同、向职员支付优厚的待遇、给职员分配股权；管理手段包括设立商业秘密保密的机构和制度、签订保密合同，以及其他综合手段。

4. 保险职业道德的特殊要求

（1）对保险从业人员的特殊要求　对于保险公司内部的从业人员来说，其特殊要求如下。

1）投保人员要站在保户的立场帮其分析所面临的风险，量体裁衣地帮其制订投保方案、测算费用。

2）承保人员要认真审核投保人的资格、保险标的、保险费率等内容，认真负责，全面掌握信息，仔细勘察保险标的。

3）理赔人员首先要遵循“重合同、守信用”的原则，向客户提供充分的证据，理性处理客户因拒赔而引发的纠纷；其次是要实事求是地处理赔付；再次是要主动、迅速、准确、合理地给客户赔付。

（2）对保险代理人和保险经纪人的特殊要求　保险代理人要根据保险人的委托，向保险人收取一定的手续费，并在保险人授权范围内代办保险业务的单位和个人。保险经纪人是基于投保人的利益，为投保人和保险人订立保险合同提供中介服务并收取佣金的单位。对于服务于保险行业的保险代理人和保险经纪人来说，其特殊要求如下。

对保险代理人和保险经纪人的特殊要求

▲诚实和告知义务

▲如实转交保费

▲尽可能维护保险人利益

（3）对保险公估人的特殊要求　保险公估人是接受保险当事人委托，专门从事保险标的的评估、勘验、鉴定、估损、理算等业务的单位。对保险公估人的道德要求：① 客观，以事实为根据、注意保密、做好档案管理、增强自控能力、在社交和工作中保持客观形象。② 公正，坚持公道的原则、依法办事、尊重事实、保持独立性。

六、职业道德教育

职业道德的教育是有关部门有意识施加影响的活动。目的在于提高从业人员的整体职业道德素质，培养出一支合乎要求的从业队伍。

1. 职业道德教育的主要形式

通过树立正面的学习典型，对员工进行塑造教育；通过对某些存在偏见和有违职业道德的行为加以疏导、转化，使之合乎职业要求。

2. 基本原则与方法

（1）理论联系实际　不要就教育而教育，应该与岗位需求结合起来进行教育。

（2）表扬与批评相结合　对良好职业道德的行为进行赞许和鼓励，使之得到肯定并巩固；对不良职业道德的行为进行谴责，使其受到否定并得到克服。

(3) 身教与言教相结合　既要通过说理的或形象的教育方法，达到启发人的思想政治觉悟、提高人的职业道德素质的目的；又要通过教育者的以身作则和模范带头作用，对教育对象产生积极的影响。

(4) 说服教育与严格组织纪律相结合　对于教育之后仍然违犯规则的行为，给予严肃的纪律处分，以儆效尤。

3. 加强职业道德修养

所谓修养，是指个人在政治、学识、道德、技艺、素养等方面自觉进行学习、陶冶、提高的功夫，以及经过长期努力所能够达到的某种能力和素质。

(1) 目的和任务　通过对职业道德理论和规范的认识与体验，提高自身的职业道德素质，达到道德上的理想人格，即提高职业道德品质和职业道德境界。

(2) 内容　职业道德修养包括认识修养、情感修养、信念修养、习惯培养等多个方面。

1）所谓认识的修养，是指认识本职业活动的社会意义和道德价值，并认识本职业的道德关系和调节各种关系的职业道德规范。

2）所谓情感的修养，是指将职业道德认识同个人道德观相结合而产生的对现实职业道德关系和职业行为的爱憎、好恶。它是构成职业道德品质的主要环节。

3）所谓信念的修养，是指人们在一定的认识基础上，对某种思想理论、学说和理想所抱的坚定不移的观念和真诚信服、坚决执行的态度。信念是产生职业道德的内在动力，它有三个层次：全心全意为人民服务、维护人民利益和不损害人民利益。

4）所谓习惯的培养，是指在日常职业行为中，按照社会要求的行为习惯去规范自己的言行，使之合乎社会要求。

(3) 提高修养的途径和方法　树立正确的人生观、内心自省、躬行实践，这是提高个人修养的有效途径和必要方法。

【本章小结】

1）本章介绍了职业的定义、分类与特点，叙述了道德的定义与发展、道德的特征与作用、职业道德，重点介绍了保险职业道德的定义、功能、基本要求以及对它的特殊要求。

2）在职业道德教育方面，通过不同的教育形式，遵循基本的教育原则与方法，来加强保险从业人员的职业道德的修养。

【重要概念】

职业　道德　职业道德　保险职业道德　诚实信用　服务至上　爱岗敬业　精通业务　乐于奉献　敢当公仆　团结协作　风纪严整　公平竞争　保守商业秘密　职业道德教育

【技能训练】

【训练题】　八月底的一个周末，彭某和家人驾奔驰车外出旅游，莫名其妙地被一辆拉沙子的货车追了尾，彭某的车左后部位被撞坏。警察认定追尾的货车负全部责任。经询问，肇事货车在某保险公司投保了交强险、商业三者险，彭某就没太着急。可没想到，9月13日他接到肇事驾驶人电话，说保险公司让他自己把修车的8万元钱垫上才能取车，开口就向彭某借8万元钱，说去保险财险公司报销后再把钱还给彭某，彭某听了这个事情之后很吃惊，反问道：“我的车被你撞坏了给我造成了损失，我不找你要钱就不错了，你

怎么黑白颠倒地让受害一方垫钱？再说这修车款也应该你方保险公司出才对呀！既然车辆投了保，怎么还要我自己垫钱?”肇事的货车驾驶人满腹委屈地说：“春节过后我才从湖北来京打工，全家人攒了两万多元帮他买了辆二手货车拉货，每月收入也就1000多元。因为是新手，在老乡推荐下，又花钱投了保险。这回是他第一次理赔，起初，看到自己追尾了奔驰车，心里很害怕，但想到有保险，心也就放了下来。可那天接到保险公司电话，心又慌了。业务员告诉我，车修好了可以和彭某一起去取，不过他要先付8万元给修理厂，等手续办完再去保险公司报销。毕竟我刚刚结婚，也没有赚到钱，那么多钱谁垫付得起呀！无奈之下，我只得向您借。”而彭某更没想到的是，拒绝借钱给肇事驾驶人的后果就是不能取车，无奈之下，彭某打电话到保险公司。负责理赔的经理说：“我给你个建议，就是你派人追着这个驾驶人，让他想办法。”这弄得彭某一头雾水：“我开了16年车了，经历了不少理赔案件，还从来没有听说过有这样的保险公司！”

保险公司一位负责人表示，按照法律赔偿的逻辑顺序，肇事的货车驾驶人对彭某造成的损失，应该先由肇事驾驶人赔，之后他再把给彭某的赔款包括事故认定、修理等费用清单拿到保险公司报销。他说，从法律合同关系上，保险公司承保的是货车，而不是彭某的奔驰，如果彭某要越过货车驾驶人直接向保险公司索赔，只能通过法院打官司。

事情陷入僵局，肇事方驾驶人无力垫付高昂的修车费，他投保的公司又不愿意先垫付修理费，修理厂就不同意取车，摆在彭某面前的似乎只有一条路，自己先掏钱修理被别人撞坏的车。事情真的就没有办法解决吗?

思考题：请依据《保险法》相关规定，找出解决问题的办法。

【工作页】

汽车维修职业道德工作页

教师布置日期：　　年　　月　　日　　　　　　　　个人完成时间：　　(分钟)

问题： 韩某是汽车专业的大三学生，其表哥自己开了一家汽车修理厂，为了锻炼自己的专业能力，每逢假期他就去表哥的汽车修理厂见习，自然也目睹了表哥是如何站在汽车修理厂的角度去跟保险公司打交道的。现在临近毕业了，韩某应聘去一家保险公司实习，并打算在保险公司就业。他应该注意些什么？	任务： 作为一名打算进入保险公司工作的大学毕业生，应该如何提升自己的职业道德？
学习要点：	

（续）

学习内容	注意事项
1. 如何培养自己的诚实信用品质？	
2. 如何锻炼自己服务至上的理念？	
3. 如何做到爱岗敬业？	
4. 如何使自己做到尽快精通保险公司的理赔业务？	
5. 作为一名年轻的大学生，如何才能使自己做到“乐于奉献”？	
6. “甘当公仆”的具体含义是什么？	
7. 如何与同事“团结协作”？	
8. 作为保险行业的从业人员，“风纪严整”主要应该从哪几个方面具体做好？	
9. 为什么要倡导“公平竞争”？	
10. 保守商业秘密的必要性是什么？	
学习纪要：	

【知识习题】

1. 填空题

1）人的社会生活分三个领域：________、________、________。

2）法国作家罗曼·曼兰曾经说过：“________、________、________是人生的三大支柱。”

3）人们对理想工作的期盼内容分别是________、________、________，这三项最为重要。

4）对保险代理人和保险经纪人的三项特殊要求为_______、_______、_______。

2. 简答题

1）什么是职业？

2）职业有什么特点？

3）道德是如何定义的？

4）道德有哪些特征？

5）职业道德的定义是什么？

6）职业道德有哪些特征？

7）职业内容包括哪些方面？

8）保险职业道德的基本要求是什么？

9）保险职业道德的特殊要求有哪些？

10）如何加强自身的职业道德修养？

3. 案例题

孙某在某市12月举办的一次“亲子教育会”偶然认识了同一会场的王某，王某自称是某保险公司的副经理。由于两人谈得比较投机，临别时互相留了联系方式。

几天后，王某电话告知孙某，目前保险公司推出一项业务，购买某几种车险可以赠送一定额度的人身意外伤害保险，而且以她们的关系，保费不但可以大幅度优惠，而且所有手续都可为其代办。

于是孙某将各项保费总计8000余元，全部交给了王某代办，王某以保险公司名义打了收条，并加盖了单位公章。但之后，她迟迟没有把保险单据送给孙某。

次年7月，孙某所驾驶车辆和其他车辆发生碰撞，她在事故中负主要责任。随后孙某找保险公司理赔，保险公司拒绝理赔。声称孙某没有在其公司投保，该公司也无王姓的副经理，收据印章系伪造。孙某当即给王某打电话，对方已关机。

1）遭遇这种以保费低廉为诱饵，借助熟人信任关系骗保的事情时，车主应该如何防范？

2）保险公司应如何加强对员工和保险代理人的监管，用更透明的途径将车险办理流程和业务操作规范告知客户，以降低客户在办理车险过程中的意外风险？

参考文献

[1] 李景芝，赵长利．汽车保险与理赔［M］．北京：国防工业出版社，2007.

[2] 张晓明，欧阳鲁生．机动车辆保险定损员培训教程［M］．北京：首都经济贸易大学出版社，2007.

[3] 王云鹏，鹿应荣．车辆保险与理赔［M］．北京：机械工业出版社，2005.

[4] 王灵犀，王伟．机动车辆保险与理赔实务［M］．北京：人民交通出版社，2004.

[5] 曾娟．机动车辆保险与理赔［M］．北京：电子工业出版社，2005.

[6] 张庆洪，何清堃．机动车辆保险［M］．北京：机械工业出版社，2006.

[7] 祁翠琴．汽车保险与理赔［M］．北京：机械工业出版社，2004.

[8] 梁军．汽车保险与理赔［M］．北京：人民交通出版社，2005.

[9] 周延礼．机动车辆保险理论与实务［M］．北京：中国金融出版社，2001.

[10] 龙玉国，龙卫洋，胡波涌．汽车保险创新和发展［M］．上海：复旦大学出版社，2005.

[11] 贾海茂．机动车辆保险案例评析［M］．北京：知识出版社，2002.

[12] 张俊红．机动车辆保险理赔鉴定与工时价格定额计算及反欺诈实务全书［M］．北京：当代中国音像出版社，2004.

[13] 王永盛．车险理赔查勘与定损［M］．北京：机械工业出版社，2006.

[14] 张勇，李红松，屈翔，等．汽车保险与理赔［M］．重庆：重庆大学出版社，2006.

[15] 池小萍．保险学［M］．北京：对外经济贸易大学出版社，2006.

[16] 李洁．保险概论［M］．北京：清华大学出版社，2005.

[17] 魏华林，林宝清．保险学［M］．北京：高等教育出版社，2003.

[18] 刘子操，刘波．保险概论［M］．北京：中国金融出版社，2005.

[19] 魏巧琴．保险公司经营管理［M］．上海：上海财经大学出版社，2002.

[20] 温世扬．保险法［M］．北京：法律出版社，2003.

[21] 徐文虎，陈冬梅．保险学［M］．上海：上海人民出版社，2004.

[22] 刘森．汽车表面修复技术［M］．北京：金盾出版社，2002.

[23] R-舒尔夫，R-J 柏奎特．汽车车身表面修复［M］．冯桑，关燕明，杨宵，译．北京：机械工业出版社，1998.

[24] 刘炤，杨华柏，郭左践．机动车交通事故责任强制保险条例释义［M］．北京：法律出版社，2006.

[25] 吴定富．保险职业道德教育读本［M］．北京：人民出版社，2004.

读者沟通卡

一、申请课件

本书附赠教学课件供任课教师采用，可在机械工业出版社教育服务网（www. cmpedu. com）注册后免费下载；也可扫描二维码关注“机工汽车”微信订阅号获取课件。

 机工汽车	免费下载　教学课件、学习视频、海量学习资料 ➤扫描二维码，关注“机工汽车” ➤点击“粉丝互动”→“视频课件”

二、机工汽车教师群

任课教师可加入“机工汽车教师群”，与教材主编、编辑直接沟通交流。“机工汽车教师群”提供最新教材信息、教材特色介绍、专业教材推荐、样书申请、出版合作等服务。

QQ 群号码：7348129，本群实施实名制，请以“院校名称 + 姓名”的方式申请加入。

三、微信购书

 车界瞭望	关注汽车分社微信订阅号“车界瞭望”，可直达机工社旗下网络购书平台“汽车书院”，第一时间购买新书，获取车界前沿资讯

四、意见反馈和编写合作

联 系 人：赵海青　齐福江　母云红

电　　话：010 －88379353、88379160、88379439

电子信箱：13744491@ qq. com、502135950@ qq. com、2455675943@ qq. com

地　　址：北京市西城区百万庄大街 22 号汽车分社

邮　　编：100037